高等教育"十三五"经管类精品教材

公司理财

吴 清 编著

上海财经大学出版社

图书在版编目(CIP)数据

公司理财/吴清编著. 一上海:上海财经大学出版社,2019.10
(高等教育"十三五"经管类精品教材)
ISBN 978-7-5642-3364-8/F・3364

Ⅰ.①公… Ⅱ.①吴… Ⅲ.①公司-财务管理-高等学校-教材
Ⅳ.①F276.6

中国版本图书馆 CIP 数据核字(2019)第 186002 号

□ 策划编辑 台啸天
□ 责任编辑 台啸天
□ 封面设计 张启帆

公司理财

吴 清 编著

上海财经大学出版社出版发行
(上海市中山北一路 369 号 邮编 200083)
网 址:http://www.sufep.com
电子邮箱:webmaster @ sufep.com
全国新华书店经销
上海新文印刷厂印刷装订
2019 年 10 月第 1 版 2019 年 10 月第 1 次印刷

710mm×1000mm 1/16 33.25 印张 525 千字
印数:0 001—2 000 定价:68.00 元

前　言

公司理财是一门实用性和操作性很强的应用科学，是社会经济和资本市场不断发展的必然产物，也是企业管理的核心内容。综观已有的研究生及本科课程配套教材及教学用书，公司理财理论与实际相脱节的现象比较普遍，大专院校的专业用书也大多定位在原理、方法及理论体系的构造上。与国外同类型的研究生或者本科层次的公司理财专业方面的教材相比，国内教材往往注重理论及思想的介绍，从而忽视了该领域的实际应用价值。大多数国外的英文教材多则长达千页，少则数百页，其中很大部分是对前文的理论进行了大量实际操作的介绍，比如运用常见的 Excel 软件或其他工具。"君子性非异也，善假于物也"，善于利用各种财务软件的工具，不仅可以带来工作效率及人力成本的节省，更大程度上则是对于理论部分的重新检验和吸收，例如本书中在《风险与收益》一章中对于贝塔系数的回归统计分析，就借用了我国 A 股市场巨大而又丰富的数据资源，结合理论对很多概念和结论进行了实务的检验，可以说是对各章主题核心概念的强调和升华。

此外，本书吸收了财务管理理论和实践的最新成果，解析了生活中涉及的大量财务管理思想、理念，尤其注重实际应用，逻辑严密、内容翔实、案例丰富、体例新颖。大部分章节配以相应的"案例分析"和"技能训练"，除了财务中的大量计算通过 Excel 操作加以实现，最后，教材以全球领先的商业模拟实战训练系统——财务管理电子对抗系统为线索，通过全程模拟实战的训练方式，让学生在实践中学习财务管理知识，在真实体验中提升财务管理技能，并站在企业运营的角度来更好地认识财务管理的作用与价值，为学生构建了一个从理论背景、Excel 运用、案例分析、技能训练到综合实训的立体化的科学知识体系，为教师提供了完备的教学辅导资源。

全书共分 11 章，内容包括：公司理财总论、货币的时间价值、风险与收益、净现值及其他投资评价指标、项目投资、筹资管理、综合资本成本与资本结构、营运资金管理、利润分配、财务分析、财务管理商业模拟系统。同时在每个章节选编了大量案例，把概念、原理融于生活中的实例问题之中，启发读者结合管理实践对管理学的基本原理和方法进行深入思考，以提高学生分析和解决问题的能力。

本书可作为高等院校经济管理类学科的专业教材配套用书，也可作为本科生财务综合决策模拟实训的实践教材以及作为财务软件培训的学员用书。

本书的特点如下：

第一，实用性。本书对每种重要的财务管理理念进行阐释，介绍了实际运用中的方法，同时提供了例如 Excel 表格模板以及对应用中的具体步骤、要点进行细致说明，并且穿插现实中的案例，进一步论述其效果，让读者既了解工具和方法本身，也明白如何应用，真正实现学以致用。

第二，可读性与思想性。教人学财务不难，难的是让人学着并且快乐着。本书在每个章节的理论概述之后，运用实例诠释财务中一些晦涩难懂的财务术语和财务现象，同时让读者了解财务理论的应用范围之广泛。其中包括用各类身边实例，以此解读财务对于一个企业乃至对我们的日常工作、生活甚至对人生的重要影响和意义，为读者打开通向鲜活的财务世界的一扇窗。

第三，国际性。国外英文原版的公司理财类教材内容丰富，但和我国财务实际存在不符。本书对于原版英文教材的核心概念，如财务经理的职责、职业道德、机会成本、权衡理论、风险与收益价值等进行了大量引入，同时也结合了我国的实际，对于国外的很多案例也进行了借鉴，可以说是对普遍流行的财务价值观念进行了本土化的探索，希望能进一步拓展学生学习的国际视野。

第四，时效性。本书的思路、内容较新，与当前的经济业务紧密结合，并汇集了国际国内的最新资料和最新动态。同时以最新的《企业会计准则（2006 年修订）》《企业财务通则（2006 年修订）》为基础进行编写，内容新颖，案例与习题丰富，力争做到本土与国际相融合。

本书由上海工程技术大学管理学院投资金融系副教授吴清主编，吴清负责全书的整体框架与编写体例的设计，张旭负责第一章及第三章，王雅熙负责第二章及第四章的主要内容，吴清负责各章案例、Excel运用及实例分析，习题编写。全书由吴清进行统稿。此外，杭州贝腾科技有限公司技术部的徐晓芳等老师提供了本书中使用的"理财之道"软件相关资料，在此表示感谢。

由于编者水平有限，书中难免有不妥及疏漏之处，敬请广大读者及同仁批评指正。

编 者

2019年6月

目　录

第1章　总　论

学习目标

了解公司的含义，以及如何通过融资改变公司结构；熟悉财务经理的职责；了解金融市场的功能及意义；了解委托代理问题，代理成本及信息不对称等概念。

关键词

投资决策　融资决策　金融资产　实物资产　权衡　门槛率　机会成本　委托代理　金融市场

1.1　理论背景

本书主要研究企业如何做出财务决策，我们首先介绍有哪些决策以及通过哪些方式进行决策。

公司投资的实物资产（real asset）可以产生现金流入和现金流出。实物资产分为有形资产和无形资产，比如工厂和机器设备是有形资产，品牌名称和专利等则属于无形资产。企业为获得这些实物资产，一般会通过向银行借款、公司内部留存收益、再投资现金流以及增股发行等方式筹集资金。因此公司财务经理面临两大财务问题:第一,公司应该投资哪些实物资产?第二,如何为这些实物资产埋单?投资决策在于如何花钱,融资决策在于如何才能有更多的钱花。

一家大公司可能有数十万个股东,这些股东在财富,风险容忍度和投资额度等方面均有差异。尽管如此,他们通常对财务目标的看法趋于一致:财务经理能够增加公司价值并提高股票价格。

本章从一个基本概念——权衡(trade-off)开始。假如某公司可以选择将净利润投资新的资产,也可以给股东分红,并且股东可以将这笔分红投资于金融市场。如果公司将净利润投资新的资产所赚取的回报率比股东投资金融市场所获得的投资回报率更高,那么可以说财务经理增加了企业的价值。股东投资公司外部的机会成本是投资公司内部的一个标尺,因此,财务经理指的资本的机会成本(the opportunity cost of capital)是股东为公司做出的贡献。

公司的成功取决于如何利用其所有经理人和员工的工作来增加价值。因此,我们首先介绍良好的公司治理体系如何结合适当的奖励和补偿方案,鼓励大家齐心协力增加价值。

良好的治理和适当的激励可以防止利用非法或不道德的手段来增加股票价格。有见识的股东并不想要最大可能的股票价格,而是股票真实价格最大化。

本章会介绍三个主题,而这三个主题会以各种形式和情况在整本书中重复出现:

(1)价值最大化。

(2)资本的机会成本。

(3)激励和治理的重要性。

1.1.1 公司融资与投资决策

公司需要源源不断的各种实物资产来开展业务。这些资产不会像馅饼似的从天而降,需要公司花钱支付。为了支付实物资产,公司出售以实物资产和其预计产生的现金流为基础的权利凭证。这些权利凭证就是会计上讲的金融资产(financial asset)或证券(security)。以银行贷款为例,银行向公司提供现金以换取金融资产,公司承诺偿还本金和利息。但是普通的银行贷款不是证券,因为欠条是由银行持有且不能在金融市场上出售或交易。

再举一个公司债券的例子,公司将债券出售给投资者并承诺支付该债券利息并在其到期日偿还债券本金,像这种投资者们可以在金融市场持有和交易的债券就是金融资产或者说是证券。证券包括债券、股票和各种令人眼花缭乱的具有特别用途的投资组合工具。

以上可推出以下定义:

投资决策=购买实物资产

融资决策=出售金融资产

但是这些等式过于简单,投资决策考虑的东西有很多,比如管理的资产是否到位,如果利润下降的话何时停工或清理资产,公司还必须管理和控制其投资风险。同样,融资决策不仅是筹集今天的资金,还包括偿还过去向银行借款、发行债券和股票的资金。例如,债务到期时公司必须偿还否则面临破产,总之公司迟早会还给股东。

我们来看一个更具体的例子。表1—1列出了9家大型上市公司最近某一年做出的重大投融资决策案例。

表1—1　　　　大型上市公司近年重大投融资决策案例

公司名称(近期某年收入)	近年投资决策	近年融资决策
波音(610亿美元)	开始生产787梦想航线飞机,预估成本超过100亿美元	波音用经营现金流偿还债务并重购28亿美元股票
阿里巴巴(1 582.73亿元)	阿里巴巴集团将投入约224亿港元(约28.8亿美元),直接和间接持有高鑫零售36.16%的股份,实施新零售战略	2014年美国纽约交易所上市,融资金额220亿美元
丰田(262 890亿日元)	购进工程安全测试设备	股东分红4 310亿日元
葛兰素史克(240亿欧元)	新药物研发37亿英镑	医药产品销售产生的现金流用于研发支出
华为(15亿欧元)	华为计划在法国投资15亿欧元来开发智能手机	长短期借款合计15亿欧元

续表

公司名称(近期某年收入)	近年投资决策	近年融资决策
苹果公司(883 亿美元)	苹果宣布在中国业务扩张,在贵州省建立其在中国的第一个数据中心	在澳大利亚发行澳元债券,融资了 10.4 亿美元
京东(166.56 亿元)	2018 年 1 月 4 日,京东首家线下生鲜超市"7FRESH"亦庄大族广场店开业,未来 3～5 年在全国铺设超过 1 000 家门店	谷歌将以 5.5 亿美元现金投资京东,作为回报,谷歌将获得约 2 711 万股新发售的京东 A 类普通股,发售价为每股 20.29 美元,等值为每 ADS(美国存托股票)40.58 美元
宜家(293 亿欧元)	宣布收购美国伊利诺伊州一座在建的风电场,宜家将在全球 9 个国家拥有 224 个风力发电站	公司自有资金支持并偿还贷款
联想(160 亿美元)	扩展零售业务覆盖 2 000 多个城市	从银行集团贷款 4 亿美元为期 5 年

1.1.1.1 投资决策

表 1—1 的第二列显示了每个公司在近年的一个重大投资决策,这些投资决策通常被称为资本预算或资本支出。大多数大型公司会有年度资本预算,列出已被批准的主要投资项目。如表 1—1 中,京东的生鲜超市或者宜家的风力发电站都涉及购买有形资产(tangible asset)——可以触摸得到的资产。还有一些公司投资于研发(R&D)、广告和营销等无形资产。例如,葛兰素史克和其他大型医药公司每年都会投入数十亿美元用于新药研发。这些公司也会投资推广现有产品。

今天的资本投资一般在不久的将来会有回报,波音公司承诺投资超过 100 亿美元设计、测试和制造梦想号飞机,它确实这样做了,因为预计飞机产成投入商业服务后 30 年甚至更久都会有现金流入,这些现金流入不仅会冲减初始投资额还会创造一定的利润。波音等待现金流入的时间越长,它要求的利润就越大,因此财务经理必须注意项目的投资回报期 ,而不仅仅是累积净现金流,并且具体多少利润很难确定,一个新项目很可能差点儿成功或败得一塌糊涂。

当然,并不是每一项投资都像波音梦想号飞机那样投资长远才能有回报。

一些投资短期内就有回报，例如，京东投资的生鲜超市，随着货物在接下来的一年内出售，公司收回了存货投资成本。

财务经理作为生产、营销或其他业务的专业团队的一部分工作，不会独立做出重大投资决策，日常也不是随随便便投资几十亿元，大多数投资决策都较小且简单，诸如购买卡车，机床或计算机系统之类。企业每年都要做出数千次这些较小的投资决策。小型投资的累计金额可能与偶尔的大型投资一样大，如表1—1所示。

1.1.1.2 融资决策

表1—1第三列列出了各公司某年的一项重大融资决策。一家企业可以从贷方或股东筹集资金（现金）。如果借款，贷款人提供现金，公司承诺偿还债务和固定利率的费用。如果股东提供现金，他们没有固定回报，但他们持有股票，因此可以获得未来利润和现金流量的一小部分。股东是提供权益融资的股权投资者，债务融资和股权融资之间的选择被称为资本结构决策。

公司通过两种方式筹集股权融资。第一，他们可以发行新股，购买新股的投资者用现金换取公司未来现金流和利润的一部分。第二，公司可以用现有资产产生的现金流再投资新资产，在这种情况下，公司代表现有股东进行再投资，但是没有新股发行。

当一家公司没有对现有资产所产生的所有现金流进行再投资时会发生什么？它可以为未来的投资持有现金储备，或者可以给股东分红。表1—1中，丰田在当年支付了4 310亿日元的现金股利，相当于约43亿美元。在某些方面，融资决策不如投资决策重要，与良好的投资决策相比，融资决策可能不会增加太多价值，但如果决策失误会造成价值损失。商业本质上是有风险的，财务经理需要识别并控制风险。例如，负债有其优点，但债务太多会像《芝加哥论坛报》那样导致破产。公司也会因经济衰退、商品价格、利率以及汇率的变化或不利的政治发展导致破产，但是其中一些风险可以对冲或控制防范。

1.1.2 财务经理的职责与投资权衡

1.1.2.1 财务经理的职责

一家大型上市公司可能有数十万股东，这些股东拥有公司的所有权但无法直接管理或控制它。所有权和控制权的分离让企业生存得更久，即使管理者辞退或被解雇，公司仍能继续生存，股东将手中持有的所有股份全部出售给新的投资者也不会中断业务运营。原则上来讲公司可以永远经营下去，实际上有的公司经营时间比人类的一生还长。其中一个最古老的公司是哈德逊湾公司，该公司成立于1670年，通过加拿大北部与英格兰之间的皮草贸易赚取利润，目前它是加拿大最大的零售连锁店之一。

权责分离也有不利之处，经理人和董事们会为了他们自己的利益而不是股东的利益行事。财务经理为了生计会做什么？这个简单的问题有好几种回答。我们可以从财务经理的头衔开始。大多数大公司都有首席财务官（CFO）负责监督所有财务人员的工作。首席财务官是深入参与财务政策和财务规划，并与首席执行官（CEO）和其他高层管理人员保持持续联系的人。首席财务官在公司财务问题上有最重要的发言权，并向投资者和媒体揭露公司实际收益和预期收益。

首席财务官之下通常是出纳和会计主管。出纳负责短期现金管理，货币交易，融资交易和银行关系。会计主管负责公司内部会计系统和监督编制财务报表和纳税申报表。最大的公司有几十个更专业的财务经理，包括税务律师和会计师，专家计划和预测，并负责投入所拨款项的经理员工退休事宜。

财务决策不限于财务专家。最高管理者必须签字，例如，关于重大投资项目。

在本书中，我们使用财务经理来指负责投资或融资决策的人。

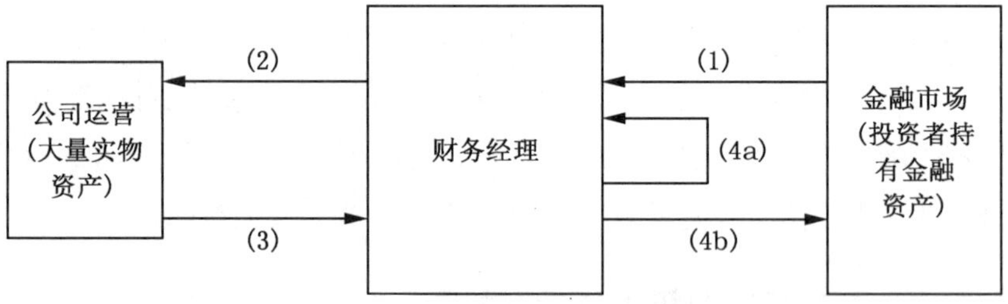

图1—1　金融市场和公司日常经营之间的现金流

图1—1说明：(1)销售金融资产给投资者获得的融资；

(2)投入公司日常经营、购买实物资产的现金流;

(3)公司日常经营产生的现金流;

(4a)用于再投资的现金流;

(4b)给股东分红的现金流。

除了头衔,财务经理的本质是什么呢?图1—1反映了资金如何从投资者流向公司并再次流向投资者。从来自投资者的融资开始(箭头1),现金可能来自银行或在金融市场出售给投资者的有价证券,财务经理用来购买实物资产(投资项目)运营公司的业务(箭头2),之后随着企业的运营,资产产生了现金流入(箭头3),这些现金要么被再投资(箭头4a),要么返还给投资者(箭头4b)。当然,箭头4之间选择4a还是4b由箭头1时的融资决定。例如,如果公司以箭头1向银行借款,它必须偿还这笔本金和利息,即选择在箭头4b处。

从图1—1中可以看到箭头4a和4b的示例。葛兰素史克通过留存收益再投资来进行药物研发(箭头4a),壳牌则选择回购股票返还股东资金(箭头4b),它本也可以以分红形式返现。

由此可以知道财务经理周旋于公司和外部投资者之间。一方面,财务经理帮助管理公司的运营,特别协助做好投资决策。另一方面,财务经理要与投资者们——股东和银行、证券交易所等金融机构打交道。

1.1.2.2 投资决策的权衡

现在看看图1—2,其中列出了企业投资的基本取舍决定。该公司有一个投资项目的提案(一项实物资产),假设该项目已获得足够融资,财务经理在考虑是否投资该项目,如果不投资,可以向股东分红,支付额外的股息。

图1—2说明:公司可以持有现金流也可以再投资现金流或者返还给股东(箭头代表现金流向),如果再投资现金流,机会成本就是股东本可以投资金融市场获得收益的预计报酬率。

很显然,财务经理是否投资某项投资项目取决于公司投资项目的回报率和股东自己投资金融市场获得的回报率孰高。以京东生鲜超市为例,假设2018年京东已经预留了现金来建立10家新店,股东会以自行投资金融市场的回报率为基准进行投票表决,如果生鲜超市项目的回报率高于这个标准,股东会投赞成票,反之,则会否决该提议并建议将资金另做它用。权衡这项取舍还有一

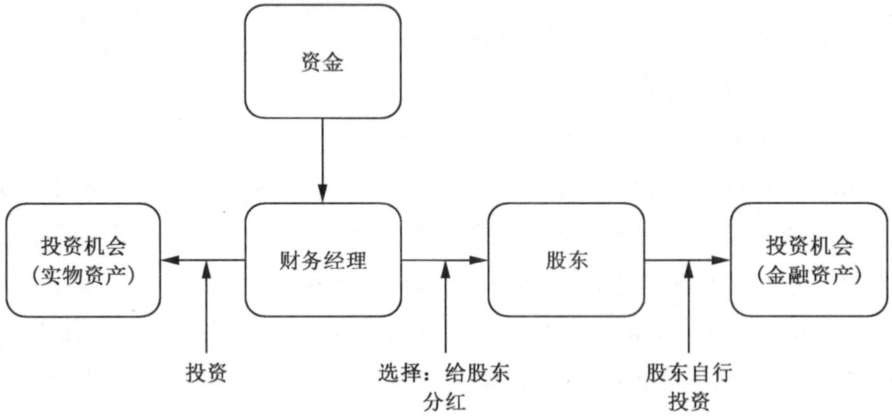

图 1—2　投资权衡

个假设就是京东的生鲜超市项目与股票市场的风险一样高。

在京东生鲜超市一例中，新店项目可接受的最低回报率是 10%，这种最低回报率被称为门槛率(hurdle rate)或资本成本，即资本的机会成本。该机会成本由金融市场上投资者的投资机会决定，每当公司将资金投资于新项目时，股东便失去了自行投资的机会。企业通过运营期望报酬率高于机会成本的投资项目来增加价值。在理解资本的机会成本时要注意以下两点：

(1)资本的机会成本也受拟投资项目的风险影响，因为即使股东不是风险厌恶型的，他们在自行投资时也会权衡风险与回报。美国国债是最安全的同时报酬率也很低，投资股票市场会有较高的期望报酬率但同时风险也更大，可能承担更大的损失。

(2)资本的机会成本通常不是公司向银行借款的利率或发行债券的利率。如果公司正在进行风险投资，机会成本就是投资者同等风险水平下的金融市场上可获得的预期收益率，风险证券的预期收益率通常高于公司的借贷利率。

经理人最大的困扰就是如何估计资本的机会成本。一般来说，当金融市场运作良好时，低风险投资项目可以直接参考安全债券的当前利率，对于风险投资，必须合理估计资本的机会成本。

1.1.3 公司目标与代理问题

1.1.3.1 相关利益最大化

公司经营管理不仅为股东服务，而且应该造福所有利益相关者。除公司股东外，公司雇员、客户、供应商以及公司的工厂及办公所在地的社区等都是公司的利益相关者。目前，利益相关者价值最大化作为公司的目标已被包括美国在内的绝大多数国家所接受。

公司的利益相关者可以分为两类：一类是合同利益相关者，包括客户、供应商和员工，他们和企业之间存在法律关系，受到合同的约束；另一类是非合同利益相关者，包括社区居民以及其他与公司有间接利益关系的群体。

股东和合同利益相关者之间既有共同利益，也有利益冲突。股东可能损害合同利益相关者利益，合同利益相关者利益也可能损害股东利益。因此，要通过立法来调节他们之间的关系，保障双方的合法权益。一般来说，公司只要遵守合同就可以基本满足合同利益相关者的要求，在此基础上股东追求自身利益最大化也会有利于合同利益相关者。当然，仅有法律是不够的，还需要道德规范的约束，以缓和双方的矛盾。对于非合同利益相关者，法律关注比较少，享受的法律保护低于合同利益相关者。公司的社会责任政策，对非合同利益相关者影响很大。

1.1.3.2 委托代理

我们知道上市公司的所有权和控制权分离，所有者（股东）通过董事会间接控制经理的行为。权责分离有其必要性也有其危险性，比如管理者可能会受不住诱惑用股东的资金购买豪华的公务机或将商务会议安排在豪华度假村，也会回避高利润高风险的项目，相较于实现股东财富最大化，他们更想保住这份工作。他们工作可能只为了最大化自己的奖金，想方设法地去制造和转售不良的次级抵押贷款。

股东和管理者之间的目标冲突造成了代理问题。股东是委托人，经理是他们的代理人。代理人为委托人工作时以下两种情况会产生代理成本：(1)管理人员不为实现公司价值最大化而努力工作，(2)股东通过降低代理费用监视和限制管理人员的行为。

1.1.3.3 代理问题通过良好的公司治理体系得到缓解

良好的公司治理体系有以下这些特点，可以确保管理者一心为股东价值最大化工作。

(1)法律和监管要求

法律规定经理的工作行为必须符合投资者的利益。美国证券交易委员会(SEC)制定上市公司会计准则和报告条例以确保信息一致、透明，并禁止内幕交易，即通过公众投资者无法获得的信息来购买或出售证券。

(2)薪酬计划

经理人激励计划会让股东获得巨大的回报。例如，商业软件巨头甲骨文公司的首席执行官拉里埃里森在2007年获得了估价在6 000万～7 000万美元的薪酬奖励，实际工资仅仅只有100万美元，奖金和提成超过600万美元，剩下大部分是股票和期权支付。如果甲骨文的股价低于2007年水平埃里森不会获得股权激励的大额薪酬，如果股价上涨埃里森的期权薪酬价值会大大增加。

(3)董事会

公司董事会由股东选举并代表股东行使权力，董事会曾被认为是由现任管理层支配的傀儡，经历种种公司丑闻董事会变得更独立。萨班斯一奥克斯利法案(SOX)要求企业提高独立董事比例，独立董事不是管理者或不隶属于管理层。目前全体董事中有一半以上是独立董事，董事会会举行无现任CEO参与的研讨会。此外，机构股东特别是养老基金和对冲基金在监督公司业绩和提出公司治理改革方案方面会更积极。

(4)监控

并不只是公司董事会对管理层行为严加审查，安全分析师会通过指导投资者购买、持有或出售公司股票来监控管理人员，银行也会严加把控给公司的借款。

(5)收购

公司一直未能实现价值最大化很容易成为另一家公司或“公司侵略者”的收购目标。“公司侵略者”是指专门购买和改革业绩不佳公司的私人投资基金。

(6)股东压力

如果股东发现公司业绩不佳，董事会又没让管理人员扭转局势，他们可以尝试重新选举董事代表提出意见。2008 年亿万富翁投资家卡尔·伊坎认为雅虎董事拒绝微软的收购邀约并不是为股东的利益行事,因此他投资雅虎股票 6 700 万美元,并力推自己和另外两个想法一致的朋友为雅虎董事会成员。

1.2 Excel 运用

Excel,中文意思是超越,尽管从它诞生至今已有数十年历史,但全球仍有无数玩家在变着花样玩它,这本身就是一种超越,做任何事情,不仅要知其然,还要知其所以然,因为了解,才能融入,直到掌握,当真正掌握了它,再接受实践的考验,就会有自己的解读。

1.2.1 财务数据的获取

例如,通过搜狐证券频道的历史行情等网站下载的上海建工的最近的具有成交数量的股票交易信息,按要求进行排序、筛选、分类汇总和数据透视表操作(见图 1—3)。

J2 fx =WEEKDAY(A2,2)

	A	B	C	D	E	F	G	H	I	J
1	日期	股票代码	名称	开盘	收盘	最低	最高	成交量(手)	成交金额(万)	星期
2	2018/6/27	600170	上海建工	3.01	3.03	3	3.05	96560	2915.52	3
3	2018/6/26	600170	上海建工	3.01	3.02	2.99	3.03	107815	3247.51	2
4	2018/6/25	600170	上海建工	3.06	3.04	3.03	3.07	99144	3020.73	1
5	2018/6/22	600170	上海建工	2.99	3.05	2.97	3.06	129236	3910.6	5
6	2018/6/21	600170	上海建工	3.03	3.01	3	3.06	152380	4630.13	4
7	2018/6/20	600170	上海建工	3.01	3.04	2.98	3.05	193434	5838.63	3
8	2018/6/19	600170	上海建工	3.25	3.01	2.95	3.25	379834	11780.83	2
9	2018/6/15	600170	上海建工	3.28	3.27	3.25	3.29	147131	4805.71	5
10	2018/6/14	600170	上海建工	3.27	3.26	3.25	3.28	77452	2527.88	4
11	2018/6/13	600170	上海建工	3.28	3.26	3.23	3.29	173239	5665.29	3
12	2018/6/12	600170	上海建工	3.4	3.43	3.39	3.43	167360	5697.47	2

图 1—3 上海建工股票交易信息

注:图中的星期使用函数计算的,"=WEEKDAY(A2,2)"

(1)进行排序操作

先选中要排序的数据清单中的任意一个单元格,然后打开数据选项,选择"排序"按钮,选择三个关键字进行排序(见图 1—4)。

图 1—4　排序

排序后的结果如图 1—5 所示。

J2　　fx =WEEKDAY(A2,2)

	A	B	C	D	E	F	G	H	I	J
1	日期	股票代码	名称	开盘	收盘	最低	最高	成交量(手)	成交金额(万)	星期
2	2018/6/12	600170	上海建工	3.4	3.43	3.39	3.43	167360	5697.47	2
3	2018/6/13	600170	上海建工	3.28	3.26	3.23	3.29	173239	5665.29	3
4	2018/6/14	600170	上海建工	3.27	3.26	3.25	3.28	77452	2527.88	4
5	2018/6/15	600170	上海建工	3.28	3.27	3.25	3.29	147131	4805.71	5
6	2018/6/19	600170	上海建工	3.25	3.01	2.95	3.25	379834	11780.83	2
7	2018/6/20	600170	上海建工	3.01	3.04	2.98	3.05	193434	5838.63	3
8	2018/6/21	600170	上海建工	3.03	3.01	3	3.06	152380	4630.13	4
9	2018/6/22	600170	上海建工	2.99	3.05	2.97	3.06	129236	3910.6	5
10	2018/6/25	600170	上海建工	3.06	3.04	3.03	3.07	99144	3020.73	1
11	2018/6/26	600170	上海建工	3.01	3.02	2.99	3.03	107815	3247.51	2
12	2018/6/27	600170	上海建工	3.01	3.03	3	3.05	96560	2915.52	3

图 1—5　排序结果

首先按照主关键字排序，在首关键字相同情况下，按照次要关键字排序，在首要关键字和次要关键字相同情况下按照第三关键字排序。另外，排序时 Excel 排序默认数据清单是有标题行的，而标题行不参与排序。

(1)数据基本筛选

先选中需要筛选区域的任意一个包含数据的单元格，然后点击“数据”选项，单击“排序和筛选”功能组，单击筛选按钮(见图 1—6)：

H20

	A	B	C	D	E	F	G	H	I	J
1	日期	股票代码	名称	开盘	收盘	最低	最高	成交量(手)	成交金额(万)	星期
2	2018/6/12	600170	上海建工	3.4	3.43	3.39	3.43	167360	5697.47	2
3	2018/6/13	600170	上海建工	3.28	3.26	3.23	3.29	173239	5665.29	3
4	2018/6/14	600170	上海建工	3.27	3.26	3.25	3.28	77452	2527.88	4
5	2018/6/15	600170	上海建工	3.28	3.27	3.25	3.29	147131	4805.71	5
6	2018/6/19	600170	上海建工	3.25	3.01	2.95	3.25	379834	11780.83	2
7	2018/6/20	600170	上海建工	3.01	3.04	2.98	3.05	193434	5838.63	3
8	2018/6/21	600170	上海建工	3.03	3.01	3	3.06	152380	4630.13	4
9	2018/6/22	600170	上海建工	2.99	3.05	2.97	3.06	129236	3910.6	5
10	2018/6/25	600170	上海建工	3.06	3.04	3.03	3.07	99144	3020.73	1
11	2018/6/26	600170	上海建工	3.01	3.02	2.99	3.03	107815	3247.51	2
12	2018/6/27	600170	上海建工	3.01	3.03	3	3.05	96560	2915.52	3

图 1—6　筛选

(2)高级筛选

比如要筛选 6 月中星期二，成交量大于 10 万的，或是星期五的收盘价大于 3.2 元的记录。具体步骤为：现在 A16:C18 区域中输入高级筛选的条件(见图 1—7)。

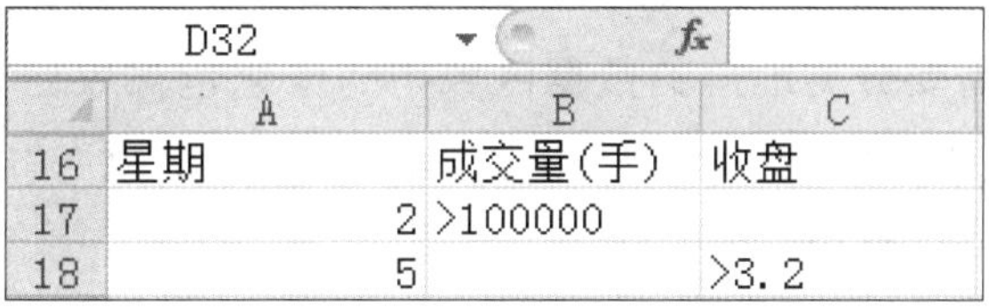

D32

	A	B	C
16	星期	成交量(手)	收盘
17	2	>100000	
18	5		>3.2

图 1—7　筛选条件

选中需要高级筛选的区域中的任意一个包含数据的单元格，单击“高级筛选”按钮，在列表区域选择“$A$11:$N$12”，在条件区域选择折叠按钮，然后选择“$A$16:$C$18”，完成高级筛选的设置(见图 1—8)。

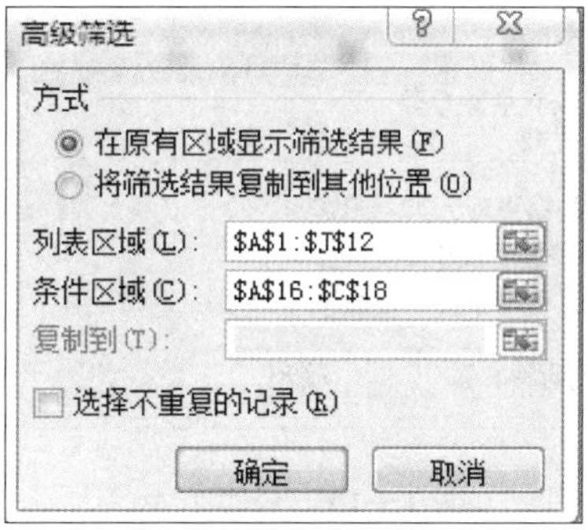

图 1—8　高级筛选

高级筛选结果(见图 1—9)。

	A	B	C	D	E	F	G	H	I	J
1	日期	股票代码	名称	开盘	收盘	最低	最高	成交量(手)	成交金额(万)	星期
2	2018/6/12	600170	上海建工	3.4	3.43	3.39	3.43	167360	5697.47	2
5	2018/6/15	600170	上海建工	3.28	3.27	3.25	3.29	147131	4805.71	5
6	2018/6/19	600170	上海建工	3.25	3.01	2.95	3.25	379834	11780.83	2
11	2018/6/26	600170	上海建工	3.01	3.02	2.99	3.03	107815	3247.51	2
13										
14										
15										
16	星期	成交量(手)	收盘							
17	2	>100000								
18	5		>3.2							

图 1—9　筛选结果

然后再一次单击“筛选”按钮,就回到了原始状态,取消了高级筛选。

(3)数据的分类汇总

接上例,用分类汇总的方法计算一个星期中的每一天的平均成交量。

先选中要在需要分类汇总的数据区域中的任意包含数据的任意一个单元格,单击数据选项卡下“分级显示”功能组,单击“分类汇总”按钮,打开“分类汇总”对话框,做如下选择(见图 1—10):

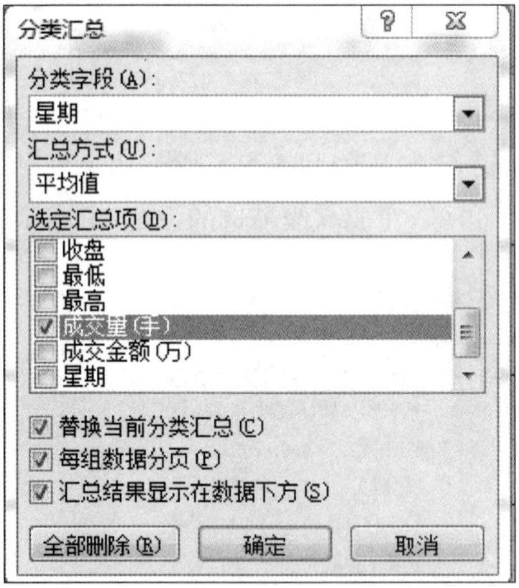

图 1—10　分类汇总

其分类汇总结果如下(见图 1－11)。

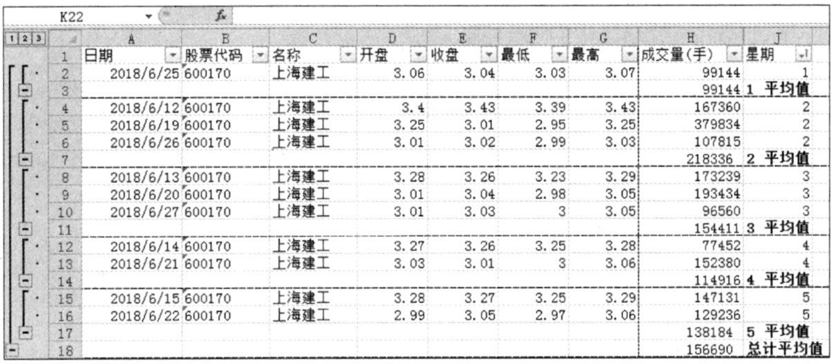

日期	股票代码	名称	开盘	收盘	最低	最高	成交量(手)	星期
2018/6/25	600170	上海建工	3.06	3.04	3.03	3.07	99144	1
							99144	1 平均值
2018/6/12	600170	上海建工	3.4	3.43	3.39	3.43	167360	2
2018/6/19	600170	上海建工	3.25	3.01	2.95	3.25	379834	2
2018/6/26	600170	上海建工	3.01	3.02	2.99	3.03	107815	2
							218336	2 平均值
2018/6/13	600170	上海建工	3.28	3.26	3.23	3.29	173239	3
2018/6/20	600170	上海建工	3.01	3.04	2.98	3.05	193434	3
2018/6/27	600170	上海建工	3.01	3.03	3	3.05	96560	3
							154411	3 平均值
2018/6/14	600170	上海建工	3.27	3.26	3.25	3.28	77452	4
2018/6/21	600170	上海建工	3.03	3.01	3	3.06	152380	4
							114916	4 平均值
2018/6/15	600170	上海建工	3.28	3.27	3.25	3.29	147131	5
2018/6/22	600170	上海建工	2.99	3.05	2.97	3.06	129236	5
							138184	5 平均值
							156690	总计平均值

图 1－11　汇总结果

注意在进行分类汇总之前先将分类的字段排序，比如对星期进行分类汇总，则先对数据按照星期进行升序排列，这样结果比较容易阅读。

最后，还是在数据区域内打开“分类汇总”对话框，单击“全部删除”则可以取消刚才的分类汇总。

接上例，用数据透视表的方法计算一个星期中的每一天的平均成交量。

现在需要进行数据分析区域中任意一个单元格，单击“插入”选项卡，打开“表”功能组，打开下来菜单，选择“数据透视图”选项，输入以下内容(见图 1－12)：

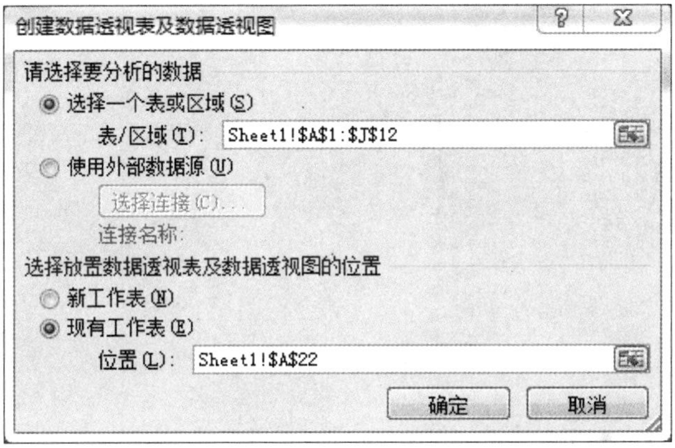

图 1－12　透视表 1

将数据表放置在 A22 单元格。

然后将需要添加到报表的字段中相应的变量拖动到下面“轴字段(分类轴)”和“求和值”中,其中“星期”拖入“轴字段”(自变量),成交量拖入“求和值”(即因变量)(见图 1—13)。

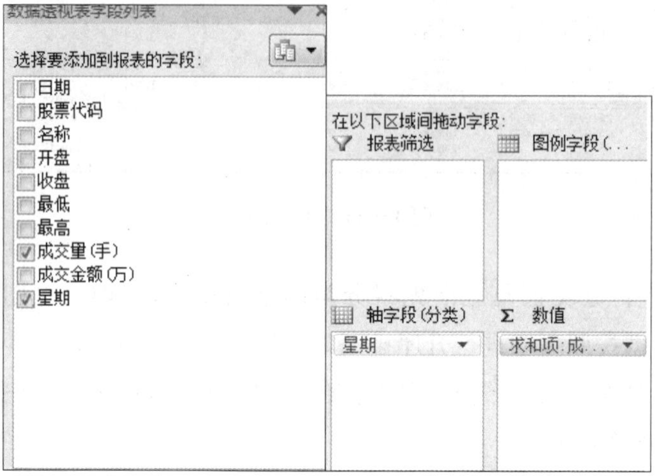

图 1—13　透视表 2

生成的图和表如下(见图 1—14)。

图表 3

	A	B	C	D	E	F	G	H	J
1	日期	股票代码	名称	开盘	收盘	最低	最高	成交量(手)	星期
2	2018/6/25	600170	上海建工	3.06	3.04	3.03	3.07	99144	1
3	2018/6/12	600170	上海建工	3.4	3.43	3.39	3.43	167360	2
4	2018/6/19	600170	上海建工	3.25	3.01	2.95	3.25	379834	2
5	2018/6/26	600170	上海建工	3.01	3.02	2.99	3.03	107815	2
6	2018/6/13	600170	上海建工	3.28	3.26	3.23	3.29	173239	3
7	2018/6/20	600170	上海建工	3.01	3.04	2.98	3.05	193434	3
8	2018/6/27	600170	上海建工	3.01	3.03	3	3.05	96560	3
9	2018/6/14	600170	上海建工	3.27	3.26	3.25	3.28	77452	4
10	2018/6/21	600170	上海建工	3.03	3.01	3	3.06	152380	4
11	2018/6/15	600170	上海建工	3.28	3.27	3.25	3.29	147131	5
12	2018/6/22	600170	上海建工	2.99	3.05	2.97	3.06	129236	5
13									
14									
15									
16	星期	成交量(手)	收盘						
17	2	>100000							
18	5		>3.2						
19									
20									
21									
22	行标签	求和项:成交量(手)							
23	1	99144							
24	2	655009							
25	3	463233							
26	4	229832							
27	5	276367							
28	总计	1723585							

图 1—14　透视表 3

对图进行标题等修改如下(见图 1—15)。

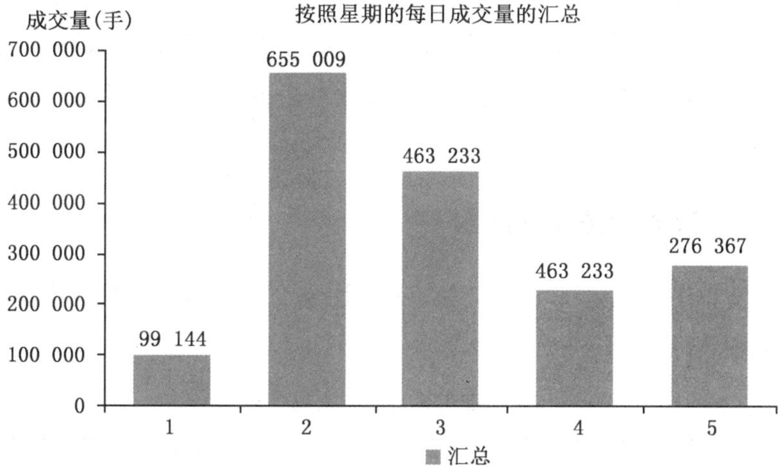

图 1—15 汇总结果

小结:对比分类汇总和数据透视表两者的功能,都可以对数据进行计算,分类汇总首先要对分类字段进行排序,使用数据透视表对数据的排列顺序没有要求,分类汇总是在原来的数据表上进行计算,并且在原来数据区域上显示结果,数据透视表则可以将结果显示在其他区域,数据透视表是 Excel 中最具技术性的复杂组件,应用上非常灵活,用途很广,可以处理很多复杂的数据计算问题,而分类汇总要简单得多。

另外,注意到在运用这些数据分析时,其数据排列方式最好是顶格,且第一行是标题行,中间不要有空格,也不要做其他运算,就是原始数据即可。注意一个完整的 Excel 工作簿一般都由三张工作表,sheet1、sheet2、sheet3,其逻辑分别是:参数表、源数据表、分类汇总表。

其中参数表等于系统的配置参数,供源数据和分类汇总表调用,属于基础数据。通常为数据匹配关系或某属性明细等不会经常变更的数据,以办公用品为例,可以作为参数的是:各处室列表、办公用品种类和数量单位的匹配关系列表、月份列表。

而重要的第二张表是源数据表,天下第一表,或称为操作表,等同于系统的录入界面，正确的源数据满足以下条件：1. 一维数据，2. 一个标题行，3. 字段分类清晰，4. 数据属性完整，5. 数据连续，6. 无合并单元格，7. 无合计行，8. 无分割行、列，9. 数据区域中无空白单元格，10. 单元格内禁用短语和句子。

第三张表示分类汇总表，它泛指从源数据表变出来的各种分类汇总表，可以单列一张表。

1.2.2　双坐标图表的绘制

数据清单中有某月一个星期中每天平均成交量数据和平均成交价，要求绘制双坐标图表（见表 1—2）。

表 1—2　　上海建工某月股票交易信息

星期	股票代码	名称	平均成交量（手）	平均成交价（元）
一	600170	上海建工	99 144	3.04
二	600170	上海建工	167 360	3.4
三	600170	上海建工	173 239	3.28
四	600170	上海建工	77 452	3.26
五	600170	上海建工	147 131	3.27

（1）对平均成交量绘制散点图

选择 A 列和 D 列中图表类型中选择“平滑线散点图”，完成图 1—16。

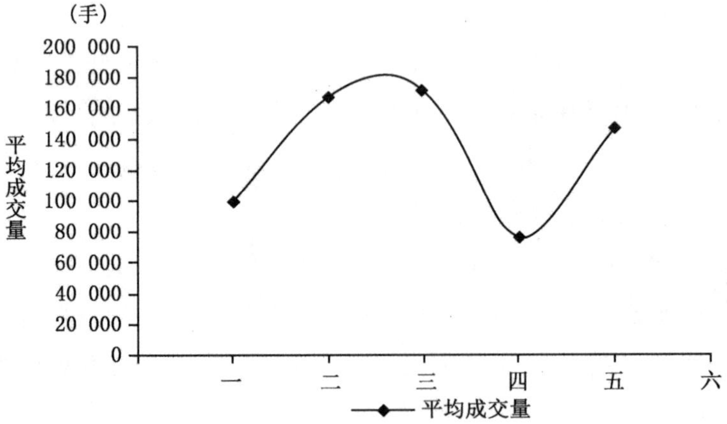

图 1—16　散点图 1

(2)修改图表的格式

修改纵轴的刻度单位,修改图表标题格式等。

在纵坐标轴任何位置,单击右键,弹出“设置坐标轴格式”对话框,进行以下修改(见图 1—17)。

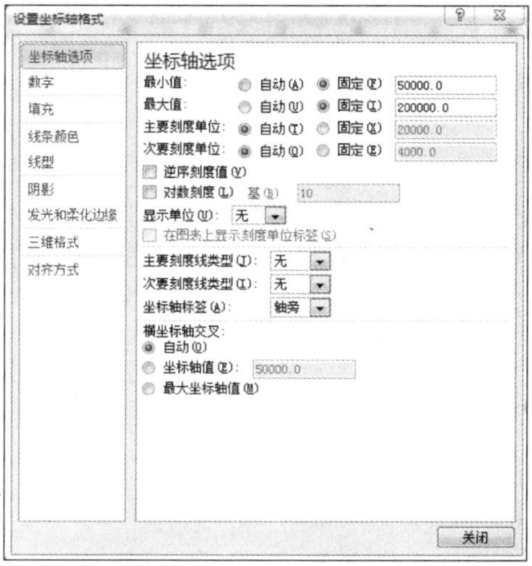

图 1—17　设置格式

将最大值设置为 200 000,最小值设置为 50 000,更改图例的字体,加入横纵坐标轴格式名称(见图 1—18)。

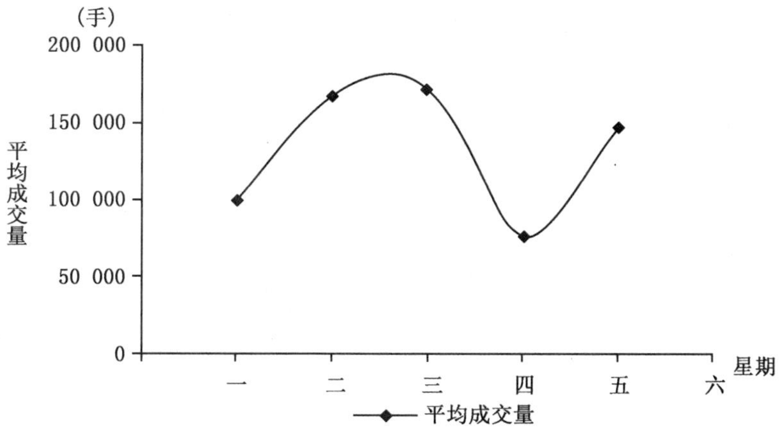

图 1—18　散点图 2

(3)设置次坐标轴

选中绘图的A列、D列和E列,插入"带平滑线和数据标记"的散点图,然后选中平均成交价,右键单击选择"设置数据系列格式",打开该对话框,选择"系列绘制"下的"次坐标轴",完成设置,然后修改标题和图例名称,具体如图1—19所示。

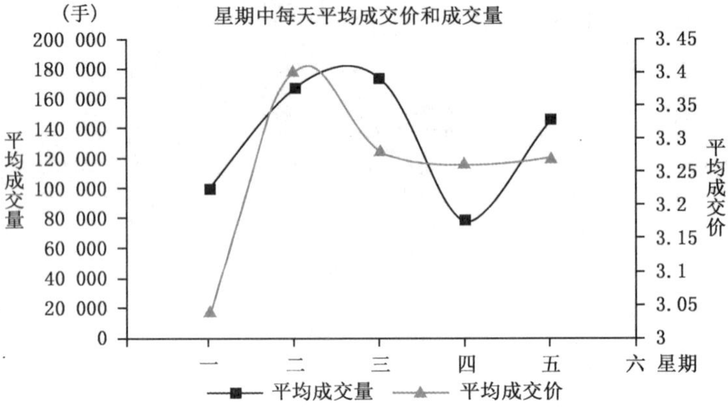

图1—19 散点图3

(4)更改图表类型和设置数据标志

在图中选中成交量数据,单击右键选择"更改图标类型",打开对话框,选择"簇状柱形图",确认设置,然后修改图表的格式,调整图例和横坐标轴标题等位置,结果如图1—20所示。

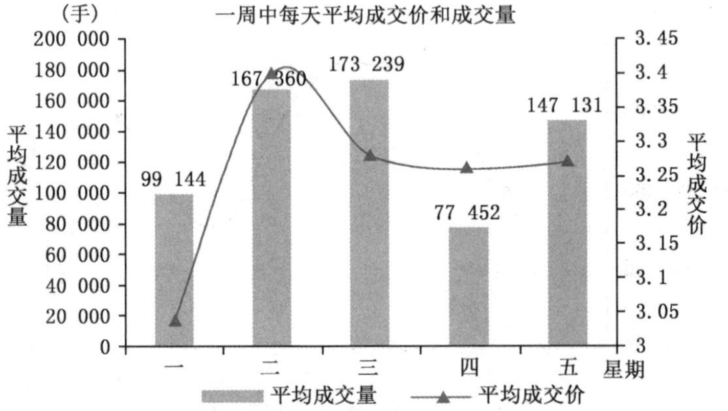

图1—20 设置结果

选中平均成交价的，单击右键选择“添加数据标签”，自动添加“值”，如图 1—20 所示。

1.2.3　模拟运算

它是 Excel 假设分析功能的一种，所谓假设分析就是计算当一个或几个变量变动时值的变化情况，是求解变量的变动对结果的影响。

模拟运算表最多可以计算两个变量变动对值的影响。在模拟运算表中，变量的值排列方式是有规定的，如果只有一个变量，变量的值就必须排列在同一行或者同一列的位置，如图 1—21 就是 A 列表示 1 个变量排列成一列，若是两个变量，务必排列成一行加一列的格式，如图 1—21Excel 表中变量排列在 D 列和第 2 行。

G16

	A	B	C	D	E	F	G	H	I
1	一个变量			两个变量					
2		f		f	b1	b2	b3	b4	b5
3	a1			a1					
4	a2			a2					
5	a3			a3					
6	a4			a4					
7	a5			a5					

图 1—21　模拟运算

其中 f 表示的是计算关系式，该运算关系可以直接在单元格中输入计算公式，也可以引用其他单元格已经存在的计算公式。另外注意在运用模拟运算时，计算关系式 f 的放置也是有规定的，若只有一个变量时，且变量放置在同一列上，则 f 放置于计算结果（如结果一般在变量的右方）的最上方。即图 1—21Excel 中 B2 单元格，若变量是放置在同一行上，则 f 放置于计算结果的最左方。若是两个变量，则 f 放置于两个变量交叉的位置，即图 1—21Excel 表中 D2 的位置。

当变量的值都在同一行内称之为引用行，变量的值都在同一列称之为引用列。

例：某公司的某产品的本量利分析如图 1—22 所示，第 1 行和第 2 行是基本数据，要求运用模拟运算表分别计算销售数量变动和销售数量和销售单价同时变动时的利润。

B4 =B1*(B2-D1)-D2

	A	B	C	D
1	销售数量	10000	单位变动成本	2.2
2	销售单价	4	固定成本	20000
3				
4	利润	-2000		

图 1—22 模拟运算 2

(1)假设只有销售数量变动

首先在 B4 单元格输入"＝B1×(B2－D1)－D2"完成利润计算；

此处是对函数的定义过程，即利润＝销售数量×(单价－变动成本)－固定成本，即定义 f 的计算关系。

然后在 A8:A13 中输入不同销售量的变动值，然后单击 B7 单元格，输入"＝B4"，完成模拟运算的前期工作(见图 1—23)。

B7 =B4

	A	B	C
6	单变量		
7		-2000	
8	5000	-11000	
9	10000	-2000	
10	15000	7000	
11	20000	16000	
12	25000	25000	
13	30000	34000	

图 1—23 模拟运算 3

注：本例中引用了其他已经存在的计算关系 f，实际上起作用的计算关系就是 B4 单元格中的计算公式"＝B1×(B2－D1)－D2"。

选中 A7:B13 单元格区域，单击数据选项，Excel2007，选择数据工具功能组，选择"假设分析"按钮，下来菜单里面打开"数据表"按钮，打开"模拟运算表"对话框，完成模拟运算表的计算过程(见图 1—24)。

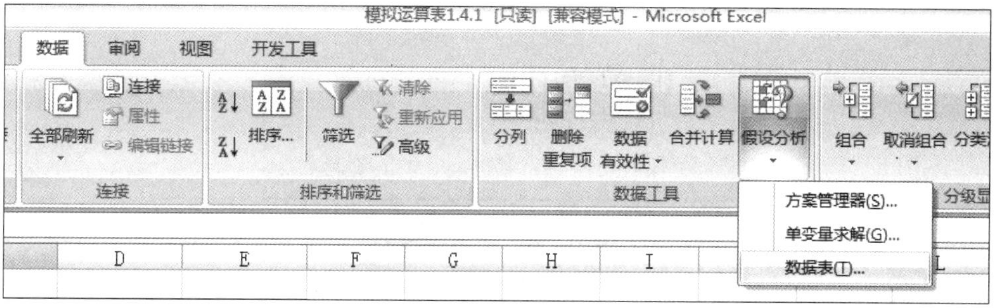

图1—24 模拟运算4

结果:变量的值排列在同一列中,所以为引用列,变量的值是销售量,在关系式中"=B1×(B2—D1)—D2"中,销售量表示的是B1单元格,所以输入引用列后应选择B1单元格。

(2)双变量变动(销售量和单价同时变动)

步骤:在A16:E22中输入不同的销量和不同的销售单价的值,然后在A16单元格中输入"=B4",完成使用模拟运算表的前期工作、然后选中A16:E22区域,同样打开"模拟运算表"对话框,然后输入应用列和引用行,如图1—25所示。

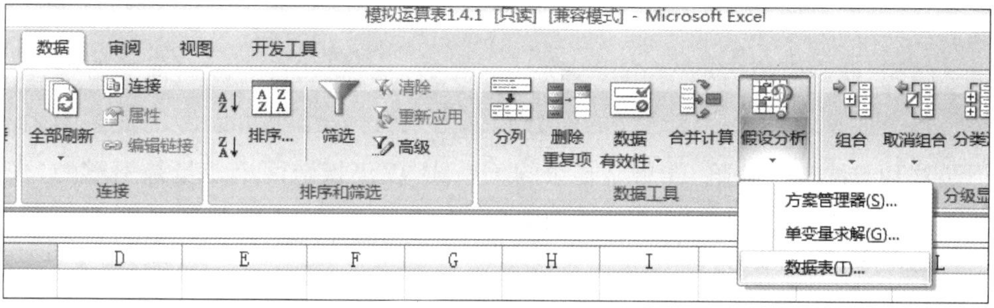

图1—25 模拟运算5

输入应用行、列的变量,如图1—26所示。

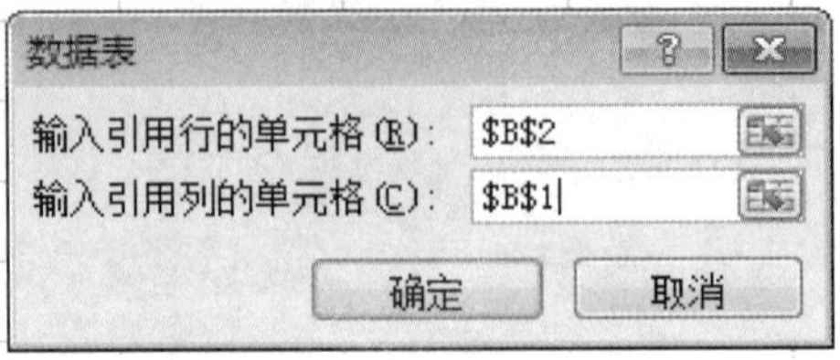

图 1—26　模拟运算 6

计算结果如图 1—27 所示。

	A	B	C	D	E
15	两个变量				
16	-2000	4	5	6	7
17	5000	-11000	-6000	-1000	4000
18	10000	-2000	8000	18000	28000
19	15000	7000	22000	37000	52000
20	20000	16000	36000	56000	76000
21	25000	25000	50000	75000	100000
22	30000	34000	64000	94000	124000

图 1—27　双变量运算

结论:使用模拟运算表可以一次性计算多个不同变量变动对值的影响,由于将各个变量的值和最终结果的值分别列出来,这样结果可以做出很多图表。但是这种方法也有缺陷,如果是复杂的关系式,仅仅指定两个变量是不够的,当是多个变量时,就要选用方案管理器来解决了。

1.2.4　规划求解

例:某公司某产品的本量利计算模型,前两行是基本数据,要求利用规划求解计算当销售量在 10 000～30 000 范围变动时,利润的最大值。假设固定成本在销售量小于等于 20 000 元时为 20 000 元,当销售量大于 20 000 时,固定成本为 30 000 元(见图 1—28)。

D2　=IF(B1<20000, 20000, 30000)

	A	B	C	D	E
1	销售数量	10000	单位变动成本	2.2	
2	销售单价	4	固定成本	20000	
3					
4	利润	-2000			

图 1—28　本量利分析

其中利润输入公式：

＝B1×(B2－D1)－D2

固定成本 D2 输入：＝IF(B1＜20 000,20 000,30 000)

规划求解为(见图 1—29)：

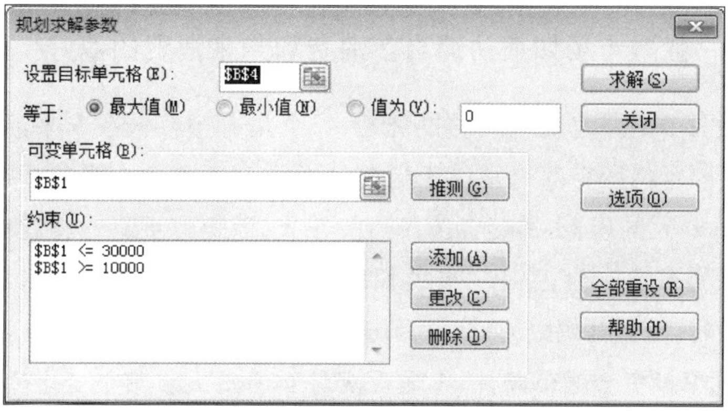

图 1—29　输入条件

结果为 24 000，即最大值为 24 000，对应的销售数量为 30 000 元(见图 1—30)。

B4　=B1*(B2-D1)-D2

	A	B	C	D
1	销售数量	30000	单位变动成本	2.2
2	销售单价	4	固定成本	30000
3				
4	利润	24000		

图 1—30　结果

小结：规划求解是函数计算的逆运算，规划求解计算的不是结果，而是各个变量的值，表示一个函数，则用规划求解要指定 y 值所在单元格的位置和变量所在的单元格及取值范围。规划求解通常用于解决极值问题和指定值（知道 y 值求 x 值）问题。本例中解决的是一个求最大值问题，计算当销售量为何值时利润最大。

规划求解的步骤：首先构造一个函数即：Sum＝B1×（B2－D1）－D2，其次就是为规划求解指定值、变量和变量取值范围，另外使用规划求解不能保证一定能找到符合要求的解。

1.3 案例分析

1.3.1 金融市场如何协调当前消费和未来消费的偏好

假设有两个偏好完全不同的投资者，一个是希望存钱在未来消费的蚂蚁，另一个是更愿意将所有的财富用于当前的娱乐而不考虑未来的蚱蜢。假设每人都有 80 000 元的现金，蚱蜢会选择当前花光，而蚂蚁更喜欢将其投资于金融市场。如果利率是 10%，那么一年之后蚂蚁会有 88 000 元。当然，还有许多可能的中间策略。例如，蚂蚁或蚱蜢可以选择现在花费 40 000 元，剩下 40 000 元以 10%的利率投资金融市场，一年之后就有 44 000 元。整个变化范围如图 1－31 中①所示。

在这个例子中，蚂蚁通过金融市场延迟消费，但金融市场也可以让消费提前。假设蚂蚁和蚱蜢不是现在持有现金 8 万元，而是在年底将获得 88 000 元。在这种情况下，蚂蚁很乐意等到资金到手再去消费，而蚱蜢宁愿借钱也要及时行乐。当利率为 10%时，蚱蜢在年底才能收到的 88 000 元可以让他现在借到 80 000 元去消费。因此，金融市场像一个时间分离器，将收入与支出的时间分离开。要注意是在利率为 10%的情况下，蚂蚁和蚱蜢对现在持有现金 80 000 元或年底收到 88 000 元一样满意。他们不关心现金流的时间价值，对于他们来说当前的现金流价值最高（在这个例子中是 88 000 元）。

在现实生活中，个人不仅投资金融市场，还可能投资工厂、设备和其他实物

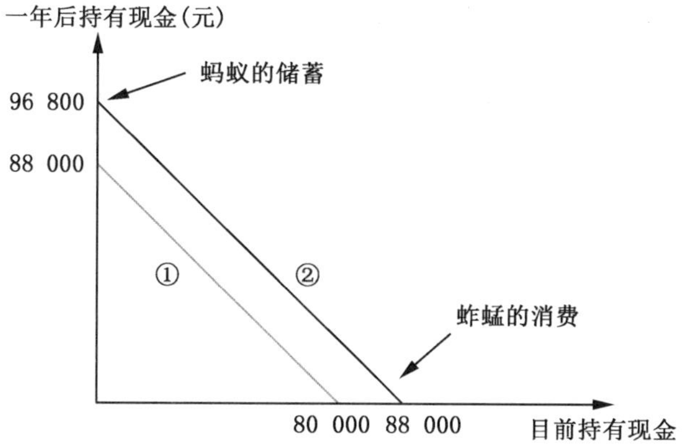

图 1—31　蚂蚁和蚱蜢的当前消费和未来消费

资产。假设蚂蚁和蚱蜢都有机会将他们的 80 000 元投资于一个朋友新建的业务中,第二年就会一次性获得 96 800 元的风险投资报酬。蚂蚁会很乐意投资这项业务,因为相比于自己投资金融市场获得的 88 000 元,这项业务投资的报酬更可观。那么想要当前消费的蚱蜢呢?只要他可以通过投资项目的未来收益借款,他也会很乐意投资。以 10%的利率,蚱蜢可以借入 88 000 元,还剩下 8 000 元可以用于当前消费。蚂蚁和蚱蜢都因投资朋友的风险项目而变得更加富有,投资增加了他们的财富。如图 1—31 从①到②的位置。

蚂蚁和蚱蜢同意投资新风险项目的一个主要条件是资本市场竞争激烈、运作良好,两人可以以相同的利率借贷。只有当股东都处在一个完全竞争的资本市场,公司市场价值最大化的目标才有意义。

如果资本市场运作不佳很容易看出上述方法行不通,比如蚱蜢不能通过投资项目的未来收益借到资金,他就不会投资风险项目。如果蚂蚁和蚱蜢是同一家企业的股东,蚂蚁会很高兴公司实施这个风险项目,而蚱蜢会要求更高的分红。

没有人会坚信资本市场能够完美运作,在做融资决策时我们还需考虑税收、交易成本等问题。一般假设资本市场运作良好,公司的目标是实现股东财富最大化。

1.3.2 本田汽车财务管理目标分析

本田汽车成立于 1948 年,公司总部在日本东京,注册资金为 860 亿日元,目前全球雇员总数达 18 万人以上。本田汽车创始人本田宗一郎,与松下公司松下幸之助、索尼公司盛田昭夫、京瓷公司稻盛和夫并称为日本经营"四圣"。本田汽车创始至今,本田汽车公司的领导者在变化,其核心业务也从摩托车转向了汽车。但是,创始人本田宗一郎所培育的制胜经营哲学,却一如既往长存本田公司。本田汽车哲学由基本理念、企业宗旨与运营方针共同组成。该哲学作为一种价值观为所有本田汽车员工所共有,成为其行动、判断的标准,亦是企业一切活动的基石。本田汽车以梦想为原动力,并以本田汽车哲学为基准,贯彻企业运营的所有环节,积极与全球用户分享喜悦与感动,以成为"被社会期待存在的企业"为目标不断接受新的挑战。本田汽车的基本理念是尊重人和三个喜悦,并以让全世界的顾客满意为宗旨在全球开展事业,不断地研发出行业领先的先进技术,并以商品的形式提供给顾客。在全球环境问题日益突出的今天,本田汽车在产品研发、生产和销售等各项企业活动中努力把减少大气污染、降低二氧化碳排放量、提高资源和能源的利用率等作为首要课题,采取了包括提高产品环保性能、降低能耗、建设"绿色工厂"等一系列措施,为减少地球环境负荷做出积极贡献。本田汽车的企业宗旨是放眼全球,竭尽全力以最合理的价格提供最优质的产品,让全球用户满意。本田汽车的运营方针是始终怀抱梦想与朝气。热爱事业、珍视交流。营造和谐、有条不紊的工作流程。本田汽车财务管理目标是利益相关者利益的最大化,这是企业进行一切生产经营活动的起点和最终点。以企业不同层次的利益相关者设立出不同的具体目标,主要从经营者、员工、顾客、社会四个方面进行分析描述,具体情况如下:

(1)经营者职业化

企业雇用职业的经营者作为所有者的代理人,代替所有者对企业日常生产经营活动的管理工作。经营者的目标是达到一个平衡,以最大限度地发挥其效益之间的工作稳定性。

本田汽车在世界各地都有自己的子公司,这些公司都有自己的职业经理人,在授权范围内可以行使经营权。从创始人本田宗一郎开始,公司就将企业交给有能力的年轻人打理。因为企业让职业经理人来管理,能够把企业内部的各个生产要素结合起来,并使之发挥最大的功效。职业经理人的目标是打造和规范企业管理秩序,从管理理念、管理技术、制度建设、团队培养四方面入手,打造良好的经营管理秩序。职业经理人是企业管理人才中最稀缺的人才。优秀的职业经理人对整个企业是一种榜样,他本人的人格魅力可以起到良好的感染力,同时也是对自身企业文化的认可。

(2)全面挖掘员工素质

目标工作人员的工资通常是最大限度地提高收入和就业稳定之间的平衡。员工提供必要的智力和体力给工作的公司,以获得合理的回报。员工是财富的创造者,他们有权分享企业的利润;工人和企业的利益是紧密相连的,当生意失败,他们也承担了很大的风险。因此,建立财务管理的目标时,必须考虑员工的利益。

(3)积极承担社会责任

本田公司与中国合资成立的本田汽车(中国)有限公司、东风本田汽车有限公司等四家公司被列入“十二五节能减排国家万企”名单,这些企业在新工厂的建设,在改进生产工艺、加快引进新产品和技术、促进节能减排等方面有良好发展,在一年之内,4 家公司已经完成了国家的减排目标。为了减少化石能源生产消费,积极减少二氧化碳排放量,从 2012 年起本田与中国合资开发太阳能光伏发电系统。2013 年上半年本田生产技术(中国)有限公司和本田汽车公司的新 4 家公司已经导入该系统。其中,太阳能光伏发电系统在东风本田汽车的第二工厂耗能约 55 万千瓦时,每年可减少二氧化碳排放约 540 吨,相当于减少砍伐森林面积 14 800 平方米。今后将有更多的中国合资企业导入此系统,这有利于保护环境。

第 2 章　货币的时间价值

学习目标

了解终值和现值的含义；学习如何计算现金流的现值；理解年金、增长年金、永续年金等现值的计算公式；理解连续复利的含义；了解名义利率与实际利率的差异；理解净现值和报酬率的基本差异。

关键词

现值　终值　年金　复利　名义利率　实际利率　连续复利　净现值

2.1　理论背景

从财务管理的角度出发，公司资金流动的具体表现形式是投资活动和融资活动。如果将货币资金投资于有价证券（假设无风险），随着时间推移该证券的价值也会随之增加，其中增加的价值就称作货币的时间价值。根据货币时间价值的定义可知，在不同时间点上现金流的价值是不相等的，因此须将不同时点的现金流量按照一定的利率调整为同一时点的现金流量，以便比较和分析。

2.1.1　现值和终值

根据上述货币时间价值的概念可以得出：对于同等价值的货币而言，当前的价值远大于未来的价值。现在的 100 元和 1 年后的 100 元相比，大多数投资者会选择现在的 100 元，因为其可用这 100 元投资来获得利息。假设投资者在银行账户中存入 100 元，利率为 6%期限为1年。第 1 年，投资者将获得 0.06×100=6(元)的利息，投资的总价值变为 106 元。

1 年后的投资价值$=100\times(1+r)=100\times1.06=106$(元)

若投资者继续将这笔钱用于投资就意味着投资者放弃了当前支出的机会，但是投资者可以得到在一年后支出 107 元的机会。如果第 2 年投资者继续将钱存在银行，将获得的利息为 $0.06\times106=6.36$(元)，投资的总价值增长到 112.36 元。

2 年后的投资价值$=106\times1.06=100\times1.06^2=112.36$(元)

投资者在第 2 年获得的利息是基于初始投资(100 元)和第 1 年的利息(6 元)得来的。因此该笔投资是以复利形式增长的，投资者获得的利息称为复利(compound interest)。

如果投资者投资 100 元的期限为 t 年，投资者的投资将继续以 6%的复利增长到 $100\times(1.06)^t$。对于任一利率水平 r，100 元投资的未来价值为：

100 元的未来价值$=100\times(1+r)^t$

利率越高，投资者未来能获得的金额就越大。例如，100 元以 8%增长 10 年后，将增长到 $100\times(1.08)^{10}=215.89$(元)。如果同样的投资以 5%增长，仅仅增长到 $100\times(1.05)^{10}=162.89$(元)。投资 100 元未来能获得的价值我们将其称之为这 100 元的终值，由此得到终值的概念：某一现金流量按一定利率计算的一期或多期后的价值，这里因为是复利，所以叫作复利终值，其计算公式为：

$$F=CF_0(1+r)^n=CF_0(F/P,r,n)$$

式中，$(1+r)^n$ 为 1 元复利终值系数，记作$(F/P,r,n)$，可直接查阅“复利终值系数表”。在其他条件一定的情况下，现金流量的终值与利率和时间呈同向变动，现金流量时间间隔越长，利率越高，终值越大。假设在 t 年年底投资者获得的现金流量为 C，那么这个未来价值的现值为：

$$现值=PV=\frac{112.36}{(1.06)^2}=100(元)$$

折现是指将未来预期发生的现金流量按折现率调整为现值的过程，复利现值是复利终值的逆运算，其计算公式为：

$$P=CF_n(1+r)^{-n}=CF_n(P/F,r,n)$$

式中，$(1+r)^{-n}$ 为1元复利现值系数，记作$(P/F,r,n)$，可直接查阅"复利现值系数表"。在其他条件不变的情况下，现金流量的现值与折现率和时间呈反向变动，现金流量间隔的时间越长，折现率越高，现值越小。式 $1/(1+r)^n$ 又称贴现因子(discount factor)。它表示的是1年后的1元在当前的价值。例如，当利率为6%时，2年的贴现因子为：

$$DF_2=\frac{1}{1.06^2}=0.8900$$

为了在2年后获得1元，投资者今天愿意支付0.89元。如果2年后每1元在当期的价值为0.89元，那么2年后的112.36元的现值为：

现值$=DF_2\times C_2=0.89\times 112.36=100$(元)

资金等待的时间越长，其当前价值越低。值得注意的是，利率水平的微小变化将导致未来现金流量的现值发生显著变化。当利率为5%，10年后的100元当前只值61.39元。如果利率上升到8%，未来价值的现值将下降到46.32元。

【例2—1】 假设投资者打算建造一幢办公楼，购买土地和建造成本总共为350 000元。投资者预计1年之后办公楼将会大卖，到时投资者可以将办公楼以400 000元卖出。为方便计算，假设400 000元是已确定的售价。如果现金流的现值(*PV*)超过350 000元的投资，投资者应该毫不犹豫做出投资决策。假设国债的利率为每年$r=5\%$，那么投资者的办公楼的现值为：

$$PV=\frac{400\,000}{1.05}=380\,952.38(\text{元})$$

这里的5%被称为贴现率(discount rate)、门槛收益率或资本的机会成本。之所以称为机会成本是因为投资这一项目后，投资者就无法将其投资于其他项目。在例2—1中，机会成本为5%，因为投资者如果投资国债可获得5%的无风险利息，就放弃了通过建造办公楼取得销售价款的机会，导致可能损失380 952.38元的销售收入。但是，如果投资者刚刚置地并支付了建造费用后就想卖出办公楼，那么投资者的售价应该定在多少呢？如果该投资 1 年后的可收回金额确定为 380 952.38 元，那么该财产在当前的现值将是 380 952.38 元，这是为了得到同样的未来收入投资者需要支付的金额。如果投资者试图以超过 380 952.38 元的价格卖出，则该项资产的期望收益率将低于政府债券 5%的收益率水平，所以 3 809 523.81 元的现值是唯一能使买卖双方都满意的价格。这里需要注意，办公楼的未来售价 400 000 元与其现值 380 952.38 元之间的差额是由于货币时间价值导致的，而现值与总成本 350 000 元之间的差额是由于风险因素造成的。

2.1.2　普通年金

普通年金是等额、定期收付的一系列现金流。

2.1.2.1　普通年金现值

普通年金包括普通年金现值和普通年金终值。年金现值是指一定时期内每期期末现金流量的复利现值之和。普通年金现值的计算公式为：

$$P=A\left[\frac{1-(1+r)^{-n}}{r}\right]=A(P/A,r,n)$$

1 元 t 期普通年金的现值公式还可以简化为：

$$\frac{1}{r}-\frac{1}{r}\times\frac{1}{(1+r)^{t}}$$

上述公式其具体推导过程见例 2—4。

式中，方括号内的数值称作“年金现值系数”，记作$(P/A,r,n)$，可直接查阅“年金现值系数表”。在年金现值公式中，如果给定现金流量的现值和折现率，就可以计算每年等额的现金流量 A，即

$$A=\frac{P}{\left[\frac{1-(1+r)^{-n}}{r}\right]}=\frac{P}{(P/A,r,n)}$$

【例 2—2】　某购房者按揭贷款 50 万元，贷款期限为 25 年，按揭贷款年利率为 6%，按揭贷款开始日期为 2005 年 12 月，要求根据以上数据，计算每期的还款额，每期还款额中的本金和利息各为多少？

$$\text{按揭贷款月支付额}=500\ 000\times\left[\frac{0.06/12}{1-(1+0.06/12)^{-300}}\right]=3\ 221.51(\text{元})$$

上述计算表明，每月支付 3 221.51 元就能在 25 年内偿付 500 000 元，随着时间的增加，利息金额逐渐下降，而本金金额逐渐上升。在最后一期期末，本金全部偿还，即付清全部本息。具体偿还情况见表 2—1：

表 2—1 贷款偿还情况 单位：元

按揭总额	500 000.00	按揭年数	25	冲销本金及余额状况	
年利率	6.00%	开始日期	2018 年 10 月		
期数	期初余额	偿还利息	每月还款额	冲销本金	期末余额
1	500 000.00	2 500.00	3 221.51	721.51	497 500.00
2	497 500.00	2 487.50	3 221.51	734.01	496 765.99
3	496 765.99	2 483.83	3 221.51	737.68	496 028.32
4	496 028.32	2 480.14	3 221.51	741.37	495 286.95
5	495 286.95	2 476.43	3 221.51	745.07	494 541.88
6	494 541.88	2 472.71	3 221.51	748.80	493 793.08
7	493 793.08	2 468.97	3 221.51	752.54	493 040.54
8	493 040.54	2 465.20	3 221.51	756.30	492 284.23
9	492 284.23	2 461.42	3 221.51	760.09	491 524.15
10	491 524.15	2 457.62	3 221.51	763.89	490 760.26
20	485 656.64	2 428.28	3 221.51	793.22	484 863.42
50	460 051.37	2 300.26	3 221.51	921.25	459 130.12
70	440 724.35	2 203.62	3 221.51	1 017.89	439 706.47
100	407 867.00	2 039.34	3 221.51	1 182.17	406 684.83
150	340 902.68	1 704.51	3 221.51	1 516.99	339 385.68
180	291 934.10	1 459.67	3 221.51	1 761.84	290 172.26
200	254 972.33	1 274.86	3 221.51	1 946.65	253 025.68
300	3 205.48	16.03	3 221.51	3 205.48	0.00

这里贷款的偿还方式为等额还款法。等额还款就是借款人每月按照相等的租金偿还贷款本息，其中每月贷款利息按月初剩余贷款本金计算并逐月还清，由于每月的还款额相等，所以在贷款初期每月的还款额中，剔除按月结清的利息后，所还的贷款本金较少，而在贷款后期因为贷款本金不断减少，每月的还

款额中贷款利息也不断减少，每月所还的本金就较多。等额还款方式下，每期还款额中既包括了还款的本金部分也包括了利息部分，还款的本金随着期数的增加而升高，还款的利息部分会随着期数的增加而减少，但是不论是在哪一期，本金和利息之和总是一个定值。

2.1.2.2　普通年金终值

除了年金现值有助于投资者做出决策以外，知晓一项支付现金流量的终值是多少也是必要的。在知道现值的情况下，用现值乘以$(1+r)^n$就得到了终值。计算 1 元现金流量 t 年后的终值的一般公式为：

$$1\text{ 元年金终值}=\left[\frac{1}{r}-\frac{1}{r(1+r)^t}\right]\times(1+r)^t=\frac{(1+r)^t-1}{r}$$

【例 2—3】 投资者计划每年年末储蓄 25 000 元，储蓄年利率为 5%，5 年后投资者能够有多少积蓄？

首先考虑投资者的储蓄当前的价值。在 5 年中，投资者每年储蓄 25 000 元。因此，5 年年金的现值为：

$$\text{现值}=25\ 000\times\left[\frac{1}{0.05}-\frac{1}{0.05\times(1.05)^5}\right]=108\ 236.92(\text{元})$$

假设投资者今日投资 108 236.92 元，5 年后将为多少？只需简单乘以 1.05^2 即可。

$$5\text{ 年后的价值}=108\ 236.92\times1.05^5=138\ 140.79(\text{元})$$

这里的 5 年后的价值就是投资者每年储蓄 25 000 元的普通年金终值。普通年金终值又称后付年金，是指一定时期每期期末等额的现金流量。普通年金终值是一定时期内每期期末现金流量的复利终值之和。

2.1.3　预付年金

$$PV=25\ 000+25\ 000\times\left[\frac{1}{0.05}-\frac{1}{0.05\times(1.05)^4}\right]=113\ 648.76(\text{元})$$

$$PV=25\ 000+25\ 000\times\left[\frac{1}{0.05}-\frac{1}{0.05\times(1.05)^4}\right]=113\ 648.76(\text{元})$$

从中可以看出，期初储蓄和期末储蓄在 5 年后能得到的金额的差额刚好等于期末储蓄的普通年金的数值乘以$(1+r)$，这种期初支付的等额现金流量被称为预付年金(annuity due)。

2.1.4 永续年金和递增年金

2.1.4.1 永续年金

永续年金是普通年金的特殊形式,是期限趋于无穷大的普通年金,只有现值没有终值。永续年金的年收益率等于年付款额除以其现值。

$$收益率=\frac{现金流}{现值}$$

$$r=\frac{c}{PV}$$

显然,在给定贴现率 r 和现金报酬 c 的情况下,我们可以通过变换上式得出永续年金的现值。

$$PV=\frac{c}{r}$$

若投资者计划明年开始每年提供一笔 10 万元的永续年金。如果利率为 10%,投资者今天要支付的金额为 10/0.1=100(万元)。对于永续年金公式有两点请注意:第一,1 年后 1 元的现值等于 1/1.1=0.9,永续年金的值等于 1/0.1=10,两者并不相同。第二,永续年金计算所得的值是从目前开始每期都获得相同数额的收入,例如,假设投资者决定每年提供 10 万元,第一笔钱从现在算起的 5 年后开始支付。我们知道,在第 5 年时,这笔捐助将成为一笔普通年金,1 年后开始支付。根据永续年金计算公式,在第 5 年时,这笔捐助的价值为 $10/r=10/0.1=100$(万元)。为了计算现值,需要用到 5 年的贴现因子 $1/(1+r)^5=1/1.1^5=0.621$。因此,"延后"永续年金的价值为 100×0.621=62.1(万元)。

2.1.4.2 递增年金

如果每期现金流量按照固定比率递增,构成等比数列,这类年金称为递增年金。固定比率递增的年金其现值为:

$$p=\sum_{i=1}^{n}\frac{D_i}{(1+r)^i}=\sum_{i=1}^{n}\frac{D_0(1+g)^{i-1}}{(1+r)^i}=D_0\sum_{i=1}^{n}\frac{(1+g)^{i-1}}{(1+r)^i}$$

D_i 为每期的现金流量,r 为贴现率,i 趋向无限大时:

$$p=\frac{D_0(1+g)}{r-g}$$

当增长率为 0 时，转换为永续年金的方式，公式可以简化为：

$$p=\frac{D_0}{r}$$

【例 2—4】 假设投资者给自己规划了养老计划，每年在年末时存入一笔钱，最初的时候存入 5 000 元，以后每年比上年多存 1% 的金额，连续存 5 年，假设利率为 8%，要求计算 5 年后该养老计划的现值。则有：

基于上述永续年金的计算，我们可以找到一种简化的年金计算方式。如图 2—1 所示：

第	1	2	3	4	5	6	……年现金流量
1. 永续年金 A	1	1	1	1	1	1	……$\frac{1}{r}$
2. 永续年金 B				1	1	1	……$\frac{1}{r(1+r)^3}$
3. 三年的年金(1—2)	1	1	1	$\frac{1}{r}-\frac{1}{r(1+r)^3}$			

图 2—1　年金公式简化过程

在图 2—1 中，永续年金 A 是从第一年年末开始每年产生 1 元的现金流，则该年金的现值为$\frac{1}{r}$；永续年金 B 是从第 4 年年末开始每年产生 1 元的现金流，则该年金从第 5 年年初开始的部分是永续年金，计算该年金的现值应该先将其折现到第五年年初，再折现到第一年年初，即为$\frac{1}{r}\times\frac{1}{(1+r)^3}$；因此，从图 2—1 可以看出永续年金 A 和永续年金 B 的现值之差的金额刚好是期限为 3 年的年金现值。由此我们可以得出：

$$t\text{ 期年金现值}=\frac{1}{r}-\frac{1}{r(1+r)^3}$$

上式被称为年金的简化公式，括号中的部分被称为年金因子，在计算年金现值时比利用年金现值系数要容易很多。

2.1.5 名义利率与实际利率

100元3年期的投资，6%的回报率，在一年计息一次的情况下，会增加到119.1元；在半年计息一次时，会增值119.41元，因为在半年计息一次时，100元会获得更多的利息，半年计息一次下的有效回报率要大于一年计息一次的年回报率，换言之，在其他条件相同的情况下，每年计息次数越多，投资回报率就越大。

不同投资的复利次数是不同的。例如银行账户通常以天为基础计算利息，甚至是连续计息，大多数债券每半年支付一次利息；而股票股利则通常是每季度发放一次，如果我们想要把不同复利期限的证券合理地加以比较，前提就是其具有相同基础，这就要求区分名义利率和实际有效的年利率。

在合同中，利息总是以年利率的形式表达，若利率是6%，每半年复利一次，名义利率就是百分率，百分率是个非复利因素，因为当一年内的利息支付多于一次时，它并不考虑复利的影响。也就是说，你可以拥有两项年百分率为6%的贷款（或投资），但实际上每年偿还贷款本金的次数不同而导致计算利息的基数也不同。结论就是如果要比较一年中在不同时期的贷款（或投资），就必须比较这些贷款（或投资）的实际的有效年利率，而不是单纯比较年百分率。

有效年利率是指如果在每年复利一次的情况下，使得终值相等的利率，即实际的年度增长率。名义利率一般都是按照年利率形式，但是实际复利的次数可能是一年内发生几次。名义利率与实际利率不同就在于复利的周期和实际利率的执行周期不一致。实际利率是按照每期的利率逐期复利而得的利息与本金之比，其计算公式为：

$$EAR=\left(1+\frac{r}{m}\right)^{m}-1$$

其中，EAR 为实际利率；r 表示名义利率；m 表示名义利率所对应的期限中复利的次数。复利终值就是：

$$FV=P\times(1+EAR)$$

也可以根据实际利率计算名义利率：

$$r=(\sqrt[m]{(1+EAR)}-1)\times m$$

【例2—5】 某公司打算向银行借入一笔期限为1年的借款20万元，其中一家银行借款的条件为借款年利率 6%，银行每季度计息一次；另一家银行的条件是年利率 6.05%，到期还本付息，该公司要求财务部门对两种贷款条件进行分析并选择。

$$EAR_1=\left(1+\frac{6\%}{4}\right)^4-1=6.14\%$$

$$EAR_2=6.05\%$$

若按每季度计息，实际利率为 6.14%，高于另外一家银行 6.05%的贷款利率水平，所以应当选择 6%贷款利率的银行。在计算复利现值和终值时，如果也存在一年内多次复利的情形，则折现的利率为名义利率而不是实际利率。比如房贷每月月供的计算，其中使用的利率就是将年利率转换成月利率（年利率/12），而不必去计算实际利率来计算年金或者终值和现值。

若要在名义利率基础上计算终值或现值，一般不必将名义利率转换为实际利率，而是在名义利率基础上直接对其进行调整，并计算终值或现值。

名义利率和实际利率各有用处，在进行决策时应该采用哪一个利率做出估计是我们要讨论的问题。如果要求计算实际利率，可以先计算实际利率。但是在要求计算终值时，人们往往是直接调整名义利率，因为 1 元复利终值系数表或者其他系数表中反映的通常是整数利率，计算复利或者年金终值或现值，调整名义利率直接查表求值，既然查表不容易查到小数的利率，不如直接用公式计算终值或者现值的结果。

这里的复利次数是一年内 4 次，每季度计息，实际上每年的复利次数可以更多。如每年复利 10 次，100 次甚至于无穷大，当 1 年的复利次数趋向于无穷大时，实际利率就成了连续复利的利率，以该利率贴现计算的就是连续贴现。当 m 趋向无穷大时，连续复利的利率可以表示为：

$$\lim_{\delta x\to\infty}(EAR)=\lim_{\delta x\to\infty}\left(1+\frac{r}{x}\right)^x-1=\lim_{\delta x\to\infty}\left[\left(1+\frac{r}{x}\right)^{\frac{x}{r}}\right]^r-1=\lim_{\delta x\to\infty}e^r-1$$

该利率随复利次数的变化做出如图 2—2 的改变：

从图 2—2 可以看出连续复利条件下计算的利率随着复利次数的增加而增大，但是这个增长不是无限的，随着次数的增加，利率水平会接近于一个定值 e^r-1。该连续复利计算的利率水平在开始阶段上升较快，到了一定期限之后，利

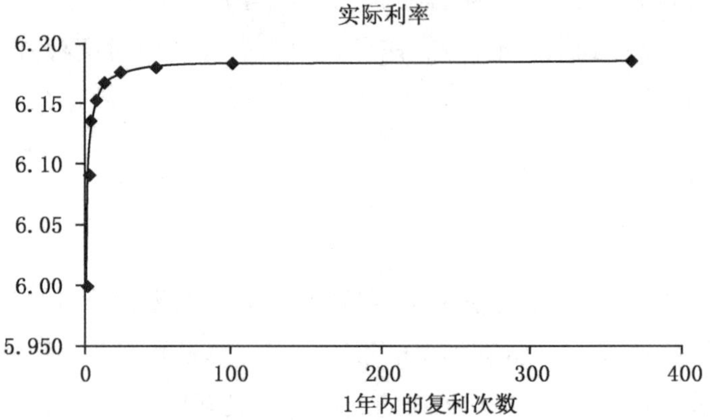

图 2—2　实际利率变化

率水平上升缓慢并逐渐接近于一个定值，连续复利的计算是一个理论的问题，一般使用范围是在理论研究上。

2.2 Excel 运用

2.2.1 基本财务模型

在 Excel 这样的电子表格程序中，有很多解决现值、终值等问题的函数。在 Excel 工具条中通过使用 $f(x)$功能就可以找到这些函数，运用计算机使得这些问题变得简单了许多。当投资者调用这些函数时，Excel 要求输入数据。表 2—2 中列举了一些常用的财务函数可以帮助投资者解决遇到的问题。

表 2—2　几种基本的财务函数

求解变量	输入函数
终值:FV	FV(rate,nper,pmt,pv,type)
现值:PV	PV(rate,nper,pmt,fv,type)
每期等额现金流量:PMT	PMT(rate,nper,pv,fv,type)
期数:n	NPER(rate,pmt,pv,fv,type)
利率或折现率:r	RATE(nper,pmt,pv,fv,type,guess)

2.2.2　应用实例

【例 2—6】　假设要购买一辆汽车，但是由于是新车型、价格过高，不能承受，预计该类汽车在 3 年后会降价为 80 000 元，假设现在存款利率为 10%，遂决定现在就存入一张 3 年期的定期存单，则现在其应该存入多少钱，才能在 3 年后使得银行存款为 80 000 元，假设银行以单利计息。

解释：在单利条件下，复利计息的期数只有 1 期，利率为整个持有期限的总利率，由于未来流入为 80 000 元，最终结果为负数，表示现阶段会有现金流出，也就是产生一笔投资。

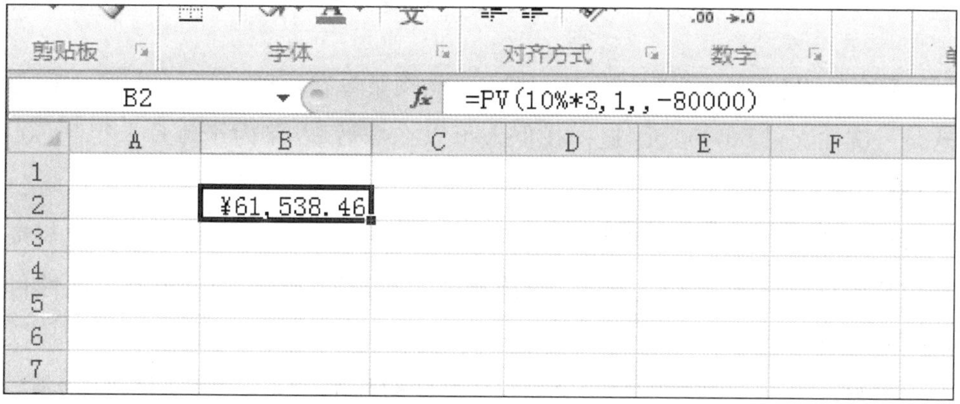

图 2—3　单利条件下 PV 函数求解

【例 2—7】　假设要购买一辆汽车，但是由于是新车型、价格过高，不能承受，预计该类汽车在 3 年后会降价为 80 000 元，假设现在存款利率为 10%，遂决定现在就存入一张 3 年期的定期存单，则现在其应该存入多少钱，才能在 3 年后使得银行存款为 80 000 元，假设银行以复利计息。

解释：PV 函数只需设置 rate、nper 和 FV 参数，不论是单利还是复利，pmt 参数和 type 参数均省略。rate 和 nper 要相互匹配。单利下，不存在复利的问题，即复利次数是 1 次，因此 rate 表示的利率就是整个期限的利率。复利下，复利次数是要计息的期数，复利的利率和期数相对应。

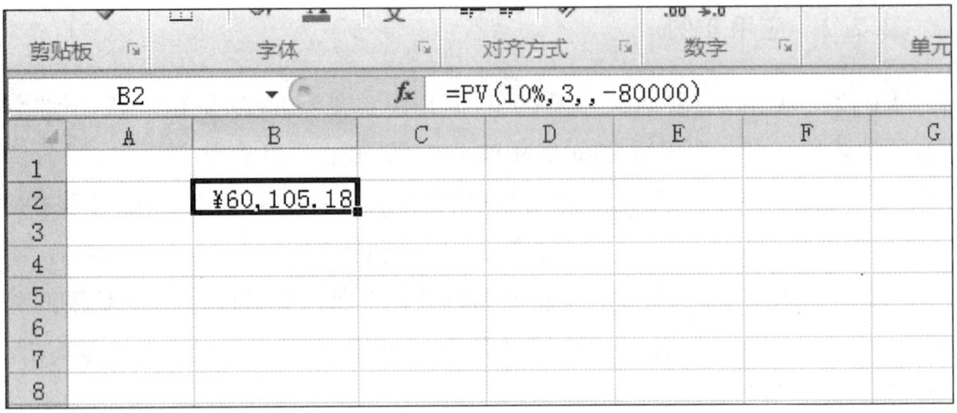

图 2—4　复利条件下 PV 函数求解

【例 2—8】 假设要购买一项保险年金，该保险有两种付款方式，第一种方式是一次性支付 60 000 元，这样投保人可以在今后 20 年内于每月末得到 500 元；第二种方式是投保人可以在 20 年内每月末付出 500 元保险费，到期保险公司支付 32 万元，假定投资回报率为 8%，计算两种投保方式哪种更好(趸交与按期付款相对应，有险种如人寿险的保险费是每年按期交的。趸交就是一次性付清所有保费)？

解释：rate 参数表示额是每个复利计息期的利率，nper 表示复利计息次数，每期是每个月，年利率要换算成月利率，pv 参数含义是投资开始时已经入账的价值，本例中第 0 期没有现金入账。

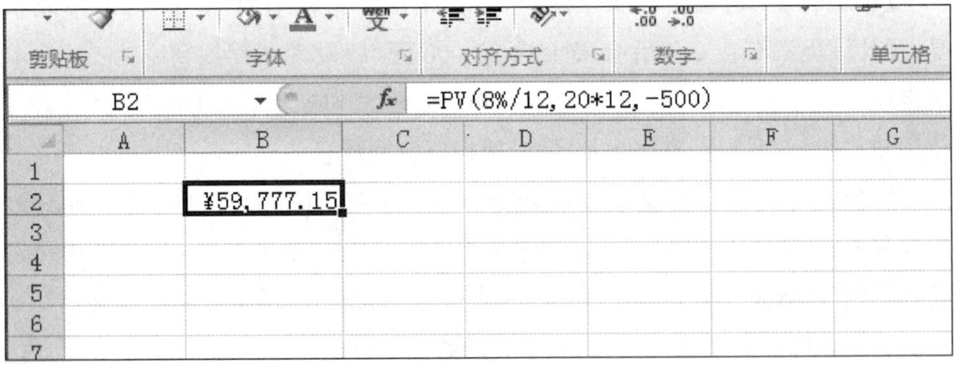

图 2—5　按月计息条件下 PV 函数求解

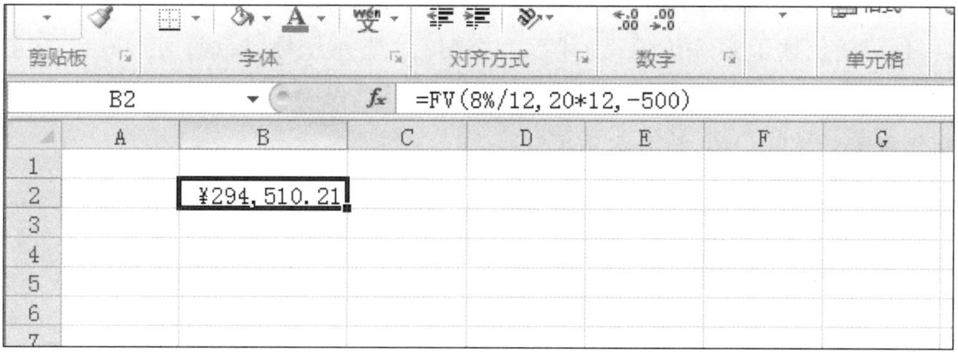

图 2—6　按月计息条件下 FV 函数求解

结论：站在现值的角度，该项保险的价值为 59 777.15 元，未来 20 年后的到期的时点来看，该项保险的价值为 294 510.21 元，如果一次性付款 60 000 元，实际上付款大于保险的价值（价值与价格的比较）。仅从资金的角度来看该方案不可行。选择分月付款 500 元的方案，到期后保险的实际价值为 294 510.21 元，但保险公司到期给的 32 万元，大于保险的实际价值，仅从资金角度来看该方案可行。

【例 2—9】　假设要购买一项保险年金，该保险有两种付款方式，第一种是一次性支付 60 000 元，这样投保人可以在今后 20 年内于每月初得到 500 元；第二种方式是投保人可以在 20 年内每月初付出 500 元保险费，到期保险公司支付 32 万元，假定投资回报率为 8%，计算两种投保方式哪种更好。

解释：type 参数设置为 1. 参数以此为：i，n，A，p，F

＝PV(B2/12，B3，－B1，1)与＝PV(B2/12，B3，－B1， 1)得出的结果不同。就是 pv 参数的逗号有无很重要。

＝FV(B2/12，B3＋1，－B1，)－B1 与＝FV(B2/12，B3，－B1，－B1)－B1 结果是一致的。＝FV(B2/12，B3，－B1，－B1)－B1 表示 rate：B2/12，nper：B3；pmt：－B1；PV：－B1，type：0 可省略。虚拟出最后一期期末也存在一个 500 的现金流量，FV 函数即使在计算普通年金时，本身也是可以设置期初投资的现金流量，可以使用 PV 参数，表示刚开始投资的时候已经存在一个 500 元的现金流量，所以对应的是第 0 期的现金流量。

结论：一次性付款需要支付 60 000 元，而该保险的实际价值为 60 175.66 元，保险价值大于实际价值，因此该方案可行；选择分月付款每月 500 元的方案，到期后保险的实际价值为 294 510.21 元，但是保险公司到期给付 28 万元，小于保险的实际价值，该方案不可选。

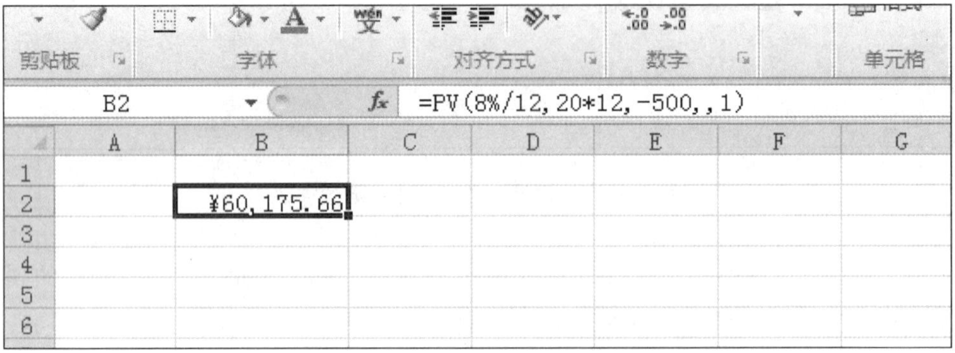

图 2—7　PV 函数求解—1

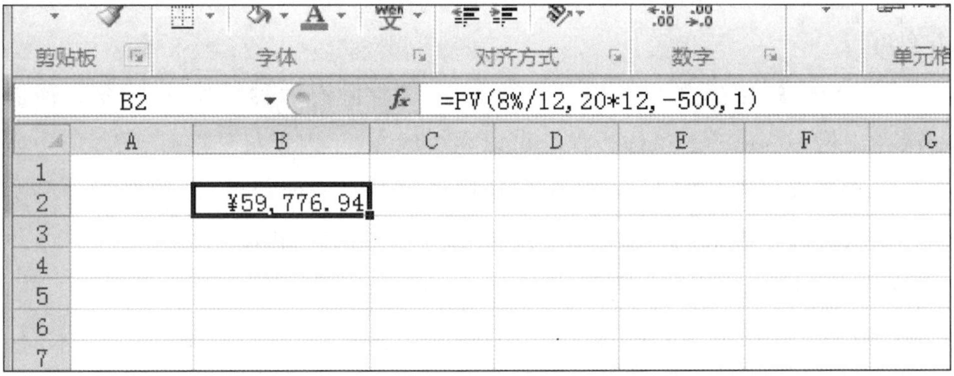

图 2—8　PV 函数求解—2

【例 2—10】　王某现年为 60 岁，预计寿命至少还有 20 年，他希望按年金形式投资 25 000 元，去世前每年年底能得到一笔收入。如果利率为 6%，王某每年能得到多少钱？

解：根据题意可知要求王某每年能得到多少钱实际上就是求现在投资 25 000 元在未来每年可以享受到的年金是多少，利用 Excel 函数计算如下：

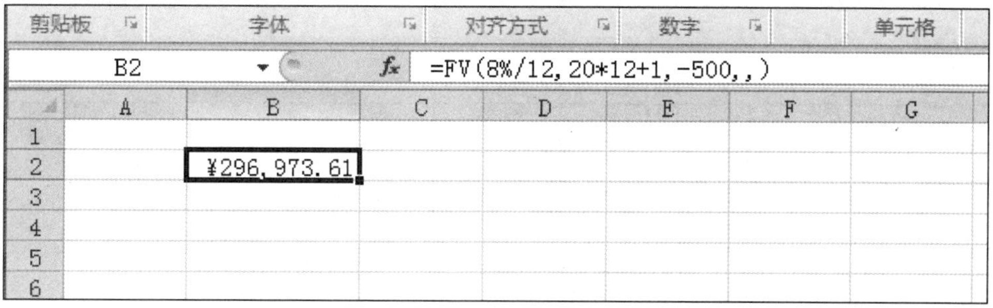

图 2—9　FV 函数求解—1

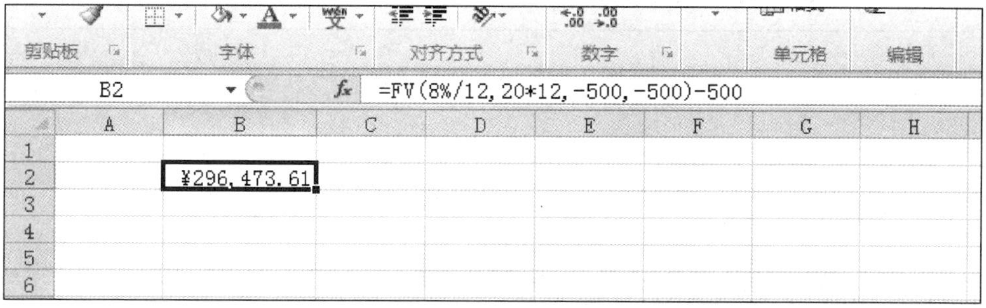

图 2—10　FV 函数求解—2

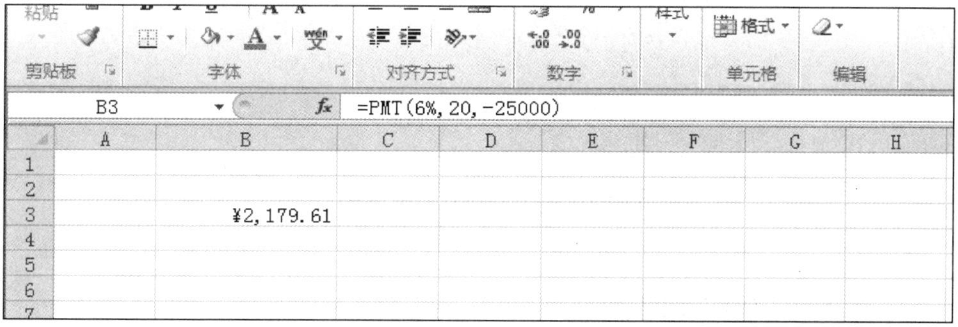

图 2—11　PMT 函数求解

【例 2—11】　李某买彩票中了一等奖，奖金为 10 000 000 元，这笔钱分 20 次每年等额发放。现李某打算将这笔奖金出售，若利率为 8%，预计买家愿意出价多少购买这笔奖金？某保险公司出价 420 万元，该公司希望的收益率是多少？

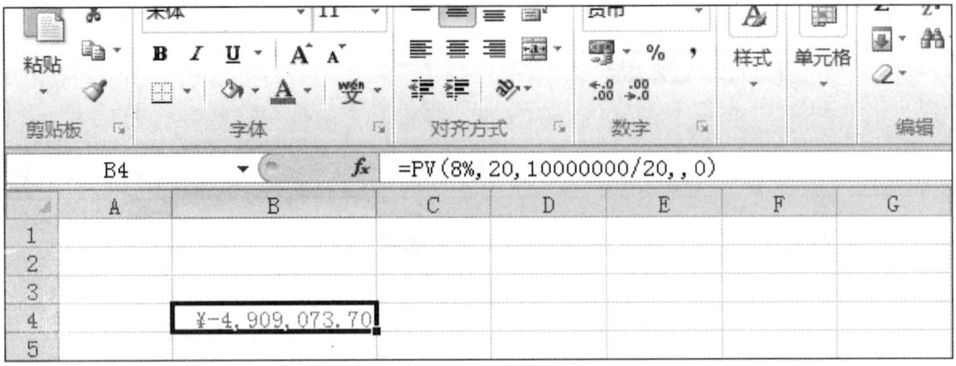

图 2—12　PV 函数求解

由 Excel 解得在利率为 8%的情况下，买家愿意出价 4 909 073.70 元的价格买这笔奖金。

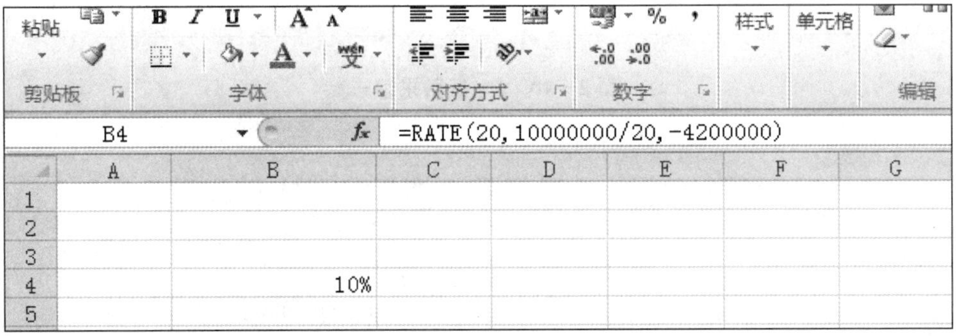

图 2—13　RATE 函数求解

2.2.3　其他相关操作

在 Excel 中，除了能运用上述基本财务函数解决年金相关问题之外，在数据分析方面还可能涉及其他相关应用，比如模拟运算和规划求解。

2.2.3.1　单变量求解

首先在 C5 单元格输入"＝PMT(B3/12,B2＊12,－B1)"完成年金计算。

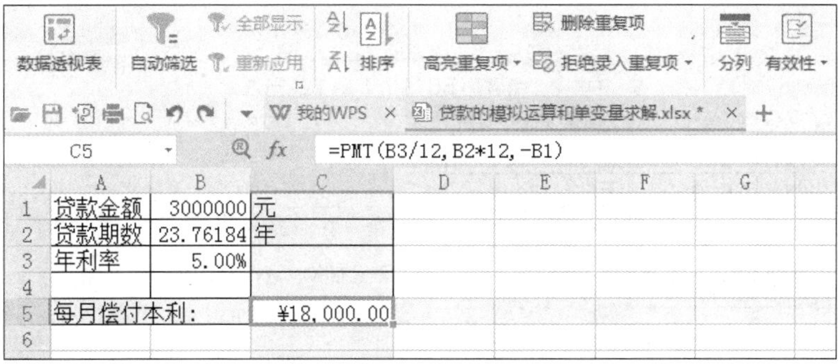

图 2－14　单变量求解－1

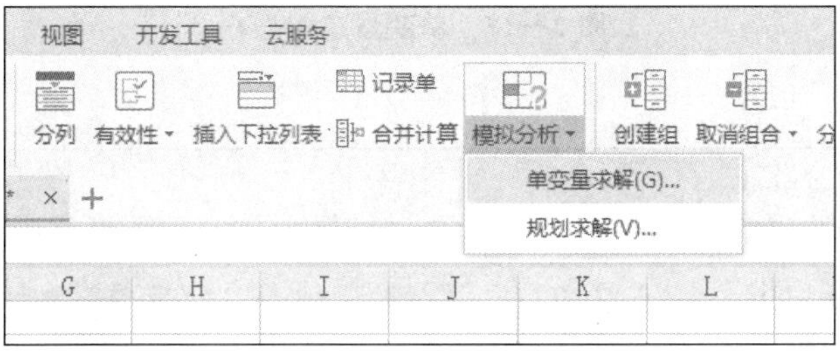

图 2－15　单变量求解－2

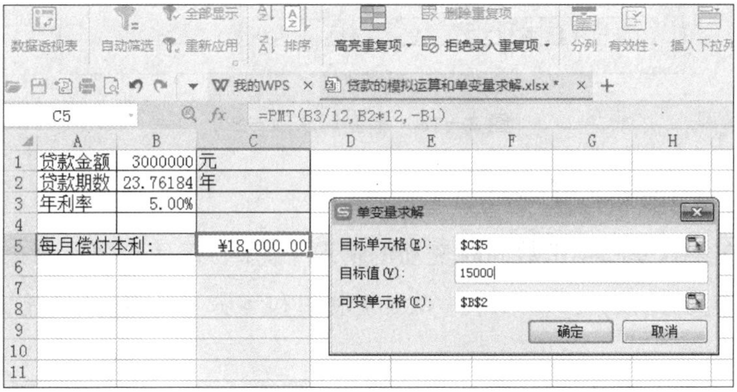

图 2－16　单变量求解－3

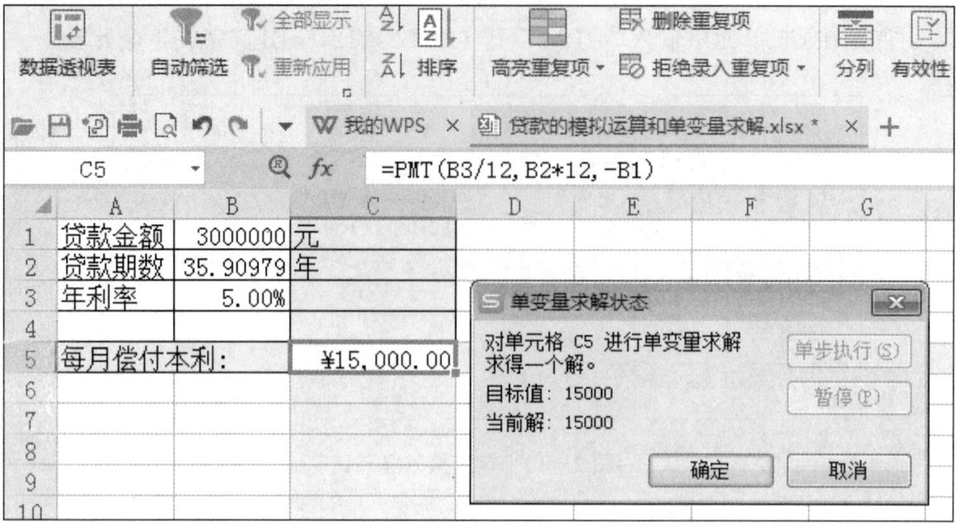

图 2—17　单变量求解—4

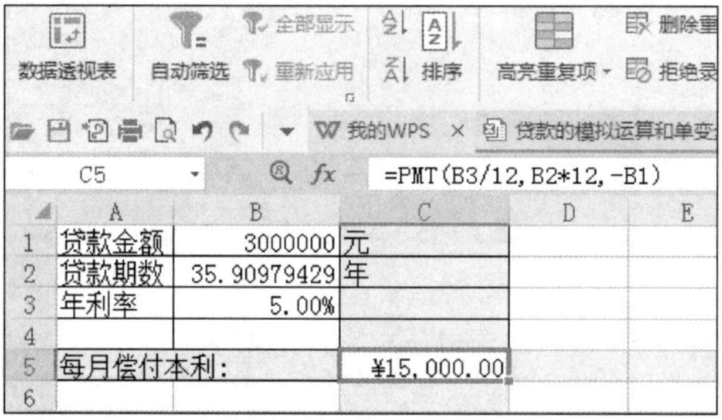

图 2—18　单变量求解—5

2.2.3.2　模拟运算

当存在年利率和年份数同时变动的情况下，需要运用模拟运算来解决相应问题。步骤：首先根据已知条件计算出年利率和年份变动前的每月偿还额。

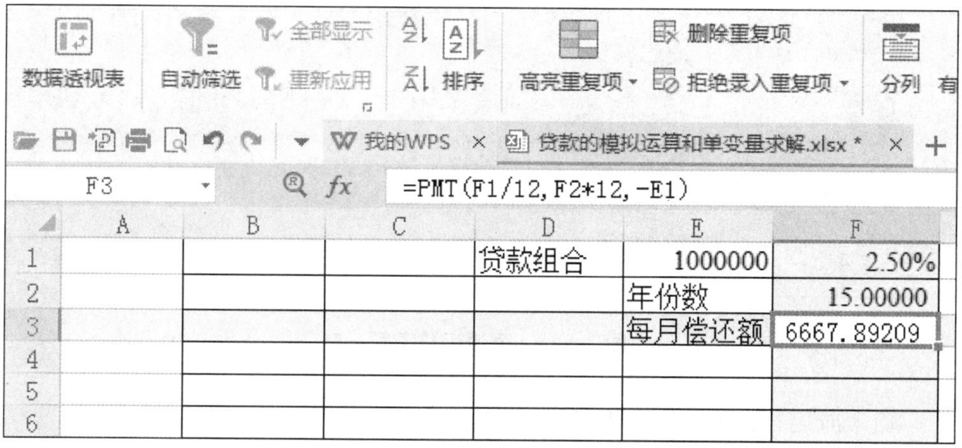

	A	B	C	D	E	F
1				贷款组合	1000000	2.50%
2					年份数	15.00000
3					每月偿还额	6667.89209
4						
5						
6						

图 2—19　模拟运算求解—1

在 B4:F13 中输入不同的年利率和不同的年份数的值，然后选中 B4:F13 区域，同样打开“模拟运算表”对话框，然后输入应用列和引用行分别为：

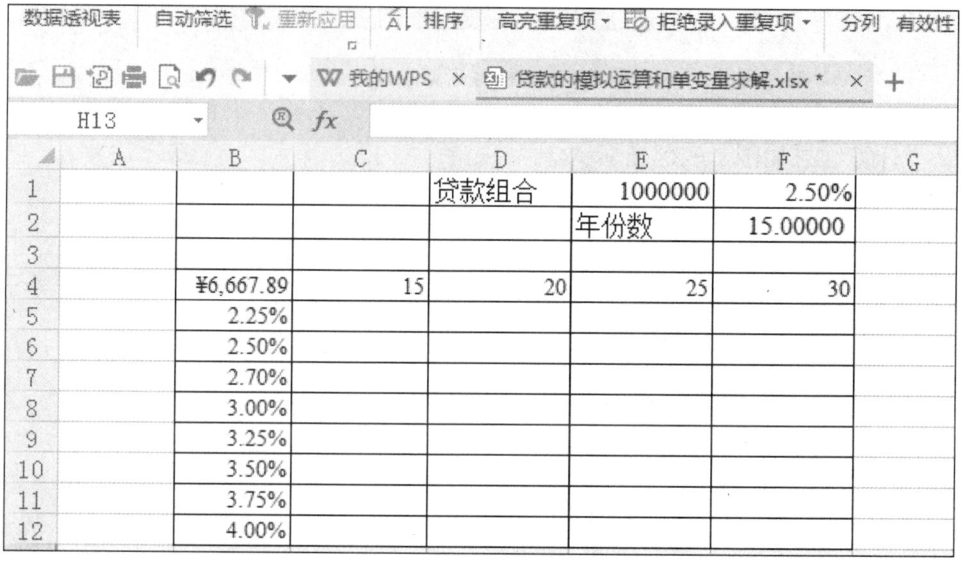

	A	B	C	D	E	F	G
1				贷款组合	1000000	2.50%	
2					年份数	15.00000	
3							
4		¥6,667.89	15	20	25	30	
5		2.25%					
6		2.50%					
7		2.70%					
8		3.00%					
9		3.25%					
10		3.50%					
11		3.75%					
12		4.00%					

图 2—20　模拟运算求解—2

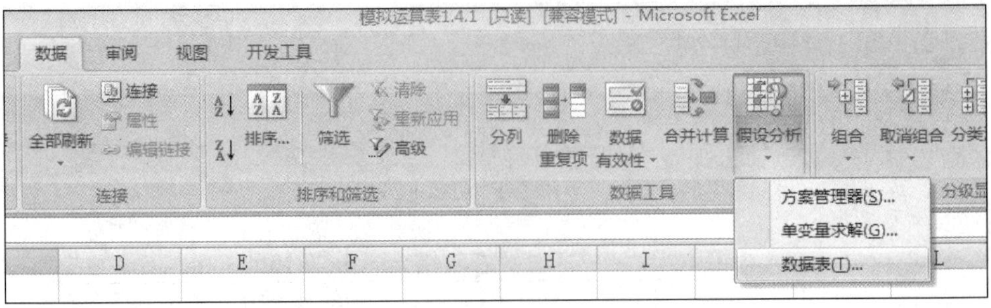

图 2—21　模拟运算求解—3

输入应用行、列的变量，如图 2—22 所示。

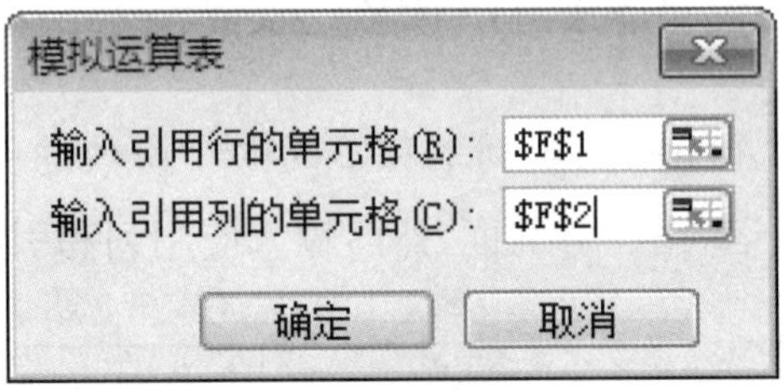

图 2—22　模拟运算求解—4

计算结果如图 2—23 所示。

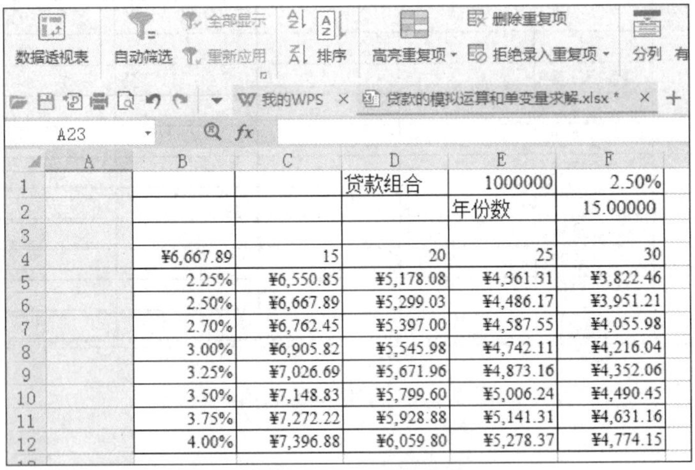

	A	B	C	D	E	F
1				贷款组合	1000000	2.50%
2					年份数	15.00000
3						
4		¥6,667.89	15	20	25	30
5		2.25%	¥6,550.85	¥5,178.08	¥4,361.31	¥3,822.46
6		2.50%	¥6,667.89	¥5,299.03	¥4,486.17	¥3,951.21
7		2.70%	¥6,762.45	¥5,397.00	¥4,587.55	¥4,055.98
8		3.00%	¥6,905.82	¥5,545.98	¥4,742.11	¥4,216.04
9		3.25%	¥7,026.69	¥5,671.96	¥4,873.16	¥4,352.06
10		3.50%	¥7,148.83	¥5,799.60	¥5,006.24	¥4,490.45
11		3.75%	¥7,272.22	¥5,928.88	¥5,141.31	¥4,631.16
12		4.00%	¥7,396.88	¥6,059.80	¥5,278.37	¥4,774.15

图 2—23　模拟运算求解—5

结论：使用模拟运算表可以一次性计算多个不同变量变动对值的影响，由于将各个变量的值和最终结果的值分别列出来，这样结果可以做出很多图表。但是这种方法也有缺陷，如果是复杂的关系式，仅仅指定两个变量是不够的，当有多个变量时，就要选用方案管理器来解决了。

2.2.3.3　规划求解

规划求解是函数计算的逆运算，规划求解计算的不是结果，而是各个变量的值，表示一个函数，则用规划求解要指定 y 值所在单元格的位置和变量所在的单元格及取值范围。规划求解通常用于解决极值问题和指定值（知道 y 值求 x 值）问题，在后面章节会有具体说明，这里就不做详尽介绍了。

【例 2—12】 雅致家具厂生产 4 种小型家具，由于该 4 种家具具有不同的大小、形状、重量和风格，所以它们所需要的主要原料（木材和玻璃）、制作时间、最大销售量与利润均不相同。该厂每天可提供的木材、玻璃和工人劳动时间分别为 600 单位、1 000 单位与 400 小时，详细的数据资料见表 2—3。

表 2—3　　雅致家具厂基本数据

家具类型	1	2	3	4	可提供量
劳动时间（小时/件）	2	1	3	2	400 小时
木材（单位/件）	4	2	1	2	600 单位
玻璃（单位/件）	6	2	1	2	1 000 单位
单位利润（元/件）	60	20	40	30	
最大销售量（件）	100	200	50	100	

解：依题意，设置四种家具的日产量分别为决策变量 x_1, x_2, x_3, x_4，目标要求是日利润最大化，约束条件为三种资源的供应量限制和产品销售量限制。据此，列出下面的线性规划模型（见图 2—24 至图 2—32）：

$$MaxZ=60x_1+20x_2+40x_3+30x_4$$

$$s.t.\begin{cases}4x_1+2x_2+x_3+2x_4\leqslant 600\\6x_1+2x_2+x_3+2x_4\leqslant 1\,000\\2x_1+1x_2+3x_3+2x_4\leqslant 400\text{(劳动时间约束)}\\x_1\leqslant 100\text{(家具 1 需求量约束)}\\x_2\leqslant 200\text{(家具 2 需求量约束)}\\x_3\leqslant 50\text{(家具 3 需求量约束)}\\x_4\leqslant 100\text{(家具 4 需求量约束)}\\x_1,x_2,x_3,x_4\geqslant 0\text{(非负约束)}\end{cases}$$

其中，x_1，x_2，x_3，x_4 分别为四种家具的日产量。

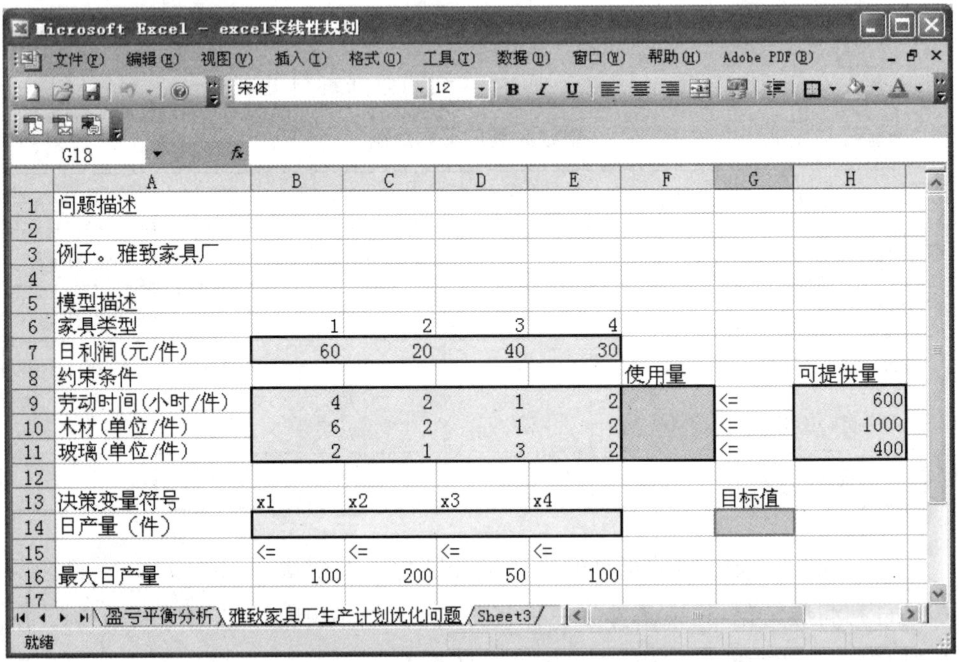

	A	B	C	D	E	F	G	H
1	问题描述							
2								
3	例子。雅致家具厂							
4								
5	模型描述							
6	家具类型	1	2	3	4			
7	日利润(元/件)	60	20	40	30			
8	约束条件					使用量		可提供量
9	劳动时间(小时/件)	4	2	1	2		<=	600
10	木材(单位/件)	6	2	1	2		<=	1000
11	玻璃(单位/件)	2	1	3	2		<=	400
12								
13	决策变量符号	x1	x2	x3	x4		目标值	
14	日产量（件）							
15		<=	<=	<=	<=			
16	最大日产量	100	200	50	100			
17								

图 2—24　规划求解—1

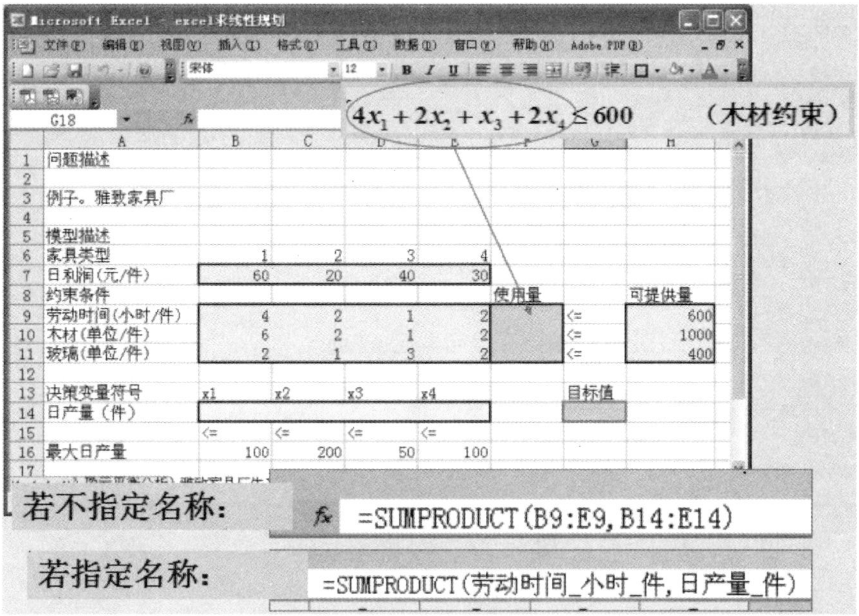

图 2—25 规划求解—2

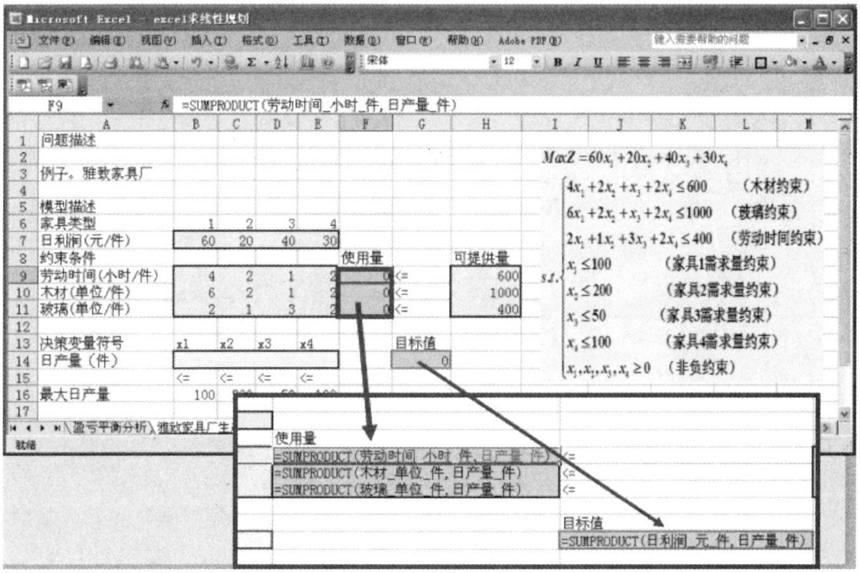

图 2—26 规划求解—3

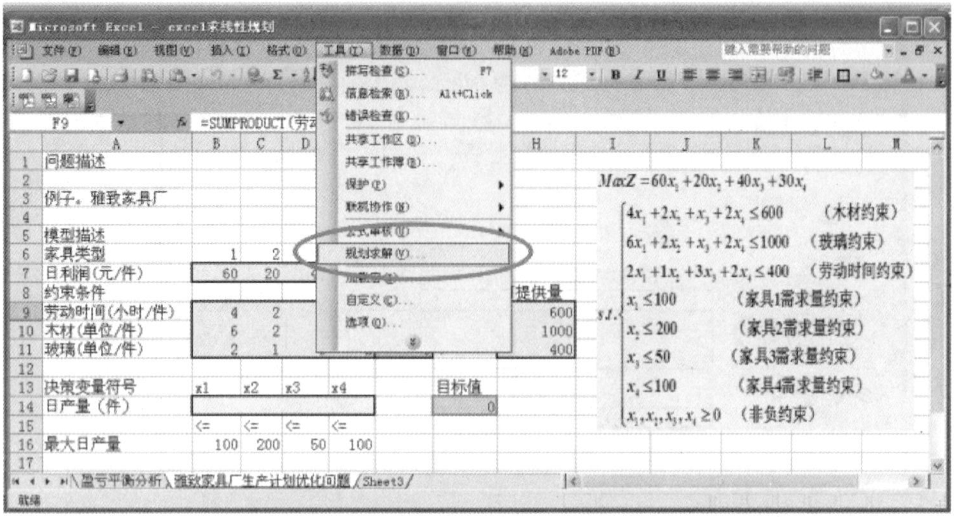

图 2—27　规划求解—4

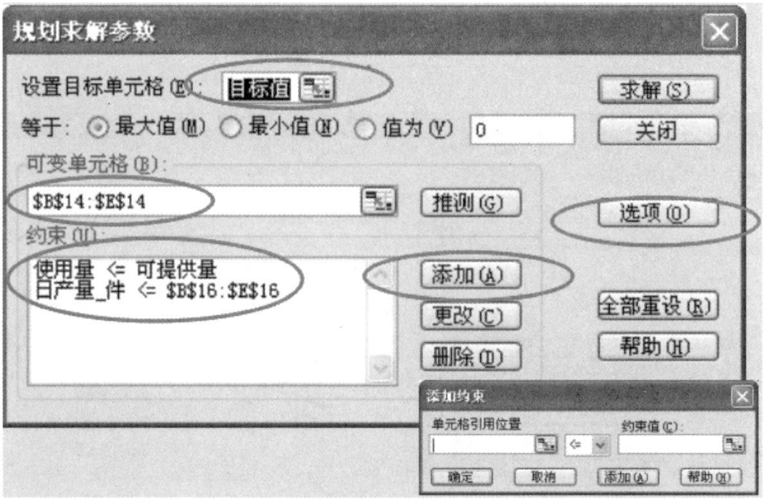

图 2—28　规划求解—5

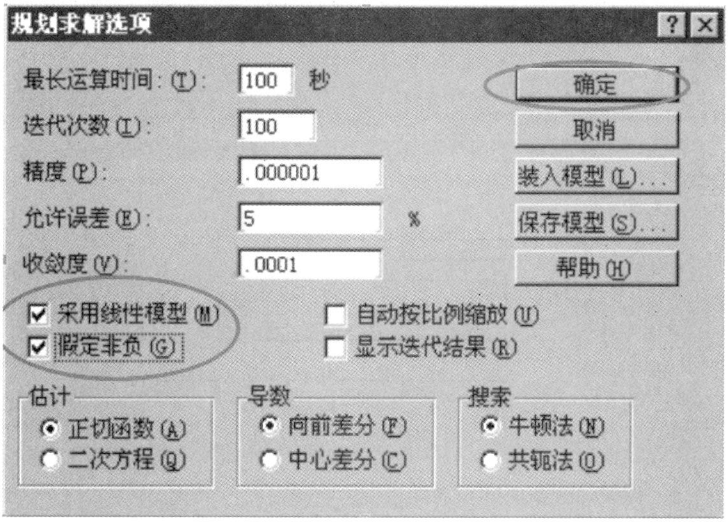

图 2—29　规划求解—6

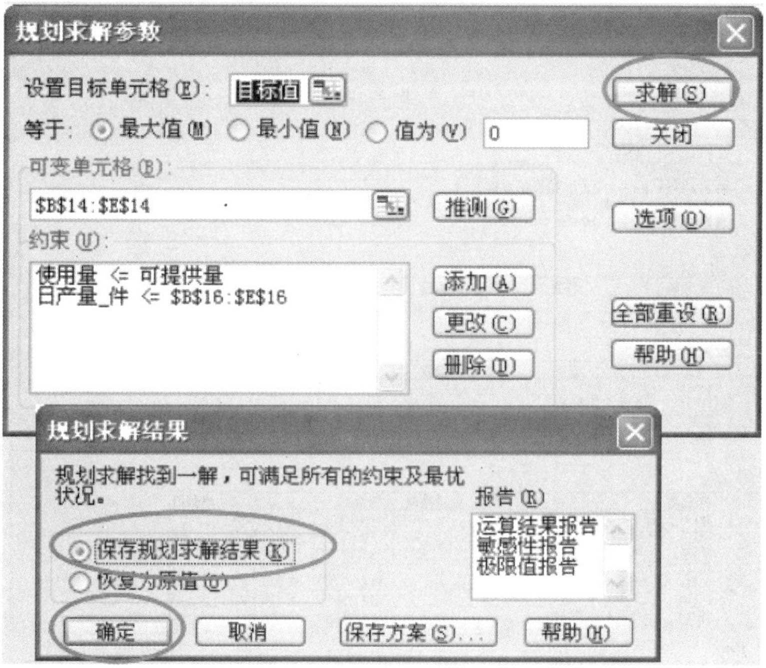

图 2—30　规划求解—7

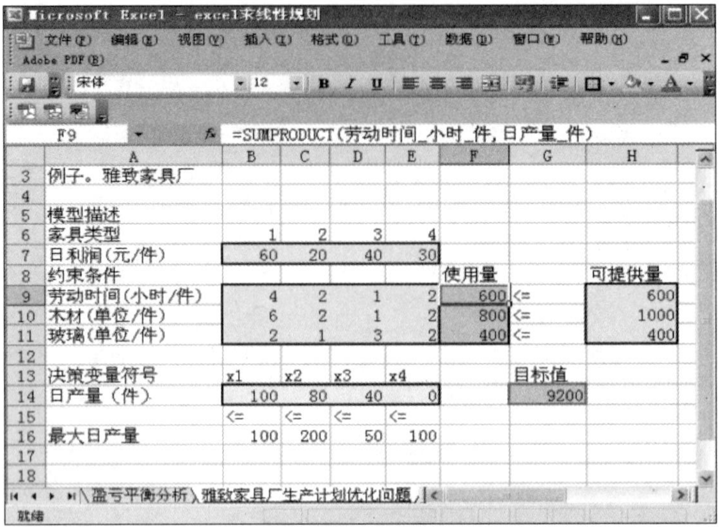

图 2—31　规划求解—8

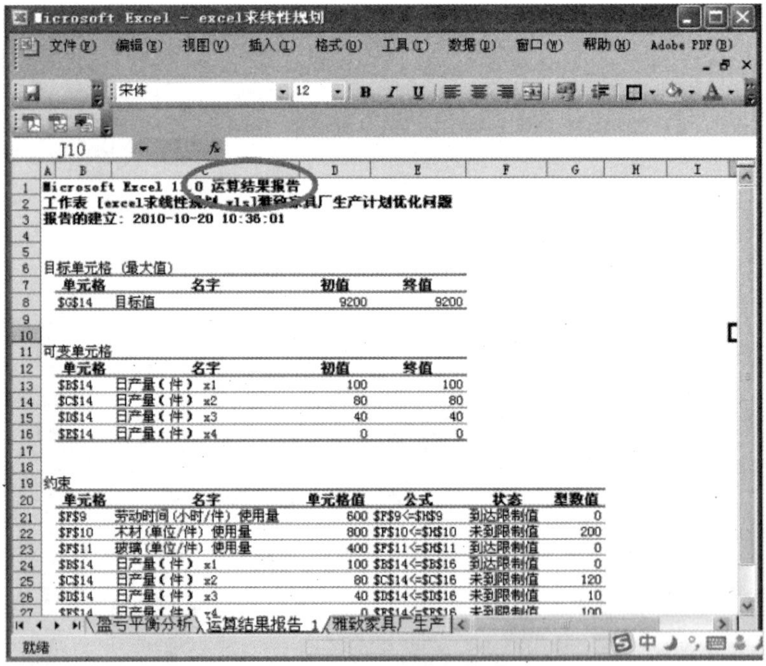

图 2—32　规划求解—9

2.3　案例分析

2.3.1　案例 1:退休金规划

李先生为了能取得更多的收益,希望能够得到理财顾问的帮助。基本情况如下:李先生及其配偶年纪均为 52 岁,希望 3 年后退休。退休后两人会有每月的养老保险金 2 800 元中的税后收入和每人 500 元的税后低保收入。但是两人每月的生活费支出是 4 500 元。另外两人购买了 100 000 元的地方政府债券。该债券的回报率为每年 3.5%。两人计划每年从债券投资金额中提取部分资金用于弥补他们的养老金和低保收入与生活费用之间的差额。经过多少年该笔债权投资的金额会被用完?

在 3 年内,该笔债权投资的余额为:

$FV=100\ 000\times(1.035)^3=110\ 872$(元)

每个月需要弥补的金额为:4 500－(2 800－500)＝2 200(元)

每年应从债券投资金额中提取的金额为:2 200×12＝26 400(元)

假设第一次提取发生在第三年年末,那时该笔债券投资的余额为 110 872 元。在这种情况下若将其看成是年金到期,则根据公式。

$$PV=C\times\left[\frac{1}{r}-\frac{1}{r\times(1+r)^t}\right]\times(1+r)$$

$$110\ 872=26\ 400\times\left[\frac{1}{3.5\%}-\frac{1}{3.5\%\times(1+3.5\%)^t}\right]\times(1+3.5\%)$$

有图 2－33:

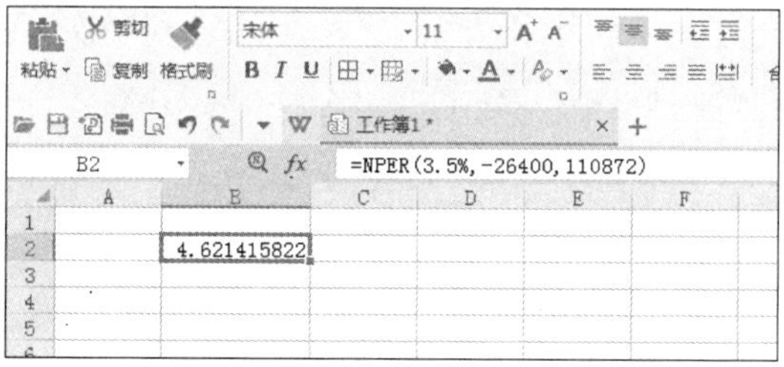

图 2－33　NPER 函数求解

运用 Excel 或金融计算器解得：$t=4.6$（年）

2.3.2　案例 2：戴尔笔记本高利息分期贷款

王某想要购买一台新的笔记本电脑。戴尔网站上的价格是 8 840 元，但在其他网站上类似的电脑只需 6 120 元。一般人肯定会选择 6 120 元的电脑，但在做决定时还有几个因素需要考虑。在其他网站上的笔记本电脑更便宜，但这些网站不提供分期购买，这意味着你需要立即支付 6 120 元，但王某目前并没有 6 120 元。

在这方面戴尔网站给予了便利。戴尔提供的服务包括可以延期付款 30 天，但需在 4 年内每月支付 306 元，从戴尔官网上买笔记本电脑比其他网站要多花费 2 720 元以上，而若采用分期付款方式支付 4 年费用的价格远远超过 2 720 元。在资金紧张的情况下，分期付款可能是获得笔记本电脑的唯一可行的方式。

根据 Excel 计算得出 4 年内每月支付 306 元的实际利率约为 24%，这意味着王某实际需要支付 14 688 元来购买价格为 8 840 元的笔记本电脑。这种付款方式的确给予消费者周转资金的条件，但是就该案例而言，王某所付出的代价太大，并不是最优的选择。

2.4　技能训练

1. 某人决定分别在 2008 年、2009 年、2010 年和 2011 年各年的 1 月 1 日分别存入 5 000 元，按 10% 利率，每年复利一次，要求计算 2005 年 1 月 1 日的余额是多少？

2. 若使本金经过 4 年后增长 1 倍，且每半年复利一次，则年利率为多少？

3. 某公司拟购置一处房产，房主提出三种付款方案：

（1）从现在起，每年年初支付 20 万元，连续支付 10 次，共 200 万元；

（2）从第 5 年开始，每年末支付 25 万元，连续支付 10 次，共 250 万元；

（3）从第 5 年开始，每年初支付 24 万元，连续支付 10 次，共 240 万元。

假设该公司的资金成本率（即最低报酬率）为 10%，你认为该公司应选择哪个方案？

4. 某公司发行公司债券，面值为 1 000 元，票面利率为 10%，期限为 5 年。已知市场利率为 8%。要求计算并回答下列问题：

(1)债券为按年付息、到期还本，发行价格为 1 020 元，投资者是否愿意购买？

(2)债券为单利计息、到期一次还本付息债券，发行价格为 1 010 元，投资者是否愿意购买？

(3)债券为贴现债券，到期归还本金，发行价为 700 元，投资者是否愿意购买？

5. 甲公司以 1 020 元的价格购入债券 A，债券 A 是 2008 年 9 月 1 日发行的 5 年期债券，其面值为 1 000 元，票面利率为 8%。请分别回答下列问题：

(1)如果该债券每年 8 月 31 日付息，计算该债券的本期收益率；

(2)如果该债券到期一次还本付息，甲公司于 2012 年 5 月 1 日购入债券于 2012 年 11 月 1 日以 1 060 元的价格卖掉，计算该债券的持有期年均收益率；

(3)如果该债券每年 8 月 31 日付息，甲公司于 2012 年 11 月 1 日购入该债券并持有至到期，计算该债券的持有期年均收益率；

(4)如果该债券每年 8 月 31 日付息，甲公司于 2011 年 9 月 1 日购入该债券并持有至到期，计算该债券的持有期年均收益率。

技能训练涉及的复利、年金系数如表 2—4 所示。

表 2—4　　技能训练涉及的复利、年金系数

	i=6%	i=7%	i=8%	i=9%
(P/A,i,2)	1.833 4	1.808 0	1.783 3	1.759 1
(P/F,i,2)	0.890 0	0.873 4	0.857 3	0.841 7

6. ABC 企业计划进行长期股票投资，企业管理层从股票市场上选择了两种股票：甲公司股票和乙公司股票，ABC 企业只准备投资一家公司的股票。已知甲公司股票现行市价为每股 6 元，上年每股股利为 0.2 元，预计以后每年以 5% 的增长率增长。乙公司股票现行市价为每股 8 元，每年发放的固定股利为每股 0.6 元。当前市场上无风险收益率为 3%，风险收益率为 5%。

要求：

(1)利用股票估价模型，分别计算甲、乙公司股票价值并为该企业做出股票投资决策。

(2)计算如果该公司按照当前的市价购入(1)中选择的股票的持有期收益率。

7. 一家商店提供两种付款方式，可以采用分期付款的方式，即购买时先支付25%货款，接下去的3年里每年年末支付25%，如果选择一次性付清，则可以享受10%的折扣，如果现在可以以5%的借款利率借入资金或贷出资金，应该选择哪种付款方式？

第3章　风险与收益

学习目标

能够理解预期收益率、证券风险、风险分散及组合风险、贝塔系数的概念；能够计算单个资产及组合的预期收益率、组合方差及标准差；能够计算组合的贝塔系数；了解风险分散的原理；了解资本资产定价模型及主要参数的实际计算；了解组合有效前沿含义及证券市场线的形成过程。

关键词

预期收益率　风险　方差　标准差　贝塔系数　资本资产定价模型　有效前沿　证券市场线

3.1　基本理论

本章的主题是资产组合风险、证券组合和多样化，我们将会讨论风险是如何定义的，投资风险的计算方式以及如何通过证券组合多样化来降低风险，并引入测度单种证券风险的标准指标——贝塔系数。

3.1.1　风险与收益

3.1.1.1　收益

收益一般指初始投资的增量。在实际的财务工作中，由于工作角度和出发点不同，收益率分为三种类型，实际收益率、预期收益率和必要收益率。

实际收益率表示已经实现或者确定可以实现的资产收益率，表述为已完成或确定可以实现的利息（股息）率与资本利得收益率之和。当存在通货膨胀时，还应当扣除通货膨胀率的影响因素，才是真实的收益率。

预期收益率也称为期望收益率，是指在不确定的条件下，预测的某资产未来可能实现的收益率。

必要收益率也称最低必要报酬率或最低要求的收益率，表示投资者对某资产合理要求的最低收益率。必要收益率与认识到的风险有关，人们对资产的安全性有不同的看法。如果某公司陷于财务困境的可能性很大，也就是说，投资该公司股票产生损失的可能性很大，那么投资于该公司股票的投资者将会要求一个较高的收益率，所以该股票的必要收益率就会较高。相反，如果某项资产的风险较小，那么，对这项资产要求的必要收益率也就小。因此，必要收益率由无风险收益率和风险收益率构成。无风险收益率通常用短期国债的利率近似代替，而风险收益率衡量了投资者从无风险资产转移到风险资产要求得到的“额外补偿”。

3.1.1.2　风险

风险是指资产在未来可能实现的预期收益与其实际收益之间的偏离程度。实际收益与预期收益不相等的概率越大，其风险就越大；反之则越小。与风险相对应的词是不确定性，这两者经常相互替代，用来描述资产未来收益的变动性。在风险管理中，一般是根据风险的不同特征进行分类。按风险能否分散，分为系统风险和非系统风险；按风险的形成方式，分为经营风险和财务风险。

（1）系统风险和非系统风险

系统风险（Systematic risk）又称为市场风险（market risk），是指由于政治、经济等公司外部因素的不确定性而产生的风险，如通货膨胀、利率和汇率的波动、国家宏观经济政策变化、战争等。系统风险是由综合因素导致的，这些因素是个别公司或投资者无法通过改善投资方式予以分散的，所以系统风险是一种不可分散的风险。

非系统风险，也被称为公司特有风险（specific risk），是指由于经营失误，劳资纠纷、新产品试制失败等影响导致的个别公司的风险，非系统风险是单个的特殊因素所引起的，正是因为这些因素的发生是随机的，所以这种风险可以通过多样化投资来分散，是一种可分散的风险。

特有风险通过多样化可以消除，它是指一家公司面临的许多威胁中那些只针对该公司或者公司最直接竞争对手的风险。但是，无论你怎样多样化，有一些风险你无法避免，这种风险就是市场风险。市场风险是针对所有企业的一些普遍存在的威胁。

(2)经营风险和财务风险

经营风险是指与生产经营相关的活动给公司收益带来的不确定性。通常采用息税前收益的变动程度(标准差、经营杠杆等指标)描述经营风险的大小。这种风险是公司商业活动中的一种固有风险，主要来源于客观经济环境的不确定性，例如经济形势和经营环境的变化、市场供求和价格的变化、税收政策和金融政策的调整等外部因素，以及公司自身技术能力、产品结构、成本水平、研发能力等因素的变化。

财务风险一般是指依靠债务筹资经营的公司给其股东收益带来的不确定性。通常用净资产收益率或每股收益的变动(标准差、财务杠杆等)描述财务风险的大小。这种风险主要来源于利率、汇率的变化以及公司的债务比重。如果公司的经营收入不足以偿付到期利息和本金，就会使公司陷入财务危机，甚至导致公司破产。

3.1.1.3　实际收益率与风险的衡量

实际收益率或历史收益率是投资者在一定期间实现的收益率。假设投资者在第 $t+1$ 期期末购买股票，在第 t 期期末出售该股票，则第 t 期股票投资收益率可按离散型与连续型两种方法计算。离散型股票投资收益率可定义为：

$$r_t=\frac{P_t-P_{t-1}}{P_{t-1}}$$

式中，r_t 表示第 t 期股票投资收益率；P_t 和 P_{t-1} 分别表示第 t 期和第 $t-1$ 期股票价格；D_t 表示第 t 期股利。连续型股票投资收益率可定义为：

$$r_t=\ln\left(\frac{P_t-D_t}{P_{t-1}}\right)$$

连续型股票投资收益率比离散型股票投资收益率要小，但一般差别不大。

(1)持有期收益率

连续型股票投资收益率计算公式是计算单项投资在单一年份的持有期收益率(holding periodreturn,HPR),在一个多年期的个别投资中,还需要计算一个总体指标,集中反映该项投资的业绩。给定某单项投资各年度的持有期收益率,可以采用两个指标来衡量收益率:算术平均收益率和几何平均收益率。其计算公式分别为:

$$\bar{r}_{AM}=\sum_{i=1}^{n} r_i/n$$

$$\bar{r}_{GM}=[(1+r_1)(1+r_2)\cdots(1+r_n)]^1$$

式中,$\bar{r}_{AM}$ 和 $\bar{r}_{GM}$ 分别表示算术平均收益率和几何平均收益率;r_i 代表收益率数据系列 $r_1,r_2,\cdots,r_n$(其中 n 是序列观测值的数目)。

(2)投资风险的衡量

收益率的方差和标准差是代表风险或不确定性的两种统计量。这些统计量实际上测量收益率围绕其平均值变化的程度,如果围绕均值发生剧烈变化则表明收益率有很大的不确定性。方差(σ^2)和标准差(σ)是观测值与均值之间离散程度的衡量指标,其计算公式为:

$$\sigma^2=\frac{1}{n}\sum_{i=1}^{n}(r_i-\bar{r})^2$$

$$\sigma^2=\sqrt{\sigma^2}$$

(3)正态分布和标准差

标准差是测量样本离散程度的标准统计指标,可以反映股票收益率的正态分布,有助于更好地理解标准差。正态分布的密度函数是对称的,并呈钟形。如图 3—1 所示。

正态分布的一个重要特点是它用两个参数(均值和标准差)就确定了分布的全部性质,这给利用这一函数分析问题带来了很大的方便。标准化的正态变量乙可按下式计算:

$$Z=\frac{r-\mu}{\sigma}$$

式中,μ 表示收益率均值;Z 表示收益率(r)偏离收益率标准差的个数。

3.1.1.4 预期收益率与风险的衡量

通常有两种方法估计预期收益率:一是根据某项资产收益历史数据的样本

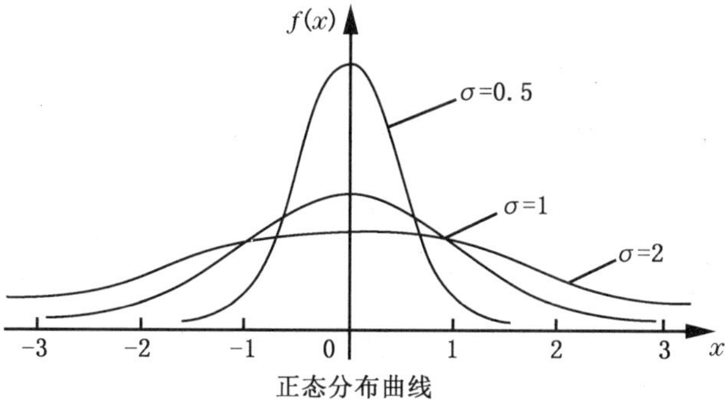

图 3—1　正态分布曲线

均值作为估计数，这种方法假设该种资产未来收益的变化服从其历史上实际收益的大致概率分布；另一种是根据未来影响收益的各种可能结果及其概率分布大小估计预期收益率。

3.1.1.5　单项资产预期收益率与风险

对于单项投资来说，预期收益率就是各种可能情况下收益率的加权平均数，权数为各种可能结果出现的概率。计算公式为：

$$E(r)=\sum_{i=1}^{n} r_i P_i$$

式中，$E(r)$表示预期收益率；r_i 表示在第 i 种可能情况下的收益率；P_i 表示第 i 种可能情况出现的概率；n 表示可能情况的个数。

预期收益率是某种资产所有可能的未来收益水平的取值中心，投资者主要通过这一数值评价资产未来收益的大小。预期收益率的风险可以直接表示为未来可能收益水平围绕预期收益率变化的区间大小，即采用方差和标准差衡量预期收益的风险，其计算公式分别为：

$$\sigma^2=\sum_{i=1}^{n}[r_i-E(r)]^2 P_i$$

$$\sigma=\sqrt{\sum_{i=1}^{n}[r_i-E(r)]^2 P_i}$$

在一般情况下，预期收益率较高的投资方案比预期收益率较低的方案具有更大的标准差。为了说明标准差在度量预期收益率不同的投资项目风险时的确切含义，应将标准差标准化、以便度量单位收益的风险，这一目的可借助于标准离差率(CV)来实现。标准离差率是指标准差与预期收益率之比，其计算公式为：

$$CV=\frac{\sigma}{E(r)}$$

公式表明单位收益承担的风险，标准离差率越高，风险越大。

3.1.1.6　投资组合预期收益率与风险

(1)投资组合的预期收益率

对于投资组合来说，预期收益率是投资组合中单项资产预期收益率的加权平均数，权数是单项资产在总投资价值中所占的比重。计算公式为：

$$E(r_P)=\sum_{i=1}^{n}w_iE(r_i)$$

式中，$E(r_P)$表示投资组合的预期收益率；w_i 表示第 i 种资产在投资组合总价值中所占的比重；$E(r_P)$表示第 i 种资产的预期收益率；n 表示投资组合中资产的个数。

(2)投资组合方差和标准差

投资组合收益率方差是各种资产收益率方差的加权平均数，加上各种资产收益率的协方差。两项资产投资组合收益率的方差可按下式计算：

$$\sigma_P^2=w_1^2\sigma_1^2+w_2^2\sigma_2^2+2w_1w_2Cov(r_1,r_2)$$

式中，w_1，w_2 分别表股票 1 和股票 2 在投资组合总体中所占的比重；σ_1^2，σ_2^2 分别表示组合中两种资产各自的预期收益率的方差；$Cov(r_1,r_2)$表示两种资产预期收益率的协方差。这个公式可以用以下方格来形象记忆如图 3－2 所示。

对角线上的两个方格取决于股票 1 和股票 2 的方差，但另外两个值则取决于它们的协方差(covarirance)。协方差是衡量两种股票“相互变动”的程度，可以表示为两种股票的相关系数与其标准差的乘积。

$$Cov(r_1,r_2)=\rho_{12}\sigma_1\sigma_2$$

两个随机变量(如资产 1 收益率和资产 2 收益率)之间的协方差 $Cov(r_1,r_2)$也可按下式计算：

$$Cov(r_1,r_2)=\sum_{i=1}^{n}[r_{1i}-E(r_1)][r_{2i}-E(r_2)]P_i$$

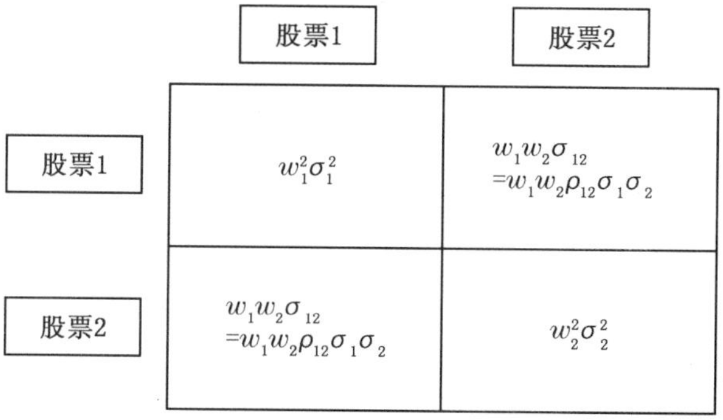

图 3—2　两种股票投资组合的方差是 4 个方格的数值之和

或

$$Cov(r_1, r_2) = \frac{1}{n}\sum_{i=1}^{n}[r_{1i} - E(r_1)][r_{2i} - E(r_2)]$$

式中，$[r_{1i}-E(r_1)]$表示资产 1 的收益率在第 i 种经济状态下对其预期值的离差；$[r_{2i}-E(r_2)]$表示资产 2 的收益率在第 i 种经济状态下对其预期值的离差；P_i 表示第 i 种经济状态发生的概率。

以上两个公式表明，协方差是两个变量(资产收益率)离差之积的预期值。以证券投资为例，如果协方差大于零，则表明两种证券预期收益的变动方向相同；如果协方差小于零，则表明两种证券预期收益率的变动方向相反；如果协方差等于零，则表明两种证券预期收益率的变动不相关。一般来说，两种证券的不确定性越大，其标准差和协方差也越大；反之亦然。表 3—1 列出了 4 种证券收益率的概率分布，据此可计算任意两种证券之间的协方差和相关系数。

表 3—1　　四种证券预期收益率概率分布

概率	预期收益率分布/%			
	A	B	C	D
0.1	10	6	14	2
0.2	10	8	12	6
0.4	10	1	10	9
0.2	10	12	8	15

续表

概率	预期收益率分布/%			
	A	B	C	D
0.1	10	14	6	20
预期收益率	10	10	10	10
标准差	0.0	2.2	2.2	5.0

根据表 3—1 的数据，计算证券 B 和 C 之间的协方差如下：

$$Cov(r_A, r_B) = Cov(r_A, r_B) = (6-10)\times(14-10)\times0.1$$
$$+(8-10)\times(12-10)\times0.2+(10-10)\times(10-10)\times0.4$$
$$+(12-10)\times(8-10)\times0.2+(14-10)\times(6-10)\times0.1$$
$$=-4.8$$

证券 B 和 C 的协方差为负数，表示这两种证券的收益率呈反方向变动；同理，可计算证券 B 和 D 之间的协方差 $Cov(r_m, r_0)=+10.8$，表明这两种证券的收益率变动方向相同；证券 A 和 B 之间的协方差为零，表明它们之间的收益率的变动不相关，彼此独立。证券 A 的收益率恒为 10%，标准差为 0，则它与其他任何证券之间的协方差必定为零。

反映两个变量之间相互关系的另一个统计指标是相关系数。在财务学中，相关系数被用来描述投资组合中各种资产收益率变化的数量关系，即一种资产的收益率发生变化时，另一种资产的收益率将如何变化。相关系数以 ρ 表示，资产 1 和资产 2 收益率的相关系数(ρ_{12})可按下式计算：

$$\rho_{12}=\frac{Cov(r_1, r_2)}{\sigma_1\sigma_2}$$

相关系数(ρ_{12})与协方差的关系可用下式描述：

$$Cov(r_1, r_2)=\rho_{12}\sigma_1\sigma_2$$

根据表 3—1 的资料，证券 B 和 C 的相关系数计算如下：

$$\rho_{BC}=\frac{-4.8}{2.2\times2.2}=-1.0$$

计算结果表明，证券 B 和 C 之间为完全负相关，其收益回归线斜率为负值，并且所有的点都恰好在同一直线上。

协方差给出的是两个变量相互关系的绝对值，而相关系数是度量两个变量相互关系的相对值。相关系数是标准化的协方差。如果两种资产（如A和B）收益率的相关系数等于+1，表明它们之间完全正相关，即两种资产收益率的变动方向相同。如果两种资产收益率的相关系数等于-1，表明它们之间完全负相关，即两种资产收益率的变动方向相反。如果两种资产收益率的相关系数等于零，表明它们之间不相关或相互独立。

投资组合风险的计算方法很容易推广到由三种或更多种股票组合的投资组合上。其推广式如下：

$$投资组合的方差=\sum_{i=1}^{N}\sum_{j=1}^{N}x_i x_j \sigma_{ij}$$

其方格形式如图3-3，对角线上有阴影方格中列出的是按投资比例的平方加权后的方差，其余的方格中每一个列出的是每对证券的协方差，同样要经过投资比例的乘积加权。

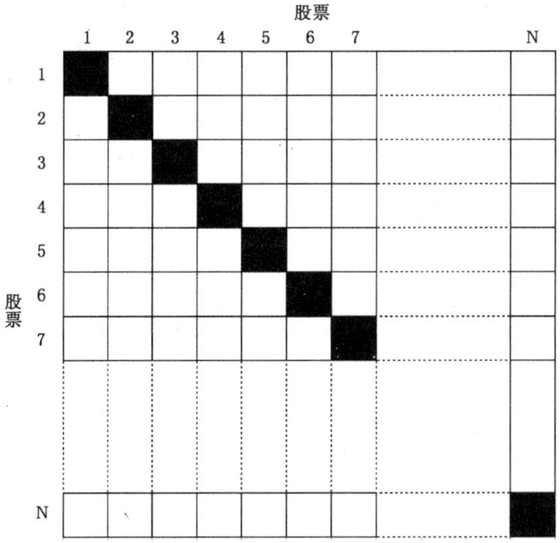

图3-3　N种股票投资组合的方差

当增加证券数量时，包含协方差的方格数量会越来越多。假设在这由N种股票组成的投资组合中，对每种股票的投资组合是等额的，那么对每种股票的投资比例就是$1/N$。在每个包含方差的方格中，用$(1/N)^2$乘以方差，对每个包含协方差的方格中，用$(1/N)^2$乘以协方差。由于有 N 个包含方差的方格和 N^2-N 个协方差的方格，因此

$$投资组合的方差=N\left(\frac{1}{N}\right)^2\times平均方差+(N^2-N)\left(\frac{1}{N}\right)^2\times平均协方差$$

$$=\frac{1}{N}\times平均方差+\left(1-\frac{1}{N}\right)\times平均协方差$$

当 N 增大时，投资组合的方差逐渐靠近协方差的平均值。假如协方差平均值为零，就有可能通过持有足够多的证券种类来消除所有风险。但是，普通股股价的变化往往是同步的，并非各自独立，投资者所购买的绝大多数股票实际上是被捆绑在一个协方差为正的网络中，这就对多样化的收益形成限制，如图 3—4 所示。

从这个角度也可以理解如图 3—4 所示的市场风险实际上就是经过多样化后的协方差的平均，它构成了剩余风险的基础。企业的风险可以分为可分散的企业特有风险和不可分散的市场风险。当投资组合中包含的资产增加的时候，企业的特有风险被分散，组合的标准差趋向一个定值，也就是无法分散的市场风险。

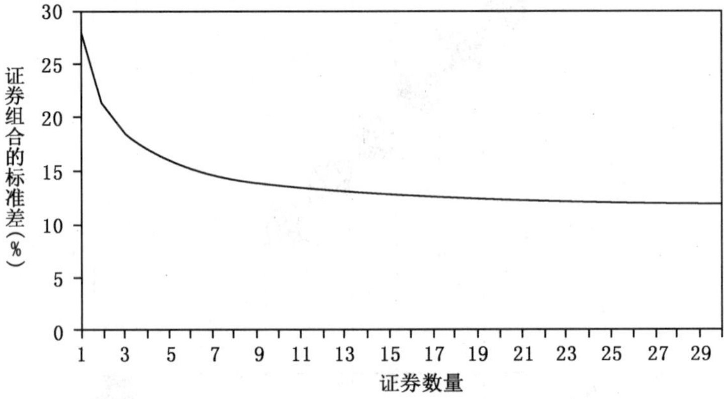

图 3—4　投资组合方差与投资组合证券数量

3.1.2　风险资产组合有效前沿

企业的资产组合中通常都是两种不完全相关资产的组合，如图 3—5 所示

实曲线代表不完全相关的资产 1 和资产 2 在不同比例下投资组合的标准差与预期收益率之间的关系，最小方差（如图 3－5 所示点 M）就是资产组合的标准差最小的那个投资组合，在该投资组合下资产组合的标准差是最小的，但是资产组合的收益率却不是最小的。

在最小方差组合中，资产 1 在资产组合中所占的比重可以用如下公式表示：

$$w_1=\frac{\sigma_2^2-Cov_{12}}{\sigma_1^2+\sigma_2^2-2Cov_{12}}$$

注：Excel 对于这类计算极限值的问题，通常可以使用规划求解的方法。

最小方差点以上的部分就是有效前沿，在有效前沿中，相同的标准差条件，有效前沿部分的收益率高于非有效前沿部分的收益率。如图 3－5 所示 M 点为资产 1 和资产 2 所在组合的最小方差点，此时资产 1 占比为 55.05％。从 M 点开始往上到资产 1 端点之间的曲线，可以看出在相同的风险程度下收益率总是 M1 间的曲线高于 M2 间的曲线，因此可以将这一点向上的曲线 M1 称之为有效前沿。表示在相同的风险下可以获得最高的收益率。从 M 点往下走到资产 2 端点之间的投资组合则称为无效率组合，因为他们与 M1 相比，如具有相同的风险，只能取得较低的收益；如具有相同的收益，则需承担较大的风险。

前面我们知道多样化带来的好处依赖于股票之间相关性的大小，当资产 1 和资产 2 的组合步调正好完全相反（$\rho=1$）时，多样化投资将没有带来风险的任何分散。如图 3－5 所示资产 1 和资产 2 亮点的直线所示。而图中线段Ⅰ和线段Ⅱ表现的是第二个极端情形，即两种股票完全负相关（$\rho=-1$），此时该投资组合没有任何风险。

在实践中，我们并不止投资两种股票。大型投资基金可以从数千种股票中做出选择，对风险和收益的组合范围非常广泛，这种选择就如图 3－6 所示的破蛋图形，N 项资产构造的投资组合可行区域，EF 曲线上的各点为有效投资组合的效率集合。

即使在有效边界也包含无数个可能的投资组合，其范围从最小风险和最小预期收益的投资组合到最大风险和最大预期收益的投资组合，每一点都代表一种不同的风险与收益的选择。预期收益越高，承担的风险越大，没有一种投资

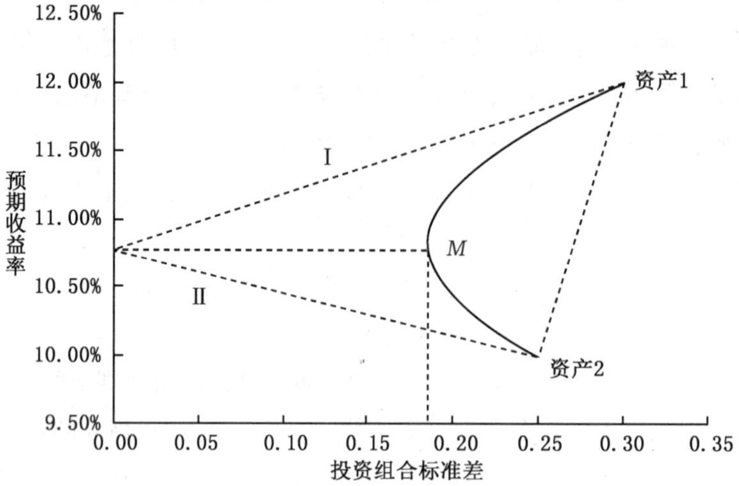

图 3—5　资产 1 和资产 2 不同比例时投资组合标准差与收益率的关系

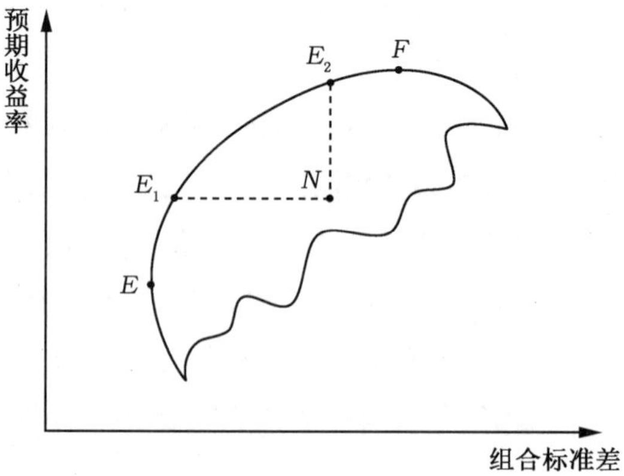

图 3—6　N 项资产投资组合的可行集

组合先验地比其他组合优越。每一个投资者的最佳投资组合都可由有效组合曲线与该投资者的无差异曲线图中任一曲线的切点求得。该点表示投资者可获得的最大效用，如图 3—7 所示无差异曲线 Y 与有效投资组合 EF 的切点 E_1 即为适合某投资者风险与预期收益偏好的最佳投资组合。

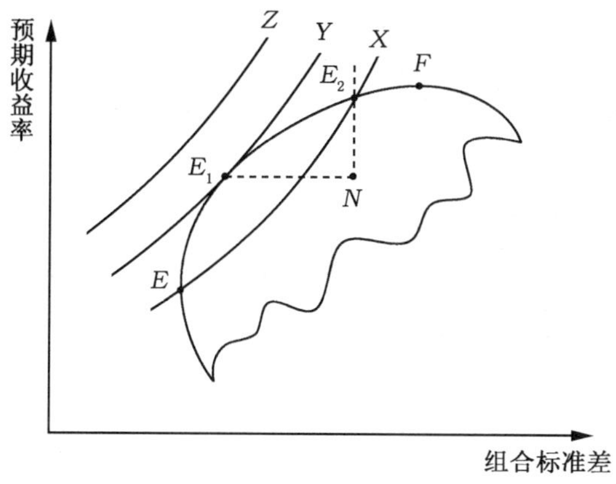

图 3—7　无差异曲线与有效投资组合

3.1.3　资本资产定价模型

3.1.3.1　风险资产与无风险资产

企业在进行资产组合时除了可以使用风险资产进行组合外，还可以将风险资产组合和无风险资产再一次进行组合，从而构成一个新的投资组合。本实验介绍了两种风险资产与无风险资产再进行组合的风险与收益变动情况，并绘制变动曲线。

无风险资产和风险资产组合的再次组合收益率为：

$$Erf = w_p \times E_p + w_f \times E_f$$

式中，$w_p + w_f$，其中 w_f 表示无风险资产在总的资产组合中所占的比例。

假设资产 A 和资产 B 的协方差为 Cov_{ab}。

风险资产与无风险资产组合的时候，由于无风险资产的标准差为 0，因此该组合的标准差为：

$$\begin{aligned}\sigma_{pf} &= \sqrt{(w_a \times \sigma_a)^2 + (w_b \times \sigma_b)^2 + 2(w_a \times \sigma_a)(w_b \times \sigma_b)Cov_{ab}} \\ &= w_p \times \sigma_p\end{aligned}$$

上述公式表明，由无风险资产和风险资产构成的组合的风险是风险资产组合的简单线性函数。无论风险资产组合的风险有多大，由无风险资产和风险资产构成的组合风险与收益对应的集合，总会形成一条直线，从无风险资产伸向所选定的风险资产组合，这种直线会有无数条，当该直线与有效组合相切时，如图 3－8 所示，直线 OA 表示风险资产和无风险资产组合的曲线，该直线能够和风险资产组合的曲线相交。调整不同的风险资产组合的比例，当 A 点移动到 M 点位置的时候，直线 OA 变形为 OM，使得直线 OM 与曲线相切。切点 M 即为最佳投资组合。这意味着投资者首先应将资本投向位于切线上的投资组合 M（且与 M 点投资组合的比例相同），然后根据自己的风险偏好，通过借入或贷出调整自己的投资组合（见图 3－8）。

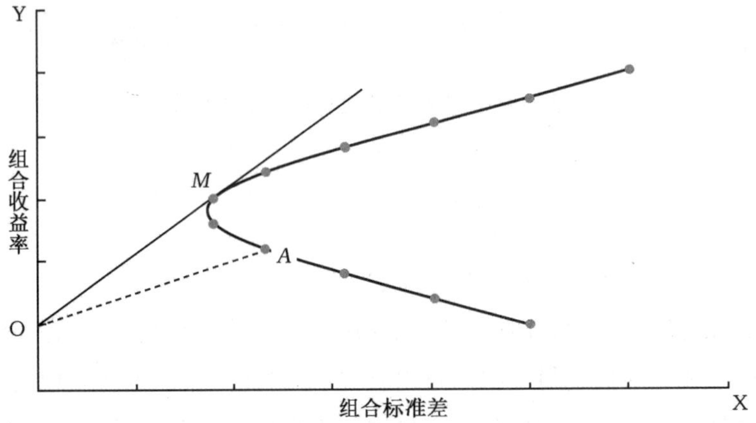

图 3－8　无风险资产与风险资产组合

直线 OM 与 X 轴形成夹角的正切就被称为 Sharpe 比率，此时夹角的正切是最大的，该线条上所有的点称之为市场组合。Sharpe 比率说明了理性的投资者总是选择并持有有效的投资组合，在给定的风险水平下期望回报最大化，或在给定期望回报率的水平上使风险最小化。Sharpe 比率的计算公式是：

$$Sharpe\ 比率=\frac{E_p-R_f}{\sigma_p}$$

其中，E_p 表示风险资产组合的预期报酬率，R_f 表示无风险利率。σ_p 表示风险资产组合的标准差。风险资产组合与无风险资产组合的关系曲线如图 3－8 所示。

3.1.3.2　资本市场线

如果资本市场是完善的，投资者可以相同的利率自由地借入或贷出资本

(不考虑借贷交易成本),并假设投资者用自有资本进行投资,那么投资者通过无风险利率借入资本,再加上自有资本,增加对最佳投资组合点的投资,这时,所有可能投资组合的连线会超过 M 点,并以相同的斜率继续上升,如图 3—9 所示。

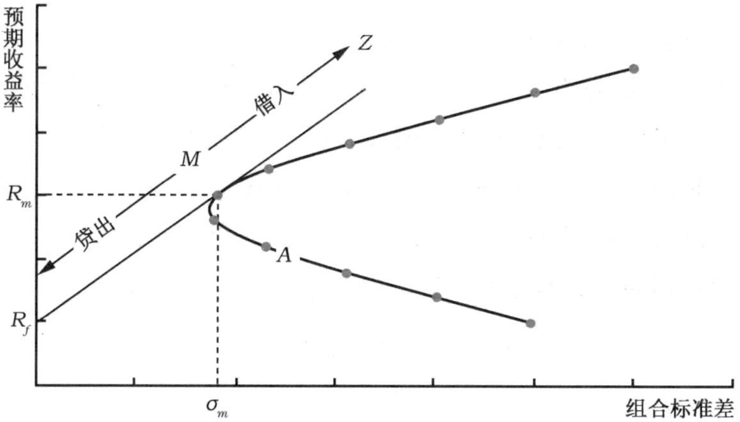

图 3—9　资本市场线

在图 3—9 中,由 R_f 和 Z 构成的直线是图 3—8 中 OM 线的延伸,R_f 点表示投资者将全部资本投入无风险资产,M 点表示投资者将全部资本投入风险资产组合 M。R_f 与 M 之间的组合称为“贷出投资组合”,表示风险回避程度较高的投资者通过资本市场将拥有的部分资本贷出给风险回避程度较低者。M 与 Z 之间的组合称为“借入投资组合”,表示风险回避程度较低者的投资者除将自己的全部资本投资于 M 外,还以成本为借入一定量的资本再投资于 M。

假设无风险利率为 8%,市场投资组合的收益率为 12%,市场投资组合的标准差为 16%。投资者 A 的投资额为 10 000 元,如果他以无风险利率借入 2 000 元,与原有的 10 000 元一起投入市场投资组合,投资者 A 形成的借入投资组合的预期收益率和标准差计算如下:

$E_p=1.2\times 0.12+(-0.2\times 0.08)=0.128$

$\sigma_p=1.2\times 0.16=0.192$

上述计算中,风险投资权重大于 1,或无风险投资权重小于 1,表明投资者借入钱增加对市场组合的投资。如果投资者 A 以无风险利率贷出 2 000 元，则用于购买市场投资组合的资本只剩下 8 000 元，由此形成的贷出投资组合的预期收益率和标准差为：

$E_p=0.8\times0.12+0.2\times0.08=0.112$

$\sigma_p=0.8\times0.16=0.128$

上述计算表明，当投资者借入资本进行风险投资时，其预期收益率和标准差均高于市场平均值；当投资者贷出资本进行无风险投资时，其预期收益率和标准差均低于市场平均值。一般来说，任何一个投资者都会在 R_fMZ 上选点，该直线通常称为资本市场线（capital market line，CML）。资本市场线描述的是当存在无风险资产时，投资者有效市场组合（同时含有无风险资产与风险资产）与市场组合在预期收益率与风险上所存在的关系。其方程式如下：

$$E_p=R_f+\frac{R_m-R_f}{\sigma_m}\times\sigma_f$$

公式表明，任意有效投资组合的预期收益率等于无风险收益率与风险溢价之和，该风险溢价等于斜率与该投资组合的标准差之积。

3.1.3.3　证券市场线

通过前文我们知道充分多样化的投资组合的风险依赖于包含在投资组合中所有证券的市场风险。如果想知道单个证券如何影响一个充分多样化的投资组合的风险，只考虑单独持有这一证券的风险于事无补，则需要对整个市场的风险进行衡量。这就简化为所讨论的证券对市场变动的敏感性，这种敏感性被称为贝塔系数（beta）。其计算公式如下：

$$\beta_1=\frac{\mathrm{Cov}(R_1,R_m)}{\sigma_m^2}=\frac{\rho_{im}\sigma_i\sigma_m}{\sigma_m^2}=\rho_{im}\frac{\sigma_i}{\sigma_m}$$

贝塔系数大于 1.0 的股票常常会放大整个证券市场的波动幅度，贝塔系数位于 0～1.0 间的股票通常与市场波动的方向相同，但波动幅度不会比市场大。因为市场是由所有股票组成的投资组合，所以对其“平均”后的贝塔系数为 1.0。

资本资产定价模型是市场无风险收益率加上该股票的贝塔系数与市场风险溢价（MRP）的乘积。难点在于如何获取计算所需的数据，其公式为：

$$r_E=r_F+\beta(r_M-r_F)$$

式中，r_E 为股票的预期收益率；$r_M - r_F$ 为市场风险溢价，无风险收益率通常使用当前国债利率，而当前国债利率的选择应当和持有股票的目的相一致，若股票的短期持有，可以利用短期国债收益率作为无风险收益率，权益成本的计算应站在长期的角度来看项目。

根据资本资产定价模型 $r = r_F + \beta(r_m - r_F)$ 可知，以 r 为变量，贝塔系数为自变量所形成的图为一直线，证券市场线的方程就是资本资产定价模型的定义式。可以用图 3－10 来表示证券市场线 *SML*。

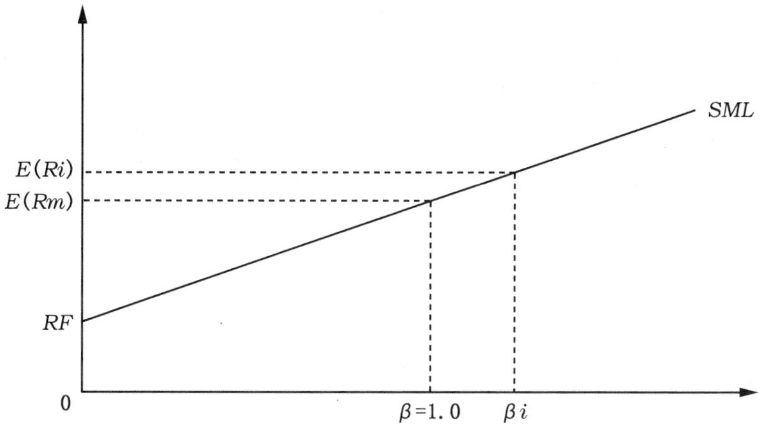

图 3－10　证券市场线

证券市场线主要用来说明投资组合报酬率与系统风险程度 β 系数之间的关系。图 3－10 很清晰地反映了风险资产的预期报酬率与其所承担的系统风险 β 系数之间呈线性关系。β 系数越大，所要求的收益率就越高，充分体现了高风险高收益的原则。

3.2　Excel 运用

分散投资对投资者来说是一件重要的事情，投资和不仅仅要追求收益率，同时也要控制投资的风险。资产组合的收益率是各单项资产收益率的加权平均数，但是资产组合的标准差却不是其加权平均数，这样就有可能通过投资组合降低风险。投资者可以选择风险资产时，通过绘制图表和 *Sharpe* 比率进行优化组合，从而找到相同风险下获得更高的收益率，或者在相同收益率下采用较低风险的资产进行组合。投资者不仅仅可以在风险资产之间进行组合，也可以在进行风险资产组合的时候进一步将风险资产与无风险资产再次组合，从而达到降低风险的目的。

3.2.1 投资组合的风险与收益

【例 3—1】 假定东方公司持有 A、B 两只股票，A、B 股票所占资产比重及收益率如图 3—11 所示，现在要求对这两只股票进行分析，计算平均收益率和标准差。并将标准收益率利用图表表示出来。

	A	B	C	D
1	投资组合的收益率与标准差			
2	A资产所占比重	50%		
3	B资产所占比重	50%		
4				
5	年份	A股票	B股票	投资组合收益率
6	1	25.28%	15.51%	
7	2	-6.18%	2.17%	
8	3	-20.52%	9.40%	
9	4	21.70%	8.28%	
10	5	14.98%	9.78%	
11	6	27.70%	9.61%	
12	平均收益率			
13	标准差σ			

图 3—11 原始数据

根据给定的条件，求出平均收益率和标准差。

(1)平均收益率

利用 Excel 计算平均收益率的步骤如下：

①打开文件“7.3.1.xls”，选择投资组合工作表，在工作表中输入如图 3—11 所示的内容。

②选中 D6 单元格，在编辑栏内输入公式“＝B6 * $B$2＋C6 * $B$3”，按回车键确认。

说明：资产组合的收益率是各单项资产组合收益率的加权平均数，在公式中使用＄B＄2和＄B＄3这样的绝对引用是为了方便公式的复制。

③选中D6单元格，将光标置于D6单元格右下角，当其呈细黑十字形状，双击鼠标，向下填充公式，完成各年度组合收益率的计算。

④选中B12单元格，单击编辑中的插入函数按钮 *fx* ，弹出“插入函数”对话框。在“或选择类别”后的下拉列表框中选择“统计”，在“选择函数”中选中“AVERAGE”，如图3—13所示。

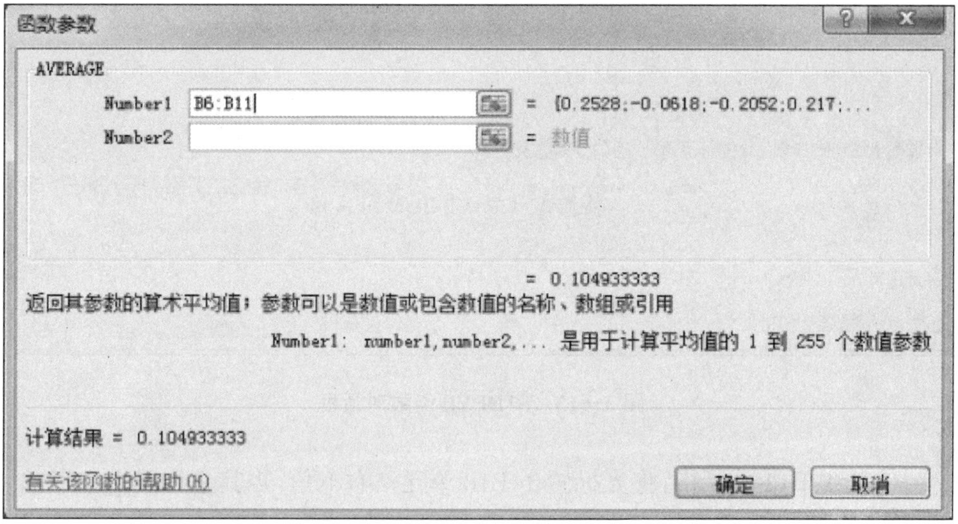

图3—12　AVERAGE函数参数对话框

⑤打开AVERAGE函数参数对话框，如图3—12所示，单击“Number1”后的折叠按钮，选择B6:B11区域，单击“确定”按钮，完成A资产平均收益率的计算。

⑥选中B12单元格，将光标置于B12单元格右下角，当其呈细黑十字形状，向右拖动至D12单元格位置，完成资产B的平均投资收益率及组合平均投资收益率的计算。

(2)标准差

①选中B13单元格，单击编辑中的插入函数按钮 *fx* ，弹出“插入函数”对话框。在“或选择类别”后的下拉列表框中选择“统计”，在“选择函数”中选中

"STDEVP". 打开 STDEVP 函数对话框,如图 3－13 所示。单击"Number1"后的折叠按钮,选择 B6:B11 区域,单击"确定"按钮,完成 A 资产标准差的计算。

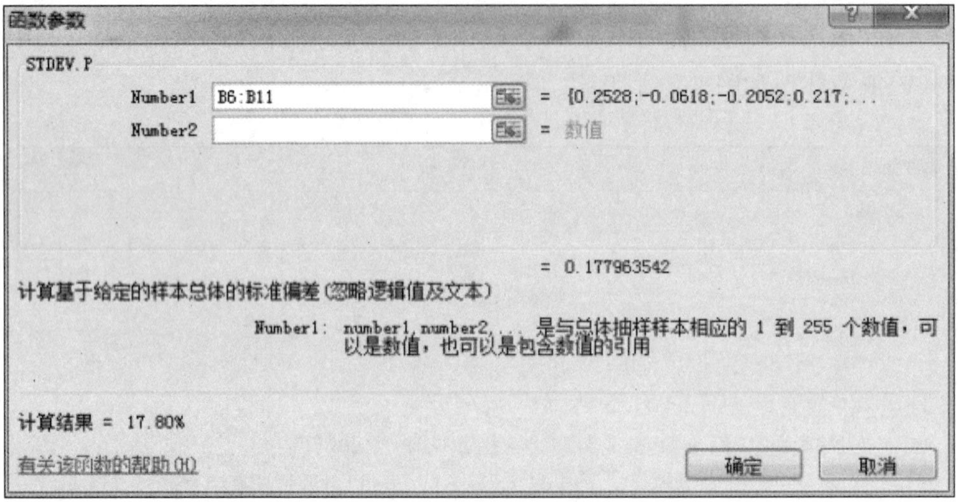

图 3－13　STDEVP 函数对话框

②选中 B13 单元格,将光标置于 B13 单元格右下角,当其呈细黑十字形状,向右拖动至 D13 单元格位置,完成资产 B 及资产组合标准差的计算。

③执行"插入|图表"命令,在"图表类型"列表中选择"散点图|带平滑线和数据标识的散点图",单击完成图标类型的设定。

④选中图表右击鼠标,单击"选择数据",弹出图表数据源选择对话框如图 3－14 所示,选择"$A$5:$D$11"数据区域,单击"完成"按钮,直接完成图表的设定。

⑤对图表的大小进行调整,设定图表文字的字号,美化图表的外观,最终结果如图 3－15 所示。

(3)验证标准差的计算公式

计算标准差的操作步骤如下。

①选中 B15 单元格,在单元格输入"=CovAR(",单击编辑栏中的插入函数按钮 fx,打开 COVAR 函数参数对话框,如图 3－16 所示,单击 Array1 参数后

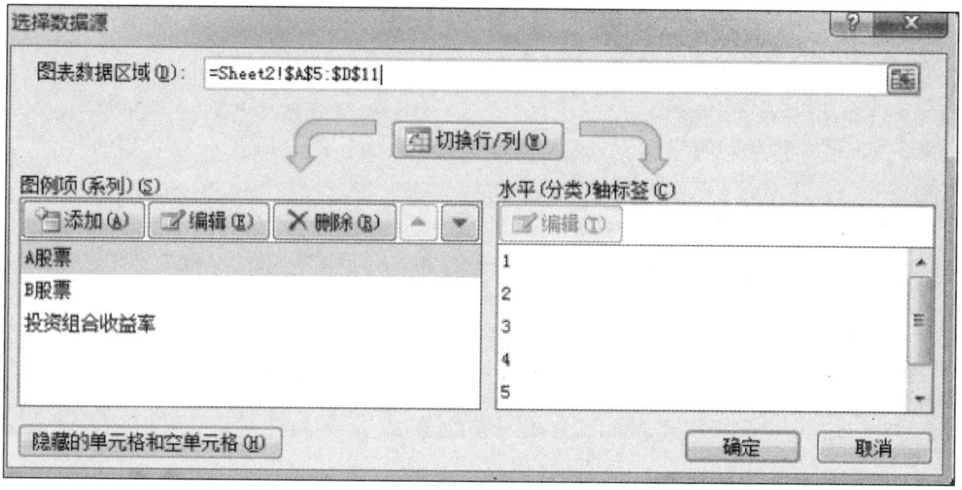

图 3—14　图表数据源选择

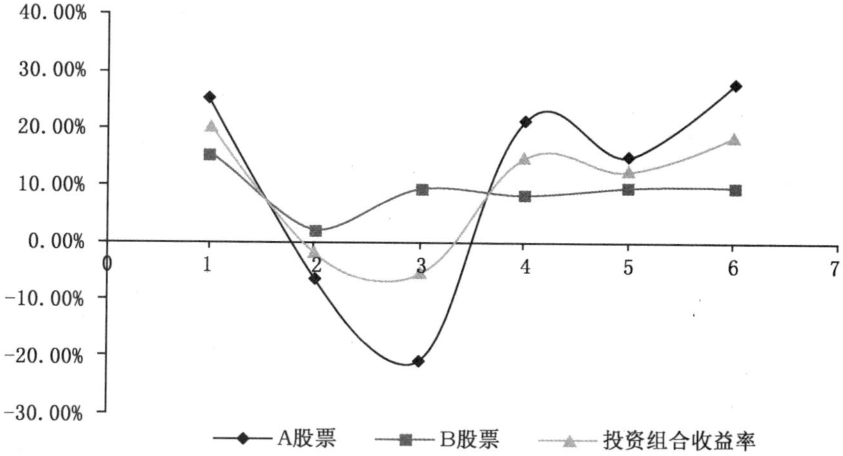

图 3—15　最终图表

的折叠按钮，选择 B6:B11 单元格区域，单击 Array1 参数后的折叠按钮，选择 C6:C11 单元格区域，单击“确定”按钮，完成 A、B 直接协方差的计算。

②选中 D15 单元格，在编辑栏内输入公式“=SQRT((B13 * B2)^2+(C13 * B3)^2+2 * B2 * B3 * B15)”，完成资产组合标准差的计算。

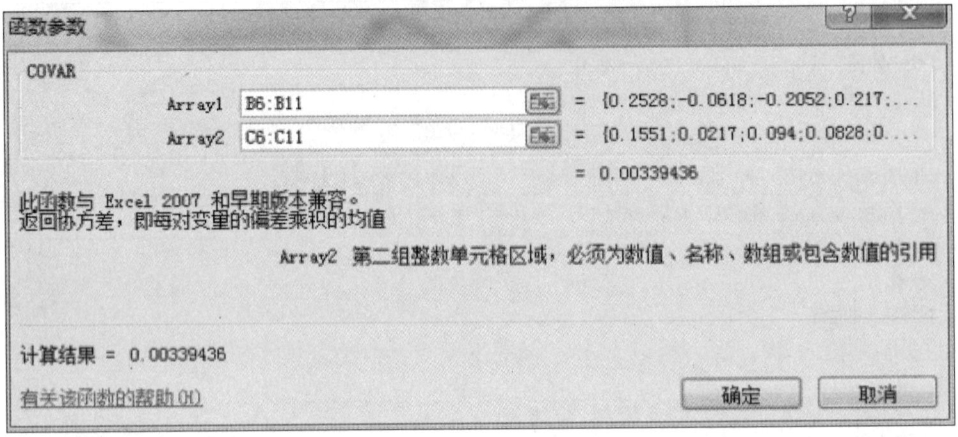

图 3－16　COVAR 函数参数对话框

说明:资产组合标准差的计算公式为 $\sigma_P=\sqrt{(\omega_a\sigma_a)^2+(\omega_b\sigma_b)^2+2\omega_a\omega_b\mathrm{Cov}_{ab}}$。本实验最终结果如图 3－17 所示。

	A	B	C	D
1	投资组合的收益率与标准差			
2	A资产所占比重	50%		
3	B资产所占比重	50%		
4				
5	年份	A股票	B股票	投资组合收益率
6	1	25.28%	15.51%	20.40%
7	2	-6.18%	2.17%	-2.01%
8	3	-20.52%	9.40%	-5.56%
9	4	21.70%	8.28%	14.99%
10	5	14.98%	9.78%	12.38%
11	6	27.70%	9.61%	18.66%
12	平均收益率	10.49%	9.13%	9.81%
13	标准差σ	17.80%	3.89%	10.00%
14	A、B间			
15	协方差	0.00339436	标准差	10.00%

图 3－17　计算结果

(4)实验结论

资产组合的收益率是各单项资产收益率的加权平均数。从图 3－15 所示可以看出,资产组合的收益率曲线在 A、B 资产收益率之间。资产进行组合后收益率得到了平均。

A、B股票间				
协方差	0.00339436	组合标准差	10.00%	公式为=SQRT((B13*B2)^2+(C13*B3)^2+2*B2*B3*B15)
	公式为=COVAR(B6:B11,C6:C11)			

图 3－18　两项资产间协方差和组合标准差公式

组合资产的标准差并不是各个单项资产标准差的加权平均数。在本实验中使用了两种方法计算资产组合的标准差。一种是通过 Excel 提供的 STDEVP 函数得出组合资产标准差。另一种是利用 COVAR 函数组合资产之间的协方差,然后根据 $\sigma_P=\sqrt{(\omega_a\sigma_a)^2+(\omega_b\sigma_b)^2+2\omega_a\omega_b Cov_{ab}}$ 公式计算组合资产之间的标准差,两者的计算结果是完全一致的。

从图 3－17 可以看出组合资产的标准差大小位于 A、B 各自标准差之间,相应的投资风险也得到了下降。因此资产组合在平均了收益率的同时也平均了风险。

3.2.2　资产相关性及原理

资产组合的收益率和风险不仅仅和单项资产的收益率和风险相关,还和单项资产之间的相关性有关。在上节实验中,使用了协方差来衡量这种相关性。用标准差来表示资产组合的风险。利用协方差计算标准差的公式为:

$$\sigma_P=\sqrt{(\omega_a\sigma_a)^2+(\omega_b\sigma_b)^2+2\omega_a\omega_b Cov_{ab}}$$

本节实验用相关系数 ρ 表示资产间的相关性,使用 β 系数来表示资产受系统风险的影响程度。

单项资产的 β 系数为:

$$\beta_i=\frac{\mathrm{Cov}(R_i,R_m)}{\sigma_m^2}=\frac{\rho_{im}\sigma_i\sigma_m}{\sigma_m^2}=\rho_{im}\frac{\sigma_i}{\sigma_m}$$

ρ 表示某资产和市场组合之间的相关性系数,σ_i 表示第 i 项资产收益率的标准差，σ_m 表示市场组合收益率的标准差。

由此可以看出协方差和相关系数之间的关系为：

$$\mathrm{Cov}(R_i, R_m) = \rho_{im}\sigma_i\sigma_m$$

资产组合 β 系数是所有单项资产 β 的系数的加权平均数：

$$\beta_p = \sum w_i \times \beta_i$$

如果选取市场上所有资产组成的组合，它的收益率就是市场平均收益率。该项组合的风险就是市场风险。

在 Excel 中可以用函数 CORREL 来衡量各种资产收益率之间的相关性系数。

【例 3－2】 假定东方公司持有 A、B 两只股票，所占比例各为 50％，收益率在完全不相关的条件下如图 3－19 所示，计算其资产组合的收益率、平均收益率、标准差及相关系数，并用图表表示出两只股票的收益率相关性情况。

	A	B	C	D
1				
2	A资产	50%		
3	B资产	50%		
4				
5	3. 不完全正相关			
6	年份	A资产	B资产	资产组合
7	1985	16%	11%	
8	1986	18%	10%	
9	1987	17%	13%	
10	1988	14%	9%	
11	1989	15%	8%	
12	平均收益率			
13	σ			
14	ρ			

图 3－19　组合资产中相关性

(1)计算相关数据

计算相关数据的操作步骤如下。

①打开文件“7. 3. 2. xls”，选择“组合资产中相关性”工作表，在工作表中输入如图 3－19 所示的内容。

②选中 D7 单元格，在编辑栏输入“＝B7 ＊ ＄B＄2＋C7 ＊ ＄B＄3”，按回车键确认，完成组合资产收益率的计算。

③选中 D7 单元格，将光标置于 D7 单元格右下角，当其呈细黑十字形状，向

下拖动鼠标，复制公式到 D8:D11 单元格区域，完成各年度组合收益率的计算。

④选中 B12 单元格，在单元格内输入“＝AVERAGE(”，单击编辑栏中的 fx，打开 AVERAGE 函数参数对话框，如图 3－20 所示，单击“Number1”后的折叠按钮，选择 B7:B11 区域，单击“确定”按钮，完成 A 资产平均收益率的计算。

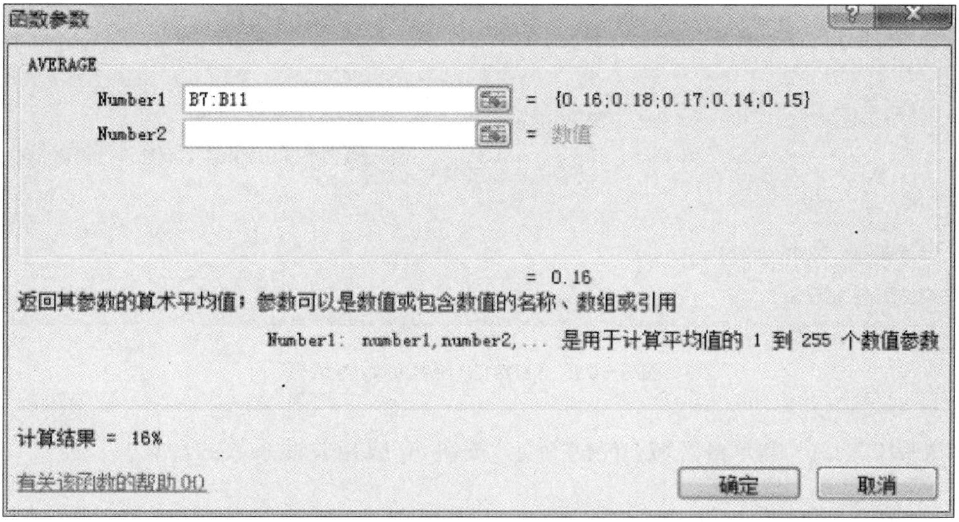

图 3－20　AVERAGE 函数参数对话框

⑤选中 B12 单元格，将光标置于 B12 单元格右下角，当其呈细黑十字形状，向右拖动至 D12 单元格位置，完成资产 B 的平均投资收益率及组合平均投资收益率的计算。

⑥选中 B13 单元格，在单元格内输入“＝STDVEP(”，单击编辑栏中的 fx，打开 STDVEP 函数参数对话框，如图 3－22 所示，单击“Number1”后的折叠按钮，选择 B7:B11 区域，单击“确定”按钮，完成 A 资产标准差的计算。

⑦选中 B13 单元格，将光标置于 B13 单元格右下角，当其呈细黑十字形状，向右拖动至 D13 单元格位置，完成资产 B 及资产组合标准差的计算。

⑧选中 B14 单元格，在单元格内输入“＝CORREL(”，单击编辑栏中的插入函数按钮 fx，打开 CORREL 函数参数对话框，如图 3－22 所示，单击 Array1 参数后的折叠按钮，选择 B7:B11 单元格区域，单击 Array1 参数后的折叠按钮，

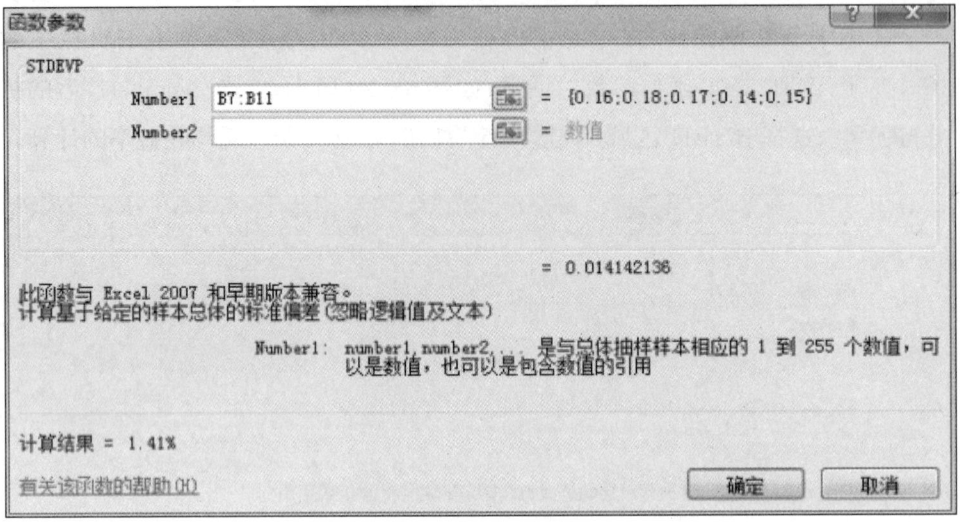

图 3—21　STDVEP 函数参数对话框

选择 C7:C11 单元格区域，单击“确定”按钮，完成相关性系数的计算。

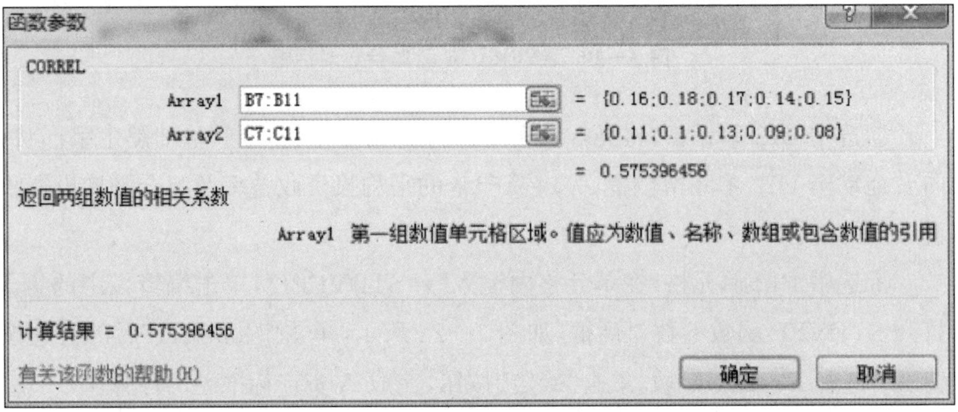

图 3—22　CORREL 函数参数对话框

最终计算结果如图 3—23 所示。

(2)绘制图表

在 Excel 中绘制图表的步骤如下。

①执行“插入|图表”命令，在“图表类型”列表中选择“散点图|带直线和数

D15

	A	B	C	D
1	组合资产中相关性			
2	A资产	50%		
3	B资产	50%		
4				
5	3. 不完全正相关			
6	年份	A资产	B资产	资产组合
7	1985	16%	11%	13.50%
8	1986	18%	10%	14.00%
9	1987	17%	13%	15.00%
10	1988	14%	9%	11.50%
11	1989	15%	8%	11.50%
12	平均收益率	16%	10%	13%
13	σ	1.41%	1.72%	1.39%
14	ρ	0.575396456		

图 3—23　组合资产相关性结果

据标识的散点图”，单击完成图表类型的设定。

②选中图表右击鼠标，单击“选择数据”，弹出图表数据源选择对话框如图 3—24 所示，选择“＄A＄6：＄D＄11”数据区域，单击“完成”按钮，直接完成图表的设定。

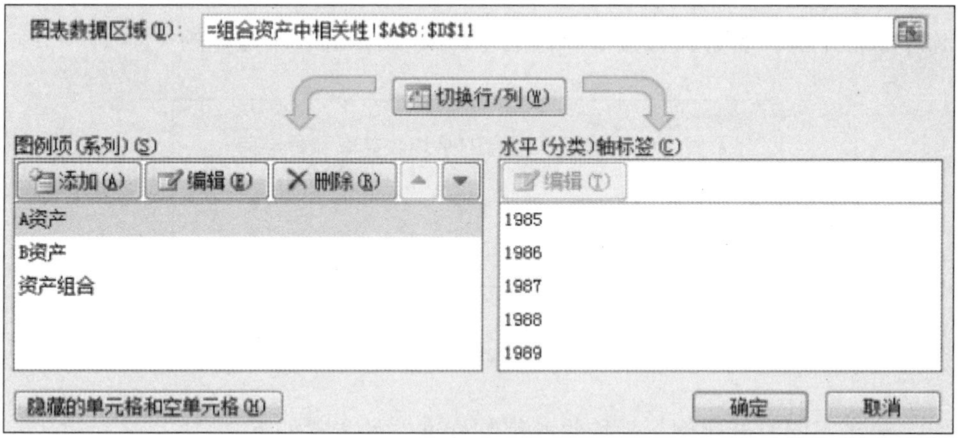

图 3—24　图表数据源选择对话框

③对图表的大小进行调整，设定图表文字的字号，美化图表的外观，最终结果如图 3—25 所示。

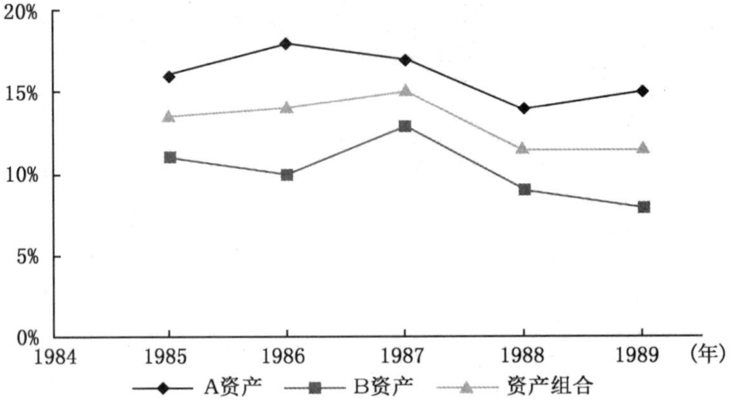

图 3—25　最终图表

(3)不同组合比例下的平均收益率与标准差

【例 3—3】 假设持有 A、B 公司的股票,其平均收益率、标准差及相关系数的数据如图 3—26 所示,要求根据所示数据计算协方差。如果 A 股票在资产组合中所占比重可以从 0 到 100%进行分布,每次变动为 10%,要求计算在不同比率条件下资产组合的收益率和标准差,并绘制图表表示这样的关系。

	A	B	C
22	不同比例下的资产组合的平均收益率和标准差		
23		A股票	B股票
24	平均收益率	14%	20%
25	标准差	36%	20%
26	相关系数	0.4127	
27	协方差	0.0297144	

图 3—26　A、B 公司股票数据

分析不同组合比例下平均收益率与标准差的步骤如下。

①选中 B27 单元格,输入公式"=B25 * C25 * B26",计算出协方差。

②在如图 3—27 所示的表格中,选中 B30 单元格,输入公式"= $B$24 * A30+(1—A30) * $C$24",完成计算 A 股票为零时资产组合的平均收益率。

③选中 C30 单元格,输入公式"=SQRT((A30 * $B$25)^2+((1—A30) * $C$25)^2+2 * A30 * (1—A30) * $B$27)",完成计算 A 股票为零时资产

	A	B	C
28			
29	A股票比例	组合的平均收益率	组合的标准差
30	0%	20.00%	20.00%
31	10%	19.40%	19.76%
32	20%	18.80%	20.07%
33	30%	18.20%	20.92%
34	40%	17.60%	22.23%
35	50%	17.00%	23.93%
36	60%	16.40%	25.95%
37	70%	15.80%	28.21%
38	80%	15.20%	30.67%
39	90%	14.60%	33.28%
40	100%	14.00%	36.00%

图 3—27　不同组合比例下的平均收益率和标准差

组合的标准差。

标准差的计算公式为 $\sigma_P=\sqrt{(\omega_a\sigma_a)^2+(\omega_b\sigma_b)^2+2\omega_a\omega_b\mathrm{Cov}_{ab}}$ 。最终结果如图 3—27 所示。

④选中 B31:C31 单元格区域，将光标移动到该区域右下角，向下拖动鼠标到第 40 行，复制公式。完成在各种不同组合条件下的平均收益率和标准差的计算。

⑤执行“插入|图表”命令，在“图表类型”列表中选择“散点图|带平滑线和数据标识的散点图”，单击完成图标类型的设定。

⑥选中图表右击鼠标，单击“选择数据”，弹出图表数据源选择对话框如图 3—28 所示，点击“图例项(系列)|编辑”，X 值的范围设置为“C30:C40”，Y 值的范围设置为“B30:B40”，单击“完成”按钮，完成图表设置。

⑦在 X 轴上右击，从弹出的快捷菜单中选择“坐标轴格式”命令，打开“坐标轴格式”对话框。将“自动设置”下的“最小值”设定为 0.12，如图 3—29 所示。

⑧在 Y 轴上右击，从弹出的快捷菜单中选择“坐标轴格式”命令，打开“坐标轴格式”对话框。将“自动设置”下的“最小值”设定为 0.12. 完成后的图表如图 3—30 所示。

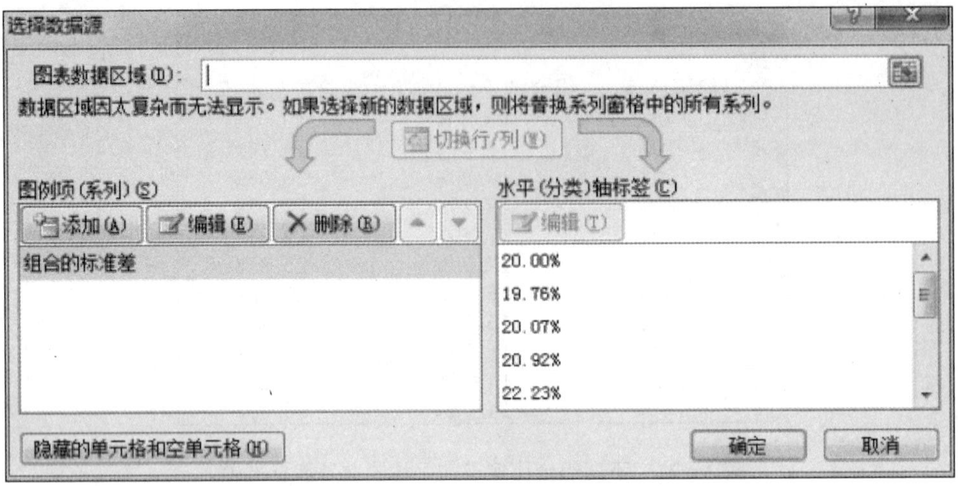

图 3—28　图例设置

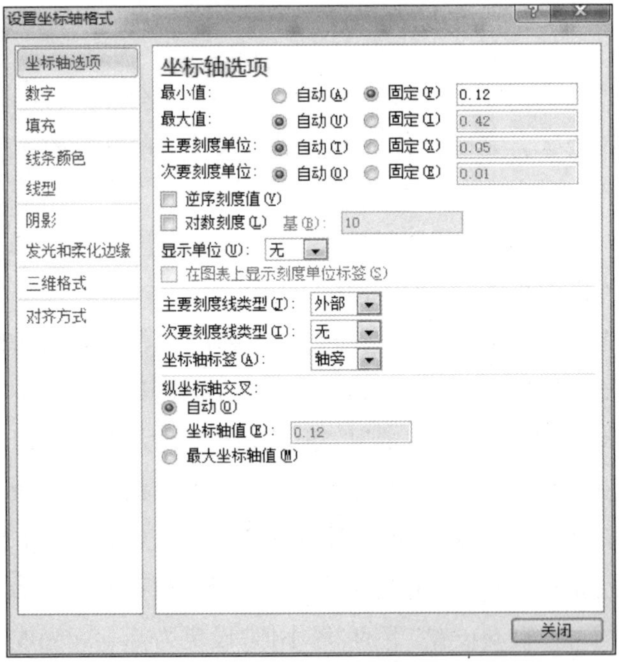

图 3—29　设置坐标轴格式

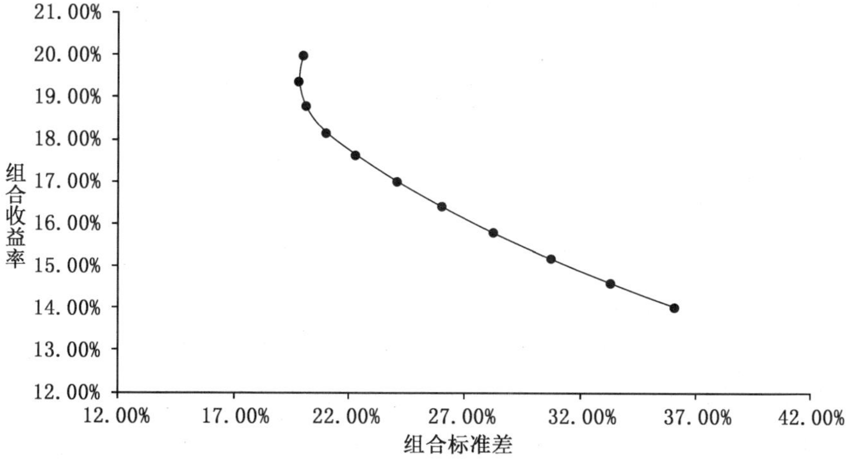

图 3—30　不同比例下组合收益率与标准差的关系

(4)计算单个资产的贝塔系数

【例 3—4】　假定东方公司持有 A 公司股票，该股票在 1996～2001 年间的收益率及同期市场组合收益率的情况如图 3—31 所示。

	A	B	C
1	单项资产的β系数		
2	年份	A股票	市场组合
3	1996	25.28%	15.51%
4	1997	-6.18%	2.17%
5	1998	-20.52%	9.40%
6	1999	21.70%	8.28%
7	2000	14.98%	9.78%
8	2001	27.70%	9.61%
9	σ		
10	ρ		
11	β		

图 3—31　1996～2001 年间 A 公司股票与市场组合收益率

①打开文件“7.3.2.xls”，选择“特定风险和市场风险”工作表，在工作表中输入如图 3—32 所示的内容。

②选中 B9 单元格，在单元格内输入“＝STDEVP(”，单击编辑栏中的 ，打开 STDEVP 函数参数对话框，单击“Number1”后的折叠按钮，选择 B3:B8 区域，单击“确定”按钮，完成 A 股票标准差的计算。

③选中 B9 单元格，将光标置于 B9 单元格右下角，当出现填充柄的时候，向 C9 单元格填充，完成市场组合标准差的计算。

④选中 B10 单元格，在单元格内输入“＝CORREL(”，单击编辑栏中的插入函数按钮，打开 CORREL 函数参数对话框，单击 Array1 参数后的折叠按钮，选择 B3:B8 单元格区域，单击 Array1 参数后的折叠按钮，选择 C3:C8 单元格区域，单击“确定”按钮，完成 A 股票和市场组合之间的相关性的计算。

⑤单击 B11 单元格，在编辑栏内输入公式“＝B10 * B9/C9”，完成 A 股票的 β 系数的计算。

	A	B	C
1	单项资产的β系数		
2	年份	A股票	市场组合
3	1996	25.28%	15.51%
4	1997	-6.18%	2.17%
5	1998	-20.52%	9.40%
6	1999	21.70%	8.28%
7	2000	14.98%	9.78%
8	2001	27.70%	9.61%
9	σ	17.80%	3.89%
10	ρ	0.49	
11	β	2.25	2.25

图 3—32　单项资产的 β 系数

⑥单击 C11 单元格，在编辑栏内输入公式“＝COVAR(B3:B8,C3:C8)/C9^2”，完成使用协方差计算 A 股票的 β 系数。计算结果如图 3－32 所示，使用两种方法计算的贝塔系数结果是一致的。

在资产组合中，如果资产间的相关性表现为不完全相关，那么资产的收益率与资产的相关性之间的关系可以如图 3－33 所示。同理可以推导出，如果资产间的相关性为完全正相关，则其平均收益率的变动方向和幅度完全和单项资产一致，如果为完全负相关，则其收益率为一定值。

企业的风险可以分为可分散的企业特有风险和不可分散的市场风险。当投资组合中包含的资产增加的时候，就会产生如图 3—34 所示的情形。

由图 3—34 可以看出当组合的资产增加时，企业的特有风险被分散，组合的标准差趋向一个定值，也就是无法分散的市场风险。

β 系数反映了某项资产受市场风险影响的程度。通过计算公式可以看出，某项资产的 β 系数是该项资产的收益率和组合收益率之间的关系。从图 3—35 的结果来看，通过资产的组合能够降低风险，资产的特有风险是可以通过资产组合的方式得到分散的，当资产组合为市场组合时，不能消除这部分系统风险。

(5)有效前沿和最小方差组

【例 3—5】 假定东方公司同时持有 A、B 公司的股票，股票的收益率、标准差及其他相关数据如图 3—33 所示。绘制东方公司所持有的 A 股票在 0%～100%间每隔 10%变动持股比例时，组合收益率和标准差之间的关系图。

	A	B	C	D	E	F	G	H
43	有效前沿和最小方差组合							
44								
45	资产收益率	Ea	10%	Eb	12%	协方差	COV_{AB}	-0.06
46	标准差	σa	25%	σb	30%	相关性系数	ρ_{AB}	
47	W_A	E_P	σP					
48	0%							
49	10%							
50	20%							
51	30%							
52	40%							
53	50%							
54	60%							
55	70%							
56	80%							
57	90%							
58	100%							

图 3—33　原始数据

要求根据上述条件绘制并分析曲线图。

(1)绘制组合收益率与组合标准差的曲线图步骤如下。

①打开文件“7. 2. 1. xsl”，选择“有效前沿和最小方差组合”工作表，在工作表中输入如图 3—36 所示的内容。

②单击 H46 单元格，在编辑栏内输入公式“＝H45/(C46 * E46)”，完成股

票A和股票B相关性系数的计算。

③选中B48单元格，在编辑栏内输入公式"=A48*$C$45+(1-A48)*$E$45"，完成A股票占0%时组合收益率计算。

④单击B48单元格，把光标移动至单元格的右下角，出现填充柄，在B49:B58单元格内填充公式，完成各个组成比例下组合收益率的计算。

⑤选中C48单元格，在编辑栏内输入公式"=SQRT((A48*$C$46)^2+((1-A48)*$E$46)^2+2*(1-A48)*A48*$H$45)"，完成A股票占0%时组合标准差的计算。

⑥单击C48单元格，把光标移动至单元格的右下角，出现填充柄，在C49:C58单元格内填充公式，完成各个组成比例下组合标准差的计算。

⑦执行"插入|图表"命令，在"图表类型"列表中选择"散点图|带平滑线和数据标识的散点图"，单击完成图标类型的设定。

⑧选中图表右击鼠标，单击"选择数据"，弹出图表数据源选择对话框，点击"图例项(系列)|编辑"，X值的范围设置为"C48:C58"，Y值的范围设置为"B48:B58"，如图3—34所示单击"完成"按钮，完成图表设置。

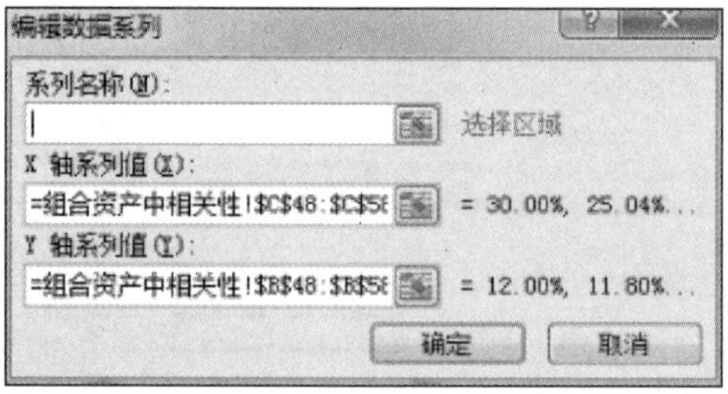

图3—34 编辑数据系列

⑨单击"标题"标签，在"数值(X)轴"下的文本框内输入"组合标准差"。在"数值(Y)轴"下的文本框内输入"组合收益率"，单击"完成"按钮，完成图表的制作。最终结果如图3—35所示。

(2)计算最小方差组合

计算最小方差组合的操作步骤如下。

①在完成上述工作后，选中A58:C58单元格区域，按键盘上的Ctrl+C组

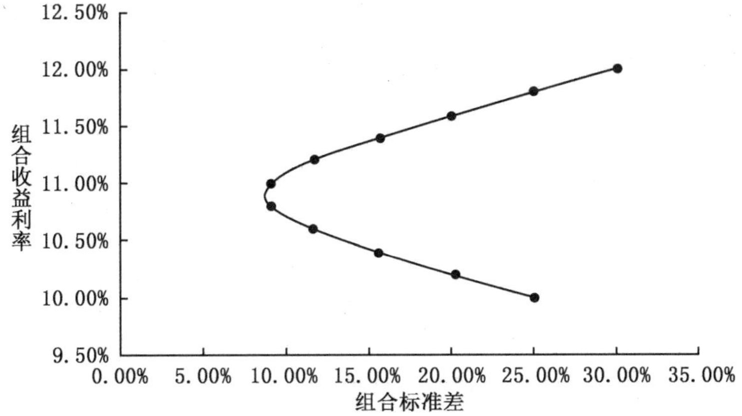

图 3—35　最终结果

合键复制单元格区域。

② 击 A61 单元格，按回车键粘贴步骤①复制的内容。

说明：为了可靠起见，可以检查 C61 单元格在编辑栏内是否显示为公式。完成的内容应该如图 3—36 所示。

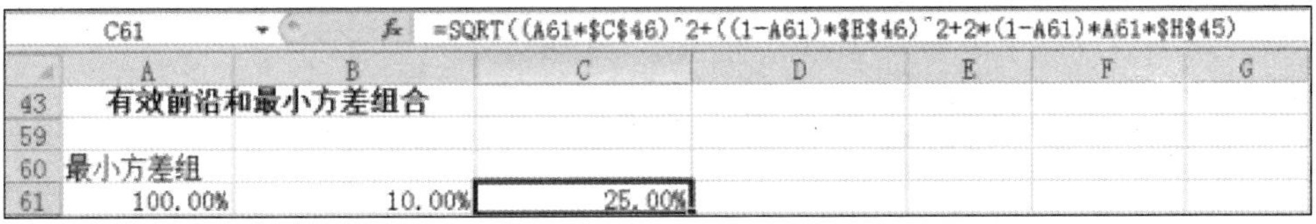

C61　=SQRT((A61*$C$46)^2+((1-A61)*$E$46)^2+2*(1-A61)*A61*$H$45)

	A	B	C	D	E	F	G
43	有效前沿和最小方差组合						
59							
60	最小方差组						
61	100.00%	10.00%	25.00%				

图 3—36　最小方差组合

③如果“工具”中已经有“规划求解”命令，跳过该步骤，直接执行步骤④单击“工具”菜单，选择“加载宏”命令，打开“加载宏”对话框，选中“规划求解”复选框，单击“确定”按钮，完成“规划求解”的加载。

④单击“工具”菜单，选择“规划求解”，打开如图 3—37 所示的“规划求解参数”对话框，单击“设置单元格”后的折叠按钮，选中 C61 单元格。在“等于”后选中“最小值”单选按钮。单击“可变单元格”下的折叠按钮，选中 A61 单元格。

⑤单击“添加”按钮，弹出“添加约束”对话框，如图 3—38 所示。单击“添加

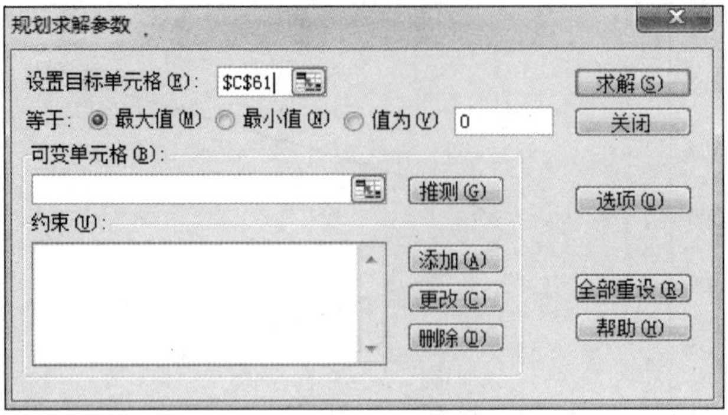

图 3—37　规划求解参数

约束”对话框中“单元格引用位置”后的折叠按钮，选中 A61 单元格，在判断符号下拉列表中选择“＜＝”类型，“约束值”栏内输入 1，单击“添加”按钮，再添加一条约束。单击“添加约束”对话框中“单元格引用位置”后的折叠按钮，选中 A61 单元格，在判断符号下拉列表中选择“＞＝”类型，“约束值”栏内输入 0，单击“确定”按钮，完成约束的设定。

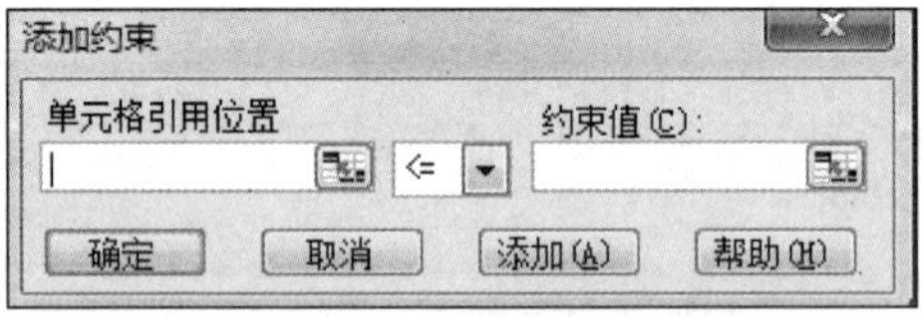

图 3—38　添加约束

也可以使用公式 $\omega_a=\dfrac{\sigma_b^2-\text{Cov}_{ab}}{\sigma_a^2+\sigma_b^2-2\text{Cov}_{ab}}$ 来计算最小方差组合时 A 股票所占的比重，通过比较可以发现计算的结果和使用规划求解的结果是一致的。显然利用规划求解更加方便。

最终的计算结果如图 3—39 所示。

通过本实验绘制出了不完全相关情况下资产组合的收益率与组合风险的曲线。从图 3—40 可以看出曲线上的点代表在不同投资比例下投资组合预期收益率与标准差，体现的是收益和风险的关系。曲线上的每一个点代表了一种

	A	B	C	D	E	F	G	H	I	J
43	有效前沿和最小方差组									
44										
45	资产收益率	Ea	10%	Eb	12%	协方差	COVAB	-0.06		
46	标准差	σa	25%	σb	30%	相关性系数	ρAB	-0.8		
47	WA	Ep	σp							
48	0%	12.00%	30.00%							
49	10%	11.80%	25.04%							
50	20%	11.60%	20.22%							
51	30%	11.40%	15.66%							
52	40%	11.20%	11.66%							
53	50%	11.00%	9.01%							
54	60%	10.80%	9.00%							
55	70%	10.60%	11.63%							
56	80%	10.40%	15.62%							
57	90%	10.20%	20.18%							
58	100%	10.00%	25.00%							
59										
60	最小方差组									
61	55%	10.90%	8.62%							
62	验算		55.05%							

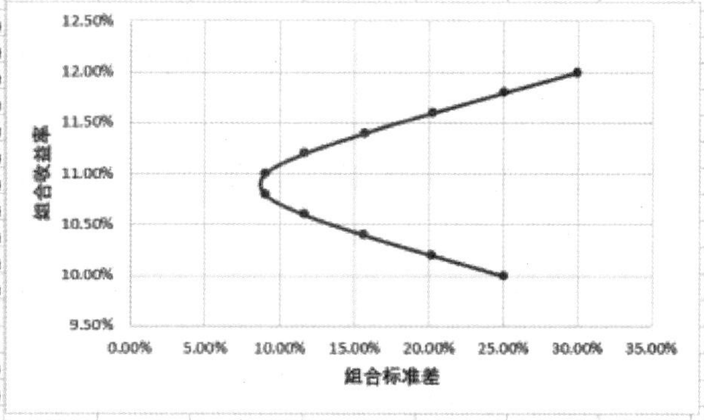

图 3—39　最终结果

组合。同样，所有投资组合对应的点都应该在该曲线上。

	A	B	C	D	E	F	G	H
1	投资组合中的无风险资产							
2								
3	资产收益率	Ea=	10%	Eb=	12%	协方差	COVAB=	-0.06
4	标准差	σa=	25%	σb=	30%	无风险资产收益率		10%
5	选定的资产组合为							
6	ωA	Ep	σp					
7	70.00%							
8								
9		风险资产组合		风险资产组合所占比例	Epf	σpf		
10	ωA	Ep	σp					
11	0.00%							
12	10.00%							

图 3—40　原始数据

在本实验教程中，有效前沿所代表的组合可以在不改变风险的情况下提高收益率。最小方差组合可以通过公式和规划求解的方式来进行计算。它表示风险最小的点，在该点上，虽然风险最小，但是其收益率却不是最低的。最小方差组合以上的部分曲线就是前面所说的有效前沿。

规划求解是计算极值的极好的工具，只要给定公式（计算关系），以及变量的取值范围，就可以利用规划求解计算当结果取得最大值、最小值以及定值时变量的值。

3.2.3 投资组合中的无风险资产

【例 3—6】 假定东方公司同时持有 A、B 公司的股票，股票的收益率、标准差及其他相关数据如图 3—44 所示。公司经过研究，决定在风险资产组合中，选取 A 股票占 70%的风险资产组合与无风险资产再进行组合。无风险资产收益率为 10%。组合比例以 10%递增。要求绘制东方公司所持有的风险资产组合和无风险资产进行组合的收益率和标准差之间的关系变动曲线。

(1)计算有关数据

在 Excel 中计算有关数据的步骤如下。

①打开文件“7.3.3.xls”，选择“投资组合中的无风险资产”工作表。在工作表中输入如图 3—41 所示的内容。

②选中 B11 单元格，在编辑栏内输入公式“=A11 * $C$3+(1-A11) * $E$3”，完成 A 股票占组合资产比重为 0%时的收益率的计算。

③单击 B11 单元格，把光标移动至单元格的右下角，出现填充柄，按住鼠标左键不放，在 C12:C21 单元格内填充公式，完成各比例条件下组合收益率的计算。

④选中 C11 单元格，在编辑栏内输入公式“=SQRT((A11 * $C$4)^2+((1-A11) * $E$4)^2+2 * A11 * (1-A11) * $H$3)”，完成 A 股票占资产组合比重为 0 时组合标准差的计算。

⑤单击 C11 单元格，把光标移动至单元格的右下角，出现填充柄，按住鼠标左键不放，在 C12:C21 单元格内填充公式，完成各比例条件下组合标准差的计算。

⑥单击 B7 单元格，在单元格内输入公式“=B18”，选中 C7 单元格，在单元格内输入公式“=C18”，完成特定风险资产组合的选择。

⑦选中 E11 单元格，在编辑栏内输入公式“=D11 * $B$7+(1-D11) * $H$4”，完成风险资产占整个资产组合比重为 0%时组合收益率的计算。

⑧单击 E11 单元格，把光标移动至单元格的右下角，出现填充柄，按住鼠标

左键不放，在 E12:E21 单元格内填充公式，完成风险资产组合与无风险资产组合的组合收益率的计算。

⑨选中 F11 单元格，在编辑栏内输入公式“=D11 * $C$7”，完成组合资产占整个资产组合比重为 0%时的组合标准差的计算。

⑩单击 F11 单元格，把光标移动至单元格的右下角，出现填充柄，按住鼠标左键不放，在 F12:F21 单元格内填充公式，完成风险资产组合与无风险资产组合的组合标准差的计算，如图 3—41 所示。

	A	B	C	D	E	F
9	风险资产组合			风险资产组合所占比例	E_{pf}	σ_{pf}
10	ω_A	Ep	σ p			
11	0. 00%	12. 00%	30. 00%	0. 00%	10. 0%	0. 00%
12	10. 00%	11. 80%	25. 04%	10. 00%	10. 06%	1. 16%
13	20. 00%	11. 60%	20. 22%	20. 00%	10. 12%	2. 33%
14	30. 00%	11. 40%	15. 66%	30. 00%	10. 18%	3. 49%
15	40. 00%	11. 20%	11. 66%	40. 00%	10. 24%	4. 65%
16	50. 00%	11. 00%	9. 01%	50. 00%	10. 30%	5. 81%
17	60. 00%	10. 80%	9. 00%	60. 00%	10. 36%	6. 98%
18	70. 00%	10. 60%	11. 63%	70. 00%	10. 42%	8. 14%
19	80. 00%	10. 40%	15. 62%	80. 00%	10. 48%	9. 30%
20	90. 00%	10. 20%	20. 18%	90. 00%	10. 54%	10. 47%
21	100. 00%	10. 00%	25. 00%	100. 00%	10. 60%	11. 63%

图 3—41　结果

(2)绘制收益率与标准差变动曲线

①在区域 A1:H21 外任意位置单击一个单元格，执行“插入|图表”命令，在“图表类型”列表中选择“散点图|带平滑线和数据标识的散点图”，单击完成图标类型的设定。

②选中图表右击鼠标，单击“选择数据”，弹出图表数据源选择对话框，单击“系列”标签，单击“添加”按钮，单击“X 值”后的折叠按钮，选择区域“$C$11:$C$21”。单击“Y 值”后的折叠按钮，选择区域“$B$11:$B$21”，再单击“添加”按钮，单击“X 值”后的折叠按钮，选择区域“$C$11:$C$21”。单击“Y 值”后的折叠按钮，选择区域“$E$11:$E$21”，单击“下一步”按钮，点击“确定”按钮。

③单击“标题”标签，在“数值(X)轴”下的文本框内输入“组合标准差”。在“数值(Y)轴”下的文本框内输入“组合收益率”，单击“完成”按钮，完成图表的初步制作。

④双击X轴上的刻度，打开“坐标轴格式”对话框，将字号设为10号，同理修改Y轴上的字号，完成图表的制作。最终图表如图3－42所示。

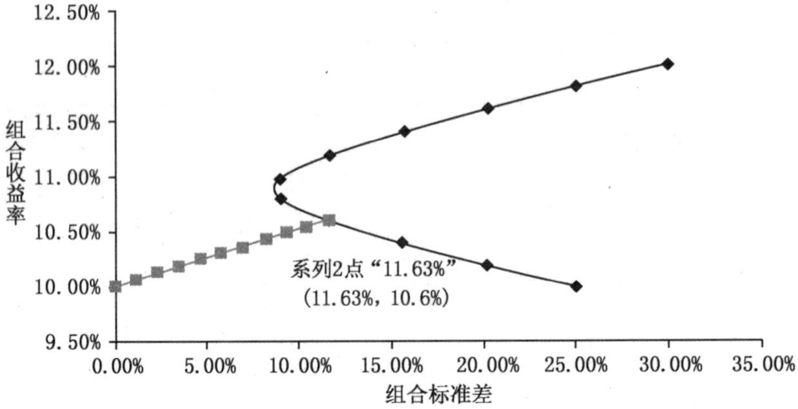

图3－42　散点图

(3)结论

本实验绘制出了风险资产组合和无风险资产再进行组合时的收益率与风险的曲线。从图3－43可以看出风险资产组合与无风险资产再进行组合时的收益率与风险的曲线是一条直线，该直线的一端位于Y轴组合收益率上，其大小就是无风险资产的收益率，直线的另外一端在风险资产组合的曲线上。其大小和选定的风险资产组合有关。从图3－35可以看出在该点的组合标准差为11.63%，组合收益率为10.6%，对照图3－33可以看出该值恰好也就是A股票占风险资产比例为70%的组合。本例所选中的和无风险资产进行组合的资产恰好也就是A股票占70%的组合。

当选取的A股票在风险资产组合中的比例不断变化时，在Y轴组合收益率上的一端总是不变的，而另外一端如图3－43所示的点也在风险资产组合所构成的曲线上移动。当该点移动到某一位置时，能够使得直线和曲线相切，那么此时该直线与X轴组合标准差形成的角的正切就是Sharpe比率。

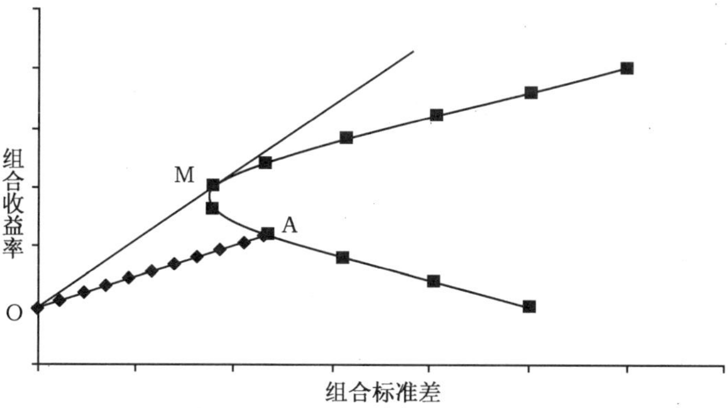

图 3－43　风险资产组合与无风险资产组合关系曲线图

3.2.4　夏普比率与市场组合

夏普比率(Sharpe 比率)说明了理性的投资者总是将选择并持有有效的投资组合，在给定的风险水平下会期望回报最大化，或在给定期望回报率的水平上使风险最小化。Sharpe 比率的计算公式是：

$$\text{Sharpe 比率}=\frac{E_p-R_f}{\delta_p}$$

式中，E_p 表示风险资产组合的预期报酬率；R_f 表示无风险利率；δ_p 表示风险资产组合的标准差。风险资产组合与无风险资产组合的关系曲线如图 3－43。

在 Excel 中解决极值问题通常使用规划求解功能，方法就是设定夹角的正切公式，为该公式指定变量的取值范围，计算夹角的正切何时能够取得最大值。

【例 3－7】　假定东方公司同时持有 A、B 公司的股票，股票的收益率、标准差及其他相关数据如图 3－44 所示，无风险资产收益率为 10%，风险资产组合中 A 股票所占比例以 10%递增。要求计算该组合的 Sharpe 比率。

(1)计算有关数据

①打开文件“7.3.4.xls”，选择“Sharpe 比率”工作表，输入如图 3－44 所示的计算数据。

②选中 B8 单元格，在编辑栏内输入公式“＝A8＊＄C＄3＋(1－A8)＊＄E

	A	B	C	D	E	F	G	H
1	Sharpe比率							
2								
3	资产收益率	Ea=	10%	Eb=	12%	协方差	COVAB=	-0.06
4	标准差	σa=	25%	σb=	30%	无风险资产收益率	Rf=	10%
5								
6	风险资产组合							
7	ω_A	Ep	σp					
8	0.00%							
9	10.00%							

图 3—44　原始数据

＄3”，完成 A 股票占组合资产比重为 0％时的收益率的计算。

③单击 B8 单元格，把光标移动至单元格的右下角，出现填充柄，按住鼠标左键不放，在 B9：B18 单元格内填充公式，完成各比例条件下组合收益率的计算。

④选中 C8 单元格，在编辑栏内输入公式“＝SQRT((A8＊＄C＄4)^2＋((1－A8)＊＄E＄4)^2＋2＊A8＊(1－A8)＊＄H＄3)”，完成 A 股票占资产组合比重为 0 时组合标准差的计算。

⑤单击 C8 单元格，把光标移动至单元格的右下角，出现填充柄，按住鼠标左键不放，在 C9：C18 单元格内填充公式，完成各比例条件下组合标准差的计算。最终的计算结果如图 3—45 所示。

(2)绘制收益率与标准差变动曲线

①在区域 A1：H18 外任意位置单击一个单元格，执行“插入|图表”命令，在“图表类型”列表中选择“散点图|带平滑线和数据标识的散点图”，单击完成图标类型的设定。

②选中图表右击鼠标，单击“选择数据”，弹出图表数据源选择对话框，单击“系列”标签，单击“添加”按钮，单击“X 值”后的折叠按钮，选择区域“＄C＄8：＄C＄18”。单击“Y 值”后的折叠按钮，选择区域“＄B＄8：＄B＄18”，单击“下一步”按钮，点击“确定”按钮。

③单击“标题”标签，在“数值(X)轴”下的文本框内输入“组合标准差”。在“数值(Y)轴”下的文本框内输入“组合收益率”，单击“完成”按钮，完成图表的初步制作。

	A	B	C
6	风险资产组合		
7	ω_A	Ep	σ p
8	0.00%	12.00%	30.00%
9	10.00%	11.80%	25.04%
10	20.00%	11.60%	20.22%
11	30.00%	11.40%	15.66%
12	40.00%	11.20%	11.66%
13	50.00%	11.00%	9.01%
14	60.00%	10.80%	9.00%
15	70.00%	10.60%	11.63%
16	80.00%	10.40%	15.62%
17	90.00%	10.20%	20.18%
18	100.00%	10.00%	25.00%

图 3—45 风险资产组合

④双击 X 轴上的刻度，打开“坐标轴格式”对话框，将字号设为 10 号，同理修改 Y 轴上的字号，完成图表的制作。最终图表如图 3—46 所示。

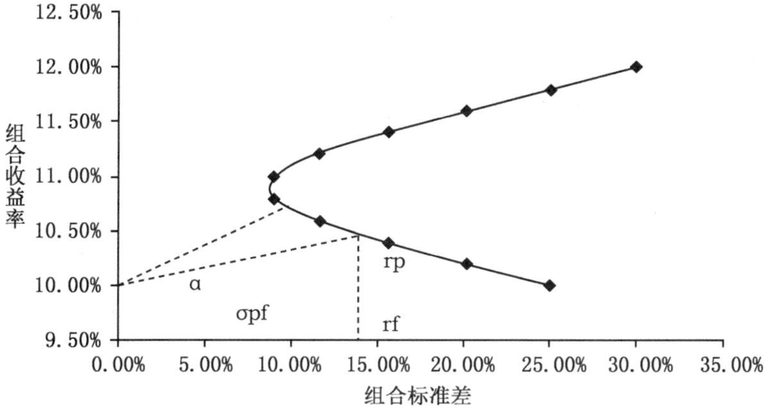

图 3—46 最终结果

(3)求 Sharpe 比率

①选中 A18:C18 区域，按键盘上的 Ctrl+C 键，复制该区域，选中 A21 单元格，按回车键，完成基本数据的输入。复制后如图 3—47 所示。

	A	B	C
1	Sharpe比率		
18	100.00%	10.00%	25.00%
19			
20	Sharpe比率计算		
21	100.00%	10.00%	25.00%
22	Sharpe比率		

图 3—47　Sharpe 比率

②选中 B22 单元格，输入公式“=(B21－H4)/C21”，完成 Sharpe 比率计算公式的设置。

③如果“工具”中已经有“规划求解”命令，跳过该步骤，直接执行步骤④单击“工具”菜单，选择“加载宏”命令，打开“加载宏”对话框，选中“规划求解”复选框，单击“确定”按钮，完成“规划求解”的加载。

④单击“工具”菜单，选择“规划求解”，打开如图 3—48 所示的“规划求解参数”对话框，单击“设置单元格”后的折叠按钮，选中 B22 单元格。在“等于”后选中“最小值”单选按钮。单击“可变单元格”下的折叠按钮，选中 A21 单元格。

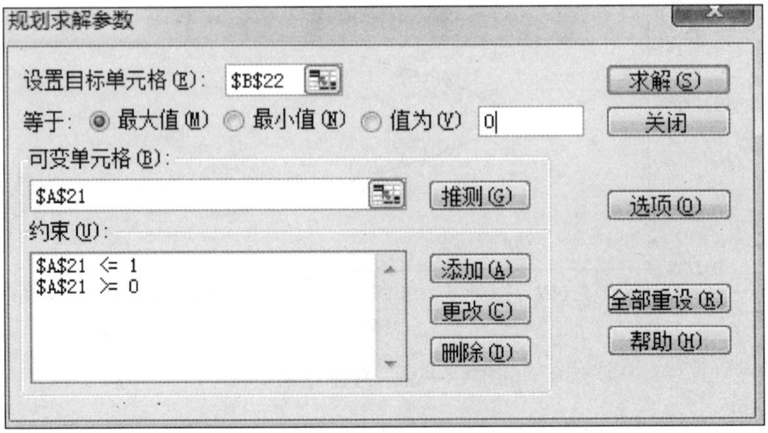

图 3—48　设置条件

⑤在“规划求解参数”对话框中，单击“添加”按钮，弹出“添加约束”对话框，如图 3—49 所示。单击“添加约束”对话框中“单元格引用位置”后的折叠按钮，

选中 A21 单元格，在判断符号下拉列表中选择"<="类型，"约束值"栏内输入 1，单击"添加"按钮，再添加一条约束。单击"添加约束"对话框中"单元格引用位置"后的折叠按钮，选中 A21 单元格，在判断符号下拉列表中选择">="类型，"约束值"栏内输入 0，单击"确定"按钮，返回"规划求解参数"对话框，单击"求解"按钮，返回工作表，完成结果的结算如图 3—49 所示。

	A	B	C
1	**Sharpe比率**		
20	Sharpe比率计算		
21	48.98%	11.02%	9.18%
22	Sharpe比率	11.11%	

图 3—49　结算

(4)结论

下图 3—49 中表示了可以通过无风险收益率引一条直线到风险组合的曲线上，从而取得最大的正切值为 11.11%，在取得该值的时候，A 股票占风险资产组合的比率为 48.98%。从 Y 轴引无风险收益率 10%位置引一条直线和曲线相切，交于 M 点。该条直线上的点就是市场组合，直线上的每个点都代表了一定比率的无风险资产和风险资产的组合。

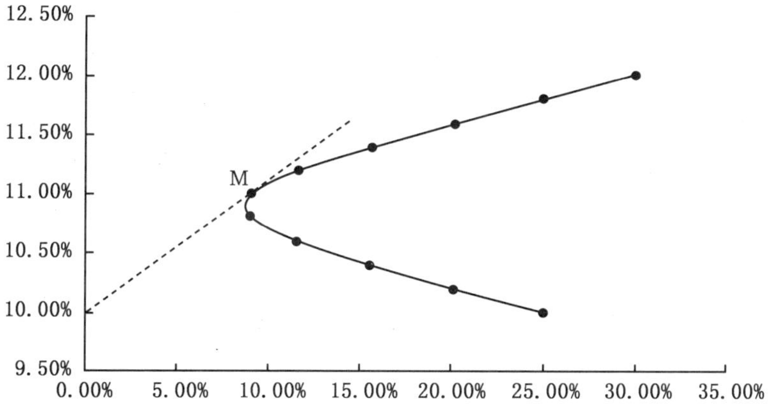

图 3—50　结果

从图 3－50 中可以看出直线上的点，在相同的收益率下，风险比风险资产组合要小，相同风险条件下，其收益率要高于风险资产组合。

3.2.5 证券市场线

在 Excel 中使用图表功能来绘制证券市场线。必须搜集的数据包括 r_F 无风险收益率，r_m 市场组合溢价。无风险报酬率可以采用同期的短期国债的利率。市场组合风险溢价的计算方法是使用不同时间的指数来计算收益率然后扣除无风险报酬率的结果。资产的风险溢价计算方法类似于市场组合风险溢价，也是使用和市场组合收益率对应时间的收盘价来计算。由于该收益率是考虑了无风险报酬率的因素，因此也要扣除无风险收益率。注意，如果是股票那么收盘价必须是经过股利调整因素的收盘价，具体数据可以从 Web 或者其他公开资料中获得。

有了上述数据，Excel 就可以通过 INTERCEPT 函数和 SLOPE 函数计算指定的 y 值和 x 值下的直线的截距和斜率。也可以通过数据分析中的回归方法获取计算结果 y 值和 x 值。其中 x 值就表示贝塔系数，这又提供了另外一种计算贝塔系数的方法。

【例 3－8】 图 3－51 所示为 2004～2016 年间微软公司股票标准普尔 500 指数的收盘价信息，各期的无风险收益率数据已给出，根据给定的数据计算贝塔系数。

(1)计算有关数据

①打开文件“xls”，选择“证券市场线”工作表，输入如图 3－51 所示的计算数据。

②选中 C4 单元格，在编辑栏内输入公式“＝B4/B3－F4－1”，完成 2006 年微软公司股票风险溢价的计算。

说明：由于在证券市场线问题中考虑的仅仅是系统风险，因此总是要扣除无风险报酬率。

③选中 C4 单元格，将光标移动到单元格的右下角，当光标形状呈细黑十字时，向下拖动到 C15 单元格，完成各年度风险溢价的计算。

④选中 E4 单元格，在编辑栏内输入公式“＝D4/D3－1－F4”，完成 2006 年

	A	B	C	D	E	F
1	年份	MSFT		S&P500		Rf
2		股价	风险溢价	股价	风险溢价	
3	2004	1.04		330.22		
4	2005	2.31	117.74%	417.09	21.93%	4.38%
5	2006	2.66	11.56%	435.71	0.87%	3.59%
6	2007	2.51	-9.23%	466.45	3.47%	3.59%
7	2008	3.81	44.64%	459.27	-8.69%	7.15%
8	2009	5.47	38.40%	615.93	28.94%	5.17%
9	2010	10.29	82.64%	740.74	14.78%	5.48%
10	2011	16.1	50.97%	970.43	25.52%	5.49%
11	2012	34.56	110.13%	1229.23	22.14%	4.53%
12	2013	58.19	62.41%	1469.25	13.57%	5.96%
13	2014	21.62	-68.35%	1320.28	-15.64%	5.50%
14	2015	33.02	50.70%	1148.08	-15.07%	2.03%
15	2016	25.77	-23.18%	879.82	-24.59%	1.22%
16	使用公式计					
17	贝塔系数					
18	协方差		市场组合标准差			
19	贝塔系数					

图 3—51　原始数据

标准普尔 500 风险溢价的计算。

⑤选中 C4 单元格，将光标移动到单元格的右下角，当光标形状呈细黑十字时，向下拖动到 C15 单元格，完成各年度风险溢价的计算。

⑥选中 B17 单元格，在编辑栏内输入“=slope(”，单击编辑栏上的 f_x 按钮，打开 SLOPE 函数对话框，如图 3—52 所示。单击“Known_y's”参数后的折叠按钮，选择 C4:C15 单元格区域，单击“Known_y's”参数后的折叠按钮，选择 E4:E15 单元格区域，单击“确定”按钮，完成贝塔系数的计算。

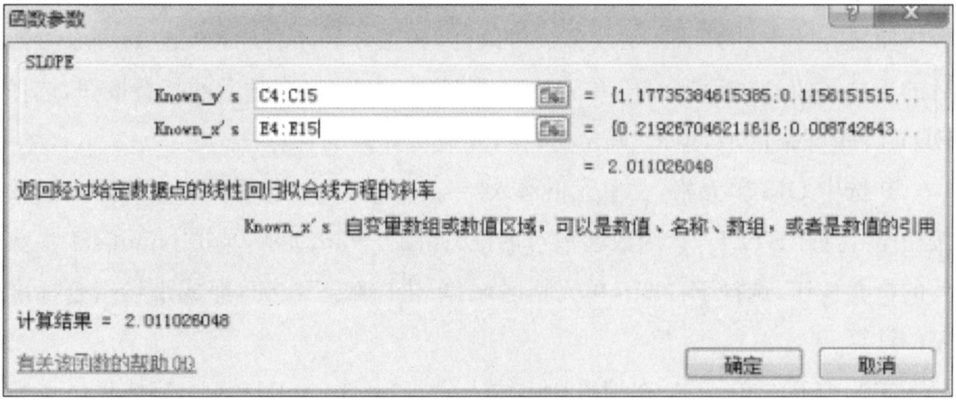

图 3—52　函数参数

⑦选中 D17 单元格，在编辑栏内输入“=intercept(”，单击编辑栏上的 fx 按钮，打开 INTERCEPT 函数对话框，如图 3—53 所示。单击“Known_y's”参数后的折叠按钮，选择 C4:C15 单元格区域，单击“Known_y's”参数后的折叠按钮，选择 E4:E15 单元格区域，单击“确定”按钮，完成线性回归方程截距的计算。

图 3—53　函数参数

说明：通过 INTERCEPT 函数和 SLOPE 函数，可以构建线性方程 $y=ax+b$。

⑧选中 B18 单元格，在单元格输入“=COVAR(”，单击编辑栏中的插入函数按钮 fx，打开 COVAR 函数参数对话框，如图 3—54 所示，单击 Array1 参数后的折叠按钮，选择 C4:C15 单元格区域，单击 Array1 参数后的折叠按钮，选择 E4:E15 单元格区域，单击“确定”按钮，完成协方差的计算。

⑨选中 D18 单元格，在单元格输入“=stdevp(”，单击编辑栏中的插入函数按钮 fx，打开 STDEVP 函数参数对话框，如图 3—55 所示，单击 Number1 参数后的折叠按钮，选择 E4:E15 单元格区域，单击“确定”按钮，完成市场组合标准差的计算。

⑩选中 B19 单元格，在编辑栏内输入公式“=B18/(D18^2)”，完成贝塔系数的计算。

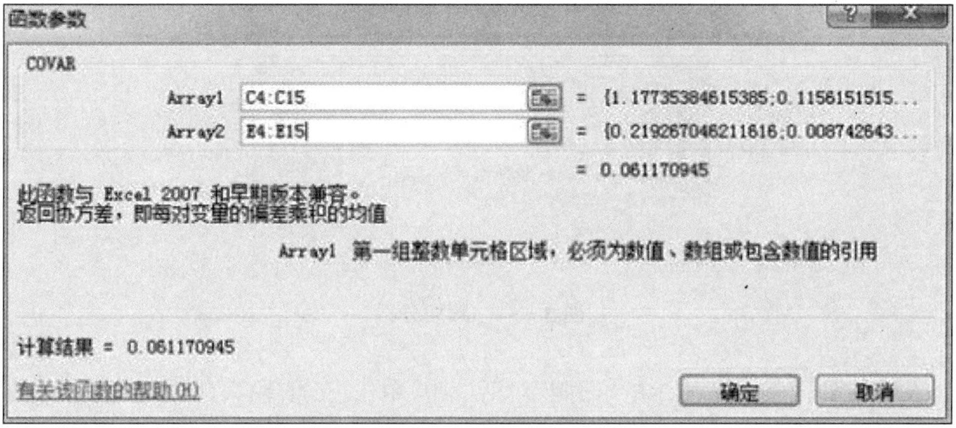

图 3－54　函数参数

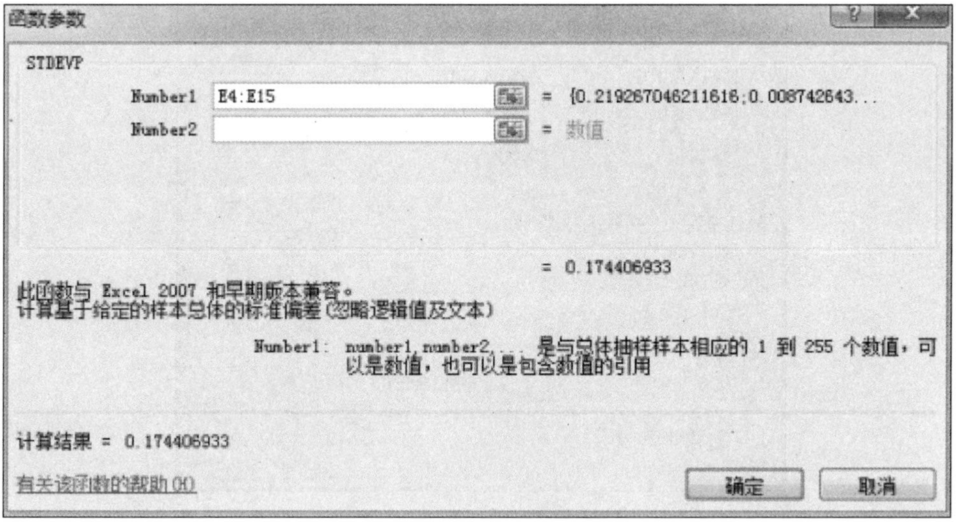

图 3－55　函数参数

说明：贝塔系数计算的定义式就是 $\beta_1=\frac{\mathrm{Cov}(R_i,R_m)}{\sigma_m^2}=\frac{\rho_{im}\sigma_i\sigma_m}{\sigma_m^2}=\rho_{im}\frac{\sigma_i}{\sigma_m}$。

⑪单击“工具”菜单，执行“数据分析”命令，打开如图 3－56 所示“数据分析”对话框，在分析工具中选择“回归”项，单击“确定”按钮，打开“回归”对话框，

完成分析工具的选择。

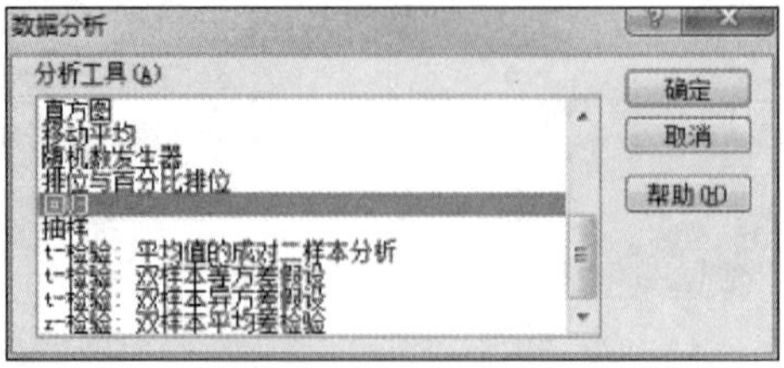

图 3—56　数据分析

⑫在如图 3—57 所示的“回归”对话框中，单击“Y 值输入区域”后的折叠按钮，选择＄C＄4：＄C＄15 单元格区域，单击“X 值输入区域”后的折叠按钮，选择＄E＄4：＄E＄15 单元格区域，单击“确定”按钮，完成回归分析的设定。

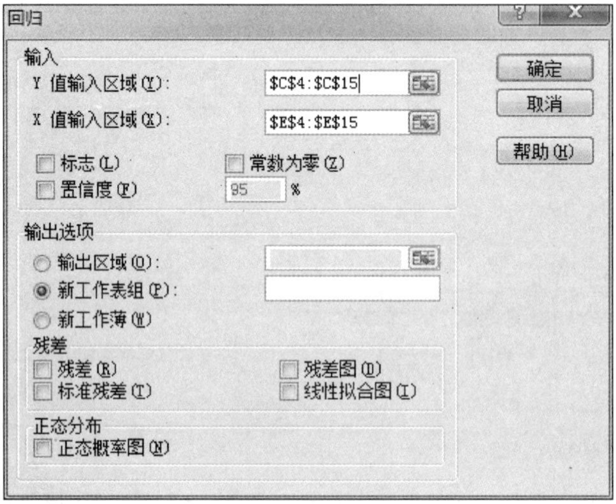

图 3—57　回归

说明：使用回归工具会生成一张新的工作表，如图 3—58 所示，在工作表中列示了分析的数据，其中就有截距和斜率两个数值，斜率就是贝塔系数。

其中 B18 单元格表示的斜率就是贝塔系数。B17 单元格表示的就是截距。使用回归分析工具计算的结果和使用 INTERCEPT 函数和 SLOPE 函数计算

	A	B	C	D	E	F	G	H	I
1	SUMMARY OUTPUT								
2									
3	回归统计								
4	Multiple R	0.674045							
5	R Square	0.454337							
6	Adjusted R	0.39977							
7	标准误差	0.421062							
8	观测值	12							
9									
10	方差分析								
11		df	SS	MS	F	gnificance F			
12	回归分析	1	1.476196	1.476196	8.326316	0.016231			
13	残差	10	1.772929	0.177293					
14	总计	11	3.249125						
15									
16		Coefficien	标准误差	t Stat	P-value	Lower 95%	Upper 95%	下限 95.0%	上限 95.0%
17	Intercept	0.277704	0.127667	2.175229	0.054685	-0.00675	0.562164	-0.00675	0.562164
18	X Variable	2.011026	0.696933	2.885536	0.016231	0.458162	3.56389	0.458162	3.56389

图 3－58　回归结果

的结果是一致的。

(2)绘制证券市场线

①选中 E16 单元格，在编辑栏内输入公式“＝AVERAGE(E4:E15)”，完成市场组合平均风险溢价的计算。

②选中 F16 单元格，在编辑栏内输入公式“＝AVERAGE(F4:F15)”，完成无风险收益率的计算。

③在工作表的 A21:A29 单元格区域内输入如图 3－59 所示的数据，完成模拟运算表变量值的设置。

说明：根据资本资产定价模型的计算公式 $r=r_F+\beta(r_m-r_F)$，指定不同的贝塔系数，就可以做出证券市场线。

④选中 B21 单元格，在单元格内输入公式“＝F16＋A21 * E16”，完成计算公式的设定。

说明：计算公式就是资本资产定价模型，无风险报酬率和风险溢价都使用了平均数值。

⑤选中 A21:B29 单元格区域，单击“数据”菜单，执行“模拟运算表”命令，打开如图 3－60 所示的“模拟运算表”对话框，单击“输入引用列的单元格”后的

	A	B
20	模拟运算表	
21	0	
22	0	
23	0.4	
24	0.8	
25	1.2	
26	1.6	
27	2	
28	2.4	
29	2.8	

图 3—59　模拟运算表

折叠按钮，选择＄A＄21 单元格，单击“确定”按钮，完成不同贝塔系数下的收益率的计算。

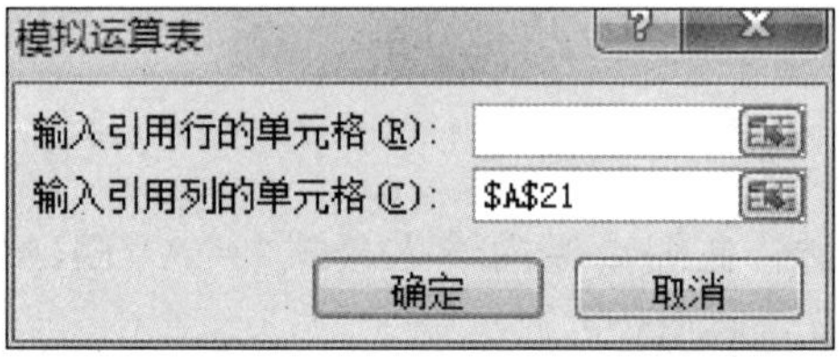

图 3—60　模拟运算表

不同的贝塔系数放置在同一列中，因此使用“输入引用列的单元格”项。B21 所使用的公式为“＝F16＋A21＊E16”，其中代表贝塔系数的就是 A21，因此在模拟运算表中“输入引用列的单元格”项后选择 A21 单元格，计算结果如图 3－61 所示。

⑥在空白区域任意选中一个单元格，单击“插入”菜单，在“图表类型”列表中选择“散点图|带平滑线和数据标识的散点图”，单击“下一步”按钮，单击“系列”标签，单击“添加”按钮，单击“X 值”后的折叠按钮，选择 A22:A29 单元格区域，单击“Y 值”后的折叠按钮，选择 B22:B29 单元格区域，单击“完成”按钮，完成图表的设定。

说明：在空白区域任意选中一个单元格的目的是为了可以自定义数据源。

	A	B
20	模拟运算表	
21	0	0.045075
22	0	0.045075
23	0.4	0.067484
24	0.8	0.089892
25	1.2	0.112301
26	1.6	0.134710
27	2	0.157119
28	2.4	0.179527
29	2.8	0.201936

图 3—61　结果

对图表进行坐标轴美化后，最终结果如图 3—62 所示。

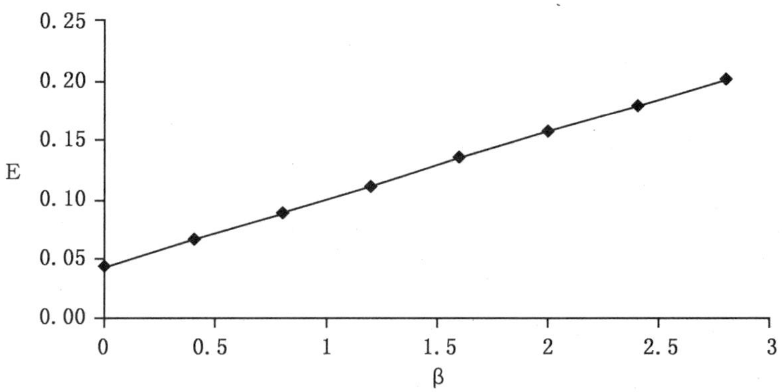

图 3—62　结果图

(3)结论

证券市场线是一条以市场风险溢价为斜率的直线。证券市场线上的每一个点对应的是每一项资产或者资产组合的贝塔系数和必要收益率。

从图 3—63 可以看出，证券市场线的截距为无风险收益率，当无风险收益率变大时，直线会向上移动，所有资产的必要收益率也会随之提高。反之则必要收益率会降低。风险溢价表示的是直线的斜率，风险溢价程度越高，则期望获得的补偿也就越高，斜率也就会越高，反映到证券市场线上就是直线会变得更陡。在极端的情况下，如果不能容忍风险，则只会持有无风险资产，其收益率将会落在 Y 轴上。

但是从证券实证来看，一般来说某项资产或者资产组合点会落在该直线的上方或者下方。在该直线上方的点表示该资产或资产组合具有高于市场平均水平的收益率。在直线下方的点表示该资产或资产组合具有低于市场平均水平的收益率。

Excel 的计算过程是使用回归分析或者 INTERCEPT 函数和 SLOPE 函数，分析风险溢价计算得到斜率和本实验使用的是通过不同资产的风险溢价进行计算，也可以通过使用收益率进行计算，如果无风险报酬率是个定值，则计算没有差异，否则计算会产生一定的差异，两种方法都是可以的。使用直线回归方程最终生成直线方程 $y=ax+b$，其中就是贝塔系数，a 就是风险溢价。

3.3 案例分析

3.3.1 风险溢价的影响因素分析

风险溢价是投资者将资本从无风险投资转移到风险投资时要求得到的额外收益。估计市场风险溢价采用不同的收益率时会有不同的结果。那么，影响风险溢价的因素有哪些呢？显而易见，第一个影响因素是投资者的风险规避和消费偏好程度。风险规避型投资者所要求的风险溢价会更高，尽管投资者的风险偏好程度不同，他们的集体风险规避决定了股权风险溢价。

其次，在衡量一个国家（地区）的风险溢价水平时，投资者们通常会考虑宏观经济水平和股息税率的影响。一般来说，一个经济体的通货膨胀率、利率和经济增长率等指标波动率越高，那么该经济体的股权风险溢价会越高。

表 3－2 世界部分国家(地区)风险溢价

国家	GDP(10 亿美元)	穆迪评级	违约风险溢价	股票风险溢价	国家风险溢价	企业所得税税率	地区
加拿大	1 529.76	Aaa	0.00%	5.08%	0.00%	26.50%	北美
美国	18 624.48	Aaa	0.00%	5.08%	0.00%	21.00%	
澳大利亚	390.80	Aa1	0.41%	5.54%	0.46%	25.00%	西欧
法国	2 465.45	Aa2	0.51%	5.65%	0.57%	33.33%	
德国	3 477.80	Aaa	0.00%	5.08%	0.00%	29.79%	
英国	2 647.90	Aa2	0.51%	5.65%	0.57%	20.00%	
新加坡	296.98	Aaa	0.00%	5.08%	0.00%	17.00%	亚洲
中国	11 199.15	A1	0.72%	5.89%	0.81%	25.00%	
中国台湾	970.9	Aa3	0.62%	5.78%	0.70%	17.00%	
中国澳门	44.8	Aa3	0.62%	5.78%	0.70%	12.00%	
中国香港	320.91	Aa2	0.51%	5.65%	0.57%	16.50%	
印度	2 263.79	Baa2	1.95%	7.27%	2.19%	30.00%	
印度尼西亚	932.26	Baa3	2.26%	7.62%	2.54%	25.00%	
日本	4 940.16	A1	0.72%	5.89%	0.81%	30.86%	
韩国	1 411.25	Aa2	0.51%	5.65%	0.57%	22.00%	
马来西亚	296.54	A3	1.23%	6.46%	1.38%	24.00%	
泰国	407.03	Baa1	1.64%	6.92%	1.84%	20.00%	

一般来说,国家(地区)风险溢价是与特定市场相联系的潜在的经济不稳定性和政治风险的函数。对国家风险溢价的衡量一般是以每一国家(地区)所发行的国家(地区)债券的违约风险溢价为基础进行估计。如表 3－2 所示。采用穆迪评级对世界部分国家(地区)进行估计,级别越高则违约风险溢价越低,表中加拿大、美国以及新加坡均为最高级别,表现为没有任何信用风险。

此外,以第二次世界大战之后的一段时间各国(地区)税率变化为研究资料,税率在 40 年内从 50%到 0%每下降一个百分点,股价会提高 1.8%,甚至超过了 GDP 增长率,根据股票定价模型推算出的隐含的股票风险溢价无疑也会有所上升。

3.3.2 贝塔系数的测定

在 CAMP 中，β 系数通常可根据第 j 只股票的收益率 R_j 和市场组合收益率 R_m 之间的线性关系确定，以反映某只股票或投资组合的市场风险。

以上海机电股份有限公司为例，选取该公司 2010～2014 年共涉及 5 年的 59 个有效数据，该数据可以通过搜狐证券的历史交易行情中，根据月度或者周、年度来获得股价等交易数据，进一步来测算上海机电股份的 β 系数，其公式如下：

$$R_i = \beta_i \times R_m + \varepsilon$$

式中，R_j 表示上海机电股份的月个股收益率；R_m 表示上海证券交易所的市场整体收益率；ε 代表的是模型的随机扰动项。

利用 Eviews6.0 软件进行计算检验，先对时间序列数据分析，首先将上海机电股份的股票收益率和大盘指数的收益率分别导入软件，绘制出上海机电股份的公司个股收益率和大盘整体收益率的散点图，如图 3－63 所示。

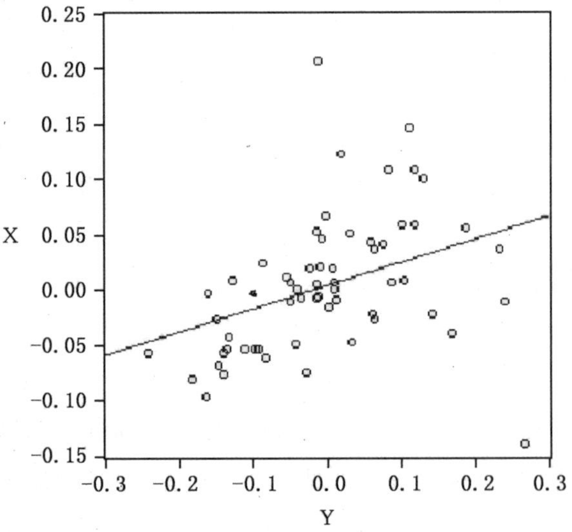

图 3－63 散点图

根据散点图可大致看出所选样本的分布情况，并根据回归软件得出的回归结果如图 3—64 所示，调整后回归 R_i 为 12.54%，说明该模型的拟合优度良好。回归方程的斜率为 0.672 539，说明上海机电股份 2010 年 2 月至 2014 年 12 月收益率的 β 系数为 0.672 539>0，该结论说明上海机电股份这一风险资产的风险要比整个资本市场当中投资组合的风险要大，相应地其个股收益率也会大于整个资本市场当中投资组合的平均风险收益率。同时也说明，如果上证资本市场整体的综合指数每上升 1%，则相应地上海机电股份的个股收益率将会上升 0.672 539%；反之亦然。可见上海机电股份受市场收益率变化的影响较大，投资者选择上海机电股份投资存在一定风险。

Dependent Variable :Y
Method :Least Squares
Date :06-22-15　Time :21 :48
Sample :1 59
Included observations :59

Variable	Coefficient	Std.Error	t- Statistic	Prob.
C	- 0.001974	0.013669	- 0.144429	0.8857
X	0.672539	0.220297	3.052872	0.0034
R- squared	0.140531	Mean dependentvar		0.000185
Adjusted R- squared	0.125453	S.D. dependentvar		0.112123
S.E.of regression	0.104854	Akaike info criterion		- 1.639186
Sum squared resid	0.626678	Schwarz criterion		- 1.568761
Log likelihood	50.35600	Hannan- Quinn criter.		- 1.611695
F- statistic	9.320026	Durbin- Watson stat		1.611675
Prob(F- statistic)	0.003441			

图 3—64　回归结果

3.4　技能训练

1. 某企业有甲、乙两个投资项目，计划投资额均为 1 000 万元，其收益率的概率分布如表 3—3 所示：

表 3—3　　技能训练甲、乙投资市场状况结果

市场状况	概率	甲项目	乙项目
好	0.2	20%	30%
一般	0.6	10%	10%
差	0.2	5%	−10%

要求：

(1)分别计算甲乙两个项目收益率的期望值。

(2)分别计算甲乙两个项目收益率的标准离差。

(3)比较甲乙两个投资项目风险的大小。

(4)如果无风险收益率为5%，甲项目的风险价值系数为10%，计算甲项目投资的风险收益率。

2. 某种股票各种可能的投资收益率以及相应的概率如表3—4所示：

表 3—4　　技能训练某种股票各种可能的投资收益率及相应概率

发生概率	投资收益率(%)
0.2	40
0.5	10
0.3	−8

要求(计算结果保留两位小数)：

(1)计算该股票收益率的期望值和标准差；

(2)假设市场组合收益率的标准差为12%，该股票收益率与市场组合收益率的相关系数为0.6，计算该股票的β系数；

(3)假设无风险收益率为5%，当前股票市场的平均收益率为8%，则该股票的必要收益率为多少？

(4)目前是否应进行该股票的投资？

3. 某公司持有由甲、乙、丙、丁四种股票构成的投资组合，它们的β系数分别为2.0、1.5、0.5、1.0；它们在证券组合中所占比重分别为40%、30%、10%、20%，市场上所有股票的平均收益率为12%，无风险收益率为8%。

要求：

(1)计算各股票的必要收益率；

(2)计算投资组合的 β 系数；

(3)计算投资组合的必要收益率。

第4章　净现值及其他投资评价指标

学习目标

了解资本预算中估计现金流的意义；能解决投资决策中各种相关及不相关的成本；熟悉各种投资评价指标的定义、计算及各自适用的环境及优缺点。

关键词

净现值　内涵报酬率　投资回收期　沉没成本　机会成本　增量现金流

4.1　理论背景

净现值(net present value，NPV)是一项投资所产生的未来现金流的折现值与项目投资成本之间的差值。如在前面第二章的例2－1中，办公楼当前价值为380 952.38元，但这并不等于投资者能获得的价值就是380 952.38元，因为为了得到380 952.38元的收入投资者先付出了350 000元，所以该项投资的净现值只有30 952.38元。净现值就等于现值减去期初的投资成本，即

$$NPV = PV = \text{投资成本} = 380\ 952.38 - 350\ 000 = 30\ 952.38(\text{元})$$

也就是说投资者建造的办公楼的价值大于期初投资成本，投资者能获得的价值增加了。该例中净现值的计算公式为 $NPV = C_0 + \dfrac{C_1}{1+r}$ 。

式中，C_0 是时期0(也就是当前)的现金流，通常为负值。换言之，C_0 是投

资额，是现金支出。在上例中，$C_0=-350\ 000$ 元。

当现值在不同时点出现时，画出一条时间线有助于我们看清楚每笔现金流产生的时间和具体数值。图 4—1 表现的就是办公楼的时间线，这里计算现值采用的贴现率为 5%。

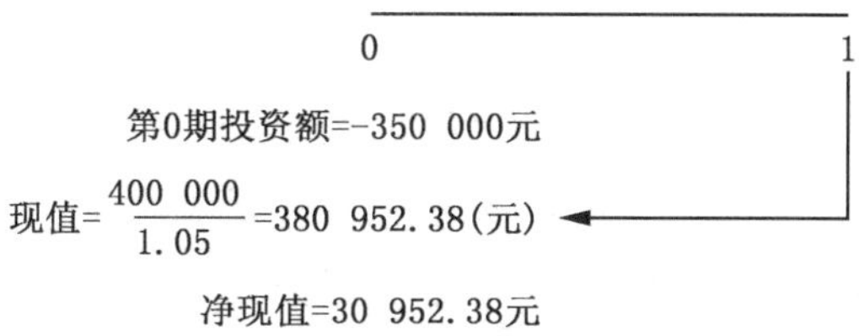

图 4—1　时间线

4.2　净现值法

净现值的计算方法包括具体包括公式法和列表法。公式法是指根据净现值的定义，直接利用理论计算公式来完成该指标计算的方法。列表法是指通过现金流量表计算净现值指标的方法。即在现金流量表上，根据已知的各年净现金流量，分别乘以各年的复利现值系数，从而计算出各年折现的净现金流量，最后求出项目计算期内折现的净现金流量的代数和，就是所求的净现值指标。由于净现值是反映项目投资获利能力的指标，因此投资者通常利用净现值来对项目进行评估，相应步骤为：

(1)预测项目未来能带来的现金流量；

(2)确定相应的机会成本(r)，其既要反映货币的时间价值也要考虑风险因素；

(3)利用机会成本对项目的未来现金流量进行贴现，把这些现金流量现值加总求和就得到所谓的现值(PV)；

(4)从项目现值中减去初始投资金额，就得到项目的净现值(NPV)。如果我们用 C_0、C_1、C_2……来表示这些现金流量，那么有：

$$NPV=C_0+\frac{C_1}{1+r}+\frac{C_2}{(1+r)^2}+\cdots$$

(5)判断若净现值≥0 方案可行；净现值<0 方案不可行；净现值均>0 净现值最大的方案为最优方案。

【例 4—1】 投资者有以下三种方案可以选择。方案 A：初始投资金额为－2 500 元，未来可产生的现金流量为 500 元、1 200 元、2 000 元；方案 B：初始投资金额为－2 500 元，未来可产生的现金流量为 500 元、2 300 元、0 元；方案 C：初始投资金额为－2 500 元，未来可产生的现金流量为 2 300 元、500 元、0 元。在机会成本为 10%的情况下投资者应该选择哪个项目？

分析：根据题中所给信息，可以选择通过计算三种方案的净现值来确定其优劣程度。

$$方案\ A\ 的净现值=-2\ 500+\frac{500}{1+10\%}+\frac{1\ 200}{(1+10\%)^2}+\frac{2\ 000}{(1+10\%)^3}$$
$$=408.10(元)$$

$$方案\ B\ 的净现值=-2\ 500+\frac{500}{1+10\%}+\frac{2\ 300}{(1+10\%)^2}=131.48(元)$$

$$方案\ C\ 的净现值=-2\ 500+\frac{2\ 300}{1+10\%}+\frac{500}{(1+10\%)^2}=3.76(元)$$

根据净现值的判别法可得：方案 B 不可行，投资者应该选择方案 A 和方案 C。

净现值法认为，对于同样单位的货币，今日之钱要胜于明日之币，因为当前拥有的货币资金可以立即投资产生利息收入。项目评价方法如果不能认识到货币的时间价值就不具备合理性。其次，净现值的影响因素仅仅包括项目的预期现金流量和资本的机会成本。任何投资法如果受到管理者的嗜好、会计核算方法的选择、公司现行业务盈利能力或者其他不相关项目的盈利状况的因素影响都将导致不良的决策。最后，由于现值都以当期的货币单位来计量，所以我们可以将之加总。因此，如果我们有两个项目甲和乙，那么组合投资的净现值就是：

$$NPV(A+B)=NPV(A)+NPV(B)$$

这种可加性特征意义重大。假定项目 B 的净现值为负，如果我们附加上项目 A 组合项目(A+B)的净现值就会比项目 A 自身低。因此,我们不会因为一个劣质的项目 B 与一个优质项目 A"打包"在一起,就被误导而接受项目 B。正像我们将会看到的那样,其他的判别指标并没有这种可加性。如果投资者在决策时未充分考虑相关因素,他们可能会认为收益高的项目与收益低项目的组合项目要好于单独的收益高项目。

【例 4—2】 以例 4—1 的数据为基础,在机会成本不变的情况下,投资者应该选择哪两个项目作为投资组合进行投资?

$NPV(A+B)=NPV(A)+NPV(B)=276.62$(元)

$NPV(A+C)=NPV(A)+NPV(C)=411.86$(元)

$NPV(B+C)=NPV(B)+NPV(C)=-127.72$(元)

可见,投资者不能选择投资组合 B 和 C,可以选择的投资项目有 A 和 B,A 和 C。

运用净现值法评价项目优劣既考虑了资金时间价值,又考虑了全过程的净现金流量,在增强投资经济性评价的同时体现了流动性与收益性的统一。除此之外,它还考虑到风险因素,风险水平高则采用高折现率,风险水平低则采用低折现率。虽然净现值法优势显著,但也存在一些不足。首先是净现值的计算较为麻烦,很难掌握,而且该指标不能从动态角度直接反映投资项目的实际收益水平。其次是净现金流量的测量和折现率较难以确定。最后是当项目投资额不等时,则无法准确判断方案的优劣。

4.3　其他投资评价指标

4.3.1　IRR 法

目前,大多数投资者在进行项目投资决策时总是会计算净现值。然而,净现值并非投资者采用的唯一判断法,他们往往会采用多种指标来判断项目是否可行。除了净现值,使用最多的就是项目的内部收益率(internal rate of return, IRR),它与使用净现值指标时运用的比率相近。如果使用得当,内部收益率的效果与净现值接近,根据两种法会判断出相同的结果。因此,我们需要掌握

IRR 法，以及运用时要注意的事项。

在运用投资收益率评价项目时，投资收益率超过资本机会成本的项目是最佳选择。但对于长期项目来说，这一评价标准并不完全正确。假设现有一项期数为一期，且需一次性支付的投资项目，则其真实收益率计算如下：

$$收益率=\frac{收入}{投资额}-1$$

另一方面，我们可以得出该投资的净现值和使得 $NPV=0$ 的贴现率，即：

$$NPV=C_0+\frac{C_1}{1+贴现率}=0$$

$$贴现率=\frac{C_1}{-C_0}-1$$

因此，式中，C_1 是收入；$-C_0$ 是所需的投资。所以，上述两个式子表示的是完全相同的内容。因此，

使得 $NPV=0$ 的贴现率也就是收益率。

然而，如何确定长期资产的真实收益率尚没有一个令人满意的方法。到目前为止，最好的概念是所谓的现金流量贴现的收益率（discounted-cash-flow rate of return）或者称内部收益率（internal rate of return，IRR）。在财务管理中，内部收益率经常使用，这是一种方便的评价指标，但是，内部收益率也会造成误导。因此，我们必须了解如何计算内部收益率，并将其合理运用。内部收益率是指使得 $NPV=0$ 时的贴现率。因此，要找出投资项目的内部收益率，我们必须通过下列方程求解 IRR：

$$NPV=C_0+\frac{C_1}{1+IRR}+\frac{C_2}{(1+IRR)^2}+\cdots+\frac{C_r}{(1+IRR)^T}=0$$

但由于该方程求解过程较为烦琐，很难人为求解，所以在实际计算内部收益率时常常是通过逐步测试法来进行的。例如，有一个投资项目产生的现金流量分别为－5 000 元、3 000 元、5 000 元，则有：

$$NPV=-5\ 000+\frac{3\ 000}{1+IRR}+\frac{5\ 000}{(1+IRR)^2}=0$$

我们先假设当 $IRR=0$ 时，解得 $NPV=5\ 000$ 元。由于净现值>0，所以 $IRR>0$ 必然成立。再假设 $IRR=50\%$，则有：

$$NPV = -5\ 000 + \frac{3\ 000}{1+50\%} + \frac{5\ 000}{(1+50\%)^2} = -518.52(\text{元})$$

当 IRR＝50％时，NPV＜0，那么该项目的内部收益率必然是小于 50％的。在图 4－2 中我们描出了根据贴现率的变化区间对应的净现值变化。

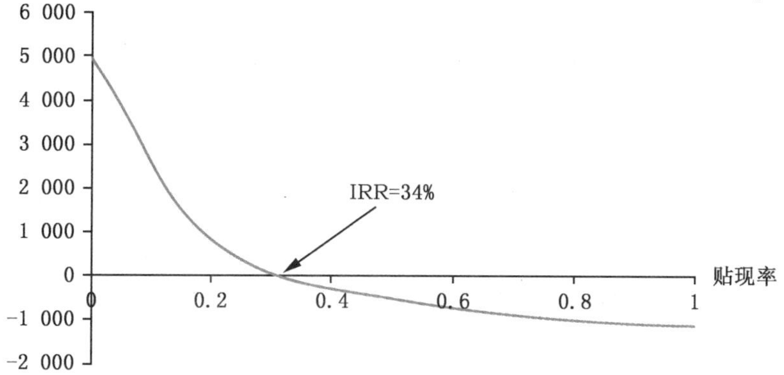

图 4－2　内涵报酬率与贴现率关系

从图 4－2 中可以看出，当贴现率为 34％时，净现值为 0，因此 IRR 为 34％。如果要求必须通过手工计算 IRR，最简便的方法就是在一张类似于图 4－2 的图中，描出三四条反映净现值和对应贴现率组合的点，然后把这些点用一条光滑曲线连接起来，找出使得 NPV＝0 的点。当然，快速而精确的方式是利用计算机软件来完成这一工作，这也是目前最常采用的办法。

内部收益率法(internal rate of return rule)是指如果投资收益率超过项目的机会成本，就选择接受这一项目。从图 4－2 中我们可以看出如果投资项目的资本机会成本低于 34％的内部收益率，那么当使用资本机会成本来进行贴现时，该项目的净现值将为正值；如果等于内部收益率，项目的净现值就为零，而如果它大于内部收益率，则项目净现值就为负。因此，当对项目的机会成本与内部收益率进行比较时，我们实际上是想确定项目的净现值是否为正。

4.3.2　IRR 法的四个陷阱

4.3.2.1　陷阱一：借还是贷

相对于净现值而言，许多企业更偏好于使用内部收益率作为评价项目的标准。在运用得当的情况下净现值法和内部收益率法是等同的，但如同净现值法一样，内部收益率法也存在着一些缺陷，因为并非所有现金流量的净现值都随贴现率的提高而下降。考虑如下两个项目，项目甲和项目乙（见表4—1）。

表4—1　　计算项目甲和项目乙的IRR和NPV　　单位：元

项目	C_0	C_1	IRR（%）	10%水平下的NPV
甲	—1 500	2 000	33	289.26
乙	1 500	—2 000	33	—289.26

在上述情况下两个项目的内部收益率相等，但这两个项目是否价值相等呢？答案显然是否定的。对于项目甲，我们先投资1 500元，也就是以33%的利率把资金贷出，而对项目乙来说，我们是先得到1 500元，也就是以33%的利率借入资金的。当贷出资金时，我们想得到高的收益率，而借入资金时，我们却希望利率尽可能的低一些。如果我们在类似于图4—2的图中描出项目乙的曲线，我们将会发现净现值会随着贴现率的提高而上升。很显然，前述内部收益率法在这里并不适用，因为这时我们的评价标准是内部收益率小于资本的机会成本。

4.3.2.2　陷阱二：收益率不唯一

【例4—3】　一项工程建设项目需要在项目期初投入3亿元，预计在未来9年时间里每年可以带来1亿元收入，在完工时需要支付6.5亿元，在资本成本为10%的条件下计算该项目的净现值和内部收益率。

$$NPV=-3+\frac{1}{1+10\%}+\frac{1}{(1+10\%)^2}+\cdots+\frac{1}{(1+10\%)^9}-\frac{6.5}{(1+10\%)^{10}}$$
$$=2.53（亿元）$$

$$NPV=-3+\frac{1}{1+IRR}+\frac{1}{(1+IRR)^2}+\cdots+\frac{1}{(1+IRR)^9}-\frac{6.5}{(1+IRR)^{10}}$$
$$=0$$

得出IRR=3.5%或IRR=19.54%。这两种贴现率都能使NPV=0，也就是说，如下两个等式都成立。

$$NPV=-3+\frac{1}{1+3.5\%}+\frac{1}{(1+3.5\%)^2}+\cdots+\frac{1}{(1+3.5\%)^9}-\frac{6.5}{(1+3.5)^{10}}$$
$$=0$$

和

$$NPV=-3+\frac{1}{1+19.54\%}+\frac{1}{(1+19.54\%)^2}+\cdots+\frac{1}{(1+19.54\%)^9}-\frac{6.5}{(1+19.54)^{10}}$$
$$=0$$

即该项投资有两个 IRR，3.50%和 19.54%。图 4—3 解释了有两个内部收益率的原因。随着贴现率的提高，净现值在初期是增加的，在一段时间后出现递减趋势。这种双向变化是现金流量符号的变化导致的。可见当一个项目的现金流量的符号改变时可以有多个不同的内部收益率。

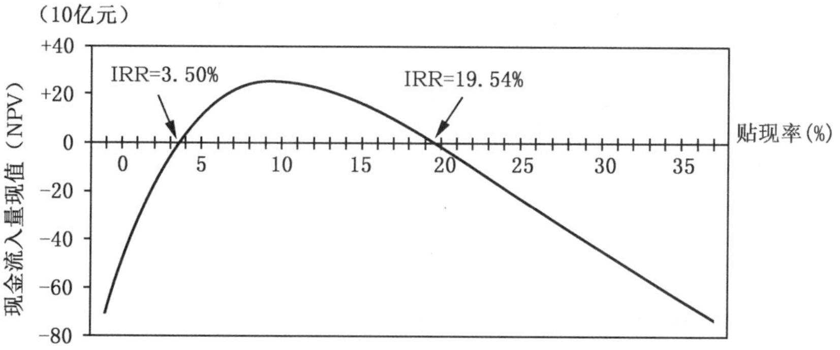

图 4—3　现金流入量现值(NPV)和贴现率变化

除了上述情况之外，有时候一个项目根本就不存在 IRR。例如，项目丙的预计现金流量分别为 1 000 元，—3 000 元，2 500 元，该项目在任何贴现率水平上，其净现值都为正值；为了适用于此类情形，已经对内部收益率做了许多改进。但内部收益率法和净现值法相似，并且净现值法的解法相对简单，投资者与其把时间浪费在改进内部收益率，还不如直接采用净现值法。

在现实生活中，企业经常会使用几种不同的方法评估项目。也就是说它们需要在互斥项目(mutually exclusive project)中做出选择。这种情况下，内部收益率法也会造成误导。

4.3.2.3 陷阱三:项目互斥

【例 4—4】 投资者有项目 X 和项目 Y 可供选择,项目 X 的预计未来现金流分别为—15 000 元,30 000 元;项目 Y 的预计未来现金流分别为—30 000,50 000。在资本成本为 10%的情况下,投资者应该如何做出选择?

$$NPV(X)=-15\ 000+\frac{30\ 000}{1+10\%}=11\ 157.07(\text{元})$$

$$NPV(Y)=-30\ 000+\frac{50\ 000}{1+10\%}=14\ 049.59(\text{元})$$

$$NPV(X)=-15\ 000+\frac{30\ 000}{1+r_x}=0$$

$$NPV(Y)=-30\ 000+\frac{50\ 000}{1+r_y}=0$$

解得:$r_X=100\%$,$r_Y=66.67\%$。从结果来看两个项目都是不错的投资,但是项目 Y 的 NPV 更高,所以更好一些。然而,IRR 法表明如果你不得不做出选择,你应该选择项目 X,因为其 IRR 更高。如果你遵循 IRR 准则,你获得 100%的收益率已经满足,如果你遵循 NPV 准则,你将拥有 11 157.02 元的收入。

在这种情况下,通过累积现金流量内部收益率对 IRR 准则做出改进。首先,我们考虑我们例 4—4 中的项目 X,该项目 IRR 为 100%,远远超过 10%的资本机会成本。因此,我们知道项目 X 可以接受。现在来考虑项目 Y,在额外投资 15 000 元的前提下,进行项目 Y 而不进行项目 X 后的现金流量如下。

表 4—2 **计算项目 Y—X 的 IRR 和 NPV** 单位:元

项目	C_0	C_1	IRR	10%下的 NPV
Y—X	—15 000	20 000	33%	2 892.56

该项额外投资的 IRR 为 33%,高于 10%的资本的边际成本。所以,相对于项目 X 而言,更应该偏向项目 Y。可见,IRR 在对不同规模项目优劣程度排序方面并不可靠;对于一段时间内不同现金流量变化方式项目的排序,IRR 也不可靠。

【例 4—5】 一个企业可以在项目甲与项目乙之间做出选择,但是不能两者都选(我们先忽略项目丙)。

表 4—3　　计算项目甲、乙、丙的 IRR 和 NPV

项目	现金流量(元)						…	IRR(%)	10%下的 NPV
	C_0	C_1	C_2	C_3	C_4	C_5			
甲	−5 000	+4 000	+3 000	+2 000	0	0	…	42	2 380.3
乙	−5 000	+1 000	+1 000	+1 000	+1 000	+1 000	…	20	5 000
丙		−4 000	+800	+800	+800	+800	…	20	4 000

项目甲的 IRR 相对较高，项目乙是永续年金项目，NPV 相对较高。图 4—4 解释了为什么两种方法会有不同的答案。粗线给出了不同贴现率水平条件下项目甲的净现值。当贴现率为 42%的时候，净现值为 0，这也就是项目甲的内部收益率。同样，细线给出的是项目乙在不同贴现率水平条件下的净现值，项目乙的 IRR 为 20%(我们假设项目丙的现金流量无限持续)。只要资本的机会成本小于 14.64%，项目乙的 NPV 就相对较高。

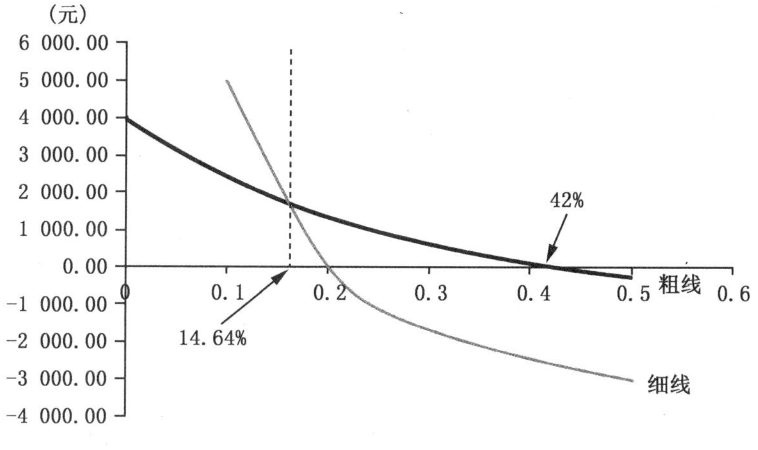

图 4—4　两个项目的收益率—净现值变化趋势

IRR 产生误导的原因是项目乙总现金流相对较大，但现金流主要发生在后期。所以，当贴现率低时，项目乙的 NPV 相对较高，当贴现率高时，项目甲的 NPV 相对较高。从图 4—4 可以看出，当贴现率为 14.64%的情况下，两个项目有同样的 NPV。根据两个项目的内部收益率，当贴现率为 20%的时候，项目乙的 NPV 为 0，项目甲的 NPV 为正值。所以，如果资本的机会成本为 20%，投资者对于持续期间较短的项目甲赋予更高的评价。但是,在例 4—5 中,资本的机会成本为 10%而非 20%。投资者准备对于持续时间长的有价证券支付相对高的价格。因此,对于持续时间长的项目他们也愿意付出相对高的对价,项目乙的投资 NPV 为 5 000 元,项目甲的投资 NPV 为 2 380.3 元。

当投资者在项目甲和乙之间做出选择时,许多人选择甲,原因似乎是项目甲的回收期短。换言之,这些人相信如果他们完成了项目甲,他们将能够继续进行后续项目,比方说项目丙,我们可以利用项目甲的现金流量来提供资金,而同时如果我们进行的是项目乙,我们将没有足够的资金用于项目丙。也就是说,他们简单地认为资金短缺迫使他们在项目甲和项目乙之间做出选择。当作这一个简化的考虑后,他们通常会承认在资本没有短缺的情况下项目乙更好一些。

然而,引入资本约束后又引出另外两个问题。第一个问题是,大多数选择项目甲而放弃项目乙的企业管理者在筹资方面并没有问题。那为什么有些企业管理者会因为资本有限而选择项目甲呢?原因是他们可以筹集足够的资金投入项目丙,而不必在乎是不是选择项目甲或者项目乙。所以,项目丙对于选择项目甲或者项目乙应该没有影响。作为企业计划和控制体系的一部分,公司通常会约束资本预算。如果存在资本约束,不管是实际的约束还是自身设定的约束,IRR 被用来评估项目优劣就存在问题了。这种情形下,运用 IRR 无法找到一个既满足资本约束又满足最大净现值的投资项目组合,此时唯一能够使用的是使用线性规划。

当我们不得不在项目甲和项目乙之间做出选择时,最简单的办法是比较净现值。但是如果投资者偏向于使用 IRR 方法,只要是考虑累计现金流量的 IRR 就可以使用。过程如上所述。首先要检验项目甲有没有一个满意的 IRR,然后我们再考察项目乙累计现金流量的收益率。计算结果如下。

表 4—4　　计算项目乙一甲的 IRR 和 NPV

项目	现金流量(元)						…	IRR(%)	10%下的NPV
	C_0	C_1	C_2	C_3	C_4	C_5			
乙一甲	0	−3 000	−2 000	−1 000	1 000	1 000	…	14.64	1 830.86

项目乙累计现金流量的 IRR 为 14.64%,因为大于资本的机会成本,我们

应该选择项目乙而不是项目甲。

4.3.2.4　陷阱四：存在多个机会成本

为了简化资本预算问题，我们假设所有现金流量 C_1、C_2 等的资本机会成本相同。我们计算净现值时最常用的是公式 4－1，即第 1 年我们用资本机会成本对 C_1 贴现，第 2 年我们用资本机会成本对 C_2 贴现，以此类推。根据 IRR 方法可知，如果 IRR 大于资本的机会成本，我们就应该接受这个项目。然而，当有多个机会成本存在时，评价项目优劣实际上是通过比较 IRR 与根据 r_1、r_2 计算出加权的平均数来实现的。

它意味着当存在多种资本的机会成本时，IRR 法将无法直接使用。我们在使用 IRR 法往往是假定短期利率和长期利率不存在差异，但实际并非如此。NPV 法和 IRR 法是投资者在评价项目时非常重要的两种方法，但除此之外还有判断项目的另外两种方法：回收期法和账面收益率法。在进行投资决策时，很少有公司会采用这些方法，但可以将它们作为辅助性质的方法来帮助投资者分析处于边缘地带的项目和不予考虑的项目。但是在某些特定环境中，这两种方法也有其特有的优势，这里我们先讲解账面收益率法。

净现值法只考虑项目的现金流量和资本机会成本。但是，当企业向股东提交财务报告时，除了对现金流量要做出相关披露外，还要在报表中反映企业的资产和损益。对于计划增加的资产，投资者关注的是预期的财务报表中反映的收入与资产账面价值的比率，即：

$$\text{账面收益率}=\frac{\text{利润表中反映的收入}}{\text{资产负债表中反映的资产}}$$

现金流量与利润表中反映的收入常常有很大的差异。例如企业投入一项固定资产作为资本投资（capital investment），其每年计提的折旧应记为管理费用，管理费用应该从当年利润中扣除，而该折旧是采用人为选定的方法计提的。因此，账面收益率依赖于企业选择何种形式的资本投资以及计提折旧的方法。但投资项目的优势并不依赖于企业如何划分各种现金流量，而且现在也很少有公司只根据账面收益率来做出投资决策。但是，股东十分看重财务报表中反映出的盈利水平，因此，他们自然要考虑一些大项目是如何对公司账面收益产生影响的。对于那些会降低公司账面收益的项目，企业管理层会更加慎重地进行选择。我们看出其中存在的问题:账面收益率可能并不是衡量盈利能力的良好指标,它只是对公司全部收益的一个平均指标。过去投资的平均盈利利率通常并非选择新投资的合适标准。假设一家经营状况良好的公司,其平均账面收益为20%,股东资本机会成本为15%,这时如果要求所有的新投资必须带来至少24%的收益率,那么就会放弃大量收益率处在15%～20%但净现值为正值的投资项目。

4.3.3 回收期法

项目的回收期(payback period)是指一个投资项目累积产生的预期现金流量等于初始投资成本时所需花费的时间。根据回收期法(payback rule)可知,如果回收时间少于某些具体的截止时间,那么这项投资就可以接受。例如,如果截止期限是4年,而使项目未来预计现金流量总额等于初始投资成本所需花费的时间是3年,那么该项目就可以接受;但如果截止日期是2年,该项目就不能接受。

【例4—6】 沿用上例,则有:

表4—5 **各项目的NPV**

项目	现金流量(元)				10%水平下的NPV
	C_0	C_1	C_2	C_3	
甲	−2 500	500	1 200	2 000	+408.10
乙	−2 500	500	2 300	0	131.48
丙	−2 500	2 300	500	0	3.76

从表4—5可以看出项目甲的回收期是3年,项目乙和项目丙的回收期是1年。根据净现值判别准则,我们应该选择项目甲和项目丙,放弃项目乙。但如果从回收期的角度来看,结果就不尽相同了。2 500元投向项目甲,需要3年才能收回,投入项目乙和项目丙只需2年。如果采用回收期法,并且把回收期定为2年,只有项目乙和项目丙会被投资者接受;如果把回收期定为3年或3年以上,3个项目都会被投资者接受。因此,无论选择什么样的回收期,回收期法与净现值法都会有不同的答案。从表4—5中,我们可以了解到回收期法与净

现值法得出的结果存在偏差的原因主要在以下几个方面：

(1)回收期法忽略了回收期之后产生的所有现金流量。如果把回收期定为 2 年，根据回收期法，应该放弃项目甲，因为不再考虑项目甲在第 3 年带来的大量现金流。

(2)回收期法对回收期到期前产生的现金流量同样看重。根据回收期法，项目乙和项目丙具有相同的吸引力。然而，因为项目丙带来的现金流量较早，无论用什么贴现率项目丙的净现值都相对较高。

为了合理使用回收期法，企业必须选择适当的截止时点。如果不考虑项目持续期的长短而采用同样的截止时点，该方法很可能会导致投资者接受许多差的短期项目而放弃大量的优质长期项目。

回收期法存在着许多缺陷，但它仍然是评估项目过程中不可缺少的一种重要方法。首先，回收期法可能是最简单的沟通项目盈利的方法。企业投资决策要求企业各方面人士的讨论以寻求一种简单明了的方法是非常重要的。其次，公司的管理层偏爱回收期较短的项目，因为公司盈利越快对其自身越有利，这就充分说明从财务管理的角度必须把管理者的利益与股东的利益统一起来。最后，家族企业的所有者如果资本受限可能会担心他们在未来筹措资本的能力，这种担心会导致他们偏爱回收期短的项目，尽管回收期长的投资的净现值更高。

回收期贴现值法是为了平衡回收期法和净现值法而衍生的一种方法。它的基本内容是根据净现值的要求，评价项目得持续多长时间才能予以接受。

【例 4—7】 沿用例 4—5，则有：

表 4—6　　各项目相关情况

项目	现金流量(元)				回收期	10%水平下的 NPV
	C_0	C_1	C_2	C_3		
甲	−2 500	500/1.1=454.55	1 200/1.1^2=991.74	2 000/1.1^3=1 502.63	3	+408.10
乙	−2 500	500/1.1=454.55	2 300/1.1^2=1 900.83	0	—	131.48
丙	−2 500	2 300/1.1=2 090.91	500/1.1^2=413.22	0	2	3.76

从表 4—7 我们可以看出，对于项目乙，未来现金流入永远不会超过初始投入，根据回收期贴现值法判断，则不会采用项目乙。因此，回收期贴现值法永远

不会接受净现值为负的项目。另外，回收期贴现值法不会考虑截止时点之后的现金流，因此，像项目甲这样的长期项目是可以持续抵抗风险的。

4.3.4 盈利指数

如果公司接受每一个净现值为正的项目，公司股东的财富会达到最大。然而，假定投资项目受到限制，公司不可能进行所有的项目，经济学家们将这种情况称为资本受限(capital rationing)。当资本受限时，我们需要找到一种方法从项目组中找到一种公司资源能够允许的尽可能带来最高净现值的项目。

【例 4—8】 在资本的机会成本 10%的情况下，投资者有如下选择(见表 4—7)。

表 4—7 **各项目现金流量情况**

项 目	现金流量(万元)		
	C_0	C_1	C_2
甲	—100	300	50
乙	—50	50	200
丙	—50	50	150

$$NPV(A)=-100+\frac{300}{1+10\%}+\frac{50}{(1+10\%)^2}=194.56(\text{元})$$

$$NPV(B)=-50+\frac{50}{1+10\%}+\frac{200}{(1+10\%)^2}=146.13(\text{元})$$

$$NPV(C)=-50+\frac{50}{1+10\%}+\frac{150}{(1+10\%)^2}=108.56(\text{元})$$

三个项目都具有吸引力，然而公司的支出被限定为 100 万元。这样，公司可以选择投入项目甲，或者项目乙和项目丙，但是不能同时选择 3 个。尽管项目乙和项目丙单个来看净现值要低于项目甲，当把它们放在一起时，净现值水平相对提高了。在此我们不能够只是根据净现值做出选择。当投入资金受限时，我们需要集中财力投资最有利可图的项目。换句话说，我们要挑选每单位初始投资能带来最高净现值的项目，这一比率就是所谓的盈利指数(profitability index)。

$$盈利指数=\frac{净现值}{投资额}$$

则 3 个项目的盈利指数计算如下：

$$盈利指数(A)=\frac{194.59}{100}=1.95$$

$$盈利指数(B)=\frac{146.13}{50}=2.92$$

$$盈利指数(C)=\frac{108.56}{50}=2.17$$

可见，项目乙的盈利指数最高，项目丙次之。所以，如果我们的预算为 100 万元，我们应该接受这两个项目。尽管如此，这种简单的排序方法也有缺陷，其中比较严重的问题之一是当多种资源受限时，这种方法就不成立了。例如，假设一家公司在第 0 年和第 1 年可以筹资 100 万元，在可选项目中可以增加项目 D。

表 4—8　　**各项目的相关指标**

项目	现金流量(元)			10%水平下的 NPV	盈利指数
	C_0	C_1	C_2		
甲	−100	300	50	+408.10	1.95
乙	−50	50	200	131.48	2.92
丙	−50	50	150	3.76	2.17
丁	0	−400	600	+120.21	0.15

一种策略是接受项目乙和项目丙，然而如果我们这样做，我们将无法接受项目丁，因为该项目的投资成本超过了我们在第 1 期的预算限额。另一种方案是在第 0 期接受项目甲。尽管该项目的净现值要低于项目乙和项目丙之和，但是它能在第 1 期提供 300 万元的正现金流量。再加上 100 万元的预算投资，下一年度我们就能够进行项目丁了。项目甲和项目丁的盈利指数低于项目乙和项目丙，但是它们的净现值总额相对要高。

在这个事例中，采用盈利指数对投资项目排序失败的原因是：在每一期，资源都受到约束。事实上，在项目选择受到任何其他约束的条件下，这种排序方法都难以胜任。这意味着,在两个项目相斥或者一个项目要受到另一个项目的影响时,这种方法无法得到应用。例如,假设今年和明年有多个项目可以选择。但每年的投资额是有限的。除非你投资了项目甲,项目乙才能进行。你需要找到一个项目组合,能满足所有约束且获得最高的 NPV。解决办法之一是对所有可能的项目组合进行尝试,对每一种组合,你先检查这些项目是否满足约束条件,然后再计算净现值。

相较于回收期法和账面收益率法,IRR 法更能满足决策者的需要。因为回收期发和账面收益率法只是一种为特定目的而使用的方法,而且经常导致错误的决定。IRR 法能够把项目寿命期内的收益与其投资总额联系起来,指出这个项目的收益率,便于将它同行业基准投资收益率对比,确定这个项目是否值得投资。它相比 NPV 准则要复杂一些,但若正确应用就能达到很好的效果。

企业经常采用对现金流量贴现或者 DCF 的方法,但其实许多公司采用的 DCF 是 IRR,而非 NPV。对于许多正常的投资项目而言,初始的现金支出会带来一系列的现金流入,采用内部收益率法决策是投资者偏爱的。然而,投资者不能预测所有可能的项目,当投资者首先看重的是项目 IRR 时,他们就会找寻 IRR 最高而非 NPV 最高的项目。短期项目几乎不需要预付资本投资,但这样的项目对企业价值也没有什么贡献。

4.4 Excel 运用

4.4.1 NPV 函数

在财务中,NPV 表示现金流入量现值——现金流出量现值。而在 Excel 中,NPV 是只对第 1 期以及以后各期的现金流量进行折现。因此,在计算净现值时,应将项目未来现金流量用 NPV 函数求出的现值再减去该项目的初始投资的现值,NPV 函数输入方式为:

$$=NPV(rate, value1, value2\cdots\cdots)$$

其中,value1,value2,…分别代表 1～29 笔支出或收入参数值,时间均匀分布并出现在每期期末。

【例 4—9】 假设某投资项目在未来 3 年的年末分别产生 50 元、150 元、200 元确定的现金流量，初始投资 200 元，各期折现率均为 8%，求该项目的净现值。

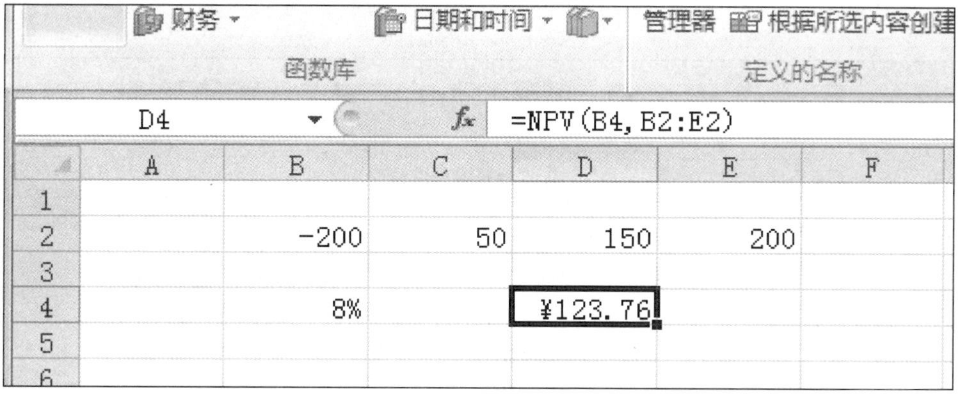

图 4—5　NPV 函数求解

注：NPV 的计算基于未来的现金流。如果第一笔现金流发生在第一期的期初，则第一笔现金必须添加到 NPV 的结果中，而不应包含在值参数中。即文中的 NPV 函数可以修正为：B2＋NPV(B4,C2:E2)或者 NPV(B4,C2:E2)×(1＋r)，其结果应为 133.66，否则计算的结果会偏低（此处为 123.76）。后文中涉及 NPV 计算皆同此。

4.4.2　IRR 函数

当各期现金流量不相等时，除了 NPV 函数，可使用的函数还有 IRR 函数。IRR 函数的功能是返回由数值代表的一组现金流量的内部收益率，这些现金流量不一定必须为均衡的，但它们必须按固定的间隔发生（按月或年），其输入方式为：

＝IRR(values,guess)

式中，values 为数组或单元格，包含用来计算内部收益率的数字。values 必须包含至少一个正值和一个负值。函数 IRR 根据数值的顺序来解释现金流量的顺序，因此应确定按需要的顺序输入数值。guess 是对函数 IRR 计算结果的估计值，在大多数情况下，并不需要为函数 IRR 的计算提供 guess 值，如果省略 guess，假设为 0.1。

【例 4－10】 若甲公司投资某项目预计未来 5 年的现金流分别为 －200 000，－70 000，12 000，100 000，220 000，则该项目的收益率是：

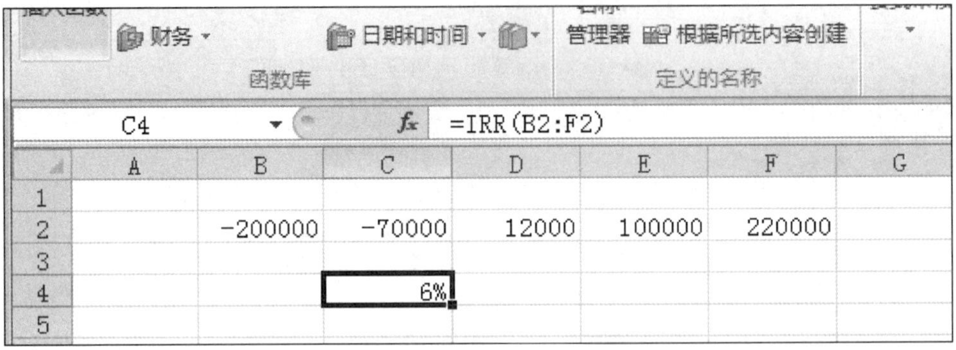

图 4－6 IRR 函数求解

实际上投资理念的发现是一个渐进的过程。我们最担忧的核心问题是对资本受限的基本假设。线性规划模型是解决资源受限情况下的资本预算问题的一种常用工具。但是，其并没有在理论和实践中被普遍接受，原因是这些模型的应用特别复杂，数据收集存在困难且成本较高。对于质量不高的数据，并不值得再使用一些成本高的复杂方法。

4.4.3 相关例题

【例 4－11】 分别以 0％、50％和 100％的贴现率计算下列项目的净现值：

表 4－9 **相关现金流量情况**

C_0	C_1	C_2
－6 750	4 500	18 000

计算该项目的内部收益率为多少。

解：贴现率为 0％的情况下：

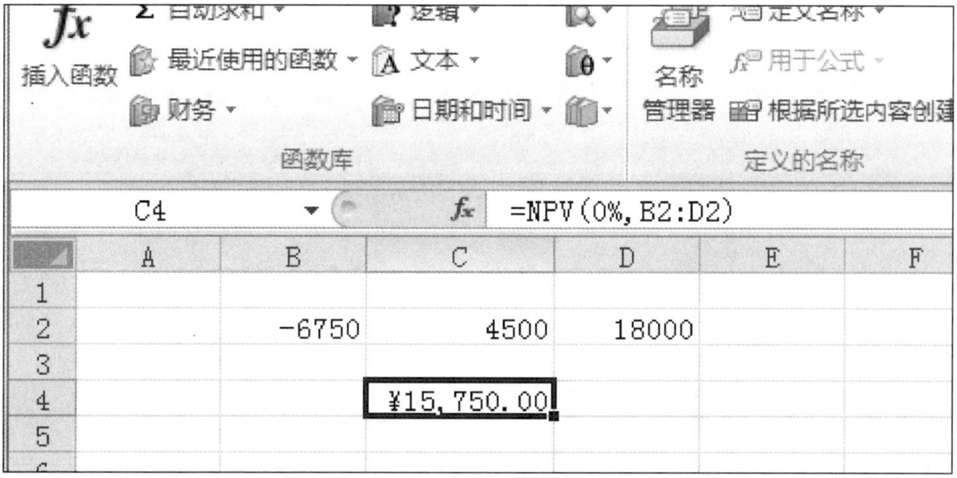

图 4—7　贴现率为 0%情况下 NPV

贴现率为 50%的情况下：

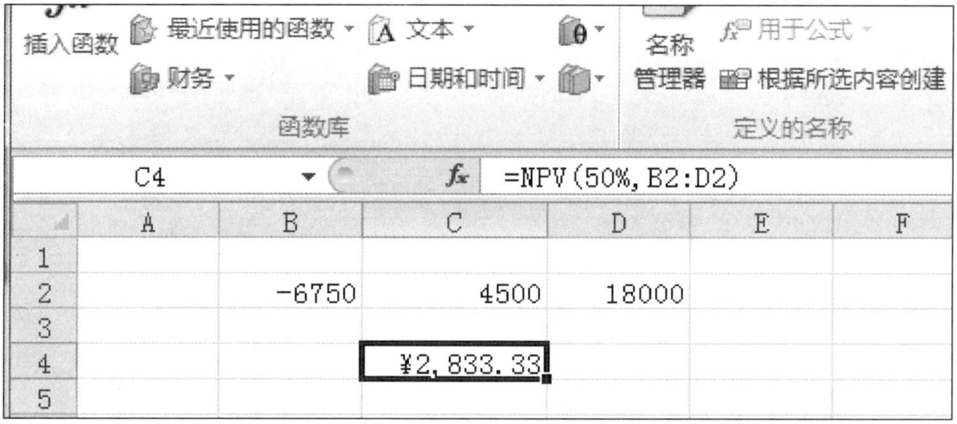

图 4—8　贴现率为 50%情况下 NPV

贴现率为 100%的情况下：

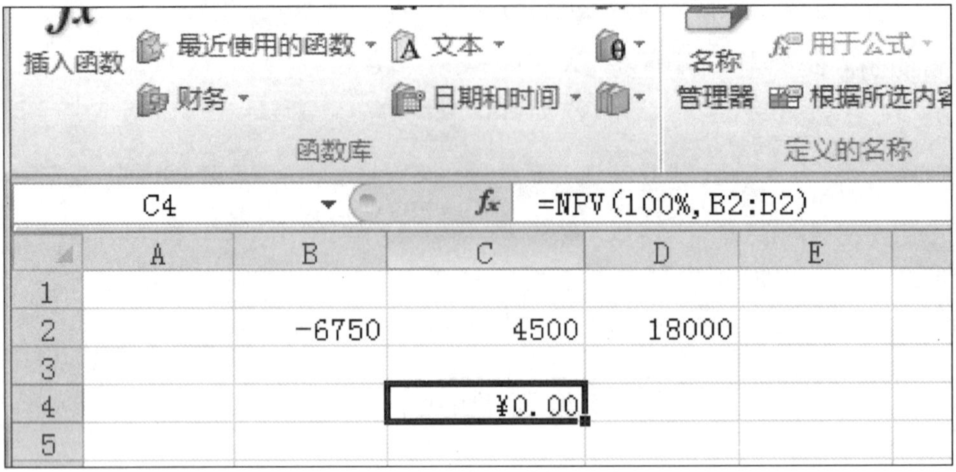

图 4—9　贴现率为 100%情况下 NPV

该项目的内部收益率为：

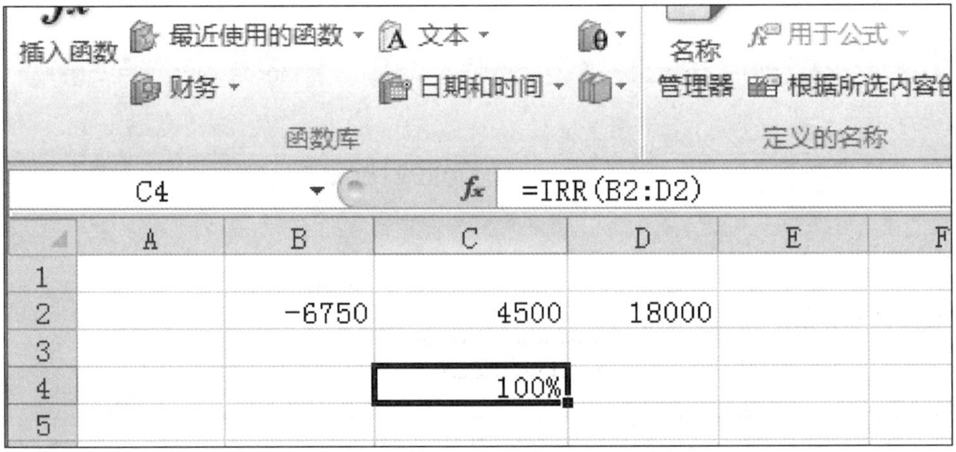

图 4—10　项目内部收益率计算结果

【例 4—12】 下面是两个相互排斥的项目的现金流量。

表 4—10　　各项目相关现金流量情况

项　目	C_0	C_1	C_2	C_3
甲	—100	60	60	0
乙	—100	0	0	140

(1)在贴现率为 10%的情况下,计算两个项目的净现值。

(2)计算两个项目的内部收益率。

(3)分别以 0、10%和 20%为贴现率计算增量投资(乙—甲)的净现值。

解:(1)项目甲的净现值

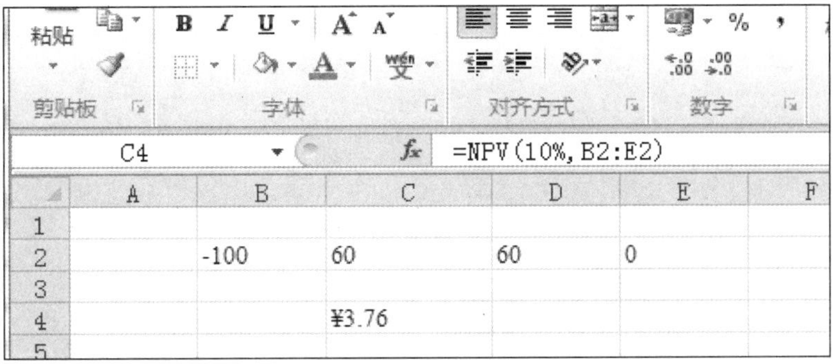

图 4—11　项目甲的 NPV

项目乙的净现值:

(2)项目甲的内部收益率:

项目乙的内部收益率:

由(1)(2)可知:项目甲的 NPV 小于项目乙,但项目甲的内部收益率要大于项目乙。从净现值的角度来看,投资者应该选择项目乙。但是从内部收益率法来看,投资者应该选择项目甲。

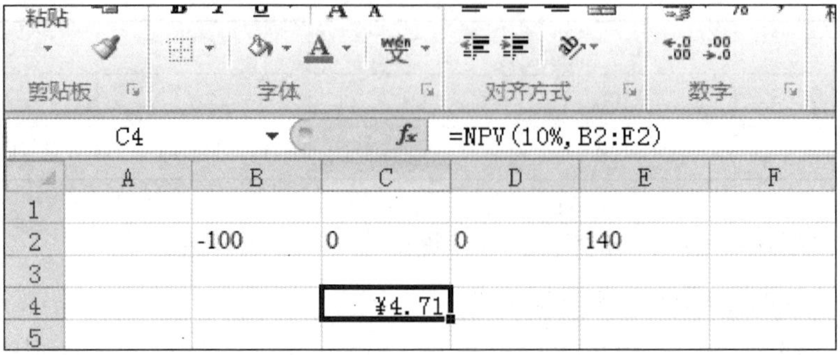

图 4—12　项目乙的 NPV

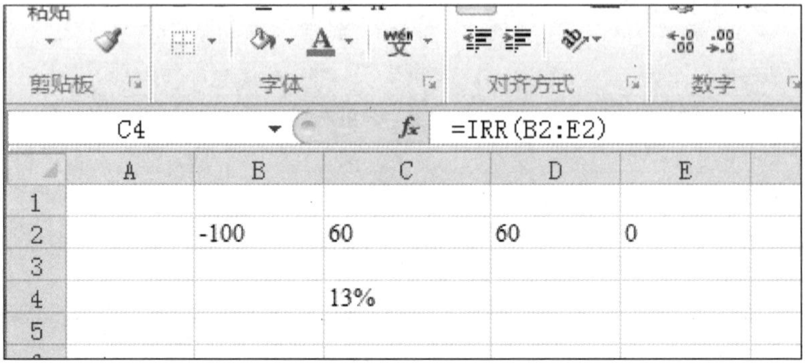

图 4—13　项目甲的 IRR

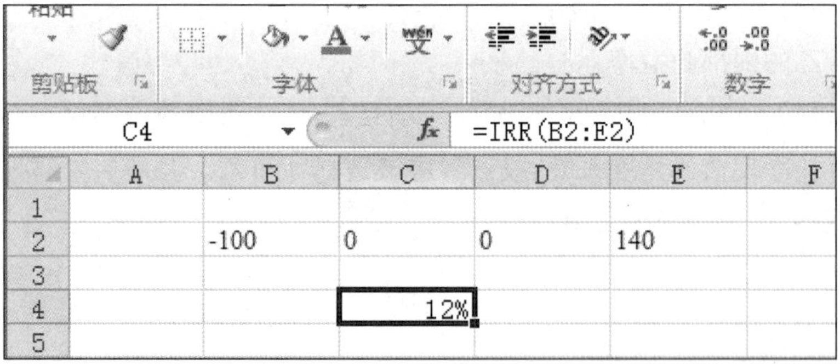

图 4—14　项目乙的 IRR

(3)由题意得：

表 4－11　　项目乙－甲相关现金流量情况

项　目	C_0	C_1	C_2	C_3
乙－甲	0	－60	－60	140

当贴现率为 0 时有：

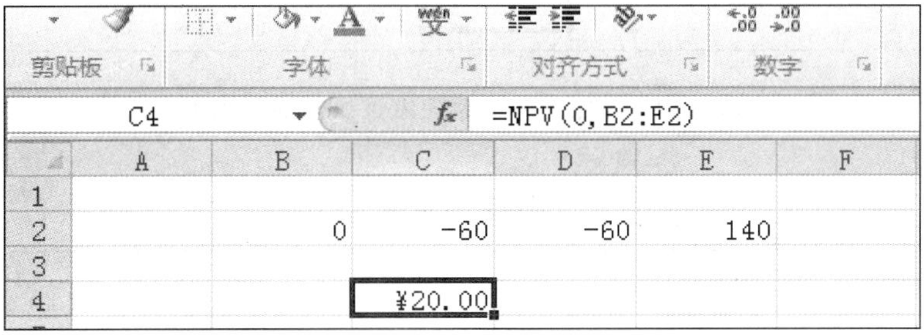

图 4－15　项目乙－甲贴现率为 0 时的 NPV

当贴现率为 10％时有：

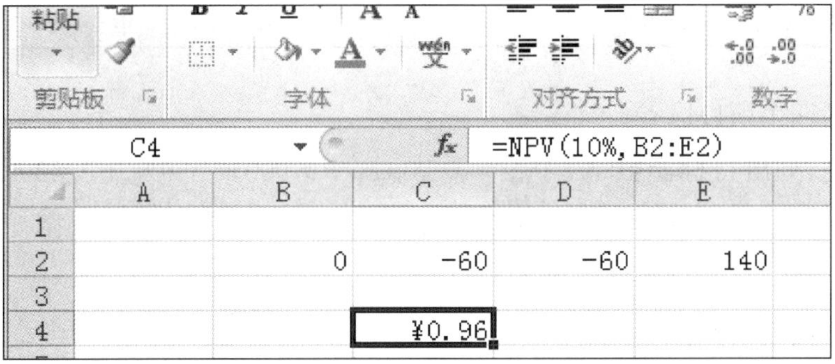

图 4－16　项目乙－甲贴现率为 10％时的 NPV

当贴现率为 20％时有：

由上述结果可知：在贴现率为 20％时，投资者应选择项目甲；当贴现率为 0 或者 10％时，投资者应选择项目乙。

【例 4－13】　某公司分别有甲、乙、丙、丁四个项目，基本情况如下：

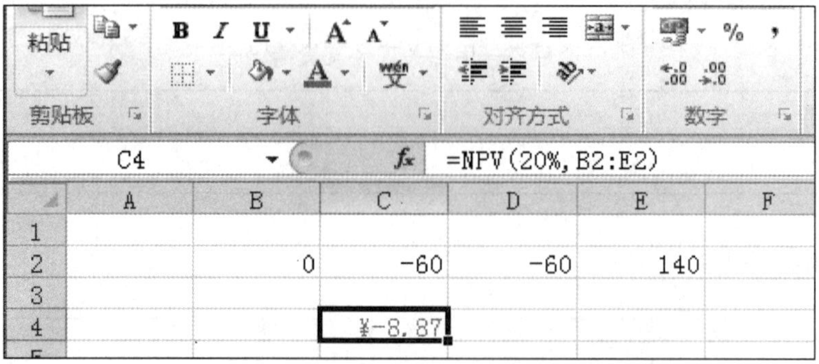

图 4—17　项目乙—甲贴现率为 20%时的 NPV

表 4—12　　**项目基本数据**

项　目	C_0	C_1	C_2	NPV
甲	−10 000	−10 000	0	+6 700
乙	0	−20 000	+5 000	+9 000
丙	−10 000	+5 000	+5 000	0
丁	−15 000	+5 000	+4 000	−1 500
可获融资款	20 000	20 000	20 000	

判断四个项目优劣。

首先，列出目标函数 $NPV_{max}=6\ 700x_1+9\ 000x_2+0x_3-1\ 500x_4$，其中 x_1、x_2、x_3、x_4 分别表示投资于项目甲、乙、丙、丁的投资百分数，如图 4—18 所示。

设定约束条件：

$$\begin{cases}10\ 000x_1+0x_2+10\ 000x_3+15\ 000x_4\leqslant 20\ 000\\10\ 000x_1+20\ 000x_2-5\ 000x_3-5\ 000x_4\leqslant 20\ 000\\0x_1-5\ 000x_2-5\ 000x_3-4\ 000x_4\leqslant 20\ 000\end{cases}$$

$0\leqslant x_1\leqslant 1,0\leqslant x_2\leqslant 1,0\leqslant x_3\leqslant 1,0\leqslant x_4\leqslant 1$

运用规划求解解得：$x_1=1,x_2=0.75,x_3=1,x_4=0$

此时 NPV 可取最大值：NPV=13 450。

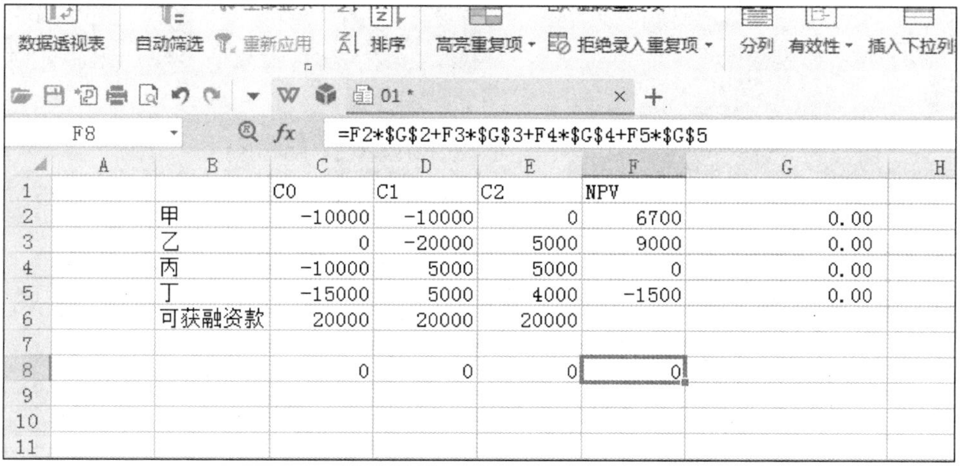

	A	B	C	D	E	F	G	H
1			C0	C1	C2	NPV		
2		甲	-10000	-10000	0	6700	0.00	
3		乙	0	-20000	5000	9000	0.00	
4		丙	-10000	5000	5000	0	0.00	
5		丁	-15000	5000	4000	-1500	0.00	
6		可获融资款	20000	20000	20000			
7								
8			0	0	0	0		
9								
10								
11								

图 4—18　规划求解—1

图 4—19　规划求解—2

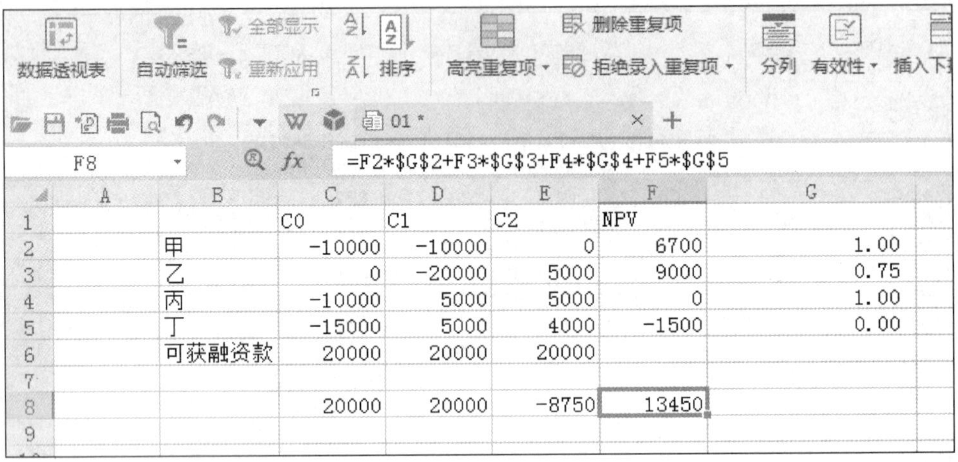
F8 =F2*$G$2+F3*$G$3+F4*$G$4+F5*$G$5

	A	B	C	D	E	F	G
1			C0	C1	C2	NPV	
2		甲	-10000	-10000	0	6700	1.00
3		乙	0	-20000	5000	9000	0.75
4		丙	-10000	5000	5000	0	1.00
5		丁	-15000	5000	4000	-1500	0.00
6		可获融资款	20000	20000	20000		
7							
8			20000	20000	-8750	13450	
9							

图 4—20　规划求解—3

4.5　案例分析

4.5.1　背景

A 公司是一家大型的制造企业，目前的资金利用率较低，存在着一定的闲置资金，而且公司的产品单一，有的产品销售高峰期已过，如果一旦市场方面出现问题或出现价格竞争将严重影响企业的发展，公司董事会觉得这样下去不是办法，必须开发新项目。在公司总经理办公室牵头下，投资管理部会同财务部、销售部、工程部、生产部、采购部、技术部等部门，筛选出下列两个投资项目，其中：

4.5.1.1　*酒店*

A 公司每年因业务往来招待客人的费用高达几百万元，公司拟组建一家全资子公司——滨华大酒店，注册资本为 5 000 万元。8 年后，公司计划以 3 000 万的价格转让。

4.5.1.2　*房地产*

公司拟组建一家全资子公司——滨华房地产开发有限公司，注册资本

8 000 万元。A 公司的最大股东——省国有资产投资有限公司，是经省人民政府批准成立的，授权全国经营和管理全省国有资产。该大股东名下现有一块土地，8 万平方米，如果 A 公司组建房地产公司，则将该块土地转让给 A 公司。

4.5.2　项目内容分析

4.5.2.1　地理位置

1. 酒店：江南大道与风情大道交会处往东 500 米的景江大厦；

2. 房地产：经济开发区 6 号大街与沿江大道交会处往西 500 米左右。东邻之江，北邻省内最大的高教园区，西边和南边已有交付商业大楼盘，未来发展前景很好。

4.5.2.2　建设规模与目标

1. 酒店：滨华大酒店以 6 600 元/平方米的价格购买景江大厦 3 600 平方米，将其改建为集餐饮、住宿、商务、娱乐等为一体的三星级宾馆，投资建设期 9 个月。

2. 房地产：土地面积 240 亩，即 16 万平方米；容积率 5.2；建筑面积 41.6 万平方米；开发周期 10 年；土地价格 5 760 万元，由大股东作为借款投入，年利率 12%，借款期限 5 年，一次还本付息。

4.5.2.3　外部环境

1. 酒店：以 2015 年 7 月～2016 年 2 月为例，怡然酒店的开业数量环比非常低，甚至为零。

2. 房地产：2017 年 4 月 18 日，国家统计局发布了 3 月份 70 个大中城市的房价数据，房地产投资、土地供应量进一步收窄，商品房成交量却逐步回暖。最新统计数据显示，与 2016 年 3 月相比，70 个大城市中新房价格下降的城市是 46 个，持平的城市是 16 个，上涨的城市是 8 个，环比价格上涨的城市中涨幅都没有超过 0.2%。从同比来看，与 2015 年同月相比，70 个大中城市中，价格下降的城市 38 个，比 2 月份增加了 11 个，这是自 2015 年 9 月个别城市再次出现价格同比下降以来，下降城市个数最多的月份。从环比数据看，北京、上海、广州、深圳等一线城市新建商品住宅销售价格环比连续 6 个月下降。东南沿海城市如杭州、宁波、温州、金华、青岛等新建商品住宅销售价格环比降幅也进一步扩大,3 月份比 2 月份分别扩大 0.5 个、0.5 个、0.6 个和 0.4 个百分点。

4.5.2.4 周围环境与设施

1. 酒店:步行 5 分钟可达江南村等公交站、10 分钟可至地铁一号线江滨站;距华联超市、苏宁电器等商业场所均几步之遥;毗邻江滨高教园区。

2. 房地产:快速路、沿江景观大道、地铁一号线,繁华市中心可瞬间抵达;地铁物业,商业规划齐全;社区的 1 200 平方米双层会所、近 14 000 平方米沿街商业街、与项目一路之隔的规划中的 4 万平方米大型购物商场,可以满足各类生活娱乐购物需求。

4.5.2.5 项目开发优势

1. 酒店:A 公司自身的往来客户会成为酒店的固定客源。

2. 房地产:A 公司的信誉;省国有资产投资公司的相关政策优势和充足的土地储备。

从上述内容分析来看,选择酒店和房地产各有优劣,但从理性投资者的角度看,选择酒店较合理。

4.5.3 相关数据资料

表 4—13　　滨华大酒店投资预算表　　(单位:万元)

项　目	金　额
总资产支出(30 年直线法折旧,无残值)	2 851.2
购买设备(10 年直线法折旧,无残值)	960
装修费(10 年平均摊销)	900
筹办费(5 年平均摊销)	40
合计	4 751.2

表 4—14　　滨华大酒店利润预算表　　单位:万元

项　目	未来年份				
	1	2	3	4	5
营业收入	7 010	7 010	7 010	7 010	7 010

续表

项　目	未来年份				
	1	2	3	4	5
付现成本	4 244.66	4 244.66	4 244.66	4 244.66	4 244.66
非付现成本	289.04	289.04	289.04	289.04	289.04
营业成本合计	4 533.7	4 533.7	4 533.7	4 533.7	4 533.7
利润总额	2 476.3	2 476.3	2 476.3	2 476.3	2 476.3
所得税	619.705	619.705	619.705	619.705	619.705
净利润	1 857.225	1 857.225	1 857.225	1 857.225	1 857.225

项目财务指标要求：年折现率为 10%；项目预期回收期＜3 年；会计报酬率＞20%；折现率＞0；现值指数＞1；内含报酬率＞20%。

表 4—15　　滨华房地产项目投入、收入、现金净流量预算表　　单位：万元

项　目	未来年份					
	0	1	2	3	4	5
项目总收入	0	0	11 068.73	27 866.78	15 176.48	24 134.01
项目总投资	4 640.52	7 319.76	11 209.29	11 760.42	6 110.37	1 665.01
转让房产有关税金	0	0	608.78	3 032.67	2 334.71	13 668.06
现金净流量	−4 640.52	−7 319.76	−749.34	13 073.69	6 731.40	8 800.94

房地产项目开发优势在于 A 公司在该市的信誉。省国有资产公司的相关政策优势和充足的土地储备。

项目财务指标计算（Pt 为投资回收期，NPV 为净现值，r 为内含报酬率）如下：

$$Pt=T-1+\frac{\text{第 }T-1\text{ 年的累计净现金流量的绝对值}}{\text{第 }T\text{ 年的净现金流量}}$$

$$\text{酒店 } Pt=3-1+\frac{458.67}{2\ 146.5}=2.24(\text{年})$$

$$\text{房地产 } Pt=3-1+\left|\frac{-4\ 640.52-7\ 319.76-749.34}{13\ 073.69}\right|=2.97(\text{年})$$

酒店 $NPV=-4\ 751.2+1\ 857.225\times(P/A,10\%,8)\times(1+10\%)^{-0.75}+3\ 000\times(P/A,10\%,8)\times(P/F,10\%,0.75)=5\ 778.6$(万元)

房地产 $NPV=-4\ 640.52-7\ 319.76\times(P/F,10\%,1)-749.34\times(P/F,10\%,1)+13\ 073.69\times(P/F,10\%,3)+6\ 731.4\times(P/F,10\%,4)+8\ 800.94\times(P/F,10\%,5)=7\ 970.14$(万元)

$$NPV=C_0+\frac{C_1}{1+IRR}+\frac{C_2}{(1+IRR)^2}+\cdots+\frac{C_r}{(1+IRR)^T}=0$$

根据 $4\ 751.2=2\ 146.265\times(P/A,r_{酒店},5)$，解得 $r_{酒店}=35.1438\%$

根据 $4\ 640.52=-7\ 319.76\times(P/F,r_{房地产},1)-749.34\times(P/F,r_{房地产},2)+13\ 073.69\times(P/F,r_{房地产},3)+6\ 731.4\times(P/F,r_{房地产},4)+8\ 800.94\times(P/F,r_{房地产},5)$

解得 $r_{房地产}=29.8549\%$

根据两方案关于投资回收期、净现值、内含报酬率和现值指数的对比，可以得出，两方案均可行，但是投资于滨华大酒店的项目比较好。

4.6 技能训练

CG 公司正在对某生产投资项目进行投资决策分析，目前公司研究开发出一种食品，其销售市场前景看好，为了解产品潜在市场，公司 2 年前支付了 50 000 元，聘请咨询机构进行市场调查，调查结果现实这一产品有 10%～15% 的市场份额有待开发，公司决定对其进行项目投资分析，有关预测资料如下：

(1)市场调研费 50 000 元；

(2)食品生产车间可利用公司一处厂房，如果出售，该厂房市场价格为 10 000 元；

(3)该项目需要在制造设备上总共一次性投资 120 000 元，当年引入并开始生产；

(4)食品制造主设备购置费(原始价值加运费、安装费等)为 90 000 元，使用年限 3 年，税法规定设备残值率 10%，按直线法计提折旧；预计 3 年后不再生产该产品后可将设备出售，其售价预估为 10 000 元；

(5)预计食品每年可以以每件 4 元的价格销售 50 000 件，每一件的制造成本是 2 元，每年销量为：50 000 件、58 000 件、70 000 件；每件的销售价格第一年为 4 元，考虑通货膨胀和竞争因素，售价每年将以 2%的幅度增长；件头的单位变动成本(包括原材料、人工费、制造费用、营业税金等)合计 3 元/每件，以后随着原材料价格等的大幅度上升，单位变动成本每年将以 2%的比率增长；

(6)该项目的固定成本，包括辅助生产设备的租金、广告费、管理该项目人员工资等合计每年 12 000 元，考虑通货膨胀因素，每年以 1%的速度递增。

(7)生产食品需要垫支营运资本，第一年年初投资 10 000 元，项目期末收回垫支的营运资本；

(8)我们对新产品所要求的报酬率是 12%，公司系一般纳税人适用所得税率 25%，在整个经营期内保持不变；

根据上述资料：

(1)分析该项目相关现金流量并完成相应的表格；

表 4－16　　　　　　　　CG 公司项目投资现金流量分析

每年现金流量的时间分析				
	第 0 年	第 1 年	第 2 年	第 3 年
经营现金流量：				
销售收入：				
销售数量				
销售价格				
变动成本：(销量 * 单位变动成本)				
单位变动成本				
固定经营成本：				
折旧				
息税前利润(EBIT)				
所得税				
税后净利润(注意与会计净利润的不同)				
加回折旧额				

续表

每年现金流量的时间分析				
经营现金净流量合计				
非经营现金流量：				
投资支出(资本性支出)与机会成本				
固定资产投资(设备投资等)				
固定资产到期残值的收回				
机会成本(厂房的租金)				
营运资本支出与收回				
非经营现金流量合计				
现金净流量				
累计现金净流量				

(2)计算该投资项目的净现值和内涵报酬率,并判断其财务可行性。

第5章 项目投资

学习目标

掌握现金流量的概念及范围，了解现金流量在项目投资评价中的重要性，熟练进行项目投资现金流量的分析，并掌握现金流量估算方法，关注投资环境对投资决策的影响；掌握项目投资财务可行性分析决策的方法。

关键词

贴现率　相关现金流　固定资产更新　差量法

5.1 理论背景

项目投资是企业从事生产经营活动的物质基础，又是所有投资中投资风险最大的，为了避免项目投资的失误，企业必须重视项目投资的决策与管理。本部分将从现金流量、基本评价指标、指标的运用等几方面展开。

5.1.1 项目投资相关现金流量分析

本部分包括的主要内容为：项目投资及其特点、项目投资现金流量分析、项目投资净现金流量的简化计算方法。

5.1.1.1 项目投资的含义

项目投资是一种以特定建设项目为对象,直接与新建项目或更新改造项目有关的长期投资行为。

【注意】在这一节以及本章后续内容中,所谓的投资与第一节所谓的投资是有区别的。第一节的投资是指全部的投资,本节及本章的后续内容中的投资仅指项目投资。

投资项目类型:

本章所介绍的工业企业投资项目主要包括新建项目(含单纯固定资产投资项目和完整工业投资项目)和更新改造项目。

【注意】更新改造项目包括两类:一是更新项目,即以全新的固定资产替换原有同型号的旧固定资产,该类项目的目的在于恢复固定资产的生产效率;二是改造项目,即以一种新型号的固定资产替换旧型号的固定资产,目的在于改善生产条件。

5.1.1.2 项目投资的特点

①投资内容独特(每个项目都至少涉及一项固定资产投资);

②投资数额多;

③影响时间长(至少一年或一个营业周期以上);

④发生频率低;

⑤变现能力差;

⑥投资风险大。

5.1.1.3 项目计算期的构成

项目计算期指投资项目从投资建设开始到最终清理结束整个过程的全部时间,具体构成见图 5—1。

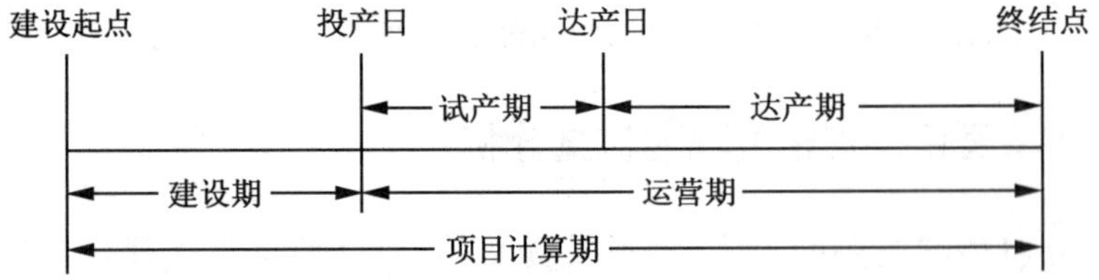

图 5—1 项目计算期构成图

项目计算期(n)=建设期(s)+运营期(p)

运营期=试产期+达产期

5.1.1.4　项目投资的内容

从项目投资的角度看,原始投资(又称初始投资)等于企业为使该项目完全达到设计生产能力、开展正常经营而投入的全部现实资金,即:

原始投资=建设投资+流动资金投资

项目总投资=原始投资+建设期资本化利息

【注意】原始投资不受企业投资资金来源的影响,但项目总投资受企业投资资金来源的影响。比如,原始投资100万元,全部来自银行借款,利率10%,建设期1年,则项目总投资为110万元;如果自有资金50万元,银行借款50万元,则项目总投资就是105万元。

固定资产投资中不包括资本化利息,但是固定资产投入使用后,需要计提折旧,计提折旧的依据是固定资产原值,而不是固定资产投资。两者的关系是:

固定资产原值=固定资产投资+建设期资本化借款利息

【思考】什么情况下固定资产原值等于固定资产投资?(全部为自有资金或无建设期)

项目总投资这个数据,只在计算投资收益率时使用,计算其他投资评价指标时不使用。

5.1.1.5　资金投入方式

资金投入方式有两种:一次投入和分次投入。

一次投入是指投资行为集中一次发生在项目计算期第一年年初或年末。

分次投入是指投资行为涉及两个或两个以上年度,或虽只涉及一个年度但同时在该年年初和年末发生。

5.1.2　项目投资现金流量分析

5.1.2.1　计算投资项目现金流量时应注意的问题和相关假设

(1) 计算投资项目现金流量时应注意的问题

①必须考虑现金流量的增量(相关性原则)。这里实际上是提出了相关现金流量的观点。相关现金流量,是指与某一特定项目相关联的现金流量,如果

决定投资于某一项目，则会发生，如果不投资于某一项目，则不会发生。例如，某企业在投资某一项目之前，每年有营业收入100万元，投资某一项目后，营业收入为150万元，则相关现金流量就是50万元。相关现金流量表现为增量现金流量。

②尽量利用现有的会计利润数据。企业在项目论证时，一般要编制预计会计报表。尽管报表中的利润并不等于项目评价中的现金流量，但由于利润指标比较容易获得，因此，我们可以以利润指标为基础，经过适当的调整，使之转化为现金流量。

③不能考虑沉没成本因素(相关性原则，如设备更新决策)。

④充分关注机会成本(相关性原则)。机会成本是指在决策过程中选择某个方案而放弃其他方案所丧失的潜在收益。

⑤考虑项目对企业其他部门的影响。

(2)相关假设

①投资项目类型的假设。假设投资项目只包括单纯固定资产投资项目、完整工业投资项目和更新改造投资项目三种类型。

②财务可行性分析假设。假设项目已经具备技术可行性和国民经济可行性，确定现金流量就是为了进行项目财务可行性研究。

③项目投资假设。假设在确定项目现金流量时，站在企业投资者的立场，考虑全部投资的运动情况，而不具体区分为自有资金和借入资金等具体形式的现金流量。即使实际存在借入资金，也将其作为自有资金对待(但在计算固定资产原值和总投资时，还需要考虑借款利息因素)。

④经营期(运营期)与折旧年限一致假设。

⑤时点指标假设。为便于利用资金时间价值的形式，不论现金流量具体内容所涉及的价值指标实际上是时点指标还是时期指标，均假设按照年初或年末的时点指标处理。其中建设投资在建设期内有关年度的年初或年末发生。流动资金投资则在年初发生；经营期内各年的收入、成本、折旧、摊销、利润、税金等项目的确认均在年末发生；项目最终报废或清理均发生在终结点(但更新改造项目除外)。

⑥确定性因素假设。假设与项目现金流量有关的价格、产销量、成本水平、

所得税税率等因素均为已知常数。

⑦产销平衡假设。假定运营期同一年的产量等于该年的销售量，假定按成本项目计算的当年成本费用等于按要素计算的成本费用(见图 5—2)。

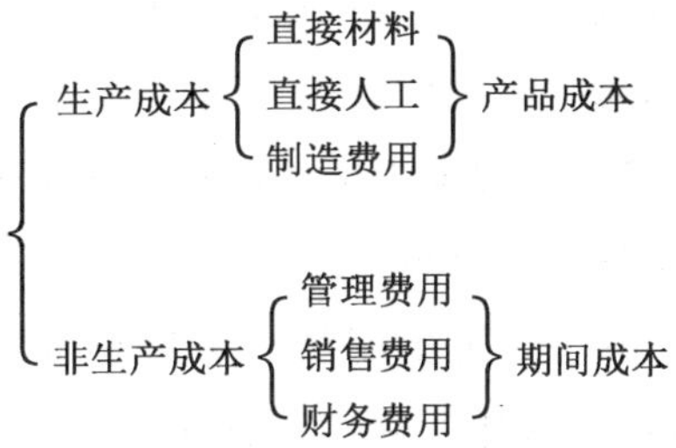

图 5—2　项目投资中成本费用的构成

5.1.2.2　净现金流量的确定

净现金流量又称现金净流量，是指在项目计算期内由每年现金流入量与同年现金流出量之间的差额所形成的序列指标。

【提示】 理解净现金流量这个概念，需要注意三个问题：

①净现金流量是按年来计算的。

②某年净现金流量＝该年现金流入量－该年现金流出量。对于建设期来说，净现金流量一般为负或等于零；对于运营期来说，既会发生现金流入，也会发生现金流出，并且一般流入大于流出，净现金流量多为正。

③净现金流量是一个序列指标，即有时间上的先后顺序，并且是一系列的数值。

净现金流量的种类

净现金流量又包括所得税前净现金流量和所得税后净现金流量两种形式。

【两种净现金流量的关系】

所得税后净现金流量＝所得税前净现金流量－调整所得税。

调整所得税＝息税前利润×所得税率

【注意】为了简化计算，本书假定只有完整工业投资项目和单纯固定资产投资项目考虑所得税前后净现金流量的两种形式；更新改造项目只考虑所得税后净现金流量一种形式。

5.1.2.3 项目投资净现金流量的简化计算方法

若完整工业投资项目的全部原始投资均在建设期投入，则建设期净现金流量可以按以下简化公式计算：

建设期某年净现金流量＝－该年原始投资额

如果运营期内不追加流动资金投资：

(1)运营期某年所得税前净现金流量＝该年息税前利润＋该年折旧＋该年摊销＋该年回收额－该年维持运营投资

(2)运营期某年所得税后净现金流量＝该年息税前利润×(1－所得税税率)＋该年折旧＋该年摊销＋该年回收额－该年维持运营投资＝该年自由现金流量

【注意】(1)所谓运营期自由现金流量，是指投资者可以作为偿还借款利息、本金、分配利润、对外投资等财务活动资金来源的净现金流量。

(2)如果不考虑维持运营投资，回收额为0，则运营期所得税后净现金流量又称为“经营净现金流量”；运营期内回收额不为0的所得税后净现金流量亦称为“终结点所得税后净现金流量”。

终结点所得税后净现金流量＝终结点经营净现金流量＋回收额

5.1.2.4 更新改造项目

(1)建设期不为0情况下的净现金流量

①建设期某年净现金流量＝－(该年新固定资产投资－旧固定资产变价净收入)

②建设期末的净现金流量＝因旧固定资产提前报废发生净损失而抵减的所得税税额

③运营期各年所得税后净现金流量＝该年因更新改造增加的息税前利润×(1－所得税税率)＋该年因更新改造增加的折旧＋该年回收新固定资产净残值超过假定继续使用的旧固定资产净残值之差额

(2)建设期为0情况下的净现金流量

①建设期期初净现金流量＝－(该年新固定资产投资－旧固定资产变价净收入)

②运营期第一年所得税后净现金流量＝该年因更新改造增加的息税前利

润×(1－所得税税率)＋该年因更新改造增加的折旧＋因旧固定资产提前报废发生净损失而抵减的所得税额

③运营期其他各年所得税后净现金流量＝该年因更新改造增加的息税前利润×(1－所得税税率)＋该年因更新改造增加的折旧＋该年回收新固定资产净残值超过假定继续使用的旧固定资产净残值之差额

【注意】

①将更新改造项目看作售旧购新的特定项目,净现金流量只考虑两者的差额。

②固定资产提前报废净损失(净收益)减税(纳税),在没有建设期时发生在第一年年末,有建设期时,发生在建设期期末。

③“运营期第一年所得税后净现金流量”的计算公式中,“该年因更新改造增加的息税前利润”中不应包括“旧固定资产提前报废发生的净损失”。

④因旧固定资产提前报废发生净损失而抵减的所得税额＝旧固定资产清理净损失×适用的企业所得税税率。

⑤旧设备的年折旧不是按其原账面价值确定的,而是按更新改造当时旧设备的变价净收入扣除假定可继续使用若干年后的预计净残值,再除以预计可继续使用年限计算出来的。

旧设备的年折旧＝(旧设备的变价净收入—预计净残值)/尚可使用年限

计算增加的折旧时,如果新旧设备的使用年限相同,并且预计净残值相等,则差量折旧的计算可以直接用新设备的原值减去旧设备的变价净收入,除以使用年限。

增加的折旧＝新设备折旧－旧设备折旧

＝(新设备原值－预计净残值)/年限－(旧设备变价净收入－预计净残值)/年限

＝(新设备原值－旧设备变价净收入)/年限。

5.1.3　独立方案投资决策

对于独立方案而言,评价其财务可行性也就是对其做出最终决策。净现值、获利指数和内含报酬率是评价投资方案是否具有财务可行性的主要指标。

由于净现值、获利指数和内含报酬率指标之间存在以下数量关系：

当净现值大于零时，获利指数大于1，内含报酬率大于贴现率；

当净现值等于零时，获利指数等于1，内含报酬率等于贴现率；

当净现值小于零时，获利指数小于1，内含报酬率小于贴现率。

因此，这三个贴现的评价指标对同一个投资项目进行财务可行性评价，不会得出矛盾的结论。判别投资方案可行还是不可行，要看这三个贴现的指标。非贴现的投资回收期和会计收益率指标只是作为次要或辅助指标。

5.1.4 互斥方案的比较决策

多个互斥方案的比较决策是指在每一个入选方案已具备财务可行性的前提下，利用具体决策方法比较各个方案的优劣，从中选出最优方案的过程。只有具备财务可行性的方案，才有资格进入筛选比较视野。在这里，我们主要讨论资本无限量条件下互斥方案的比较决策。

5.1.4.1 项目计算期相同的互斥方案比较决策（直接比较法、差量分析法）

(1)直接比较法

直接比较法是指通过直接比较两个方案的贴现指标（净现值、获利指数、内含报酬率）的大小，从互斥方案中选择最优方案的方法。在此法下，净现值最大的方案为最优。

【例5—1】 Y公司现有A、B两个互斥项目，原始投资分别为110 000元和10 000元，建设期为0，项目主要设备的使用寿命为3年，每年营业现金流量分别为50 000元和5 050元，终结点均无回收额。假设该公司的资本成本为14%。

要求：分别计算A、B两个方案的净现值、获利指数和内含报酬率，并依据计算结果做出选择。

$NPVA=50\ 000\times(P/A,14\%,3)-110\ 000=50\ 000\times2.321\ 6-110\ 000=6\ 080$(元)

$PIA=50\ 000\times(P/A,14\%,3)/110\ 000=116\ 080\div110\ 000=1.06$

$110\ 000=50\ 000(P/A,IRR,3)(P/A,IRR,3)=2.2$

$(P/A,16\%,3)=2.2459$ $(P/A,18\%,3)=2.1743$

$IRRA=16\%+[(2.2-2.2459)\div(2.1743-2.2459)]\times(18\%-16\%)=17.28\%$

$NPVB=5050\times(P/A,14\%,3)-10000=5050\times2.3216-10000=1724.08$(元)

$PIB=5050\times(P/A,14\%,3)/10000=11724.08\div10000=1.17$

$10000=5000(P/A,IRR,3)$ $(P/A,IRR,3)=1.9802$

$(P/A,24\%,3)=1.9813$ $(P/A,28\%,3)=1.8684$

$IRRB=24\%+[(1.9802-1.9813)\div(1.8684-1.9813)]\times(28\%-24\%)=24.03\%$

从净现值指标看，应选择A方案；但从内含报酬率和获利指数指标来说，应选择B方案。到底应该选哪个方案？但考虑到再投资收益率的差别，由于是计算期相同的互斥方案，应依据净现值进行决策，即选择A方案。

在无资本限量情况下，运用直接比较法进行计算期相同的互斥方案比较决策，应当注意以下几个方面的问题：

①净现值比较法具有普遍的适用性。

②当项目的原始投资额相同时，也可通过比较投资方案的获利指数法(PI)的大小来选择最优方案。

③内含报酬率不能直接用于互斥方案的比较决策。

总而言之，在资本无限量情况下，对于计算期相同的互斥方案的选择，最简单的办法是直接比较各方案的净现值。如果原始投资额相同，获利指数法也适用。内含报酬率主要用于独立方案的投资决策，不适用于互斥方案的比较决策。

(2) 差量分析法

差量分析法是指根据两个投资方案差量的净现金流量(记作ΔNCF)计算差量净现值(ΔNPV)，从而判断方案优劣的方法(见图5—3)。

差量分析法在互斥方案的比较决策中，更易于使人理解，也更具适用性。有些项目直接产生的增量现金流入可能很少或难以确切计量，难以直接计算各方案的净现值。这种情况下，可以运用差量分析法进行选择判断。差量分析法通常适用于资本无限量情况下，计算期相同但原始投资不同的互斥方案的比较

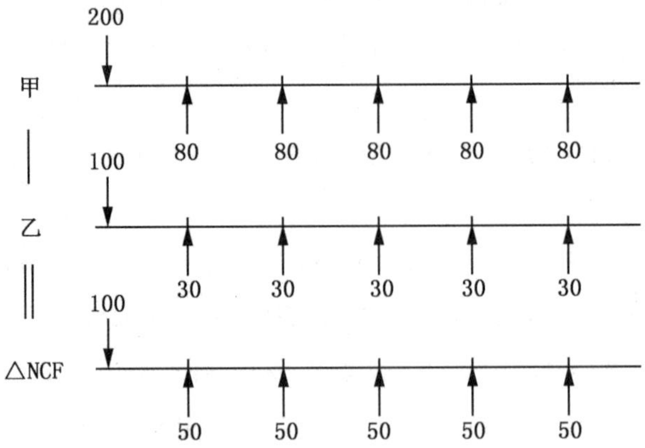

图 5—3　项目投资的差量分析示意

决策。

差量分析法其基本原理是：

假设有 A 和 B 两个投资项目，A 方案的投资额大，B 方案的投资额小。我们可以把 A 方案看成是 B 方案和 C 方案之和。C 方案的投资是 A 方案的投资额与 B 方案投资额之差。C 方案的净现金流量等于 A 方案的净现金流量减去 B 方案的净现金流量而形成的差量净现金流量。根据差量净现金流量计算的差量净现值，实质上就是 C 方案的净现值。如果差量净现值大于零，C 方案具有财务可行性，意味着 A 方案优于 B 方案；反之，B 方案为优。

在差量分析法下，当差量的净现值大于零，原始投资额较大的方案较优；反之，则原始投资额较小的方案为优。

差量分析法经常被用于固定资产更新改造项目的决策中。如果新旧设备未来使用年限相同，可使用差量分析估算继续使用旧设备和购置新设备差量的现金流量。当该项目的差量净现值大于零或差额投资内含报酬率大于资本成本时，应当进行更新改造；反之，则继续使用旧设备。

【例 5—2】 H 公司考虑用一台新设备来代替旧设备，以减少成本，增加收益。旧设备原购置成本为 40 000 元，已使用 5 年，估计还可使用 5 年，已提折旧 20 000 元，假定使用期满后无残值，如果现在出售可得价款 10 000 元。新设备的购置成本为 60 000 元，估计可使用 5 年，期满有残值 10 000 元，使用新设备可使每年付现成本节约 20 000 元。假定该公司的资本成本为 10%，所得税率 30%。新、旧设备均用直线折旧法计提折旧。

要求：就该公司是继续使用旧设备，还是更新改造做出决策。

在本例中，一个方案是继续使用旧设备，另一个方案是出售旧设备购置新设备。受制于数据的局限，我们无法直接计算这两个方案的净现值。由于项目计算期相同（旧设备尚可使用年限与新设备相同），只是原始投资额不同（将出售旧设备的收入看成是继续使用旧设备的投资）。因此，可以用差额量分析法进行比较选择。

出售旧设备现金流入＝10 000＋(20 000－10 000)×30%＝13 000(元)

△初始投资＝60 000－11 000＝49 000(元)

年折旧额＝10 000－4 000＝6 000(元)

净利润＝0－(－20 000＋6 000)×(1－30%)＝9 800(元)

△营业净现金流量＝9 800＋6 000＝15 800(元)

△终结现金流量＝10 000－0＝10 000(元)

本例题可通过计算两个方案净现值的差额进行分析。

$\triangle NPV = 15\ 800 \times (P/A, 10\%, 5) + 10\ 000 \times (P/F, 10\%, 5) - 49\ 000 =$ 17 103.64(元)

这项固定资产更新改造后，可为企业增加净现值 17 103.64 元，应该进行更新改造。

5.1.4.2　计算期不同的互斥方案比较决策

在项目计算期不同的情况下，通常采用年等额净回收额法，进行互斥方案的比较决策。

(1)年等额净回收额法

年等额净回收额法是指通过比较各投资方案年等额净回收额（记作 NA）的大小来选择最优方案的决策方法。无论原始投资或项目计算期是否相同，均可以通过这一方法进行互斥方案的比较决策。

$$\text{某方案的年等额净回收额} = \frac{\text{该方案的净现值}}{\text{年金现值系数}}$$

$$= \text{该方案的净现值} \times \text{资本回收系数}$$

(2)固定资产年平均使用成本

前面我们已经讨论了新旧设备未来使用年限相同的固定资产更新改造方案进行决策的方法,即差量分析法。在大多数情况下,新、旧设备未来使用年限往往不相同,不适合采用差量分析法估算差量现金流量。比较好的方法是比较继续使用和更新固定资产的年成本,选较低的方案。

固定资产的平均年成本是指该资产引起的现金流出的年平均值,它是未来使用年限内现金流出总现值与年金现值系数的比值或资本回收系数的乘积(已知现值求年金)。

要计算固定资产平均年使用成本,首先,必须估算出继续使用旧设备和购置新设备现金净流出量。

继续使用旧设备初始的现金流量为处置旧设备收入及变现净损益对所得税的影响,这是继续使用旧设备丧失的现金流入(机会成本),更新设备初始的现金流量为新设备购置成本。营业现金流量包括税后营业收入、税后付现成本和设备年折旧额的抵税等;终结现金流量主要是残值变现收入及对所得税的影响。

【例 5—3】 K 公司原有一台设备,原值为 15 万元,预计使用 10 年,已使用 5 年,预计残值为 1 万元。现该公司拟购买新设备替换原设备,以提高生产率,降低成本。新设备购置成本为 20 万元,使用年限为 10 年,预计净残值收入为购置成本的 10%。使用新设备后公司每年付现成本将从 120 万元下降到 100 万元,公司如果购置新设备,旧设备出售可得收入 5 万元。税法规定该项固定资产可按直线法提取折旧,折旧年限为 10 年,净残值率为 10%。假设公司所得税税率为 24%,资本成本为 10%。要求:分别计算继续使用旧设备和购置新设备的平均年成本,并依据计算结果做出决策。

(1)继续使用旧设备:

旧设备的年折旧$=\dfrac{15\times(1-10\%)}{10}=1.35$(万元)

旧设备的账面价值$=15-1.35\times5=8.25$(万元)

旧设备的变现价值$=5$(万元)

旧设备变现损失抵税$=(8.25-5)\times24\%=0.78$(万元)看成现金流入

第 0 年现金流出：5－0.78＝4.22(万元)

第 1～5 年现金流出：120×(1－24%)－1.35×24%＝90.876(万元)

第 5 年还有一个现金流出：－1－(1.5－1)×24%＝－1.12(万元)

继续使用旧设备的现金流出总现值＝4.22＋90.876×(P/A,10%,5)－1.12×(P/F,10%,5)＝4.22＋90.876×3.790 8－1.12×0.620 9＝348.02(万元)

继续使用旧设备的平均年成本＝348.02÷(P/A,10%,5)＝348.02÷3.790 8＝91.81(万元)

(2)更新设备：

新设备的年折旧＝[20×(1－10%)]÷10＝1.8(万元)

第 0 年现金流出：20(万元)

第 1～10 年现金流出：100×(1－24%)－1.8×24%＝75.568(万元)

第 10 年还有一个现金流出：－2(万元)

更新设备的现金流出总现值＝20＋75.568×(P/A,10%,10)－2×(P/F,10%,10)＝20＋75.568×6.144 6－2×0.432＝483.47(万元)

继续使用旧设备的平均年成本＝483.47÷(P/A,10%,10)＝483.57÷6.144 6＝78.67(万元)

由于更换新设备后的平均年成本为 78.67 万元，低于继续使用旧设备的平均年成本 91.81 万元，应该更换新设备。

5.1.5　多方案组合排队投资决策

5.1.5.1　组合或排队方案的含义

如果一组方案中既不属于相互独立，又不属于相互排斥，而是可以实现任意组合或排队，则这些方案被称作组合或排队方案。

独立方案和互斥方案属于两种极端的情况，组合或排队方案是处于两者之间的一种情况。

5.1.5.2　组合或排队方案决策的含义

这类决策分两种情况：(1)在资金总量不受限制的情况下，可按每一项目的净现值 NPV 大小排队，确定优先考虑的项目顺序。(2)在资金总量受到限制时，则需按净现值率NPVR或获利指数PI的大小，结合净现值NPV进行各种组合排队，从中选出能使ΣNPV最大的最优组合。

5.1.5.3　组合或排队方案决策的程序

在主要考虑投资效益的条件下，多方案比较决策的主要依据，就是能否保证在充分利用资金的前提下，获得尽可能多的净现值总量。

【注意】组合排队决策包括两个方面的含义：一是确定方案组合；二是对该组合内的方案进行排队。

5.2　Excel运用

5.2.1　固定资产折旧函数

(1)直线折旧法函数SLN(cost,salvage,life)

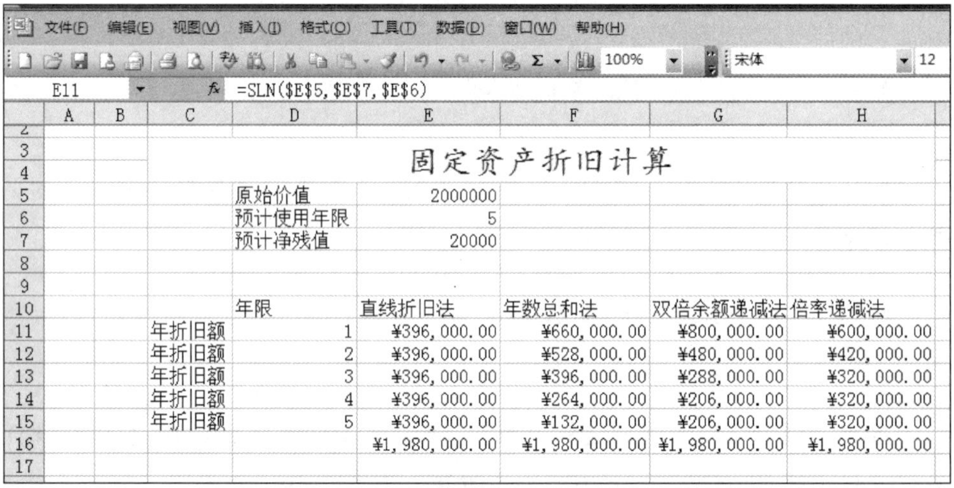

	A	B	C	D	E	F	G	H
3				固定资产折旧计算				
4								
5				原始价值	2000000			
6				预计使用年限	5			
7				预计净残值	20000			
8								
9								
10				年限	直线折旧法	年数总和法	双倍余额递减法	倍率递减法
11			年折旧额	1	¥396,000.00	¥660,000.00	¥800,000.00	¥600,000.00
12			年折旧额	2	¥396,000.00	¥528,000.00	¥480,000.00	¥420,000.00
13			年折旧额	3	¥396,000.00	¥396,000.00	¥288,000.00	¥320,000.00
14			年折旧额	4	¥396,000.00	¥264,000.00	¥206,000.00	¥320,000.00
15			年折旧额	5	¥396,000.00	¥132,000.00	¥206,000.00	¥320,000.00
16					¥1,980,000.00	¥1,980,000.00	¥1,980,000.00	¥1,980,000.00
17								

图5—4　固定资产折旧的直线法

(2)双倍余额递减法函数DDB(cost,salvage,life,period,factor)

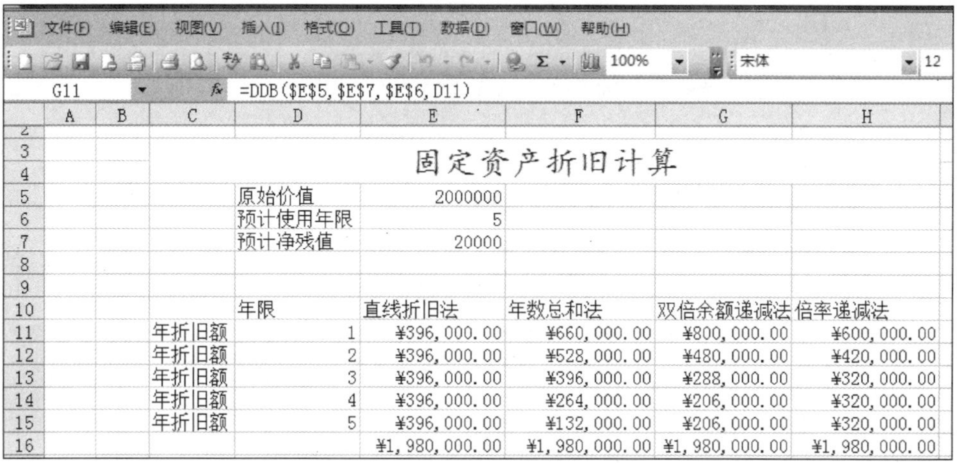

	A	B	C	D	E	F	G	H
3–4			固定资产折旧计算					
5				原始价值	2000000			
6				预计使用年限	5			
7				预计净残值	20000			
8								
9								
10				年限	直线折旧法	年数总和法	双倍余额递减法	倍率递减法
11			年折旧额	1	¥396, 000. 00	¥660, 000. 00	¥800, 000. 00	¥600, 000. 00
12			年折旧额	2	¥396, 000. 00	¥528, 000. 00	¥480, 000. 00	¥420, 000. 00
13			年折旧额	3	¥396, 000. 00	¥396, 000. 00	¥288, 000. 00	¥320, 000. 00
14			年折旧额	4	¥396, 000. 00	¥264, 000. 00	¥206, 000. 00	¥320, 000. 00
15			年折旧额	5	¥396, 000. 00	¥132, 000. 00	¥206, 000. 00	¥320, 000. 00
16					¥1, 980, 000. 00	¥1, 980, 000. 00	¥1, 980, 000. 00	¥1, 980, 000. 00

图 5—5　固定资产的双倍余额递减法

(3)年数总和法函数 SYD(cost,salvage,life,per)

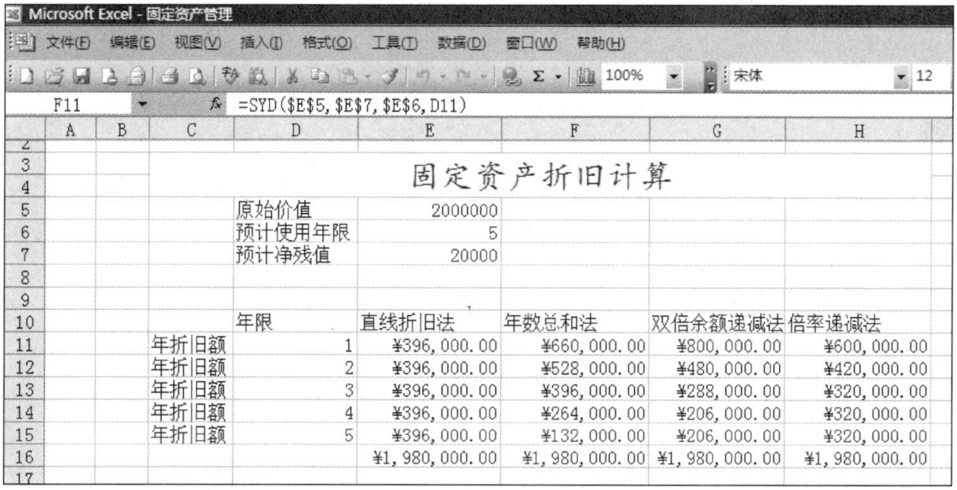

	A	B	C	D	E	F	G	H
3–4			固定资产折旧计算					
5				原始价值	2000000			
6				预计使用年限	5			
7				预计净残值	20000			
8								
9								
10				年限	直线折旧法	年数总和法	双倍余额递减法	倍率递减法
11			年折旧额	1	¥396, 000. 00	¥660, 000. 00	¥800, 000. 00	¥600, 000. 00
12			年折旧额	2	¥396, 000. 00	¥528, 000. 00	¥480, 000. 00	¥420, 000. 00
13			年折旧额	3	¥396, 000. 00	¥396, 000. 00	¥288, 000. 00	¥320, 000. 00
14			年折旧额	4	¥396, 000. 00	¥264, 000. 00	¥206, 000. 00	¥320, 000. 00
15			年折旧额	5	¥396, 000. 00	¥132, 000. 00	¥206, 000. 00	¥320, 000. 00
16					¥1, 980, 000. 00	¥1, 980, 000. 00	¥1, 980, 000. 00	¥1, 980, 000. 00
17								

图 5—6　固定资产折旧的年数总和法

(4)倍率余额递减法函数 VDB(cost,salvage,life,START-period,END-period,factor)

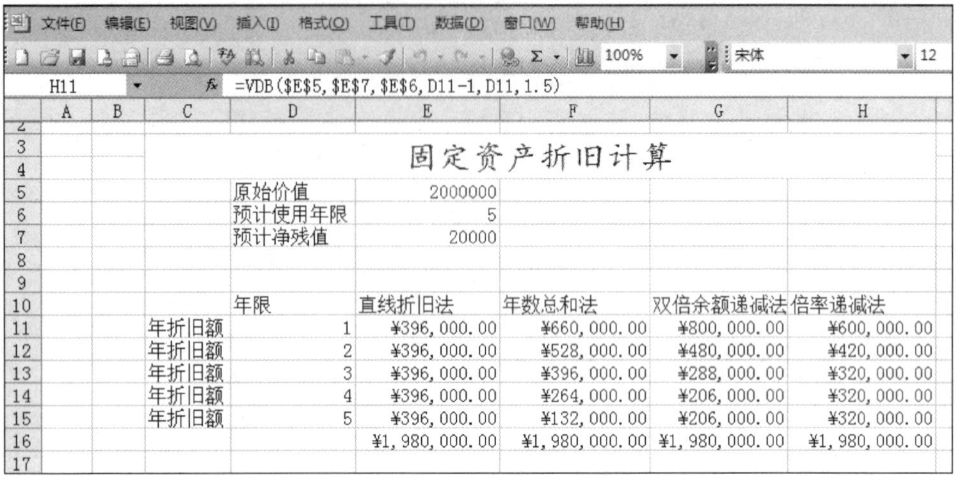

	A	B	C	D	E	F	G	H
3					固定资产折旧计算			
4								
5				原始价值	2000000			
6				预计使用年限	5			
7				预计净残值	20000			
8								
9								
10				年限	直线折旧法	年数总和法	双倍余额递减法	倍率递减法
11			年折旧额	1	¥396,000.00	¥660,000.00	¥800,000.00	¥600,000.00
12			年折旧额	2	¥396,000.00	¥528,000.00	¥480,000.00	¥420,000.00
13			年折旧额	3	¥396,000.00	¥396,000.00	¥288,000.00	¥320,000.00
14			年折旧额	4	¥396,000.00	¥264,000.00	¥206,000.00	¥320,000.00
15			年折旧额	5	¥396,000.00	¥132,000.00	¥206,000.00	¥320,000.00
16					¥1,980,000.00	¥1,980,000.00	¥1,980,000.00	¥1,980,000.00
17								

图 5—7　固定资产折旧的倍率余额递减法函数

5.2.2　固定资产更新决策

5.2.2.1　计算期寿命相等——净现值差额法

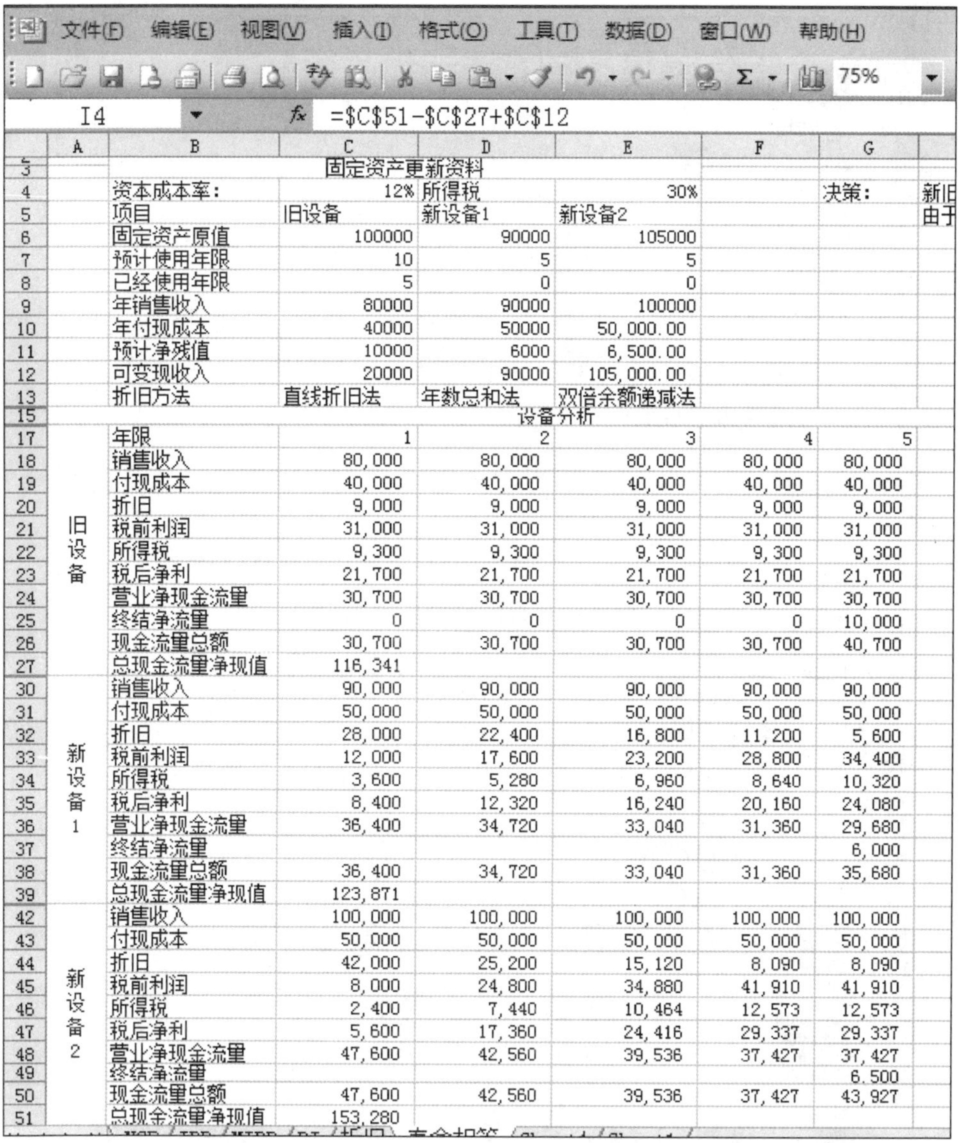

	A	B	C	D	E	F	G	
3			固定资产更新资料					
4		资本成本率:	12%	所得税	30%		决策:	新旧
5		项目	旧设备	新设备1	新设备2			由于
6		固定资产原值	100000	90000	105000			
7		预计使用年限	10	5	5			
8		已经使用年限	5	0	0			
9		年销售收入	80000	90000	100000			
10		年付现成本	40000	50000	50,000.00			
11		预计净残值	10000	6000	6,500.00			
12		可变现收入	20000	90000	105,000.00			
13		折旧方法	直线折旧法	年数总和法	双倍余额递减法			
15				设备分析				
17		年限	1	2	3	4	5	
18		销售收入	80,000	80,000	80,000	80,000	80,000	
19		付现成本	40,000	40,000	40,000	40,000	40,000	
20		折旧	9,000	9,000	9,000	9,000	9,000	
21	旧	税前利润	31,000	31,000	31,000	31,000	31,000	
22	设	所得税	9,300	9,300	9,300	9,300	9,300	
23	备	税后净利	21,700	21,700	21,700	21,700	21,700	
24		营业净现金流量	30,700	30,700	30,700	30,700	30,700	
25		终结净流量	0	0	0	0	10,000	
26		现金流量总额	30,700	30,700	30,700	30,700	40,700	
27		总现金流量净现值	116,341					
30		销售收入	90,000	90,000	90,000	90,000	90,000	
31		付现成本	50,000	50,000	50,000	50,000	50,000	
32		折旧	28,000	22,400	16,800	11,200	5,600	
33	新	税前利润	12,000	17,600	23,200	28,800	34,400	
34	设	所得税	3,600	5,280	6,960	8,640	10,320	
35	备	税后净利	8,400	12,320	16,240	20,160	24,080	
36	1	营业净现金流量	36,400	34,720	33,040	31,360	29,680	
37		终结净流量					6,000	
38		现金流量总额	36,400	34,720	33,040	31,360	35,680	
39		总现金流量净现值	123,871					
42		销售收入	100,000	100,000	100,000	100,000	100,000	
43		付现成本	50,000	50,000	50,000	50,000	50,000	
44		折旧	42,000	25,200	15,120	8,090	8,090	
45	新	税前利润	8,000	24,800	34,880	41,910	41,910	
46	设	所得税	2,400	7,440	10,464	12,573	12,573	
47	备	税后净利	5,600	17,360	24,416	29,337	29,337	
48	2	营业净现金流量	47,600	42,560	39,536	37,427	37,427	
49		终结净流量					6,500	
50		现金流量总额	47,600	42,560	39,536	37,427	43,927	
51		总现金流量净现值	153,280					

图 5—8　净现值差额法

1						
2		旧设备现金流量表				
3	资金成本	10%	所得税率	33%		
4	初始投资	100000				
5	预计使用年限	10				
6	已使用年限	5				
7	残值	2000				
8	折旧方法	平均年限法				
9	营业净现值流量	¥63,055.95				
10	变现收入	15000				
11	剩余使用年限	1	2	3	4	5
12	销售收入	40000	40000	40000	40000	40000
13	付现成本	20000	20000	20000	20000	20000
14	折旧额	9,800.00	9,800.00	9,800.00	9,800.00	9,800.00
15	税前净利	10,200.00	10,200.00	10,200.00	10,200.00	10,200.00
16	所得税	3366	3366	3366	3366	3366
17	税后净利	6,834.00	6,834.00	6,834.00	6,834.00	6,834.00
18	营业净现金流量	16,634.00	16,634.00	16,634.00	16,634.00	16,634.00
25		新设备现金流量表				
26	资金成本	10%	所得税率	33%		
27	初始投资	200000				
28	预计使用年限	5				
29	已使用年限	0				
30	残值	10000				
31	折旧方法	年数总和法				
32	营业净现值流量	¥218,517.28				
33	变现收入	0				
34	剩余使用年限	1	2	3	4	5
35	销售收入	75000	75000	75000	75000	75000
36	付现成本	25000	25000	25000	25000	25000
37	折旧额	63,333.33	50,666.67	38,000.00	25,333.33	212,666.67
38	税前净利	-13,333.33	-666.67	12,000.00	24,666.67	-162,666.67
39	所得税	-4400	-220	3960	8140	-53680
40	税后净利	-8,933.33	-446.67	8,040.00	16,526.67	-108,986.67
41	营业净现金流量	54,400.00	50,220.00	46,040.00	41,860.00	103,680.00
42						
43						

43							
44							
45	差额分析(新设备-旧设备)						
46	剩余使用年限	0	1	2	3	4	5
47	初始投资	-185000					
48	销售收入		35000	35000	35000	35000	35000
49	付现成本		5000	5000	5000	5000	5000
50	折旧额		53,533.33	40,866.67	28,200.00	15,533.33	202,866.67
51	税前净利		-23,533.33	-10,866.67	1,800.00	14,466.67	-172,866.67
52	所得税		-7766	-3586	594	4774	-119,186.67
53	税后净利		-15,767.33	-7,280.67	1,206.00	9,692.67	-115,820.67
54	营业净现金流量		37,766.00	33,586.00	29,406.00	25,226.00	87,046.00
55	终结现金流量						-15,000.00
56	现金流量	-185000	37,766.00	33,586.00	29,406.00	25,226.00	72,046.00
57	净现值差额				(¥220,320.45)		
58							
59	总结:,二者的净现值差额为-220,320.45,所以该公司应该选择继续使用旧设备.						
60							
61							

图 5—9　净现值差额法的计算结果

5.2.2.2　计算期不相等——年均现金流量

	C	D	E	F	G	H	I	J	K
3	固定资产更新资料								
4	资金成本	10%							
5	所得税率	40%							
6	项目	A设备	B设备						
7	固定资产原值	210000	120000						
8	预计使用年限	8	5						
9	税前利润	45000	30000						
10	预计净残值	21000	20000						
11	折旧方法	直线法	直线法						
12				新旧设备分析					
15	A设备	1	2	3	4	5	6	7	8
16	税前利润	45,000	45,000	45,000	45,000	45,000	45,000	45,000	45,000
17	所得税	18,000	18,000	18,000	18,000	18,000	18,000	18,000	18,000
18	税后净利	27,000	27,000	27,000	27,000	27,000	27,000	27,000	27,000
19	折旧	23,625	23,625	23,625	23,625	23,625	23,625	23,625	23,625
20	营业净现金流量	50,625	50,625	50,625	50,625	50,625	50,625	50,625	50,625
21	终结净流量								21,000
22	现金流量总额	50,625	50,625	50,625	50,625	50,625	50,625	50,625	71,625
23	总现金流量现值	69,877							
24	年均现金流量现值	13,098							
25	B设备								
26	税前利润	30,000	30,000	30,000	30,000	30,000			
27	所得税	12,000	12,000	12,000	12,000	12,000			
28	税后净利	18,000	18,000	18,000	18,000	18,000			
29	折旧	20,000	20,000	20,000	20,000	20,000			
30	营业净现金流量	38,000	38,000	38,000	38,000	38,000			
31	终结净流量					20,000			
32	现金流量总额	38,000	38,000	38,000	38,000	58,000			
33	总现金流量现值	36,468							
34	年均现金流量现值	9,620.25							

图 5—10　年均现金流量法

5.2.2.3　项目投资指标综合运用实例

中宏国际家电生产公司正在考虑在它的产品组合中加入一条新的生产线。该生产线的总投资额为 210 000 元，预计可使用 5 年，税法规定期满净残值为 10 000 元，按直线法计提折旧。同时，该生产线投产运营需一次性垫支营运资本 55 000 元，并于项目终结时一次性收回。该项目投产后，每年为公司增加的收入和成本见 Excel 电子表格 5－1 相关数据。公司的所得税税率为 25%，投资必要收益率为 15%。

表 5—1　　投资项目现金流量预测及相关指标计算

	A	B	C	D	E	F	G
1	(1)现金流量预测						
2	项目	0	1	2	3	4	5
3	投资支出：						
4	设备投资	−210 000					10 000
5	垫支营运资本	−55 000					40 000
6	投资现金流量合计						
7	经营现金净流量：						
8	销售收入		350 000	382 000	418 000	456 000	482 000
9	经营付现成本						
10	其中：材料费用		218 000	237 000	256 000	282 000	312 000
11	人工费用		34 200	36 900	39 400	42 900	45 800
12	制造费用		21 800	22 400	23 200	24 600	25 400
13	合计	—					
14	设备年折旧额	—					
15	税前收益	—					
16	所得税(25%)	—					
17	净收益	—					
18	经营现金净流量	—					
19	现金净流量合计						
20	(2)相关标准计算						
21	现金净流量现值(15%)						
22	净现值						
23	获利指数						
24	内部收益率						
25	会计收益率						

要求：

(1)根据 Excel 电子表格预测该生产线投资项目的现金净流量(B6,G6,及 B13:G19 的空白单元格)；

(2)在(1)的基础上，根据 Excel 电子表格，利用 Excel 财务函数计算该生产线投资项目的净现值(B22)、获利指数(B23)、内部收益率(B24)和会计收益率(B25)。

参考操作过程如下：

其中表 5—2 中 H 列列示出相关单元格的财务计算公式，同行其他列的计算公式同该列，只需使用 Excel 中的“自动填充”功能填充即可。

表 5—2　　**投资项目现金流量预测及相关指标计算**

	A	B	C	D	E	F	G	H
1	(1)现金流量预测							
2	项目	0	1	2	3	4	5	
3	投资支出：							
4	设备投资	−210 000					10 000	
5	垫支营运资本	−55 000					40 000	
6	投资现金流量合计	−265 000					50 000	B6=SUM(B4:B5)
7	经营现金净流量：	—						
8	销售收入		350 000	382 000	418 000	456 000	482 000	
9	经营付现成本							
10	其中：材料费用		218 000	237 000	256 000	282 000	312 000	
11	人工费用		34 200	36 900	39 400	42 900	45 800	
12	制造费用		21 800	22 400	23 200	24 600	25 400	
13	合计	—	274 000	296 300	318 600	349 500	383 200	C13=SUM(C10:C12)

续表

	A	B	C	D	E	F	G	H
14	设备年折旧额	—	40 000	40 000	40 000	40 000	40 000	C14=(−$B$4−$G$4)/5
15	税前收益	—	36 000	45 700	59 400	66 500	58 800	C15=C8−C13−C14
16	所得税(25%)	—	9 000	11 425	14 850	16 625	14700	C16=C15 * 33%
17	净收益	—	27 000	34 275	44 550	49 875	44 100	C17=C15−C16
18	经营现金净流量	—	67 000	74 275	84 550	89 875	84 100	C18=C17+C14
19	现金净流量合计	−265 000	67 000	74 275	84 550	89 875	134 100	B19=B6+B18
20	(2)相关标准计算							
21	现金净流量现值(15%)	−265 000	58 261	56 163	55 593	51 386	66 671	B21=PV(15%,B2,,−B19)
22	净现值	23 074						B22=SUM(B21:G21) 或:B22=B19+NPV(15%,C19:G19)
23	获利指数	1.09						B23=SUM(C21:G21)/(−B21)
24	内部收益率	18.23%						B24=IRR(B19:G19)
25	会计收益率	40.21%						B25=AVERAGE(C15:G15)/(−B6/2)

5.3　案例分析

5.3.1　某公司的保龄球投资项目

鲍德温公司(Baldwin Company)始建于1965年，当时生产英式足球。现在是网球、棒球、美式足球和高尔夫球的领先制造商。鲍德温公司的管理层热衷于寻找一切能够带来潜在现金流量的机会。在1996年，W.C. 米德斯(W.C. Meadows)先生，鲍德温公司的副总裁，发现了另外一个运动球类市场，他认为其大有潜力并且还未被更大的制造商完全占领。这个市场是亮彩色保龄球市场，他相信许多保龄球爱好者认为外表和时髦的式样比质量更重要。同时他认为，鲍德温公司的成本优势和利用其高度成熟的市场技巧的能力将使竞争者难以从中获利。

因此，在1997年下半年，鲍德温公司决定估计亮彩色保龄球的市场潜力。鲍德温公司向三个市场的消费者发出了问卷：费城、洛杉矶和纽黑文。这三组问卷的结果比预想的要好，支持了亮彩色保龄球能够获得10%～15%的市场份额的结论。当然，鲍德温公司的一些人对市场调查的成本颇有微词，因为它达到了250 000美元。

鲍德温公司现在开始考虑投资于生产保龄球的机器设备。保龄球生产将位于一幢靠近洛杉矶的、由公司拥有的建筑物中。这幢空置的建筑加上土地的税后净价为150 000美元。至于资金来源，米德斯先生认为可由银行贷款解决。

米德斯先生和同僚一起正准备分析该提议的新产品。他把他的设想总结如下：保龄球机器设备的成本为100 000美元，5年后预计它的市场价值为30 000美元。该机器设备在5年的使用寿命时间内年产量预计如下：5 000单位、8 000单位、12 000单位、10 000单位、6 000单位。第一年保龄球的价格为20美元。由于保龄球市场具有高度竞争性，米德斯先生认为相对于预测为5%的一般通货膨胀率，保龄球的价格每年最多增长2%。然而，用于制造保龄球的塑胶将很快变得更昂贵，因此，制造过程的现金流出预计每年将增长10%。第一年的制造成本为每单位10美元。米德斯先生已确定，在鲍德温公司的应税收入基础上，保龄球项目的适用的累进公司所得税税率为34%。有关保龄球项目的各年经营收入与成本见表5—3。

表5—3　　鲍德温公司保龄球项目的经营收入和成本

年数	产量(单位)	价格(美元)	销售收入(美元)	单位成本(美元)	经营成本(美元)
1	5 000	20.00	100 000	10.00	50 000
2	8 000	20.40	163 200	11.00	88 000
3	12 000	20.81	249 720	12.10	145 200
4	10 000	21.22	212 200	13.31	133 100
5	6 000	21.65	129 900	14.64	87 840

注：(1)价格每年增长2%、

(2)单位成本每年增长10%。

鲍德温公司认为它必须保持对营运资本的一定投资额。和其他制造类企业一样，它必须在生产和销售之前购买原材料并对存货进行投资。它还得为不可预见的支出保留一定的现金作为缓冲。它的信用销售将产生应收账款。管理层认为对营运资本的各个项目的投资在第0年总计为10 000美元，另外在第2年和第3年分别投资6 320美元和8 650美元，而在第4年可收回3 750美元，其余在项目结束时收回。换言之，对营运资本的投资在项目周期结束的时候能够完全被抵补。

资本投资的折旧是基于《1986年税收改革法案》所规定的数量。在此法案下，对三年期、五年期和七年期折旧安排如表5—4所示。按照IRS的规定，鲍德温公司将在5年内对它的资本投资进行折旧。因此，表5—4中的中间一列适用于此种情形。

表5—4　　鲍德温公司保龄球项目的折旧　　单位：美元

	回收期分类		
年数	3年	5年	7年
1	33 340	20 000	14 280
2	44 440	32 000	24 490
3	14 810	19 200	17 490

续表

	回收期分类		
4	7 410	11 520	12 500
5		11 520	8 920
6		5 760	8 920
7			8 920
8			4 480
总计	100 000	100 000	100 000

注：这些折旧安排是基于 IRS 出版物《折旧》。三年期的折旧事实上按四年折旧是因为 IRS 假定你是在年中进行的购买。

基于这些假设和米德斯先生的分析所做的项目规划如表 5—5 和表 5—6 所示，在表中，所有的现金流量都假定为在年末发生。

表 5—5　　鲍德温公司的现金流量工作表　　单位：千美元

项　目	第 0 年	第 1 年	第 2 年	第 3 年	第 4 年	第 5 年
投资						
(1)保龄球机器设备	—100.00					21.76
(2)累计折旧		20.00	52.00	71.20	82.72	94.24
(3)年末账面余额		80.00	48.00	28.80	17.28	5.76
(4)机会成本(仓库)	150.00					150.00
(5)净营运资本(年末)	10.00	10.00	16.32	24.97	21.22	0
(6)净营运资本变化	—10.00		—6.32	—8.65	3.75	21.22
(7)投资的总现金流量[(1)+(4)+(6)]收入	—260.00		—6.32	—8.65	3.75	192.98
(8)销售收入		100.00	163.20	249.72	212.20	129.90
(9)经营成本		50.00	88.00	145.20	133.10	87.84
(10)折旧		20.00	32.00	19.20	11.51	11.52
(11)税前收入[(8)—(9)—(10)]		30.00	43.20	85.32	67.58	30.54
(12)所得税(34%)		10.20	14.69	29.01	22.98	10.38
(13)净利润		19.80	28.51	56.31	44.60	20.16

表 5—6　　鲍德温公司的净增现金流量　　单位:千美元

项　目	第0年	第1年	第2年	第3年	第4年	第5年
(1)销售收入		100.00	163.20	249.72	212.20	129.90
(2)经营成本		—50.00	—88.0	—145.20	—133.10	—87.84
(3)所得税		—10.20	—14.69	—29.01	—22.98	—10.38
(4)经营现金流量[(1)—(2)—(3)]		39.80	60.51	75.51	56.12	31.68
(5)投资的总现金流量	—260.00		—6.32	—8.65	3.75	192.98
(6)项目的总现金流量[(4)+(5)]	—260.00	39.80	54.19	66.86	59.87	224.66

资料来源:Stephen A. 罗斯(Ross)等著:《公司理财》,吴世农等,译,机械工业出版社,2002年。

从表 5—6 的现金流量可以估算鲍德温公司的保龄球项目的净现值和内含报酬率。

思考与分析:

1. 案例中鲍德温公司对市场调查的成本为 250 000 美元,在项目评价中为何不考虑?

2. 鲍德温公司的保龄球项目采用负债融资,为何在项目评价中不考虑负债的利息费用?

3. 鲍德温公司的营运资金投入有何特点?

5.3.2　跑步机的更新投资项目

捷美健身俱乐部是一家深受青年男女青睐的健身俱乐部,每到周末就人满为患,生意兴隆,这要归功于总经理李强的出色管理才能。但目前,李强正在为一件事烦恼,俱乐部中的健身器材——40 台跑步机已经使用 5 年,到了该淘汰的时刻。现有两家健身器材生产商的推销员正盯着李强,推销自己公司的产品,使李强左右为难。

甲公司的推销员开价每台跑步机 6 400 元,预计 5 年后残值为每台 800 元。乙公司的推销员则提出以每年租金 1 600 元、年底付租金的租赁方式出租跑步机 5 年，5 年结束后，跑步机归还甲公司，此项租约只要在 90 天前通知公司即可在年底取消。

被淘汰的跑步机已提取全部折旧，现可以 600 元出售。购置的新跑步机，不管哪个公司的产品，每年每台均需要使用维护费用 1 200 元，而每年预计产生的总收入为 240 000 元。

李强虽未学过财务管理，但他知道在购置的情况下不到两年就可还本，同时，采用购置方式，可以得到利率为 8%的贷款，因利息可以抵税，在公司所得税率为 33%的情况下，实际利率更低。若采取租赁方式，每台跑步机 5 年总租金为 8 000 元，租金总额不仅超过购买价格，且无残值收入。因此，李强认为应该采取购置而不是租赁方式。

但李强将此方案提报给公司管理层讨论时，受到财务经理的坚决反对，财务经理认为，即使不考虑通货膨胀，现在就付出 6 400 元不一定比 5 年间每年付 1 600 元有利，尽管利息有抵税作用，但租金支出也有抵税效果，故到底采用何种方式比较有利，应通过财务分析才能确定。

资料来源：中华会计网校，课程资源，《财务管理课程案例》。

思考与分析

1. 你认为财务经理的说法是否正确？

2. 在做资本预算时，应采用何种方法进行决策？

3. 捷美俱乐部应向甲公司购置还是向乙公司租用？

4. 在有通货膨胀的情况下，两种方式所受影响是否一样？

5.3.3　东方公司投资项目的财务评价

东方公司是生产微波炉的中型企业，该公司生产的微波炉质量优良，价格合理，近几年来一直供不应求。为了扩大生产能力，该公司准备新建一条生产线。李强是该公司投资部的工作人员，主要负责投资的具体工作。该公司财务总监要求李强收集建设新生产线的相关资料，写出投资项目的财务评价报告，以供公司领导决策参考。

李强经过半个月的调研，得出以下有关资料。该生产线的初始投资为 57.5 万元，分两年投入。第一年初投入 40 万元，第二年初投入 17.5 万元。第二年可完成建设并正式投产。投产后每年可生产微波炉 1 000 台,每台销售价格为 800 元,每年可获得销售收入 80 万元。投资项目预计可使用 5 年,5 年后的残值可忽略不计。在投资项目经营期内需垫支流动资金 15 万元,这笔资金在项目结束时可如数收回。该项目生产的产品年总成本的构成情况如下:

原材料　　40 万元

工资费用　　8 万元

管理费(不含折旧)　　7 万元

折旧费　　10.5 万元

李强又对本公司的各种资金来源进行了分析研究,得出该公司加权平均资金成本为 8%。该公司所得税率为 40%。

根据上述资料,请问可以运用哪些方法对该项目进行计算与分析?

5.3.4　总费用现值法在投资决策中的应用

某机械加工有限公司目前使用的一台机床是 2 年前购入的,原价为 58 000 元,使用年限为 7 年,估计还可以使用 5 年,税法规定期末残值为 2 000 元,使用该机床每年经营付现成本为 40 000 元。最近该公司考虑用一种新型的数控机床取代现有机床,新机床的买价为 100 000 元,另发生相关的运杂费和安装费等共计 25 000 元,预计可使用 8 年,期末残值为 5 000 元。若购置新机床,可使该公司每年的经营付现成本降低到 24 000 元,但不会增加销售收入。目前该公司现有机床的账面价值为 42 000 元,如果现在立即出售,可获价款 38 000 元,公司要求的投资必要收益率为 12%(假设不考虑所得税因素)。

利用上述资料,该公司的财务助理小王考虑到该更新改造项目的收入相同,年付现成本不同,采用总费用现值法进行决策如下:

$$使用现有机床的费用现值 = 40\,000 \times (P/A, 12\%, 5) - 2\,000(P/F, 12\%, 5) = 143\,056(元)$$

$$购置新型数控机床的总费用现值 = (125\,000 - 38\,000) + 24\,000 \times (P/A, 12\%, 8) - 5\,000 \times (P/F, 12\%, 8) = 204\,203(元)$$

根据上述计算,小王认为应该继续使用现有的机床,因为购置新型数控机床将会使总费用现值大大增加。当小王把这份决策报告提交给财务经理时，财务经理认为，由于继续使用现有机床和购置新型数控机床的使用期限不同，因此不应采用总费用现值法进行决策，而应采用年均费用法，于是将小王的决策进一步修改如下：

$$\text{使用现有机床的年均费用}=\frac{40\ 000\times(P/A,12\%,5)-2\ 000\times(P/F,12\%,5)}{(P/A,12\%,5)}$$

$$=39\ 685(\text{元})$$

购置新型数控机床的年均费用

$$=\frac{(125\ 000-38\ 000)+24\ 000\times(P/A,12\%,8)-5\ 000\times(P/F,12\%,8)}{(P/A,12\%,8)}$$

$$=41\ 107(\text{元})$$

据计算，财务经理也认为应该继续使用现有的机床，因为使用现有机床的年均费用要低于购置新型数控机床的年均费用。

分析：

(1)判断小王和财务经理的决策是否正确？小王利用总费用现值法进行决策是不正确的，因为总费用现值法适用于收入相同、计算期相同的项目之间的比选。该更新改造项目的收入相同，但计算期不相同(现有机床可使用 5 年，而新型数控机床可使用 8 年)，因此不能采用总费用现值法进行决策，而应采用年均费用法，年均费用法适用于收入相同但计算期不同的项目的比选。而公司财务经理虽然选择了年均费用法进行项目的决策，但决策的过程不正确。因为在重置型投资项目的比选中，如果新旧设备的使用年限不同，必须站在“局外人”的观点分析各项目的现金流量，而不应根据实际现金流量计算各项目的费用现值，即从“局外人”的角度，将购置现有机床，或购置新型数控机床作为两个可比方案进行决策，而不应将现有机床的现时售价 38 000 元从新型数控机床的原始成本 125 000 元中扣除。

(2)如果重新做出决策，则本案例可以采用年均费用法，从“局外人”的角度进行决策如下：

使用现有机床的年均费用

$$=\frac{38\ 000+40\ 000(P/A\times12\%\times5)-2\ 000(P/F,12\%,5)}{(P/A,12\%,5)}$$

$=50\ 227$(元)

购置新型数控机床的年均费用

$$=\frac{125\ 000+24\ 000(P/A\times12\%\times8)-5\ 000(P/F,12\%,8)}{(P/A,12\%,8)}$$

$=48\ 756$(元)

通过上述计算可知,使用新型的数控机床的年均费用现值低于继续使用现有机床的年均费用现值 1 471 元(50 227−48 756),故该公司应该以新型的数控机床替换现有的机床。

5.4 技能训练

1. 甲公司计划投资一个单纯固定资产投资项目,原始投资额为 100 万元,全部在建设期起点一次投入,并当年完工投产。投产后每年增加销售收入 90 万元、总成本费用 62 万元(其中含利息费用 2 万元),该固定资产预计使用 5 年,按照直线法计提折旧,预计净残值为 10 万元。该企业由于享受国家优惠政策,项目经营期第 1、2 年所得税率为 0,经营期第 3~5 年的所得税率为 30%。已知项目的折现率为 10%。

要求计算:

(1)固定资产的入账价值;

(2)运营期内每年的折旧额;

(3)运营期内每年的息税前利润;

(4)计算期内各年的税后现金净流量;

(5)该项目的净现值。

2. 某公司引进一条生产豆制品的生产线,初始投资额为 2 000 万元,其中购买固定资产投资 1 500 万元,流动资金投资 500 万元,1 年后该生产线投产,建设期发生的与购建固定资产有关的资本化利息为 100 万元固定资产投资于建设起点一次性投入,流动资金投资于建设期末,该项目寿命期为 10 年,固定资产按直线法提折旧,期满有 100 万元的净残值;流动资金于终结点一次性回收。投产后每年销售收入为 800 万元,假定销售收入均于当年收现。每年的付现成本为 200 万元，所得税率为 25％。

要求：

(1)计算项目计算期；

(2)计算固定资产原值；

(3)计算年折旧；

(4)计算投产后各年息税前利润；

(5)计算项目各年的所得税税后净现金流量。

3. 甲企业打算在 2007 年末购置一套不需要安装的新设备，以替换一套尚可使用 5 年、折余价值为 90 000 元、变价净收入为 60 000 元的旧设备。取得新设备的投资额为 265 000 元。到 2012 年末，新设备的预计净残值超过继续使用旧设备的预计净残值 5 000 元。使用新设备可使企业在 5 年内每年增加息前税后利润 18 000 元。新旧设备均采用直线法计提折旧。假设全部资金来源均为自有资金，适用的企业所得税税率为 25％。

要求：

(1)计算更新设备比继续使用旧设备增加的投资额；

(2)计算运营期因更新设备而每年增加的折旧；

(3)计算因旧设备提前报废发生的处理固定资产净损失；

(4)计算运营期第 1 年因旧设备提前报废发生净损失而抵减的所得税额；

(5)计算建设期起点的差量净现金流量 $\Delta NCF0$；

(6)计算运营期第 1 年的差量净现金流量 $\Delta NCF1$；

(7)计算运营期第 2～4 年每年的差量净现金流量 $\Delta NCF2\sim4$；

(8)计算运营期第 5 年的差量净现金流量 $\Delta NCF5$。

第6章　筹资管理

学习目标

主要介绍资金需要量预测和企业的各种筹资方式。重点掌握资金需要量预测、资金成本计算，包括各种筹资方式优缺点比较、实际利率计算、放弃现金折扣成本的计算等。

关键词

资金需要量预测　资金成本　权益筹资　负债筹资

6.1　理论背景

6.1.1　企业筹资概述

6.1.1.1　企业筹资的含义与分类

企业筹资是指企业根据其生产经营、对外投资以及调整资本结构等需要，通过一定的渠道，采取适当的方式，获取所需资金的一种行为。

企业筹集的资金可按不同的标准进行分类：

按照资金的来源渠道不同，可将企业筹资分为权益性筹资和负债性筹资。

权益性筹资或称为自有资金筹资，是指企业通过发行股票、吸收直接投资、内部积累等方式筹集资金。

企业采用吸收自有资金的方式筹集资金，一般不用还本，财务风险小，但付出的资金成本相对较高。

负债性筹资或称借入资金筹资，是指企业通过发行债券、向银行借款、融资租赁等方式筹集资金。

企业采用借入资金的方式筹集资金，到期要归还本金和支付利息，一般承担较大风险，但相对而言，付出的资金成本较低。

按照所筹资金使用期限的长短，可将企业筹资分为短期资金筹集与长期资金筹集。

短期资金是指使用期限在一年以内或超过一年的一个营业周期以内的资金。短期资金通常采用商业信用、短期银行借款、短期融资券、应收账款转让等方式来筹集。

长期资金是指使用期限在一年以上或超过一年的一个营业周期以上的资金。长期资金通常采用吸收直接投资、发行股票、发行债券、长期借款、融资租赁和利用留存收益等方式来筹集。

6.1.1.2 筹资渠道与方式

筹资渠道是指筹措资金来源的方向与通道，体现资金的来源与流量。目前我国企业筹资渠道主要包括：银行信贷资金、其他金融机构资金、其他企业资金、居民个人资金、国家资金和企业自留资金。

筹资方式是指企业筹集资金所采用的具体形式。目前我国企业的筹资方式主要有吸收直接投资、发行股票、利用留存收益、向银行借款、利用商业信用、发行公司债券和融资租赁。

筹资渠道与筹资方式的对应关系：筹资渠道解决的是资金来源问题，筹资方式则解决通过何种方式取得资金的问题，它们之间存在一定的对应关系。一定的筹资方式可能只适用于某一特定的筹资渠道（如向银行借款），但是同一渠道的资金往往可采用不同的方式取得，同一筹资方式又往往适用于不同的筹资渠道。因此，企业在筹资时，应实现两者的合理配合。

6.1.1.3 资金需要量预测

企业资金需要量的预测可以采用定性预测法、比率预测法和资金习性预测法。

(1)定性预测法

定性预测法,是指利用直观的资料,依靠个人的经验和主观分析、判断能力,对未来资金需要量做出预测的方法。

(2)比率预测法

比率预测法,是依据有关财务比率与资金需要量之间的关系预测资金需要量的方法。能用于资金预测的比率可能会很多,如存货周转率、应收账款周转率等。常用的比率预测法是销售额比率法,它是指以资金与销售额的比率为基础,预测未来资金需要量的方法。

①预测原理

运用销售额比率法预测资金需要量时,是以下列假设为前提的:(1)企业的部分资产和负债与销售额同比例变化;(2)企业各项资产、负债与所有者权益结构已达到最优。

重点关注第一个假设。

随销售额同比例变化的资产称为变动资产;随销售额同比例变化的负债称为变动负债。

对外筹资需要量=资产增量-负债增量-留存收益增量。

对外筹资需求量$=A/S_1\times\Delta S-B/S_1\times\Delta S-S_2\times P\times E+$非变动资产增加额

式中,A 为随销售变化的资产(变动资产);B 为随销售变化的负债(变动负债);S_1 为基期销售额;S_2 为预测期销售额;ΔS 为销售的变动额;P 为销售净利率;E 为留存收益比率;$\frac{A}{S_1}$为变动资产占基期销售额的百分比;$\frac{B}{S_1}$为变动负债占基期销售额的百分比。

【注意】上述原理既可以计算全部的对外筹资需要量,也可以计算营运资金需要量(增加的流动资产-增加的流动负债)。

关于资产类项目,尤其是非流动资产类项目,其与销售额的比率可能比较复杂,有时题目中会直接给出其需要增加的金额,在这种情况下,预测资产增加时需要将其加上。

②基本步骤

a. 确定随销售额变动而变动的资产和负债项目

注:变动性项目与非变动性项目,在试题中,一般是作为已知条件给出的。

b. 计算变动性项目的销售百分比=基期变动性资产或(负债)/基期销售收入

c. 确定需要增加的资金数额

需要增加的资金数额=增加的资产-增加的负债

增加的资产=增量收入×基期变动资产占基期销售额的百分比+非变动资产项目增加额

增加的负债=增量收入×基期变动负债占基期销售额的百分比

d. 根据有关财务指标的约束确定对外筹资数额

增加的留存收益=预计销售收入×销售净利率×收益留存率

外部筹资需要量=增加的资产-增加的负债-增加的留存收益

【例 6-1】 某公司 2008 年 12 月 31 日的资产负债表以及有关项目与销售额之间的变动关系如表 6-1 所示。

表 6-1　　资产负债表(简表)2008 年 12 月 31 日　　单位:万元

资产	期末数	负债及所有者权益	期末数
现金	5 000	应付费用	10 000
应收账款	15 000	应付账款	5 000
存货	30 000	短期借款	25 000
固定资产	30 000	公司债券	10 000
		实收资本	20 000
		留存收益	10 000
资产总计	80 000	负债及所有者权益总计	80 000

假定该公司 2008 年的销售收入为 100 000 万元,销售净利率为 10%,股利支付率为 60%,公司现有生产能力尚未饱和,增加销售无须追加固定资产投资。经预测,2009 年公司销售收入将提高到 120 000 万元,企业销售净利率和利润分配政策不变。

经过分析，该企业流动资产各项目随销售额的变动而变动，流动负债中应付费用和应付账款随销售额的变动而变动。

要求：

(1)计算变动资产和变动负债占基期销售额的比率(见表6—2)。

表6—2　　销售额比率

资　产	占销售收入(%)	负债与所有者权益	占销售收入(%)
现金	5	应付费用	10
应收账款	15	应付账款	5
存货	30	短期借款	不变动
固定资产	不变动	公司债券	不变动
		实收资本	不变动
		留存收益	不变动
合计	50	合计	15

(2)确定需要增加的资金数额

从表6—2中可以看出，销售收入每增加100元，必须增加50元的资金占用，但同时增加15元的资金来源。从50%的资金需求中减去15%自动产生的资金来源，还剩下35%的资金需求。销售收入从100 000万元增加到120 000万元，增加了20 000万元，按照35%的比率可预测将增加7 000万元的资金需求。

资金总需求＝20 000×(50%－15%)＝7 000(万元)

(3)根据有关财务指标的约束条件，确定对外筹资数额

上述7 000万元的资金需求有些可通过企业内部来筹集。依题意：该公司2009年净利润为12 000万元(120 000×10%)，公司股利支付率60%，则将有40%的利润即4 800万元被留存下来(即留存收益率为40%)，从7 000万元中减去4 800万元的留存收益，则还有2 200万元的资金必须向外界来融通。

根据上述资料，可求得2009年该公司对外筹资数额为：

50%×20 000－15%×20 000－10%×40%×120 000＝2 200(万元)

资金需要量的预测也可以通过Excel来实现，具体的结构如图6—1所示。

F22　　f_x =(B20-E20)*(I6-I3)-I6*I7*(1-I8)+I9

	A	B	C	D	E	F	G	H	I
1	已知条件（金额单位：万元）								
2	2008年末简要的资产负债表及各项目的敏感性						其它有关数据		
3	资产项目	金额	是否敏感项目	负债和所有者权益项目	金额	是否敏感项目	2008年销售收入		1000
4	货币资金	150	是	短期借款	180	是	2008年销售净利率		10%
5	应收账款	200	是	应付账款	260	是	2008年股利支付率		60%
6	存货	580	是	应交税金	90	是	2009年预计销售收入		1500
7	长期投资	400	否	长期负债	600	否	2009年预计销售净利率		10%
8	固定资产净值	1500	否	普通股本	1000	否	2009年预计股利支付率		60%
9	无形资产	100	否	留存收益	800	特殊	2009年其他资金需求		70
10	资产合计	2930		负债及所有者权益合计	2930		追加资金筹集的方式		长期负债
11									
12	**2009年外部追加资金需要量的预测及预计的资产负债表（金额单位：万元）**								
13	资产项目	占基期销售收入百分比	2009年预计	负债和所有者权益项目	占基期销售收入百分比	2009年追加筹资前预计数		2009年追加筹资后预计数	
14	货币资金	15.00%	295	短期借款	18.00%	270		270	
15	应收账款	20.00%	300	应付账款	26.00%	390		390	
16	存货	58.00%	870	应交税金	9.00%	135		135	
17	长期投资	不适用	400	长期负债	不适用	600		810	
18	固定资产净值	不适用	1500	普通股本	不适用	1000		1000	
19	无形资产	不适用	100	留存收益	不适用	860		860	
20	合计	93.00%	3465	合计	53.00%	3255		3465	
21	按预计资产负债表计算的2009年资金缺口或外部追加资金需要量					210			
22	直接按公式计算的2009年外部追加资金需要量					210			

图 6—1　资金预测销售比率法的 Excel 图

(4)资金习性预测法

资金习性预测法是指根据资金习性预测未来资金需要量的方法。

①资金习性的概念以及资金的分类

这里所说的资金习性，是指资金的变动与产销量变动之间的依存关系。按照资金习性可将资金分为不变资金、变动资金和半变动资金。

表 6—3　　资金习性的分类

	特　征	形　态
不变资金	在一定的产销量范围内，不受产销量变动的影响而保持固定不变的那部分资金	(1)为维持营业而占用的最低数额的现金；(2)原材料的保险储备；(3)必要的成品储备；(4)固定资产占用的资金
变动资金	随产销量的变动而成同比例变动的那部分资金	(1)直接构成产品实体的原材料、外购件等占用的资金；(2)在最低储备以外的现金、存货、应收账款

续表

	特　征	形　态
半变动资金	受产销量变动的影响，但不成同比例变动的资金。	

不变资金：如果用 y 表示资金占用，a 表示不变资金，则不变资金可用 $y=a$ 表示。

变动资金：注意变动资金总额是随着产销量的变动同比例变动的，那么，单位变动资金，即单位产销量的变动资金则是固定不变的，如果用 b 表示单位变动资金，x 表示产销量，则：

变动资金可用 $y=bx$ 表示

半变动资金：半变动资金可以采用一定的方法划分为不变资金和变动资金。

总资金习性模型：

$$y=a+bx$$

式中，Y 为资金占用量；a 为不变资金；b 为单位变动资金；x 为产销量。

通过资金习性模型，可以看出只要已知 a、b，根据预测期的产销量 x，即可得出资金占用量。根据确定 a、b 的方法不同，资金习性预测法又分为高低点法和回归直线法。

资金习性模型：$y=a+bx$

$$\begin{cases} a=\dfrac{\sum x_i^2\sum y_i-\sum x_i\sum x_iy_i}{n\sum x_i^2-(\sum x_i)^2} \\ b=\dfrac{n\sum x_iy_i-\sum x_i\sum y_i}{n\sum x_i^2-(\sum x_i)^2} \quad 或\ b=\dfrac{\sum y_i-na}{\sum x_i} \end{cases}$$

运用这种方法预测资金需要量，首先需要列表计算出公式中的几个累加值，然后代入公式计算 a 和 b，最后运用预测模型进行预测。

对于公式，可以用另外一种线性回归法进行掌握，其具体的运算过程见图6－2、图6－3、图6－4。即运用下面的联立方程组进行计算：

$$\begin{cases} \sum y=na+b\sum x \\ \sum xy=a\sum x+b\times\sum x^2 \end{cases}$$

该联立方程组，可以用以下方法很简便地推出：

基本公式：$y=a+bx$

x	y	xy	x^2
10	2	20	100
Σ			

图 6—2　线性回归示意图一

$$xy=ax+bx^2$$

$$x_1y_1=ax_1+bx_1^2$$

$$x_2y_2=ax_2+bx_2^2$$

$$x_ny_n=ax_n+bx_n^2$$

$$y=a+bx$$

$$a=y-bx$$

$$\begin{cases}\sum y=na+b\sum x-① \\ \sum xy=a\sum x+b\sum x^2-②\end{cases}$$

$$\begin{cases}b=\dfrac{n\sum xy-\sum x\sum y}{n\sum x^2-(\sum x)^2} \\ a=\dfrac{\sum y-b\sum x}{n}=\dfrac{\sum y}{n}-b\dfrac{\sum x}{n}\end{cases}$$

图 6—3　线性回归示意图二

将各期数据代入，可得：

$y_1=a+bx_1$

$y_2=a+bx_2$

……

$y_n=a+bx_n$

将以上各式相加，即可得到：

$\sum y=na+b\sum x$ 此即为第一个方程

将基本公式的两边同时乘以 x，得到：

$xy=ax+bx^2$

采用同样的方法，将各期数据代入，并将各式相加，即可得到：

$$\sum xy=a\sum x+b\sum x^2$$

此即为第二个方程。

②资金成本计算的一般方法及其对筹资决策的影响

资金成本是指企业为筹集和使用资金而付出的代价，包括用资费用和筹资费用两部分。

用资费用是指企业在生产经营、投资过程中因使用资金而支付的费用，如股利和利息等，这是资金成本的主要内容。

筹资费用是指企业在筹措资金过程中为获取资金而支付的费用，如借款手续费和证券发行费等，它通常是在筹措资金时一次性支付。

在财务管理中，资金成本一般用相对数表示，资金成本的计算公式为：

$$资金成本=\frac{每年的用资费用}{筹资总额-筹资费用}$$

【注意】

①在资金成本的计算公式中，分子的“每年的用资费用”是指筹资企业每年实际负担的用资费用，而不是每年实际支付的用资费用。对于负债筹资而言，由于债务利息是在税前列支，因此，具有抵税效应。实际承担的用资费用＝支付的用资费用×(1－所得税率)。对于权益筹资而言，由于股利等是在税后列支，不具有抵税效应，所以，实际承担的用资费用与实际支付的用资费用相等。

②在资金成本的计算公式中，分母的为筹资企业实际取得的可供投资使用的资金，是筹资净额，而非筹资总额。筹资费用一般使用其占筹资总额的比例——筹资费率表示，所以，分母也可表示为：筹资总额×(1－筹资费率)。

③资金成本是企业选择资金来源、拟订筹资方案的依据。资金成本对企业筹资决策的影响表现为：它是影响企业筹资总额的重要因素；它是企业选择资金来源的基本依据；它是企业选用筹资方式的参考标准；它是确定最优资本结构的主要参数。

④资金成本并不是企业筹资决策中所要考虑的唯一因素，企业还要考虑到财务风险、资金期限、偿还方式、限制条件等。但资金成本作为一项重要的因素，直接关系到企业的经济效益，是筹资决策时需要考虑的一个首要问题。

6.1.2 权益性筹资

三种权益资金的筹集方式：吸收直接投资、发行普通股和留存收益筹资。

本章重点之一是掌握各种筹资方式的优缺点。

关于各种筹资方式的优缺点是历年客观题的命题点，但由于涉及的筹资方式较多，因此掌握起来并不是很容易。为了便于掌握，我们提出如下方法：首先对于权益筹资和负债筹资的主要方式的优缺点进行总体比较，然后，再找出每一种筹资方式的独特优缺点。

【预备知识】

权益性筹资的共性优点和缺点：

吸收直接投资、发行普通股与债务筹资相比，具有如下优点：

(1)增强企业信誉和借款能力

通过吸收直接投资和发行普通股筹集的是自有资金，有了较多的自有资金，就可为债权人提供较大的保障，因而可以提高公司的信用价值，同时也为使用更多的债务资金提供了强有力的支持。

(2)财务风险小

与债务资金相比，权益资金不存在还本付息的压力，经营状况好，可以多支付股利，经营状况不好，可以少支付股利，甚至不支付股利，因此，财务风险小。

(3)限制条件少

利用债务筹资，通常有许多限制，这些限制往往会影响公司经营的灵活性，而利用吸收直接投资和普通股筹资则没有这种限制。

吸收直接投资、发行普通股与债务筹资相比，其缺点是：

(1)资金成本高

债务资金的使用费是税前开支，能够抵减企业应交的所得税，从而使得实际承担的数额低于开支的数额；而权益资金的使用费要从税后开支，支出的数额等于实际承担的数额，因此，一般而言，权益筹资的资金成本高。

(2)容易分散控制权

吸收直接投资和发行普通股，由于引进了新的股东，所以，就容易导致企业控制权的分散。

6.1.2.1 吸收直接投资

(1)吸收直接投资中的出资方式

企业在采用吸收直接投资方式筹集资金时，投资者可以以现金、实物、工业产权和土地使用权等出资。

(2)吸收直接投资的成本(注意判断题)

吸收直接投资的成本,是企业因吸收直接投资而支付给直接投资者的代价。吸收直接投资的成本除不需考虑筹资费用外,其计算方法与普通股筹资基本相同(见表6—4)。

表6—4　　吸收直接投资的优点和缺点

优　点	缺　点
①增强企业信誉和借款能力	①资金成本较高
②能尽快形成生产能力	②容易分散企业控制权
③有利于降低财务风险	

【注意】吸收直接投资的突出特点是:能尽快形成生产能力。原因在于其出资方式有实物出资和工业产权出资,这样,就可以使企业直接获得投资者的先进设备和先进技术,有利于尽快形成生产能力。

6.1.2.2　发行普通股票

(1)股票的分类:

按股东权利和义务的不同,可将股票分为普通股票和优先股票;

按股票票面是否记名,可将股票分为记名股票和无记名股票;

【注意】公司向发起人、国家授权投资的机构和法人发行的股票,应当为记名股票。向社会公众发行的股票,可以为记名股票,也可以为无记名股票。

按发行对象和上市地区,可将股票分为A股、B股、H股和N股等。

普通股股东的权利:普通股股东一般具有以下权利:(1)公司管理权;(2)分享盈余权;(3)出让股份权;(4)优先认股权;(5)剩余财产要求权。

【注意】优先认股权不是优先股的权利;剩余财产要求权,在公司破产清算时,是位于债权人、优先股股东之后的。

(2)股票发行

我国股份公司发行股票必须符合《证券法》和《上市公司证券发行管理办法》规定的发行条件。股票的发行方式有公募发行和私募发行,公募发行有自销方式和承销方式,承销方式具体分为包销和代销。

股票上市是指股份有限公司公开发行的股票经批准在证券交易所挂牌交易。

股票上市的有利影响主要有：①有助于改善财务状况；②利用股票收购其他公司；③利用股票市场客观评价企业；④利用股票可激励职员；⑤提高公司知名度，吸引更多顾客。

股票上市的不利影响主要有：①使公司失去隐私权；②限制经理人员操作的自由度；③公开上市需要很高的费用。

(3)普通股筹资的成本

普通股筹资的成本就是普通股投资的必要收益率，其计算方法有三种：股利折现模型、资本资产定价模型和无风险利率加风险溢价法。

①股利折现模型

基本原理：现金流入现值与现金流出现值相等时的折现率，即为普通股成本。

【股利固定】

$$普通股筹资成本=\frac{每年固定股利}{普通股筹资金额\times(1-普通股筹资费率)}\times100\%$$

【股利固定增长】

$$普通股筹资成本=\frac{第一年预期股利}{普通股筹资金额\times(1-普通股筹资费率)}\times100\%+股利固定增长率$$

②资本资产定价模型

资本资产定价模型给出了普通股筹资成本 K_c 与它的系统风险 β 值之间的关系：

$$K_c=R_f+\beta(R_m-R_f)$$

式中：K_c 为普通股筹资成本；R_f 为无风险报酬率；R_m 为市场报酬率或市场投资组合的期望收益率；β 为某公司股票收益率相对于市场投资组合期望收益率的变动幅度。

【注意】站在投资者角度的要求的收益率，就是站在筹资者角度的成本。

③无风险利率加风险溢价法

一般情况来看，通过一段时间的统计数据，可以测算出某公司股票期望收益率超出无风险利率的大小，即风险溢价，无风险利率一般用同期国债收益率表示，用无风险利率加风险溢价法计算普通股筹资成本的公式为：

$$K_c = R_f + R_p$$

式中，R_p 为风险溢价。

(4)普通股筹资的优点和缺点

普通股筹资的优点主要表现在：①没有固定利息负担；②没有固定到期日，不用偿还；③筹资风险小；④能增加公司的信誉；⑤筹资限制较少。

普通股筹资的缺点主要有：

①资金成本较高；

②容易分散控制权。

6.1.2.3　留存收益筹资

(1)留存收益筹资的渠道

留存收益来源渠道有盈余公积和未分配利润。

(2)留存收益筹资的成本

留存收益是企业资金的一项重要来源，它实际上是股东对企业进行追加投资，股东对这部分投资与以前缴给企业的股本一样，也要求有一定的报酬。留存收益筹资的成本计算与普通股基本相同，但不用考虑筹资费用。

①在普通股股利固定的情况下，留存收益筹资成本的计算公式为：

$$\text{留存收益筹资成本} = \frac{\text{每年固定股利}}{\text{普通股筹资金额}} \times 100\%$$

②在普通股股利逐年固定增长的情况下，留存收益筹资成本的计算公式为：

$$\text{留存收益筹资成} = \frac{\text{第一年预期股利}}{\text{普通股筹资金额}} \times 100\% + \text{股利年增长率}$$

(3)留存收益筹资的优点和缺点

留存收益筹资的优点主要有：①资金成本较普通股低；②保持普通股股东的控制权；③增强公司的信誉。

留存收益筹资的缺点主要有：①筹资数额有限制；②资金使用受制约。

6.1.3 长期负债筹资

负债资金的筹集方式有三种:长期借款、发行债券、融资租赁。首先应该从整体上掌握负债筹资与吸收直接投资、发行普通股筹资相比的优缺点。

【预备知识】

一般来说,长期借款、发行债券与吸收直接投资、发行普通股相比,具有如下优点:①资金成本低;②不会失去控制权;③有财务杠杆效应。

缺点:①财务风险大;②限制条件多;③筹资数量有限。

6.1.3.1 长期借款

(1)长期借款筹资的成本

长期借款筹资成本的计算公式为:

$$\text{长期借款筹资成本}=\frac{\text{年利息}\times(1-\text{所得税率})}{\text{长期借款筹资总额}\times(1-\text{长期借款筹资费率})}\times 100\%$$

【注意】如果银行借款的手续费率很低,可以忽略不计,则银行借款筹资成本的计算公式可以简化为:长期借款筹资成本=借款利率×(1-所得税率)

(2)长期借款筹资的优缺点

长期借款筹资的优点主要有:①筹资速度快;②借款弹性较大;③借款成本较低;④可以发挥财务杠杆的作用。

长期借款筹资的缺点主要有:①筹资风险较高;②限制性条款比较多;③筹资数量有限。

6.1.3.2 发行债券

(1)债券的种类

按债券是否记名,可将债券分为记名债券和无记名债券;按债券能否转换为公司股票,可将债券分为可转换债券和不可转换债券;按有无特定的财产担保,可将债券分为信用债券和抵押债券。

(2)债券的偿还

债券偿还按其实际发生时间与规定的到期日之间的关系,分为到期偿还、提前偿还与滞后偿还三类。

①到期偿还

到期偿还是指债券到期时履行债券所载明的义务，又包括分批偿还和一次偿还两种。

【注意】到期偿还不一定是到期一次偿还。关键在于“到期偿还”的“期”是一个日期还是多个日期。

②提前偿还

含义：提前偿还又称提前赎回或收回，是指在债券尚未到期之前就予以偿还。只有在企业发行债券的契约中明确规定了有关允许提前偿还的条款，企业才可以进行此项操作。

特点：提前偿还所支付的价格通常要高于债券的面值，并随着到期日的临近而逐渐下降。

适用情况：当企业资金有结余时，可提前赎回；当预测利率下降时，也可提前赎回，而后以较低的利率发行新债券。

③滞后偿还

债券在到期日之后偿还称为滞后偿还。滞后偿还有转期和转换两种形式。

①转期：是指将较早到期的债券换成到期日较晚的债券，实际上是将债务的期限延长。常用的办法有两种：直接以新债券兑换旧债券；用发行新债券得到的资金来赎回旧债券。

②转换：通常指股份有限公司发行的债券可以按一定的条件转换成本公司的股票。

(3)债券筹资的成本

债券筹资成本中的利息在税前支付，具有减税效应。债券的筹资费用主要包括申请发行债券的手续费、债券注册费、印刷费、上市费以及推销费用等。债券筹资成本的计算公式为：

$$\text{债券筹资成本}=\frac{\text{年利息}\times(1-\text{所得税税率})}{\text{债券筹资金额}\times(1-\text{债券筹资费率})}\times100\%$$

【注意】债券发行有平价发行、折价发行和溢价发行三种方式，在计算时要注意使用发行价格计算筹资额，按照面值计算利息。

在按面值发行债券的情况下，如果债券成本计算不考虑筹资费用，则有如下简化公式：

债券筹资成本＝利率×(1－所得税率)

【例 6－2】　某企业等价发行面值 1 000 元、期限 5 年、票面利率 8%的债券 4 000 张,每年结息一次。发行费率为 5%,所得税税率为 33%。则该批债券筹资成本为:

$$债券筹资成本=\frac{1\,000\times 8\%\times(1-33\%)}{1\,000\times(1-5\%)}\times 100\%=5.64\%$$

如果债券溢价 100 元发行,则债券筹资成本为:

$$债券筹资成本=\frac{1\,000\times 8\%\times(1-33\%)}{1\,100\times(1-5\%)}\times 100\%=5.13\%$$

如果债券折价 50 元发行,则债券筹资成本为

$$债券筹资成本=\frac{1\,000\times 8\%\times(1-33\%)}{950\times(1-5\%)}\times 100\%=5.94\%$$

【注意】由于债券在三种发行方式下,成本计算的分子相同,分母的差异表现在筹资金额,因此,折价发行债券的成本最高,平价次之,溢价最低。

【注意】发行价格的影响因素有四个:面值、票面利率、期限和市场利率;其中面值和票面利率对发行价格在分子,影响是正向的,即两者增加。发行价格是上升的期限和市场利率是反向的,即两者增加,发行价格是降低的。前二者是正向变动,后二者是反向变动。其中的折现率用市场利率是将其视为投资者要求的最低报酬率。

发行价格主要取决于票面利率与市场利率的一致程度。

市场利率视为投资者要求的最低报酬率,即令付出的投资,恰好等于未来收到的现金流的折现值的报酬率。

对于发行者(筹资方)来说,最低报酬率可以作为其投资项目的基准折现率;

对于购买方(投资者)来说,投资购买债券至少不能损失,能弥补系统风险才可以,是要求的最低报酬率。

①等价发行。票面利率与市场利率一致时,发行价格即筹资额,等于未来须支付的现金流的现值,未来按照票面利率支付利息及面值支付到期值,所以未来现金流按照票面利率折现的值就应该与筹资额相等,即平价发行;

②溢价发行。市场利率小于票面利率时,因为等于票面利率时,是按照面

值发行的，而市场利率与发行价格呈反比，所以市场利率下降时，应该高于面值发行，即溢价。

③折价发行。市场利率大于票面利率时，因为等于票面利率时，是按照面值发行的，而市场利率与发行价格呈反比，所以市场利率上升时，应该低于面值发行，即折价。

(4)债券筹资的优点和缺点

债券筹资的优点主要有：①资金成本较低；②保证控制权；③可以发挥财务杠杆作用。

债券筹资的缺点主要有：①筹资风险高；②限制条件多；③筹资额有限。

【注意】优缺点与不同的对象比较是不同的。比如，与普通股相比，债券筹资成本低，但如果与借款相比，债券成本高。

6.1.3.3　融资租赁

(1)融资租赁的形式

融资租赁包括售后租回、直接租赁和杠杆租赁三种形式。

①售后租回。售后租回，即根据协议，企业将某资产卖给出租人，再将其租回使用。

②直接租赁。直接租赁，即承租人直接向出租人租入所需要的资产，并付出租金。

③杠杆租赁。杠杆租赁要涉及承租人、出租人和资金出借者三方当事人。从承租人的角度来看，这种租赁与其他租赁形式并无区别，同样是按合同的规定，在基本租赁期内定期支付定额租金，取得资产的使用权。但对出租人却不同，出租人只出购买资产所需的部分资金作为自己的投资；另外以该资产作为担保向资金出借者借入其余资金。因此，它既是出租人又是贷款人，同时拥有对资产的所有权，既收取租金又要偿付债务。如果出租人不能按期偿还借款，资产的所有权就要转归资金的出借者。

(2)融资租赁与经营租赁的区别(见表6—5)。

表 6－5　　融资租赁与经营租赁的区别

项　目	融资租赁	经营租赁
租赁程序	由承租人向出租人提出正式申请，由出租人融通资金引进承租人所需设备，然后再租给承租人使用	承租人可随时向出租人提出租赁资产要求
租赁期限	租期一般为租赁资产寿命的一半以上	租赁期短，不涉及长期而固定的义务
合同约束	租赁合同稳定。在租期内，承租人必须连续支付租金，非经双方同意，中途不得退租	租赁合同灵活，在合理限制条件范围内，可以解除租赁契约
租赁期满的资产处置	租赁期满后，租赁资产的处置有三种方法可供选择：将设备作价转让给承租人；由出租人收回；延长租期续租	租赁期满后，租赁资产一般要归还给出租人
租赁资产的维修保养	租赁期内，出租人一般不提供维修和保养设备方面的服务	租赁期内，出租人提供设备保养、维修、保险等服务

(3)融资租赁的租金的计算

①融资租赁租金的构成

融资租赁租金包括设备价款和租息两部分，租息又可分为租赁公司的融资成本、租赁手续费等见图 6－4。

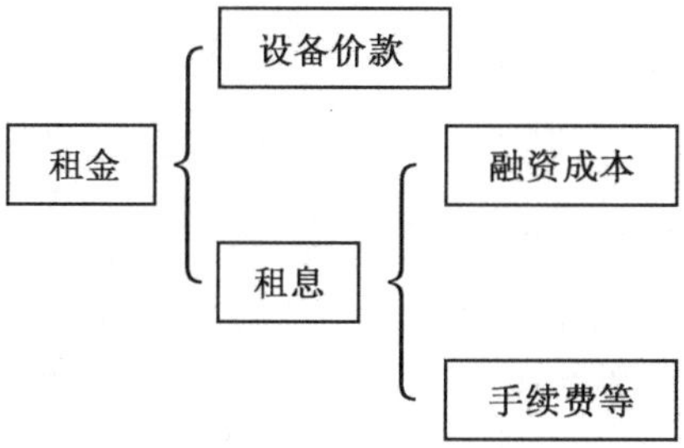

图 6－4　融资租赁租金的构成

②融资租赁租金的支付形式

租金通常采用分次支付的方式，具体类型有：

按支付间隔期的长短，可以分为年付、半年付、季付和月付等方式。

按支付时期先后，可以分为先付租金和后付租金两种。

按每期支付金额，可以分为等额支付和不等额支付两种。

③融资租赁租金的计算方法

后付租金的计算。根据普通年金的现值计算公式，可得出后付租金方式下每年年末支付租金数额的计算公式：

$$P=A\times(P/A,i,n)$$

$$A=P/(P/A,i,n)$$

【注意】公式中的 P 是指租金构成中的设备价款，至于融资成本和手续费，是通过折现率来实现的。

先付租金的计算。根据即付年金的现值公式，可得出先付等额租金的计算公式：

第一种方法：$A=P/[(P/A,i,n-1)+1]$

第二种方法：$P=A\times(P/A,i,n)\times(1+i)$

$A=P/[(P/A,i,n)\times(1+i)]$

【例 6—3】 某企业采用融资租赁方式于 2007 年 1 月 1 日从某租赁公司租入一台设备，设备价款为 40 000 元，租期为 8 年，到期后，设备归企业所有。为了保证租赁公司完全弥补融资成本、相关的手续费并有一定的盈利，双方商定采用 18%的折现率，试计算该企业每年年末应支付的等额租金。

$A=40\ 000/(P/A,18\%,8)=9\ 809.69$（元）

假如上例采用先付等额租金方式，则每年年初应支付的租金为多少？

$40\ 000=A\times(P/A,18\%,8)\times(1+18\%)$

$A=8\ 313.42$（元）

(4)融资租赁筹资的优点缺点

融资租赁筹资的优点主要有：①筹资速度快；②限制条款少；③设备淘汰风险小；④财务风险小；⑤税收负担轻。

融资租赁筹资的主要缺点就是资金成本较高。一般来说，其租金要比举借银行借款或发行债券所负担的利息高得多。

6.1.4 混合筹资

混合性资金，是指既具有股权性资金的某些特征又具有债权性资金的某些特征的资金形式。企业常见的混合性资金包括可转换债券和认股权证。

6.1.4.1 发行可转换债券

可转换债券的性质:可转换债券的持有人在一定时期内,可以按规定的价格或一定比例,自由地选择转换为普通股。发行可转换债券筹得的资金具有债权性资金和权益性资金的双重性质。

可转换债券筹资的优点和缺点:可转换债券筹资的优点主要有:①可节约利息支出;②有利于稳定股票市价;③增强筹资灵活性。可转换债券筹资的缺点主要有:①增强了对管理层的压力;②存在回购风险;③股价大幅度上扬时,存在减少筹资数量的风险。

6.1.4.2 发行认股权证

(1)发行认股权证筹资的特征

用认股权证购买发行公司的股票,其价格一般低于市场价格,因此股份公司发行认股权证可增加其所发行股票对投资者的吸引力。发行依附于公司债券、优先股或短期票据的认股权证,可起到明显的促销作用。

(2)认股权证的种类

按允许购买的期限长短分类,可将认股权证分为长期认股权证与短期认股权证。短期认股权证的认股期限一般在90天以内;长期认股权证认股期限通常在90天以上。按认股权证的发行方式分类,可将认股权证分为单独发行认股权证与附带发行认股权证。依附于债券、优先股、普通股或短期票据发行的认股权证,为附带发行认股权证。单独发行认股权证是指不依附于公司债券、优先股、普通股或短期票据而单独发行的认股权证。认股权证的发行,最常用的方式是认股权证在发行债券或优先股之后发行。这是将认股权证随同债券或优先股一同寄给认购者。在无纸化交易制度下,认股权证将随同债券或优先股一并由中央登记结算公司划入投资者账户。

按认股权证认购数量的约定方式,可将认股权证分为备兑认股权证与配股权证。备兑认股权证是每份备兑证按一定比例含有几家公司的若干股股票。配股权证是确认老股东配股权的证书,它按照股东持股比例定向派发,赋予其以优惠价格认购公司一定份数的新股。

(3)认股权证筹资的优点和缺点

认股权证筹资的优点主要有：①为公司筹集额外的资金；②促进其他筹资方式的运用。

认股权证筹资的缺点主要有：①稀释普通股收益；②容易分散企业的控制权。

6.2 Excel 运用

6.2.1 资金需要量预测的 Excel 模型

6.2.1.1 回归分析法

高德公司 2002～2006 年的产销量和资金需要量如表 6—6 所示。

表 6—6　　高德 2002～2006 年公司产销量与资金需要量

A/1	B	C	D
2	年份	产销量(X)(万吨)	资金需要量(Y)(万元)
3	2002	6.00	500.00
4	2003	5.50	475.00
5	2004	5.00	450.00
6	2005	6.50	520.00
7	2006	7.00	550.00

若 2007 年的预计产销量为 7.8 万吨，要求：根据 Excel 电子表格，利用回归分析法，预测 2007 年资金需要量，并完成表 6—7。

表 6—7　　高德 2007 年资金需要量计算

A/8	B	C
9	项目	计算结果
10	a	
11	b	
12		

续表

A/8	B	C
13	预计销售量(万吨)	
14	预计资金需要量(万元)	

具体步骤如表 6—8 所示。

表 6—8　　高德 2007 年资金需要量计算

A/8	B	C
9	项目	计算结果
10	a	205.00
11	b	49.00
12	r^2	0.997 1
13	预计销售量(万吨)	7.8
14	预计资金需要量(万元)	587.20
	注:C10=intercept(D3:D7,C3:C7)	
	C11=slope(D3:D7,C3:C7)	
	C12=index(linest(D3:D7,C3:C7,,true),3,1)	
	C13 为已知量	
	C14=C10+C11 * C13	

6.2.1.2　销售额比率法

运用销售额比率法预测资金需要量时，是以下列假设为前提的：①企业的部分资产和负债与销售额同比例变化；②企业各项资产、负债与所有者权益结构已达到最优。

重点关注第一个假设：

随销售额同比例变化的资产称为变动资产；随销售额同比例变化的负债称为变动负债。

对外筹资需要量=资产增量−负债增量−留存收益增量。

对外筹资需求量$=A/S_1\times\Delta S-B/S_1\times\Delta S-S_2\times P\times E+$非变动资产增

加额

式中：A 为随销售变化的资产（变动资产）；B 为随销售变化的负债（变动负债）；S_1 为基期销售额；S_2 为预测期销售额；ΔS 为销售的变动额；P 为销售净利率；E 为留存收益比率；$\frac{A}{S_1}$ 为变动资产占基期销售额的百分比；$\frac{B}{S_1}$ 为变动负债占基期销售额的百分比。

综合公式见图 6—5 中 F22 的输入，其结果如图 6—5 所示。

F22 fx =(B20-E20)*(I6-I3)-I6*I7*(1-I8)+I9

	A	B	C	D	E	F	G	H	I
1	已知条件（金额单位：万元）								
2	2008年末简要的资产负债表及各项目的敏感性						其它有关数据		
3	资产项目	金额	是否敏感项目	负债和所有者权益项目	金额	是否敏感项目	2008年销售收入		1000
4	货币资金	150	是	短期借款	180	是	2008年销售净利率		10%
5	应收账款	200	是	应付账款	260	是	2008年股利支付率		60%
6	存货	580	是	应交税金	90	是	2009年预计销售收入		1500
7	长期投资	400	否	长期负债	600	否	2009年预计销售净利率		10%
8	固定资产净值	1500	否	普通股本	1000	否	2009年预计股利支付率		60%
9	无形资产	100	否	留存收益	800	特殊	2009年其他资金需求		70
10	资产合计	2930		负债及所有者权益合计	2930		追加资金筹集的方式		长期负债
11									
12	2009年外部追加资金需要量的预测及预计的资产负债表（金额单位：万元）								
13	资产项目	占基期销售收入百分比	2009年预计	负债和所有者权益项目	占基期销售收入百分比	2009年追加筹资前预计数		2009年追加筹资后预计数	
14	货币资金	15.00%	295	短期借款	18.00%	270		270	
15	应收账款	20.00%	300	应付账款	26.00%	390		390	
16	存货	58.00%	870	应交税金	9.00%	135		135	
17	长期投资	不适用	400	长期负债	不适用	600		810	
18	固定资产净值	不适用	1500	普通股本	不适用	1000		1000	
19	无形资产	不适用	100	留存收益	不适用	860		860	
20	合计	93.00%	3465	合计	53.00%	3255		3465	
21	按预计资产负债表计算的2009年资金缺口或外部追加资金需要量					210			
22	直接按公式计算的2009年外部追加资金需要量					210			

图 6—5　销售额比率预测法的效果图

6.2.2　债券筹资成本计算

（1）在债券一年付息一次的情况下，其发行价格为 1 053.46 元，债券筹资的资本成本为 5.19%；

（2）而在债券半年付息一次的情况下，其发行价格为 1 054.17 元，债券筹资按半年计算的资本成本为 2.59%，年资本成本为 5.25%。

表 6－9 是 ABC 公司发行公司债券的相关数据及计算表。

表 6－9　　ABC 公司发行公司债券的相关数据及计算表

	A	B	C
1	分析数据：		
2	债券面值	1 000	
3	息票率	8%	
4	市场利率	6%	
5	计息次数/年	1	
6	债券期限(年)	3	
7	复利次数	3	B7＝B5 * B6
8	息票率/计息次数	8%	B8＝B3/B5
9	市场利率/计息次数	10%	B9＝B4/B5
10	每期利息(元)	80	B10＝B2 * B8
11	发行费率	3%	
12	所得税税率	25%	
13	计算结果：		
14	债券发行价格(元)	1 053.46	B14＝PV(B9,B7,－B10,－B2)
15	债券资本成本(年)	5.19%	B15＝RATE(B7,－B10 * (1－B12),B14 * (1－B11),－B2)
16	分析数据：		
17	债券面值	1 000	
18	息票率	8%	
19	市场利率	6%	
20	计息次数/年	2	
21	债券期限(年)	3	
22	复利次数	6	B22＝B20 * B21
23	息票率/计息次数	4%	B23＝B18/B20
24	市场利率/计息次数	10%	B24＝B19/B20
25	每期利息(元)	40	B25＝B17 * B23

续表

	A	B	C
26	发行费率	3%	
27	所得税税率	25%	
28	计算结果:		
29	债券发行价格(元)	1 054.17	B29=PV(B24,B22,-B25,-B17)
30	债券资本成本(半年)	2.59%	B30=RATE(B22,-B25*(1-B27),B29*(1-B26),-B17)
31	债券资本成本(年)	5.25%	B31=(1+B30)^2-1

6.2.3 长期筹资方式决策模型

Excel提供了很多函数和工具,可以利用这些函数和工具建立筹资分析和决策模型,进行定量分析,帮助管理者做出正确的决策。本节通过列举长期借款和融资租赁模型,阐述在Excel中如何应用计算机技术建立筹资分析与决策模型的基本思路和方法。

为了建立筹资决策分析模型,有必要了解筹资模型的构成。筹资分析决策模型主要包括借款分析、租赁分析、双变量分析和借款租赁对比分析等。点击不同的按钮和图形,便可进入相应的分析模型进行定量分析。

①借款分析模型。在借款分析模型中,财务人员可以根据不同的借款金额、借款年限、每年还款期限中任意一个或几个因素的变化,来分析每期偿还金额的变化,从而做出决策分析。

②租赁分析模型。在租赁分析模型中,财务人员可以通过选择承租的设备,根据不同的承租条件计算出每期应付租金,与企业所能承担的租金对比,做出相应的决策。

③双变量分析模型。双变量分析模型是通过分析两个变量不同组合下的长期借款偿还情况,以根据分析的结果做出决策。

④借款租赁对比分析模型。在该模型中,把租赁筹资和借款分析模型放置在两个窗口,并排在屏幕上,财务人员得到租赁和借款筹资的成本对比情况,从而做出是租赁还是借款的决策。

6.2.4　长期借款筹资决策模型设计

长期借款是指企事业单位向银行等金融机构以及向其他单位借入的、期限在 1 年以上的各种借款，主要用于小额的固定资产投资和流动资产的长期占用。取得长期借款是各类企事业单位筹集长期资金必不可少的方式。在进行长期借款之前，财务管理人员除了了解我国长期借款的种类、程序、借款合同等基本内容之外，最重要的问题是对借款中的各因素进行分析，即对借款金额、借款利率、借款期限和归还期限等因素进行分析，根据多种借款分析结果，确定建立长期借款基本模型在了解我国长期借款的种类、程序、借款合同等基本内容之后，财务管理人员应用 Excel 提供的筹资函数和工具，建立长期借款分析模型，对借款金额、借款利率、借款期限和归还期限等因素进行多种测算，在多种方案中选择一种比较合理的借款方案。下面以建立分期偿还借款模型为例进行讨论。

(1)建立分期偿还借款基本模型工作表

创建一个新的工作簿，将其命名为“筹资决策分析模型 . xls”；在工作簿中插入一张工作表，并将该工作表名称命名为“长期借款模型”；在“长期借款模型”工作表上建立的“分期偿还借款基本模型”如图 6—6 所示。

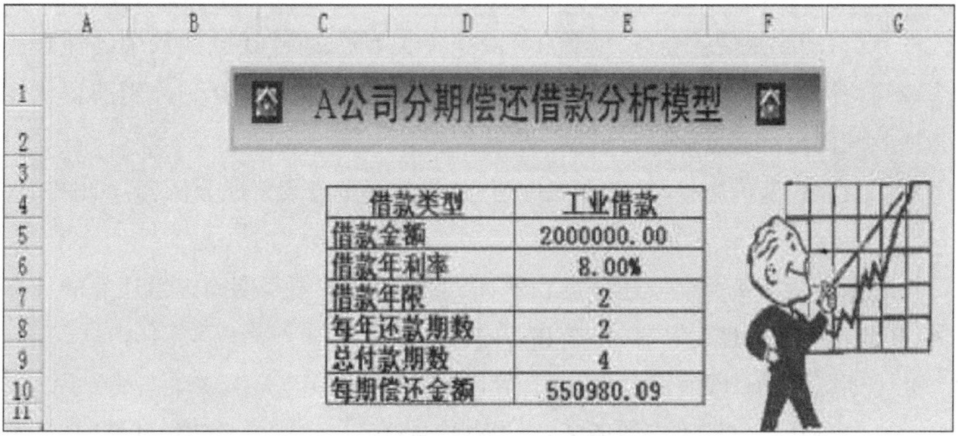

借款类型	工业借款
借款金额	2000000.00
借款年利率	8.00%
借款年限	2
每年还款期数	2
总付款期数	4
每期偿还金额	550980.09

图 6—6　分期偿还借款基本模型

一个比较合理的借款方案，这样才能提出借款申请，签订借款合同。在此主要讨论在计算机环境中建立长期借款分析模型的技术和方法。

(2)定义各因素间的勾稽关系

①总付款期数。总付款期数等于借款年限与每年还款期数的乘积，即：E9单元的公式为：＝借款年限＊每年还款期数＝E7＊E8

②每期偿还金额。在付款分期偿还一个固定金额，财务管理中也称为年金(Annuity)问题。若每期偿还金额在期末发生，则属于普通年金。因此应用Excel提供的PMT函数，可以方便地完成每期偿还金额的计算。每期偿还金额E10单元的公式为：＝PMT(借款年利率/每年还款期数，总付款期数，借款金额)＝PMT(E6/E8，E9，－E5)

其中PMT函数返回值为每期付款额，所以用负数表示；或为使其值为正数，在公式前加入ABS绝对值函数；或在借款金额前加负号，这样E10单元的公式为：

＝ABS(PMT(借款年利率/每年还款期数，总付款期数，借款金额))

＝PMT(E6/E8，E9，－E5)

③分期偿还借款模型的使用。分期偿还借款模型建立之后，每期应偿还金额与借款金额、借款年利率、借款年限、每年还款期数等因素之间建立了动态链接。财务管理人员可以通过直接输入数据的方式改变图6－7中的E5到E8单元的数值，即改变借款金额、借款年利率、借款年限、每年还款期数中的任意一个或几个因素的值，来观察每期应偿还金额变化，由此来选择一种当前企业能力所及的固定偿还金额进行借款。

(3)在“长期借款模型”工作表中建立“贷款筹资分期偿还分析表”，如图6－7所示。

长期借款筹资分期偿还分析表中，最重要的是除了每期固定偿还额的计算外，还包括每期所还的利息、本金和折旧额的计算。

①还款额的计算公式

还款额是指每期固定偿还额，用PMT函数可以完成还款额的计算，其计算公式为：

C13＝ABS(PMT(借款年利率/每年还款期数，总付款期数，借款金额))

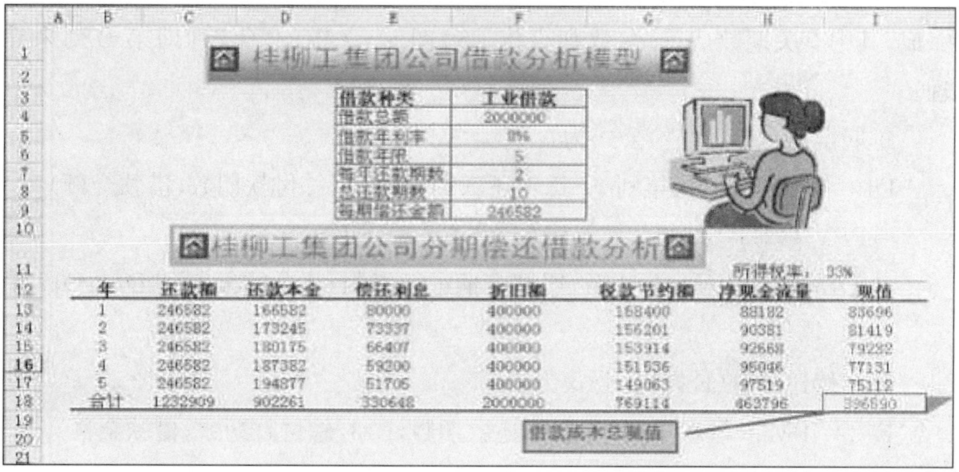

桂柳工集团公司借款分析模型

借款种类	工业借款
借款总额	2000000
借款年利率	8%
借款年限	5
每年还款期数	2
总还款期数	10
每期偿还金额	246582

桂柳工集团公司分期偿还借款分析

所得税率：33%

年	还款额	还款本金	偿还利息	折旧额	税款节约额	净现金流量	现值
1	246582	166582	80000	400000	158400	88182	85696
2	246582	173245	73337	400000	156201	90381	81419
3	246582	180175	66407	400000	153914	92668	79232
4	246582	187382	59200	400000	151536	95046	77131
5	246582	194877	51705	400000	149063	97519	75112
合计	1232909	902261	330648	2000000	769114	463796	396590

借款成本总现值

图 6—7　分期偿还借款分析模型

＝PMT(＄F＄5/＄F7,＄F＄8,－＄F＄4)

在 C13 单元输入此公式后，用填充柄进行复制，将 C13 单元的公式复制到 C14:C17 单元。还款额栏的公式建立完毕。

②偿还本金和利息的计算公式

随着期数增加，偿还的本金和利息分别递增或递减，它们之间存在着以下勾稽关系：

前期期末余额＝本期期初余额

本期利息＝本期期初余额×利率

本期本金＝本期还款额－本期利息

本期期末余额＝本期期初余额－本期本金

即本金和利息的计算要依赖于前期期末余额、本期期末余额等，如果在长期借款筹资分期偿还分析表中将有关的项目都列出，则太烦琐了。Excel 提供了 IPMT 和 PPMT 函数，可以用这两个函数方便地计算出表中的本金和利息。

由于 PMT 函数求得的每期固定支付额为本金与利息之和，所以 PMT、PPMT、IPMT 函数之间存在着如下关系：

PMT()＝IPMT()＋PPMT()

每期偿还本金和每期偿还利息可以利用 IPMT 和 PPMT 这两个函数计算完成，其中有关期数（per）参数则直接通过图 6－7 中的“年”列即第 B 列来处理。

每期偿还本金（D 栏）公式为：

D13＝PPMT（借款年利率/每年还款期数，B13，总付款期数，借款金额）

＝PPMT（$F$5/$F$7，B13，$F$8，－$F$4）

在 D13 单元输入此公式后，用填充柄进行复制，将公式复制到 D14:D17 单元。

每期偿还利息（E 栏）的公式为：

E13＝IPMT（借款年利率/每年还款期数，B13，总付款期数，借款金额）

＝IPMT（$F$5/$F$7，B13，$F$8，－$F$4）

在 E13 单元输入此公式后，用填充柄进行复制，将公式复制到 E14:E17 单元。

③折旧额的计算公式

Excel 提供多种计算折旧的函数，如直线法折旧函数 SLN、年数总和法折旧函数 SYD、双倍余额递减法折旧函数 VBD、倍率余额递减法折旧函数 DB、加速折旧函数 DDB 等。

在图 6－7 中，固定资产原始成本是长期借款额，净残值为 0，使用年限为 5 年，则按直线法计提折旧，折旧栏（F 栏）的计算公式为：

F13＝SLN（借款金额，0，5）

＝SLN（$F$4，0，5）

在 F13 单元输入此公式后，用填充柄进行复制，将公式复制到 F14:F17 单元。

④税款节约额的计算公式

折旧和借款利息都会对利润造成影响，从而会间接产生抵税效果，因此在进行借款筹资方案分析时，要考虑它们的影响。

税款节约额（G 栏）的计算公式为：

G13＝（每期偿还利息＋折旧额）*所得税税率

＝（E13＋F13）*33%

在 G13 单元输入此公式后，用填充柄进行复制，将公式复制到 G14：G17 单元。

⑤净现金流量的计算公式

净现金流量（H 栏）的计算公式为：H13＝偿还金额－税款节约额

＝C13－G13

在 H13 单元输入此公式后，用填充柄进行复制，将公式复制到 H14：H17 单元。

⑥净现金流量的现值计算公式

净现金流量的现值（I 栏）计算公式是对各期的净现金流量按税后折现率计算其复利现值，其公式为：

I13＝净现金流量/[1＋借款年利率＊（1－所得税税率）]^借款期数

＝H13/[（1＋$F$5＊（1－所得税税率）]^B13）

在 I13 单元输入此公式后，用填充柄进行复制，将公式复制到 I14：I17 单元。

⑦借款成本总现值的计算公式

借款成本总现值的计算公式是对各期的税后现金流量的现值求和，其公式为：

I18＝SUM（I13：I17）

至此，所有的公式建立完了，因此当基本数据发生变化时，其他数据也发生变化，因此可以对企业的筹资决策分析提供帮助。

6.2.5　租赁筹资分析模型设计

租赁是指出租人在承租人给予一定收益的条件下，授予承租人在契约或合同规定的期限内占有和使用财产权利的一种契约性行为。出租人主要是租赁公司或个人，承租人主要是企事业单位。租赁活动世界上由来已久，很多企业将租赁业务作为筹措长期资金的一项重要来源，其原因是企业在投资扩大生产经营业务时，可以不必由自己直接筹措大量的资金，去购置所需的固定资产。通过租赁合同，企业只要支付租金就可以按计划使用急需的设备和其他设施，而不必立即支付购置设备或设施的全部价款。

6.2.5.1 租赁概述

租赁的种类很多,目前在我国主要有营业租赁和融资租赁两类。

营业租赁。营业租赁又称经营租赁或服务性租赁。一般来说经营租赁有以下特点:承租单位可以随时向出租人提出租赁资产;租赁期短,不涉及长期而固定的义务;租赁合同比较灵活,在合理限制条件范围内,可以解除租赁契约;租赁期满,财产一般归还给出租人;出租人提供专门服务,如设备的保养、维修和保险等。经营租赁的主要标的物有计算机、办公室、复印机、汽车等,其租金包括租赁资产部分购买成本和租赁期间利息。

融资租赁。融资租赁又称财务租赁,是区别经营租赁的一种长期租赁形式,由于它可以满足企业对资产的长期需要,故有时也称为资本租赁。融资租赁是现代租赁的主要方式。

(1)融资租赁的形式

融资租赁可细分为如下三种形式:

①售后租回。根据协议,企业将某资产卖给出租人,再将其租回使用。②直接租赁。直接租赁是指承租人直接向出租人租入所需要的资产,并付出租金。其出租人主要是制造商、租赁公司。③杠杆租赁。杠杆租赁要涉及承租人、出租人和资金出借者三方当事人。从承租人角度上看,这种租赁与其他租赁形式并无区别,同样是按合同定期支付定额租金,取得资产的使用权。但对出租人来说却不同,出租人只出购买资产所需的部分资金(如30%)作为自己的投资;另外以该资产作为担保向资金出借者借入其余资金(如70%)。因此,它既是出租人又是借款人,同时拥有对资产的所有权,既收取租金又要偿付债务。如果出租人不能按期偿还借款,那么资产的所有权就要转归资金出借者。

(2)融资租赁的程序

按照融资租赁的规定,企业一般按照以下程序进行:①选择租赁公司。要先取得租赁公司的融资条件和租赁费率等资料,并加以比较,从而择优。一般由承租人向出租人提出正式申请,由出租人筹措资金引进用户所需设备,然后再租给用户使用;租期较长,一般在租赁资产寿命的一半以上;租赁合同比较稳定,在融资租赁的租赁期内选定。②办理租赁委托。企业选定租赁公司后,便可向其提出申请办理委托。③签订购货协议。④签订租赁合同。⑤办理验货与投保。⑥支付租金。承租人必须按合同约定的数额连续支付租金，中途不能退租。⑦处理租赁期满的设备。融资租赁合同期满时，可以选择多种办法处理资产，如将设备作价转让给出租人、由出租人收回、延长租期等，通常是承租人留用；租赁期间，出租人一般不提供维修业务。

(3)融资租赁租金的计算

融资租赁租金主要包括设备价款和租息，租息又可分为租赁公司的融资成本、租赁手续费等。在租赁筹资方式下，承租单位要按合同规定向租赁公司支付租金。租金的数额和支付方式对承租单位的未来财务状况有直接的影响，因此租金的计算是租赁筹资决策的重要依据。①租金的价款。租金的价款是租金的主要内容，它由设备的买价、运杂费和中途保险费等构成。②融资成本。融资成本是指租赁公司为购买设备所筹措资金的成本，即设备租赁期间的利息。③租赁手续费。租赁手续费包括租赁公司承办租赁设备的营业费用和一定的盈利。

(4)租金的支付方式

租金的支付方式也影响租金的计算。支付租金的方式一般有以下几种：①按支付时期长短分为年付、半年付、季付和月付等方式。②按支付时期的先后分为先付租金和后付租金两种。先付租金是指在期初支付；后付租金是指在期末支付。③按每期支付金额分为等额支付和不等额支付两种。

(5)租金的计算方法

我国融资租赁业务中，支付租金一般采用定期等额支付的方式，因此，在本书只讨论定期等额支付租金方式下租金的计算方法。定期等额支付租金实际上可以归入年金计算问题，利用年金现值的计算公式经变换后，便可以计算每期支付的租金。

其一，定期等额后付租金的计算方法。一般承租单位与租赁公司商定的租金支付方式大多为后付等额租金。后付等额租金的计算公式为：

$$P=A\times(P/A,i,n)$$

式中：A 为每年年末等额支付的租金，即年金；i 为利息率；n 为计息期数；P 为年金现值；$(P/A,i,n)$ 为年金现值系数。

经推导可得定期等额后付租金方式下每年年末后付租金数额 A 的计算公

式为：

$$A=P/(P/A,i,n)$$

其二，定期等额先付租金的计算。承租单位与租赁公司商定的租金支付方式也可为先付等额租金的方式。先付等额租金的计算公式为：

$$P=A\times[(P/A,i,n-1)+1]$$

经推导可得定期等额先付租金方式下每年年初先付租金数额（A）的计算公式为：

$$A=P/[(P/A,i,n-1)+1]$$

租赁筹资已成为目前企事业单位的一种筹资方式，不论是承租人还是出租人，借助计算机建立租赁分析模型进行租赁分析显得越来越重要了。在进行谈判或是投资金融机构要在一组投资者和公司之间达成一租赁交易时，计算机租赁分析模型将发挥重要的作用。

6.2.5.2　租赁筹资基本模型设计

租赁分析与长期借款分析有相似之处。在租赁分析中，承租单位要按合同规定向租赁公司支付租金，因此，财务管理人员也需要对不同的租赁途径、租金的数额、利息率、租赁期限、支付方式、支付租金等因素进行分析，对多个可选方案进行比较后，选择一当前本单位力所能及的方案，为本单位的租赁筹资决策提供重要依据。在工作簿“筹资决策分析模型 . xls”中，选择一新工作表改名为“租赁模型”。在“租赁模型”工作表中建立“租赁筹资基本模型”时，仍可采用长期借款基本模型的设计方法设计租赁筹资基本模型，如图 6－8 所示。

但是，租赁筹资时，每期应付租金的计算受到支付租金方法（如先付法或后付法）的影响。因此，在建立租赁筹资基本模型时，要特别考虑“每期应付租金”公式的建立，即在公式中应该能够判断支付租金的方法，针对不同的支付方法，建立不同的计算公式。如何建立带有逻辑判断的公式呢？Excel 提供了逻辑判断函数———IF 函数，它可以帮助解决这类公式的定义。

每期应付租金的公式为：

C12＝IF（支付租金方法＝“先付”，

ABS（PMT（租赁年利率/每年付款期数，总付款期数，租金，0，1）），ABS（PMT（租赁年利率/每年应付款期数，总付款期数，租金）））＝IF（C7＝“先付”，

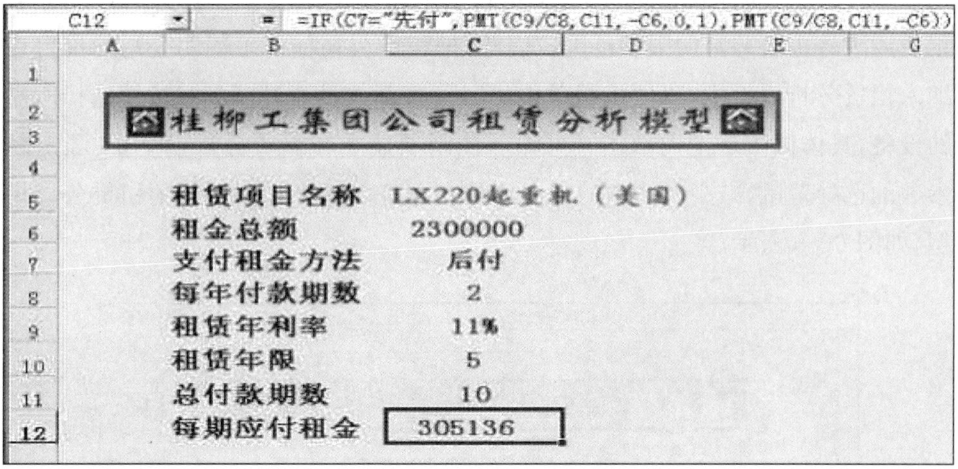

图 6—8　租赁筹资基本模型

PMT(C9/C8,C11,－C6,0,1),PMT(C9/C8,C11,－C6))该公式的含义为:如果所选设备的支付租金方法的值为"先付",那么,将 ABS(PMT(租赁年利率/每年付款次数,总付款期数,租金,0,1))返回到 C12 单元,即按先付年金的公式求出年金,并将该值返回到 C12 单元;否则,将 ABS(PMT(租赁年利率/每年应付款期数,总付款期数,租金))的值返回到 C12 单元,即按后付年金的计算公式求出年金,并将该值返回到 C12 单元。

租赁筹资基本模型建立之后,财务管理人员可以从租赁公司选择一种需要承租的设备,并将租金的数额、利息率、租赁期限、支付方式等数据送入模型,租赁筹资基本模型将会自动计算出每期应付租金。财务管理人员再从租赁公司选择一种设备,输入有关数据,又可得出一种方案。重复上述操作可以得出多个可选方案,对多个可选方案进行比较后,选择一种前本单位能力所及的方案,为本单位的租赁筹资决策提供重要依据。然而,如果租赁公司提供的可承租设备较多,不同设备的租赁条件又不尽相同时,用租赁筹资金基本模型进行分析就显得有些不方便。下面将 Excel 内部宏技术应用于租赁筹资基本模型上,建立一个具有友好界面和控制功能的租赁分析模型。

6.2.5.3　租赁筹资决策分析模型设计

假设的租赁价目表给承租单位提供了各种设备的租赁选择,不论承租单位选择哪种设备，都有对应的租金、支付租金的方法等信息，同时对租赁年利率、租赁期限等也有一定的限制范围。因此，把租赁公司桂柳工集团公司的价目表纳入租赁分析模型中，以便承租单位的财务管理人员通过[驱动]按钮选择所需的设备，具体做法是把内部宏——图形控制项建立在租赁分析模型中，限定各参数的选择范围，减少计算中的失误。具有友好界面和控制功能的租赁分析模型，如图 6—9 所示。

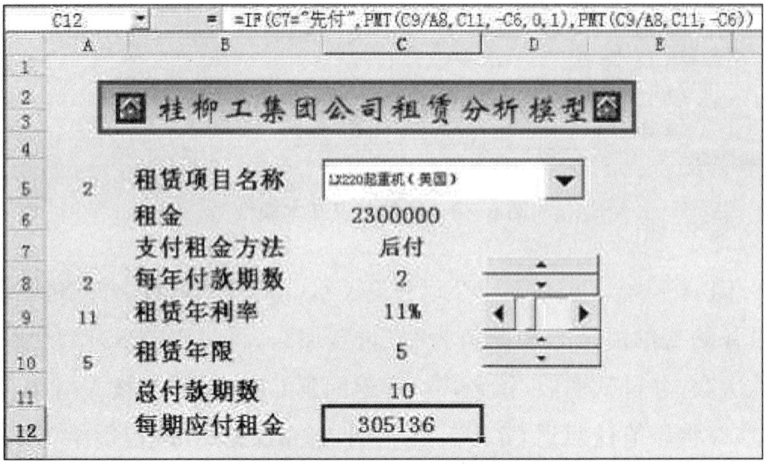

图 6—9　具有友好界面和控制功能的租赁分析模型

下面讨论租赁筹资分析模型的建立技术和方法：

(1)租赁价目表的建立。在租赁筹资分析中，需要了解租赁公司租赁价目表，并根据租赁价目表选择所需的设备，租赁公司租赁价目表是租赁筹资模型的重要组成部分。在租赁分析模型中建立租赁公司的租赁价目表，并将其与相应的控制项相连接后，就可以通过[驱动控制项]按钮选择所需的设备。“租赁价目表”如图 6—10 所示。

为了方便检索租赁价目标各信息，可用[插入]菜单的[名字]命令下的[指定]命令将以下各列命名：①设备名称所在的列的名字为“设备名称”；②租金总额所在的列的名字为“租金总额”；③支付方法所在列的名字为“支付方法”。或者可以直接选择区域地址的方法来检索租赁价目表各信息(本书采用直接选择区域地址的方法来进行模型的设计)。

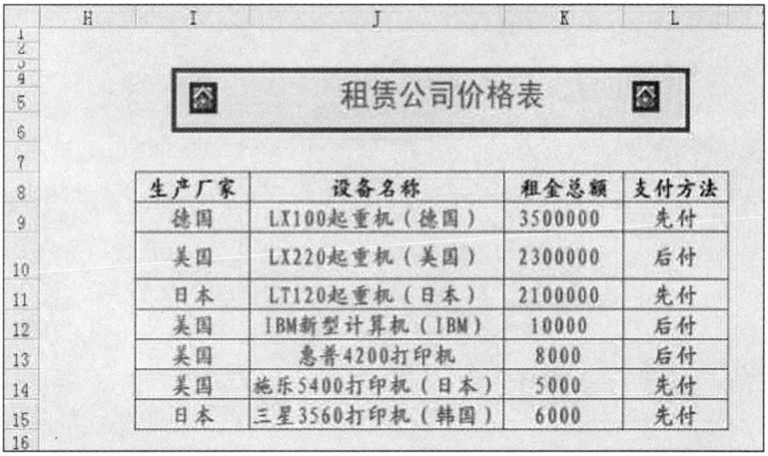

租赁公司价格表

生产厂家	设备名称	租金总额	支付方法
德国	LX100起重机（德国）	3500000	先付
美国	LX220起重机（美国）	2300000	后付
日本	LT120起重机（日本）	2100000	先付
美国	IBM新型计算机（IBM）	10000	后付
美国	惠普4200打印机	8000	后付
美国	施乐5400打印机（日本）	5000	先付
日本	三星3560打印机（韩国）	6000	先付

图 6－10　桂柳工集团公司租赁价目表

(2)在模型中建立图形控制项按钮的方法

Excel 提供了[窗体]工具栏，工具栏中提供了多种图形控制项工具，单击这些工具，指定控制项的位置，便可以在模型中建立[图形控制项]按钮。建立[图形控制项]按钮的方法是：①从[视图]菜单中选择[工具栏]命令；②在各种工具栏中选择[窗体]工具栏，窗体工具栏就显示在屏幕上，如图 6－11 所示；③选择[窗体]工具栏上的控制选项工具；④指定其在工作表中的位置并拖拽到需要的尺寸。

(3)建立租赁项目名称的“组合式下拉框”

在租赁分析模型中，首先在租赁项目名称处(图 6－11 所示的 C5:D5 单元区域)建立“组合式下拉框”，其目的是使管理人员通过组合式下拉框中的下拉控制项方便地选择所需的租赁设备，当选中某一设备后，相应的租金和支付方式将自动从租赁价目表中获取，并添入分析模型中。

①建立组合式下拉框的方法

a. 选择[组合式下拉框]按钮。单击窗体工具栏中的[下拉控制项]按钮。

b. 指定“组合式下拉框”的位置。在工作表上指定“组合式下拉框”的位置：在 C5 单元的左上角至 D5 单元右下角拖拽出一个矩形“组合式下拉框下拉框控制项”。

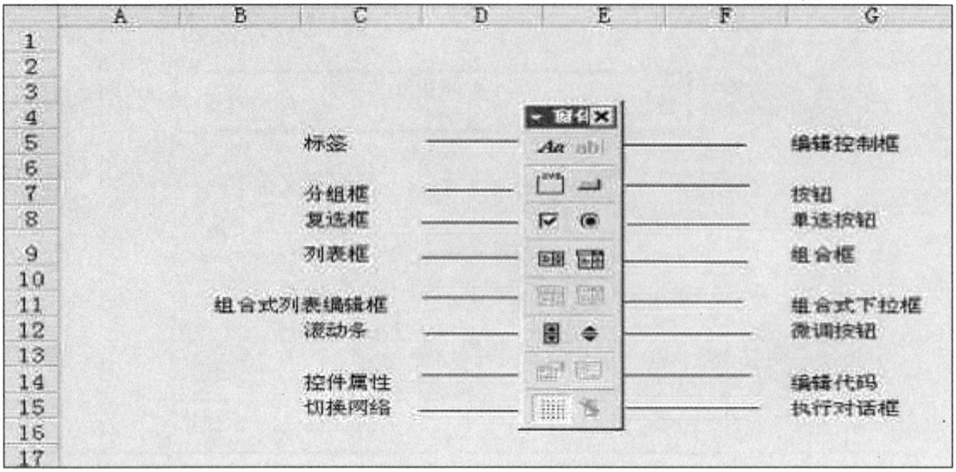

图 6—11　窗体工具栏

c. 建立“组合式下拉框”与租赁价目表中的设备名称的链接。选择“组合式下拉框”点击右键，则显示出对象格式对话框，如图 6—12 所示。

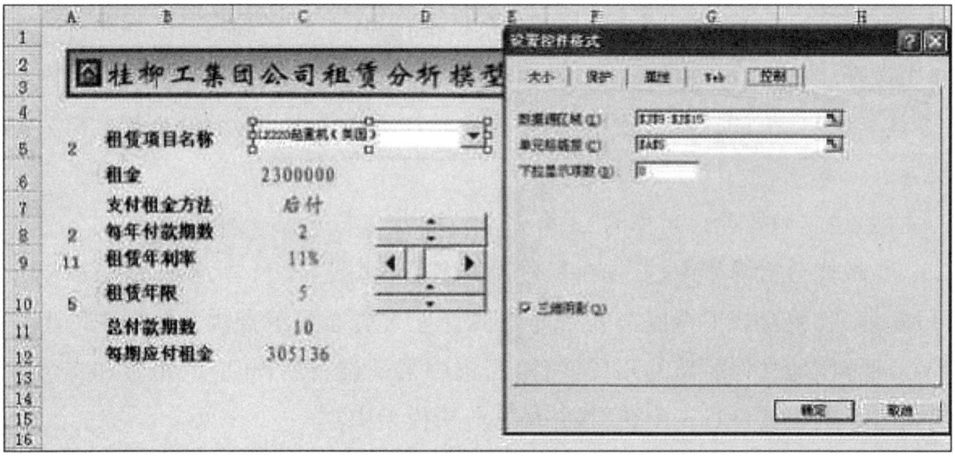

图 6—12　对象格式对话框(下拉框控制项)

其中：在[数据源区域]框中输入“$J$9：$J$15”，这样“组合式下拉框下拉控制项”与租赁价目表中的设备名称区域建立了链接，以后用户激活“组合式下拉框”，则可在其中显示出可供租赁的各种设备名称，供用户选择。在[单元格链接]框中输入“＄A＄5”单元引用，当用户从“组合式下拉框”中选择了其中的某一设备时，被选设备的内部编号将存放在 A5 单元。例如，选择第 2 项设备，A5 单元格的值为 2。用户以后可以根据该编号查找到该设备的其他信息，如租金、支付方式等。在[下拉显示项数]框中输入数字 8，当用户激活“组合式下拉框下拉控制项”时，将会有 8 条设备名称被列出。

d. 完成链接。单击图 6－12 中的确定按钮，完成组合式下拉框下拉控制项与租赁价目表中的设备名称区域建立了链接

②从租赁价目表中检索所选设备的租金及支付租金的方法。当从组合式下拉框中选择了某种设备，希望将所选设备的租金和支付租金的方式自动检索出来，并且显示在分析模型中。这就需要借助于 INDEX 函数完成此项工作。

a. 从租赁价目表中检索所选设备的租金总额。选择 C6 单元，输入公式“＝INDEX(租金总额，A5)＝INDEX(＄K＄9：＄K＄15，A5)”。由于所选设备在租赁价目表中的内部编号在 A5 单元，INDEX 函数根据 A5 单元中的数据值在租赁价目表的租赁总额单元区域中找到相应的租金，并将租金显示在 C6 单元中。

b. 从租赁项目表中检索所选设备的支付租金方法。选择 C7 单元，输入公式“＝INDEX(支付方法，A5)”或选择 C7 单元，输入公式“＝INDEX(L9：L15，A5)”。同理，由于所选设备在租赁价目表中的内部编号在 A5 单元，INDEX 函数根据 A5 单元中的数据值在租赁价目表的支付方法单元区域中找到相应的值(先付或后付)，并将此值显示在 C7 单元。

(4)建立每年付款期数微调按钮控制项。建立微调控制项的方法是：

①选择[微调控制项]按钮。单击窗体工具栏中的[微调控制项]按钮。

②指定“微调控制项”的位置。在工作表上指定“微调控制项”的位置；从 D8 单元的左上角拖拽到 D8 单元的右下角，此时一个矩形的“微调控制框”出现在 D8 单元。

③设置每年付款期数的范围。选择“微调控制项”，点击右键，选择设置控件格式，则显示出设置控件格式对话框，如图 6－13 所示。

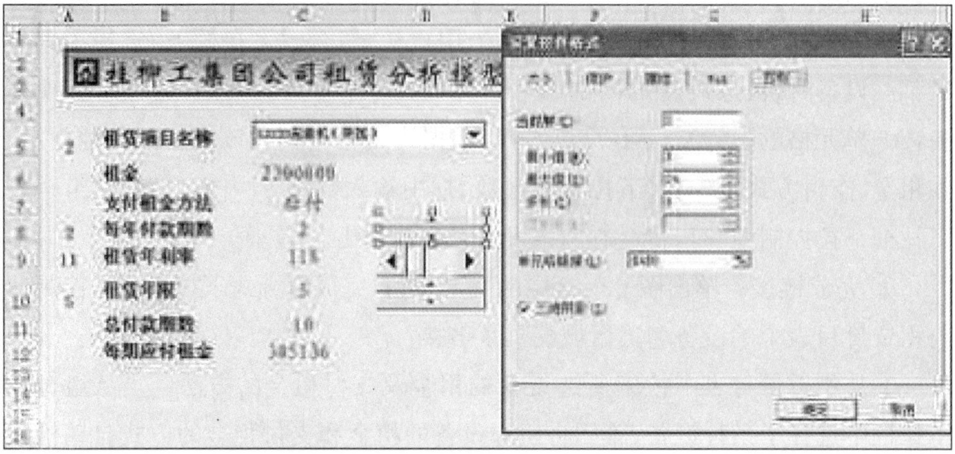

图 6－13　设置控件格式对话框(微调控制项)

其中：

最大值、最小值——定义由微调控制表示的值的区域。

步长——当用户单击选定微调按钮一端箭头时滚动的单位数。

页步长——当用户在单击微调按钮时滚动的单位数。

单元格链接——将选定微调按钮的值链接到工作表上的一个单元格，若值在某一位置发生变化，则它也在另一位置发生变化。

三维阴影——决定该控制项是否有一个三维立体的外观。

在租赁分析模型中：每年付款期数为 1～24 次，并且希望每年支付租金的次数按 1 的幅度变化，并将选择的值链接到 A8 单元，在当前解框输入 5；最小值框输入 1；最大值框输入 24；[步长]框输入 1；[单元格链接]框输入 A8。

④完成微调控制项按钮的建立。单击[确定]按钮。

⑤建立每年付款期数公式。选择 C8 单元，输入公式“＝A8”。将每年付款期数限定在合理的范围。

(5)建立滚动条控制项

建立滚动条控制项的方法如下：

①选择[滚动条控制项]按钮。点击窗体工具栏中的[滚动条控制项]按钮。

②指定“滚动条控制项”的位置。在工作表上指定“滚动条控制项”的位置，

从 D9 单元的左上角拖拽鼠标到 D9 单元的右下角，此时一个矩形的“滚动条控制项”出现在 D9 单元。

③设置利率的选择范围。选择[滚动条控制项]，点击右键，选择设置控件格式，则显示出设置控件格式对话框，如图 6－14 所示。

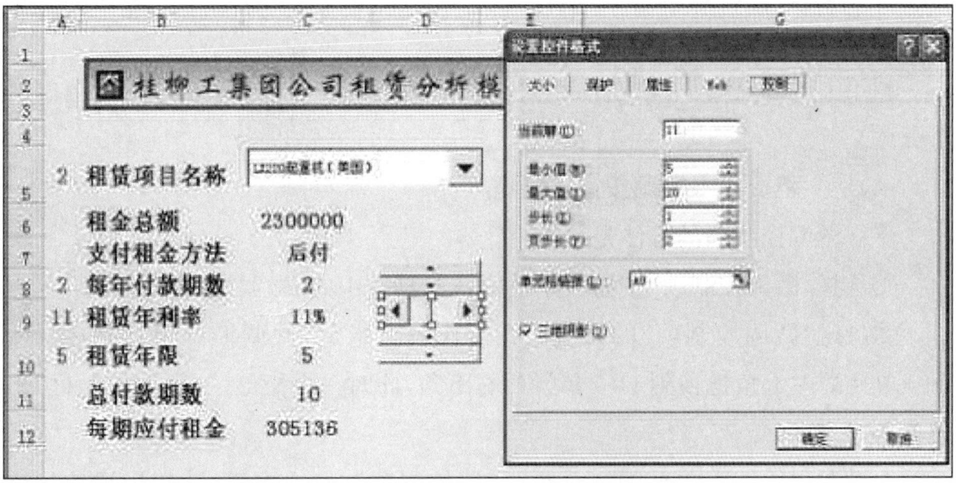

图 6－14　设置控件格式对话框(滚动条控制项)

其中：

当前解——决定在由最大值、最小值定义的区域内滚动。

最大值、最小值——定义由滚动条控制表示的值的区域。

步长——当用户单击选定滚动条一端箭头时滚动的单位数。

页步长——当用户在滚动条内单击时滚动的单位数。

单元格链接——当选定滚动条的值链接到工作表上的一个单元格，若值在某一位置发生变化，则它也在另一位置发生变化。

三维阴影——决定该控制项是否有一个三维外观。在租赁分析模型中：租赁利率的范围为 5%～20%，并且希望租赁利率以 1%这样的幅度变化，但是在各选项框中不能输入小数，因此在各选项框中先输入整数，并将选择的值链接到 A9 单元。即：当前解框输入 11；最小值框输入 5；最大值框输入 20；步长框输入 1；页步长框输入 2；单元格连接框输入 A9。

④完成滚动条控制项的建立。单击[确定]按钮。

⑤试用滚动栏。每单击一次滚动栏两端的箭头，A9 单元中的数值以增量 1 变化；在滚动框与两端之间单击滚动条，A9 单元中的数值以“步页长”增量 2 变化。

⑥建立利率公式。选择 C9 单元，输入公式“＝A9/100”，并将 C9 单元格式变为百分比格式。

利用上述公式，就可以在操作滚动栏的情况下在 C9 单元获得给定范围的百分比。

(6)建立租赁年限微调按钮控制项

建立微调控制项的方法是：

①选择[微调控制项]按钮。单击窗体工具栏中的[微调控制项]按钮。

②指定“微调控制项”的位置。在工作表上指定“微调控制项”的位置；从 D10 单元的左上角拖拽到 D10 单元的右下角，此时一个矩形的“微调控制框”出现在 D10 单元。

③设置租赁年限的范围。选择“微调控制项”，点击右键，选择设置控件格式，则显示出设置控件格式对话框，如图 6－15 所示。

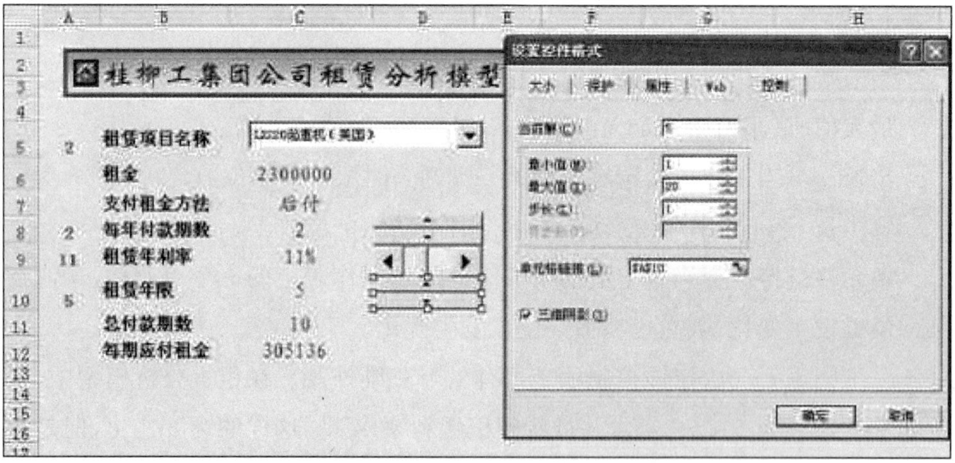

图 6—15　租赁年限控件格式

其中：在租赁分析模型中：租赁的年限为 20 年，并且希望每年支付租金的次数按 1 的幅度变化，并将选择的值链接到 A10 单元，在当前解框输入 5；最小值框输入 1；最大值框输入 20；步长框输入 1；单元格链接框输入 A10。

④完成微调控制项按钮的建立。单击[确定]按钮。

⑤建立租赁的年限公式。选择 C10 单元，输入公式“＝A10”。到此，租赁筹资决策分析模型设计完成，如图 6－16 所示。

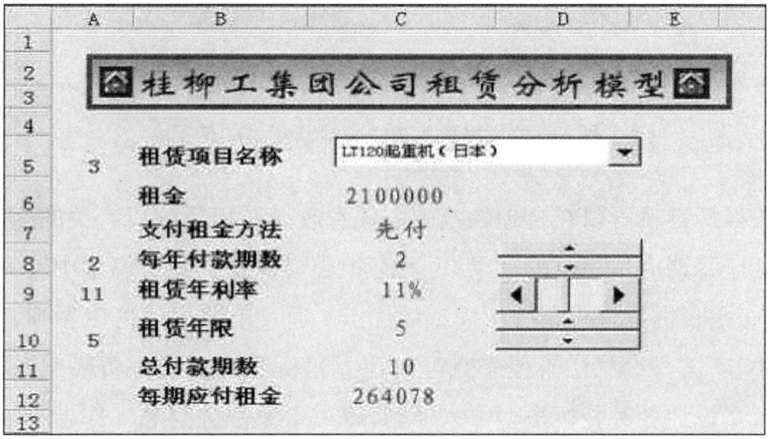

图 6－16　租赁筹资决策分析模型

6.2.5.4　租赁筹资决策分析模型的使用

(1)在租赁项目名称处建立了[组合框下拉控制项]按钮，管理人员用鼠标点击[组合框下拉框控制项]按钮，租赁设备将显示在下拉框列表中，如图 6－17 所示。此时可以用鼠标选择列表中的设备，当选中某一设备时，单击鼠标左键，该设备名称、租金和支付方式将自动从租赁价目表中获取，并添入分析模型中。

(2)在租赁年利率处建立一个[滚动条控制项]按钮，财务管理人员用鼠标单击滚动条控制项按钮的两端箭头或滚动条，就可以在合理的范围中选择利率。

(3)在租赁年限处建立[微调控制项]按钮，财务管理人员可以用鼠标单击微调按钮的一端箭头，在合理的年限控制范围中选择所需的租赁年限。

有了图 6－16 所示的租赁筹资决策分析模型后，财务管理人员只需在控制

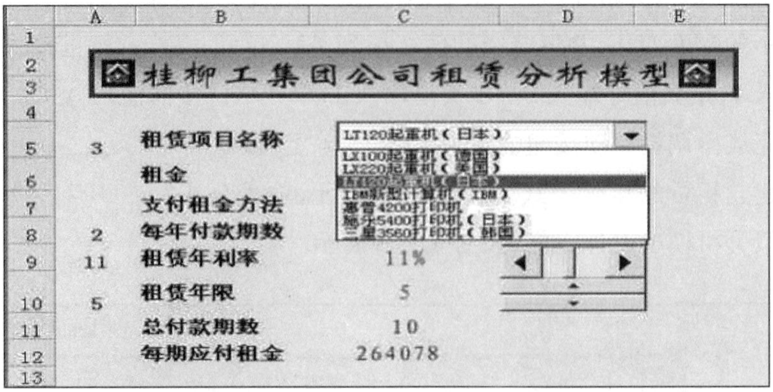

图 6—17　租赁筹资决策分析模型的使用

项上单击鼠标键就可以在合理的范围中任意改变与租赁分析有关的因素，并立即得到相应每期应付租金的结果，再不必担心会向租赁分析模型中输入不合理的值，这正是租赁筹资决策分析模型的优点。通过上述讨论可以看到，在 Excel 工作表中，不需要编写任何程序就可以建立租赁筹资决策分析模型，这将给财务管理人员设计各种分析模型带来便利，解决了大部分财务工作者不能自编程序而无法得到在实际财务管理中所需要的模型的问题。

6.2.5.5　租赁筹资与借款方案比较分析模型设计

前面讨论的长期借款模型、租赁分析模型等可以帮助财务管理人员分析在租赁筹资或借款筹资方式下，根据不同的因素对每期偿还金额的影响，以便从多种筹资方案中选择一种企业能接受的最佳方案。但是，有时企业决定要获得一特殊的建筑或设备等固定资产时，往往需要选择筹资方式。借款可以购买资产，租赁也可获得资产，到底是以租赁方式获得资产还是借款购买资产呢？最合适的方式是进行租赁成本与借款成本的比较。下面将举例说明租赁与借款购买设备的对比分析模型设计。

(1)净现值(NPV)分析的基本原理

【例 6—4】　假设桂柳工集团公司准备筹资购置一台设备——TX220 起重机，共需要花费 2 300 000 元人民币。预计设备的使用寿命为 5 年。为了简化，设备按直线折旧法计提折旧，5 年后无残值，所得税税率为 33%。桂柳工集团公司面临着两种筹资的选择：

①举债筹资：桂柳工集团公司可向银行借到购置设备所需的 2 300 000 元，年利率为 10%，在 5 年内偿还。如果桂柳工集团公司购买该设备，那么，预计在 5 年后报废。

②租赁筹资：向租赁公司租用该设备。租赁公司给出不同厂家生产的 TX200 起重机，并要求在 5 年内摊销，并要得到 10% 的资金收益率，按租赁契约规定由出租人维修设备，而桂柳工集团公司不支付附加的费用，租金是期初预付。

到底是以租借方式获得资产还是借款购买资产？借款购买资产时，借款利率折旧等费用可以抵税，租赁资产其支付的租金也可以抵税。因此，按净现值（NPV）进行分析，在借款分析模型中增加借款分析偿还分析表，在租赁分析模型中增加租赁分期偿还分析表，分别计算出各自的税后流量，然后把它们变成现值，分别得到拥有资产的成本现值和租赁财产的现值，然后选择成本现值较小的方案进行筹资。

在用 NPV 方法进行分析时，用什么比率对借款的税后现金流量进行折现呢？由于在租赁和借款购买的两种情况下的现金流量都是相对稳定的，就应该用相对较小的比率进行折现，即用公司的负债成本率作为折现率。税后折现率为 $i(1-T)$。若年利率为 10%，所得税税率为 33%，则税后折现率为 10%×(1－33%)＝6.7%。

（2）设计租赁筹资摊销分析表

在租赁模型工作表中建立租赁筹资摊销分析表，如图 6－18 所示。

下面讨论表中各栏计算公式定义。

①租金支付额计算。租金支付的计算仍可采用 IF、PMT 等函数结合的公式来完成，其计算公式为：

C12＝IF(支付租金方法＝“先付”，IF(PMT(租赁年利率/每年付款期数，总付款期数，－租金，0，1))，PMT(租赁年利率/每年付款期数，总付款期数，－租金)

＝IF(C7＝“先付”，PMT(C9/C8，C11，－C6，0，1)，PMT(C9/C8，C11，－C6))

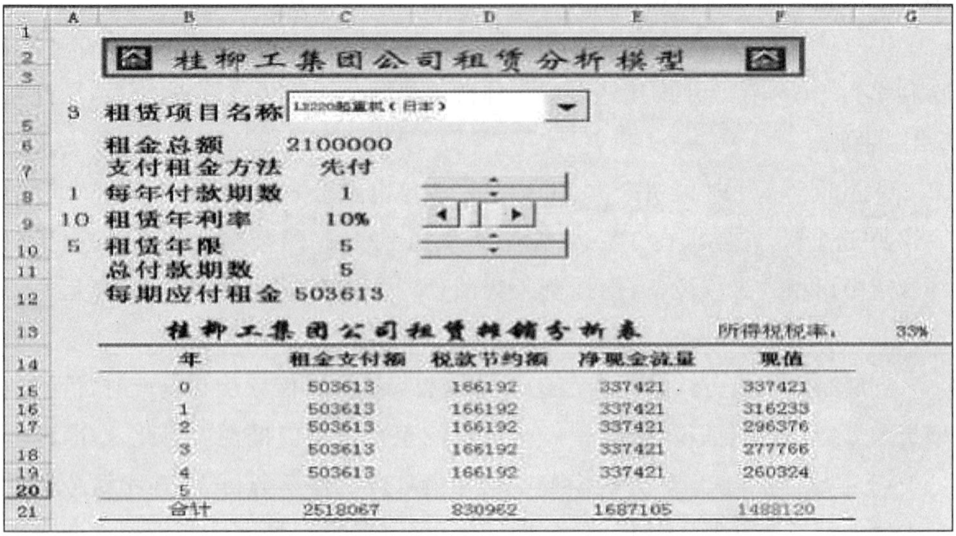

桂柳工集团公司租赁分析模型

3 租赁项目名称 LZ220起重机（日本）

租金总额 2100000

支付租金方法 先付

1 每年付款期数 1

10 租赁年利率 10%

5 租赁年限 5

总付款期数 5

每期应付租金 503613

桂柳工集团公司租赁摊销分析表　　所得税税率：33%

年	租金支付额	税款节约额	净现金流量	现值
0	503613	166192	337421	337421
1	503613	166192	337421	316233
2	503613	166192	337421	296376
3	503613	166192	337421	277766
4	503613	166192	337421	260324
5				
合计	2518067	830962	1687105	1488120

图 6—18　摊销分析表

②租金本金的计算。选择 D15 单元格，输入公式“＝PPMT(＄C＄9/＄C＄8,B15,＄C＄11,－＄C＄6)”，再利用填充柄进行复制到 D19。

③租金利息的计算。选择 E15 单元格，输入公式“＝C15－D15”，再利用填充柄进行复制到 E19。

④税款节约额的计算。税款节约额＝租金支付额＊所得税税率，选择 F15 单元格，输入公式＝C15＊＄H＄13，再利用填充柄进行复制到 F19。

⑤租赁净现金流量的计算。租赁净现金流量的公式＝租金支付额－税款节约额，选择 F15 单元格，输入公式“＝C15＊＄K＄13”，再利用填充柄进行复制到 F19。

⑥现值的计算。租赁净现金流量的现值是对各期的净现金流量按税后折现率计算其复利现值，其公式＝租赁净现金流量/(1＋租赁年利率＊(1－所得税税率))^租赁期数，选择 H15 单元，输入公式＝G15/(1＋＄C＄9＊(1－＄H＄13))^B15，再利用填充柄进行复制到 H19。

⑦租赁成本总现值的计算。租赁成本总现值 H20＝SUM(H15:H19)。

(3)借款筹资分期偿还模型设计

下面给出家乐福借款的设计模型，根据以上讲过的方法进行设计练习，如图 6—19 所示。

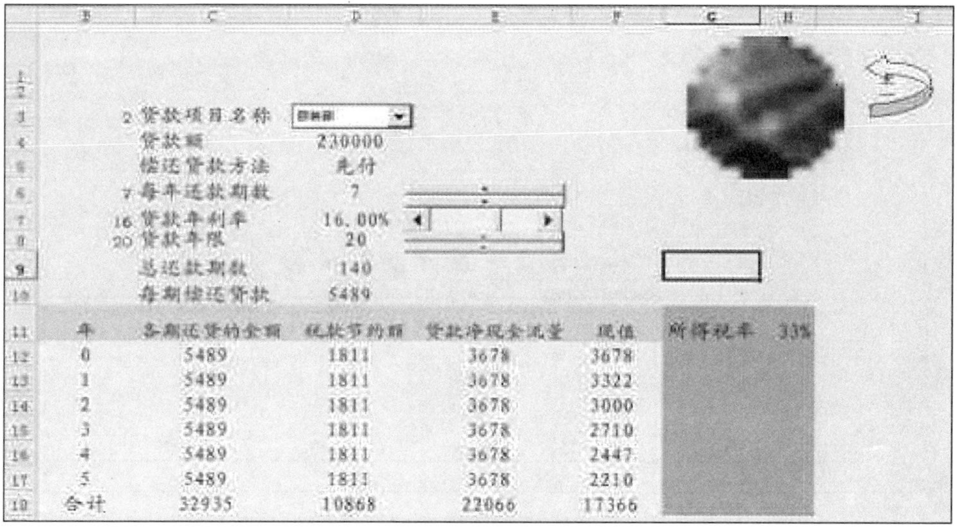

2 贷款项目名称					
贷款额	230000				
偿还贷款方法	先付				
7 每年还款期数	7				
16 贷款年利率	16.00%				
20 贷款年限	20				
总还款期数	140				
每期偿还贷款	5489				
年	各期还贷的金额	税款节约额	贷款净现金流量	现值	所得税率 33%
0	5489	1811	3678	3678	
1	5489	1811	3678	3322	
2	5489	1811	3678	3000	
3	5489	1811	3678	2710	
4	5489	1811	3678	2447	
5	5489	1811	3678	2210	
合计	32935	10868	22066	17366	

图 6—19　家乐福贷款模型

也可以根据所讲的内容进行个人住房贷款的模型设计，如图 6—20 所示。

(4)租赁筹资与借款筹资方案比较分析

租赁筹资与借款筹资方案比较模型建立之后，便可以对两种筹资方式的多对方案进行分析。

①将两种方案分别放置在两个窗口中。

a. 从[窗口]菜单中选择[打开新窗口]命令，增开一个窗口。

b. 从[窗口]菜单中选择[打开新窗口]命令，选择[垂直并排]方式，将两个窗口垂直并排显示在屏幕上，如图 6—21 所示。

i. 在借款分析模型中，在 F4 到 F7 单元中输入不同的值，借款分期偿还分析表就会自动计算出不同的结果。按前面给出的举债筹资方案，现在 F4 到 F7 单元依次输入：借款金额 2 000 000；借款年利率 10%；借款年限 5；每年还款期数 1。分析表则立即计算出每期偿还金额、借款购买设备的成本现值等数据。

ii. 在租赁分析模型中，通过改变租赁模型中的各种控制项，便可选择不同

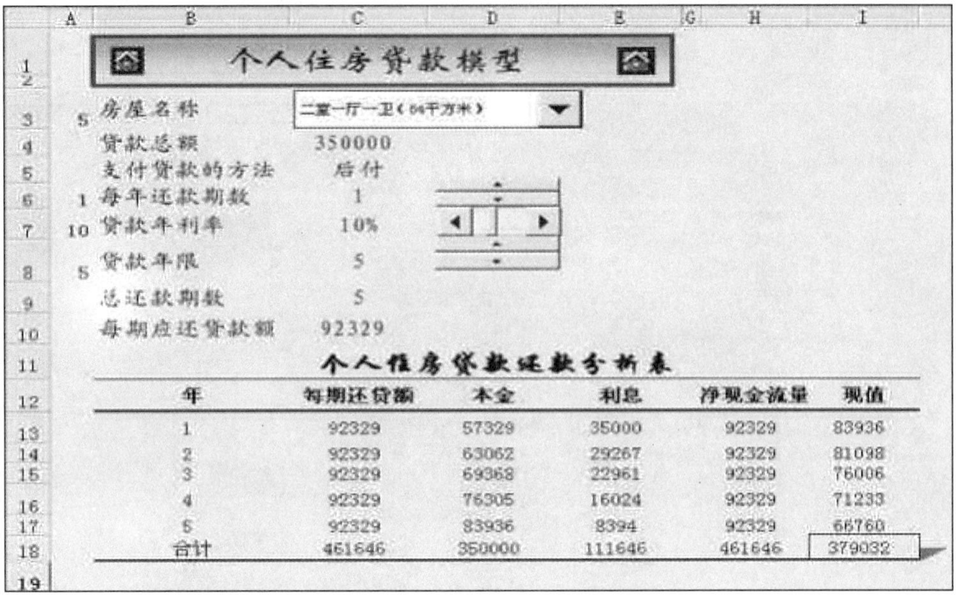

图 6—20　个人住房贷款的模型设计

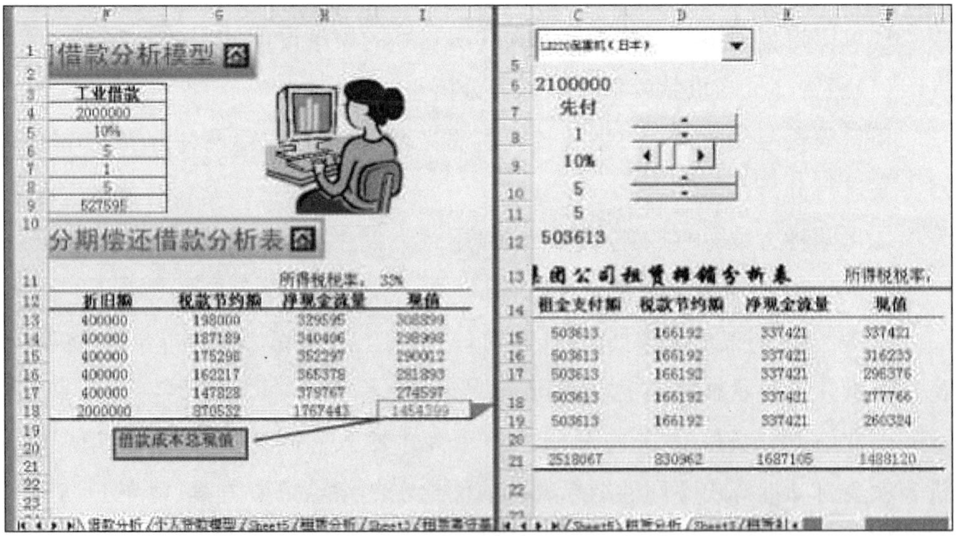

图 6—21　两种筹资方案的选择

的租赁项目及相关数据，对应不同的选择，租赁摊销分析表就会自动计算出不同结果。按前面给出的租赁筹资方案，现需要承租 LX220 机床。用鼠标驱动打开[组合框下拉框控制项]，此时租赁公司提供的各种设备显示在下拉框控制项中，其中 LX220 设备就有好几个国家(美国、德国、日本等)生产的，从中选择要租赁的设备 LX220(日本)机床后，便自动从租赁价目表中取到租金 2 100 000 及支付租金方法为先付；用鼠标驱动[滚动条控制项]，直到租赁年利率为 10%；用鼠标驱动[微调控制项]，直到租赁年限为 5。分析表则立即计算出每期应支付的金额、租赁成本现值等数据。

②分析对比。现在对图 6—21 的结果进行对比分析。

a. 对比分析“每期偿还金额”。借款购入的设备分期偿还金额为 527 595 元；租赁此设备每期应付租金为 503 613 元，借款方式比租赁方式每期要多付款，只看此结果似乎应选择租赁方案。

b. 对比分析“成本总现值”。借款购买设备的成本总现值为 1 454 399 元，租赁的成本总现值是 1 488 120 元。根据净现值的基本原理，应该选择成本现值小的方案，因此应该选择借款购买设备方案。借款筹资的净收益为：

借款筹资的净收益＝租赁的成本总现值－借款的成本总现值

＝1 488 120－1 454 399＝33 721(元)

i. 当借款条件不变时，可以在租赁模型中非常方便地选择不同生产厂家提供的 LX220 机床，分析其成本现值，选择一最合理的筹资方案。

ii. 当借款条件变化时，也可以在借款分析模型中改变相应的条件，然后再回到租赁模型中选择不同生产厂家的设备，经过对比分析，可选择一最合理的筹资方案。因此，有了租赁分析模型和借款分析模型，财务管理人员就可以非常方便地对各种方案进行比较，最后选择成本现值较小的方案。很多分析专家认为，筹资分析尤其适合在计算机上进行，无论承租人、出租人、借款人、借款人都应建立相应的计算机分析模型，当谈判进行的时候，在计算机上分析特别有效。

6.3 案例分析

6.3.1 深星公司的融资策略选择

深星公司是一家上市公司，该公司拟决定在2013年底前投资建设一个项目。公司为此需要筹措资金10亿元，其中2亿元可以通过公司自有资金解决，剩余的8亿元需要从外部筹措。

公司在2012年12月31日的有关财务数据如下：

(1)资产总额为100亿元，资产负债率为40%。

(2)公司有长期借款2亿元，年利率为6%，每年年末支付一次利息。其中8 000万元将在2年内到期，其他借款的期限尚余5年。借款合同规定公司资产负债率不得超过55%。

(3)公司发行在外普通股50亿股。另外，公司2012年完成净利润30亿元。2013年预计全年可完成净利润40亿元。公司适用的所得税税率为33%。假定公司一直采用固定股利分配政策，年股利为每股0.7元。

财务部从公司实际情况出发，设计了两套筹资方案，具体内容如下：

方案一：以增发股票的方式筹资8亿元。

公司目前的普通股每股市价为15元。拟增发股票每股定价为10.4元，扣除发行费用后，预计净价为10元。为此，公司需要增发8 000万股股票以筹集8亿元资金。为了给公司股东以稳定的回报，维护其良好的市场形象，公司仍将维持其设定的每股0.7元的固定股利分配政策。

方案二：以发行公司债券的方式筹资8亿元。

鉴于目前银行存款利率较低，公司拟发行公司债券。设定债券年利率为4.8%，期限为8年，每年付息一次，到期一次还本，发行总额为8.3亿元(平价)，其中预计发行费用为3 000万元。

要求：分析上述两种筹资方案的优缺点，并从中选出较佳的筹资方案。

分析：两种筹资方案的优缺点如下：

(1)方案一：采用增发股票筹资方式的优点和缺点

①优点：首先，公司不必偿还本金和固定的利息。其次，可以降低公司资产负债率。以2012年12月31日的财务数据为基础，资产负债率将由现在的40%降低至37%[(100×40%)/(100+8)]。

②缺点：首先，公司现金股利支付压力增大，增发股票会使公司普通股增加8亿股，由于公司股利分配采用固定股利政策(即每股支付0.70元)。所以，公司以后每年需要为此支出现金流量5 600万元(8 000×0.70)，比发行公司债券方式下每年支付的利息多支付现金1 616万元(5 600−83 000×4.8%)，现金支付压力较大。其次，采用增发股票方式会使公司每股收益和净资产收益率下降，从而影响盈利能力指标。再次，采用增发股票方式，公司无法享有发行公司债券所带来的利息费用的纳税利益。最后，采用股权筹资，容易分散公司控制权。

(2)方案二：采用增发债券筹资方式的优缺点

①优点：首先，可以相对减轻公司现金支付压力。由于公司当务之急是解决当前的资金紧张问题，而在近期，公司发行债券，每年支付利息的现金支出为3 984万元，每年比增发股票方式少支出1 616万元，从而可以减轻公司的支付压力。其次，因发行公司债券所承担的利息费用还可以为公司带来抵税利益。如果考虑这一因素，公司发行公司债券的实际资本成本将低于票面利率4.8%。再次，债券筹资保证普通股股东的控制权。最后，债券筹资可以发挥财务杠杆作用。

②缺点：发行公司债券会使公司资产负债率上升。以2012年12月31日的财务数据为基础，资产负债率将由现在的40%上升至44%[(100×40%+8.3)/(100+8)]，导致公司财务风险增加。但是44%的资产负债率水平仍符合公司长期借款合同的要求。

筹资建议：将上述两种筹资方案进行权衡，公司应采用发行公司债券的方式。

6.3.2 金蝶软件科技公司的融资之路

6.3.2.1 公司背景

金蝶公司的总裁徐少春是中国第一批会计电算化硕士研究生，师从于我国著名会计理论家杨纪琬教授。毕业后到深圳蛇口中华会计师事务所工作，1991年辞去公职创办了深圳爱普电脑公司，1992年7月成功地开发了爱普财务软件。为了扩大经济规模，1993年8月，徐少春的深圳爱普电脑公司、香港招商局社会保险公司及美籍华人三方合资，成立了现在的深圳金蝶软件科技有限公司，注册资本为500万元人民币。公司以“突破传统会计核算，跨进全新财务管理”为目标，进行产品创新，力图把金蝶公司建成国际性的财务软件公司。以现金和技术入股的总裁徐少春，当时并非最大的股东。正是这种经历和体验，使徐少春很早就拥有了容纳百川、借助资本运营的企业发展思路。而这种兼容并蓄的企业家襟怀，也就成了金蝶公司成功走上风险资本创业之路的深层根据。

金蝶公司创立之初，便迅速开发自己的新产品。1993年底，金蝶公司开发了V2.0和V3.0DOS版财务软件。1995年底，金蝶公司率先开发出Windows操作系统的产品，市场份额快速扩张。1996年4月，金蝶公司开发的Windows版本的财务软件，被评为“中国首家Windows版财务软件总分第一名”。

1997年，金蝶公司率先推出32种决策知识型财务软件。1998年2月，金蝶公司宣布与微软公司在开发、技术等方面进一步合作，并推出国内第一家3层结构技术基于大型数据库(C/S)版本的财务软件。金蝶公司所处的软件产业作为一种高效益、高投入、高风险的行业，其商品化需要大量的资金不断地投入。企业在开发软件过程中，需要召集大量的人才进行开发。在软件向市场的推介中，需要大量的市场宣传和售后服务。而这一切，都需要一定资金的先期投入。随着改革的深入，国内的财务制度与国际标准逐步接轨，国内在几年内先后成立了200余家大大小小的财务软件公司。如何在众多的财务软件公司中脱颖而出，使用户了解并使用自己的产品是金蝶公司的当务之急。金蝶公司为了抓紧战略时机，扩大自身规模，实现规模化、产业化，1997年前后在国内先后设立了20家分支机构。自1993年金蝶公司成立以来，其营业收入和利润等主要经济指标以每年300%的速度增长。随着规模的扩大，仅仅靠金蝶公司自身的积累已不能实现金蝶的战略需要和可持续增长，金蝶公司必须实现依靠资本市场来完成高效率的积累。

5年来，金蝶公司数次主动向银行申请，也有几次银行上门来洽谈，最终却只获得80万元贷款，原因就在于没有足够的资产作抵押，也缺乏担保，因为此时金蝶公司只有区区500万元固定资产。事实证明，金蝶公司向银行贷款这条路走不通。

6.3.2.2 实施过程

1998年，对金蝶公司来说，极具历史转折意义。此时，IDG广州太平洋技术创业投资基金正在广深两地寻找投资项目。对风险投资基金而言，寻找投资项目是通过多种渠道来完成的，如可以通过公布投资项目指南，由风险企业提交项目投资申请，或者风险投资者采取主动出击的方式去搜寻投资项目。对各个渠道搜寻来的项目，再由风险投资公司进行考察、评审和筛选。在美国，由风险投资公司或基金的上级机构、贸易伙伴或合作伙伴介绍项目给风险投资者，占最后达成风险投资协议的65%，通过中介组织或中间人达成投资协议的，如亚信公司那种情况的占25%，而通过网络关系、贸易活动、讨论会等方式而达成风险投资协议的只占百分之十几。通过深圳市科技局，IDG广州太平洋技术创业投资基金总经理王树了解到金蝶公司的基本情况，就对金蝶公司进行登门造访。作为金蝶公司来说，IDG广州太平洋技术创业投资基金的介入时机正是时候。没有经历国外风险投资申请的那种复杂程式。即不存在中介服务机构的介入，又没有提交过项目建议书，这笔投资竟然是主动找上门的。短短3个月闪电般的接触，双方就达成了合作协议。

1998年5月18日，享誉世界的国际数据集团（IDG）在中国的风险投资公司——广东太平洋技术创业有限公司向金蝶公司投资2 000万元人民币，以支持该公司的科研开发和国际性市场开拓工作，这是IDG对华软件产业风险投资中最大的一笔投资，也是继四通利方之后，国内IT业接受的数额最高的风险投资。

总部设在美国波士顿的IDG（国际数据集团）是集出版、信息网络、展览、市场研究和咨询为一体的世界最大的信息服务商，其业务遍布世界八十多个国家和地区，1997年的营业额达20.5亿美元。IDG所属的“太平洋风险投资基金”曾向以生产网络浏览器闻名的网景公司投资200万美元，18个月后网景股票上市，200万美元很快增值为7 800万美元，一时传为美谈。1998年前后，该基金在中国北京、上海和广州与当地科委合作，设立由其控股的风险投资基金，着眼于投资当地经济区域有发展活力的高新技术企业。而金蝶公司的资产总额以每年200%～300%的速度增长，作为国内最大的财务软件开发商和供应商之一，其在1998年一年，软件销售总额就超过了1亿元，同时又在企业综合管理软件开发方面取得了可喜进展。具有这样卓越成就的企业，对风险投资者的吸引力是巨大的，IDG广州太平洋技术创业投资基金的主动出击也是情理之中的事。

IDG广州太平洋技术创业投资基金对金蝶公司进行考察时，十分注重对风险企业家和他的管理团队的评估。被投资人的能力、知识、经验、个人人品和团体协作能力是风险投资者所特别看重的。IDG广州太平洋技术创业投资基金很欣赏以思想开放的徐少春总裁为首的管理团队。这个团队的特点是具备超前的战略眼光和企业战略设计能力，始终保持着稳固的务实风格和创新精神。1998年3月，IDG董事长麦戈文先生亲自到金蝶进行考察，他对金蝶公司总裁徐少春先生给予了高度的评价，并认为金蝶公司是一个有远见、有潜力的高新技术企业，金蝶公司的队伍是一支年轻而优秀的人才队伍。另一方面IDG看中了金蝶是一个典型的民营企业，企业机制灵活，在思想观念上比较开放、善于接受新事物，同时也非常欢迎这种形式的投资注入。

IDG广州太平洋技术创业投资基金以参股形式对金蝶公司进行投资后，折价入股，成为金蝶公司的股东之一，享有股东的权利，但对金蝶公司不控股，不参与经营，只是通过不断地做一些有益的辅助工作，金蝶公司必须在获得第一笔投资后的一年间，达到双方规定的目标，即在1997年的基础上，1998年取得200%增长，才有资格获得IDG的第二笔1 000万元的投资。正是这种风险压力，促使金蝶公司迅速地调整自己。

资料来源：www.e521.com。

案例思考与分析

1. 金蝶公司融资的特色是什么？

2. 风险投资资本的主要来源有哪些方面？

3. 风险资本投资对项目评价的标准是什么？

4. 分析试述我国风险投资存在的问题及其解决方案。

6.3.3 XSW整体厨柜公司的筹资决策

XSW整体厨柜公司是一家上市公司，专业生产、销售整体厨柜。近年来，公司正好赶上我国经济快速发展，居民掀起购房和装修热，对公司生产的不同类型的整体厨柜需求旺盛，销售收入增长迅速。公司预计在北京及其周边地区的市场潜力较为广阔，销售收入预计每年将增长50%～100%。为此，公司决定在2004年底前在北京郊区建成一座新厂。公司为此需要筹资5亿元，其中2 000万元可以通过公司自有资金解决，剩余的4.80亿元需要从外部筹资。2003年8月31日，公司总经理周建召开总经理办公会议研究筹资问题，并要求财务经理陆华提出具体方案，以提交董事会会议讨论。

6.3.3.1 公司在2003年8月31日的有关财务数据

(1)资产总额为27亿元，资产负债率为50%。

(2)公司有长期借款2.40亿元，年利率为5%，每年年末支付一次利息。其中6 000万元将在2年内到期，其他借款的期限尚余5年。借款合同规定公司资产负债率不得超过60%。

(3)公司发行在外普通股3亿股。

(4)公司2002年完成净利润2亿元。2003年预计全年可完成净利润2.3亿元。公司适用的所得税税率为33%。

6.3.3.2 假定公司一直采用固定股利率分配政策，年股利率为每股0.60元

公司财务经理根据总经理办公会议的意见设计了两套筹资方案

(1)方案一：以增发股票的方式筹资4.80亿元。

公司目前的普通股每股市价为10元。拟增发股票每股定价为8.30元，扣除发行费用后，预计净价为8元。为此，公司需要增发6 000万股股票以筹集4.80亿元资金。为了给公司股东以稳定的回报，维护其良好的市场形象，公司仍将维持其设定的每股0.60元的固定股利率分配政策。

(2)方案二：以发行公司债券的方式筹资4.80亿元。

鉴于目前银行存款利率较低，公司拟发行公司债券。设定债券年利率为4%，期限为10年，每年付息一次，到期一次还本，发行总额为4.90亿元，其中

预计发行费用为1 000万元。

阅读上述资料，分析讨论以下问题：

(1)分析上述两套筹资方案的优缺点。

(2)请为该公司选出较佳的筹资方案。

必要提示：

此案例要关注的要点：

①发行股票和发行公司债券筹资的优缺点；

②筹资方式决策准则是——企业价值最大化。具体筹资方式决策方法有两种。即比较资金成本法和每股收益无差异分析。本案例应用每股收益无差异分析确定无差异点EBIT＝23 000/(1－33％)＋24 000×0.05＝1 200万元，应采用发行公司债券方式筹资。

③注意资产负债率限制(60％)；

④发行公司债券的成本、2003年资产净利率(或资产利润率)和权益净利率指标的计算和分析，新筹资后资产净利率(或资产利润率)和权益净利率指标能否估计(本案例不能)。

分析两种筹资方案的优缺点如下：

方案一：采用增发股票筹资方式的优点和缺点

(1)优点：

①公司不必偿还本金和固定的利息。

②可以降低公司资产负债率。以2003年8月31日的财务数据为基础，资产负债率将由现在的50％降低至42.5％[(27×50％)/(27＋4.8)]。

(2)缺点：

①公司现金股利支付压力增大。增发股票会使公司普通股增加6 000万股，由于公司股利分配采用固定股利率政策(即每股支付0.6元)，所以，公司以后每年需要为此支出现金流量3 600万元(6 000× 0.60)，比在发行公司债券方式下每年支付的利息多支付现金1 640万元(3 600－1 960)，现金支付压力较大。

②采用增发股票方式还会使公司每股收益和净资产收益率下降，从而影响盈利能力指标。

③采用增发股票方式，公司无法享有发行公司债券所带来的利息费用的纳税利益。

④容易分散公司控制权。

方案二：采用发行公司债券筹资方式的优点和缺点

(1)优点：

①可以相对减轻公司现金支付压力。由于公司当务之急是解决当前的资金紧张问题，而在近期，发行公司债券相对于增发股票可以少支出现金，其每年支付利息的现金支出仅为 1 960 万元，每年比增发股票方式少支出 1 640 万元，从而可以减轻公司的支付压力。

②因发行公司债券所承担的利息费用还可以为公司带来纳税利益。如果考虑这一因素，公司发行公司债券的实际资金成本将低于票面利率 4%。工厂投产后每年因此而实际支付的净现金流量很可能要小于 1 960 万元。

③保证普通股股东的控制权。

④可以发挥财务杠杆作用。

(2)缺点：

发行公司债券会使公司资产负债率上升。以 2003 年 8 月 31 日的财务数据为基础，资产负债率将由现在的 50%上升至 57.9%[(27×50%+4.9)/(27+4.8)]，导致公司财务风险增加。但是，57.9%的资产负债率水平符合公司长期借款合同的要求。

筹资建议：将上述两种筹资方案进行权衡，公司采用发行公司债券的方式较佳。

6.3.4　现代投资公司债券评级

2006 年 9 月 30 日，现代投资股份有限公司发行总额为 10 亿元的公司债券，简称"06 现代投资债"，上网查找相关发行信息：包括发行主体、发行价格、发行规模、债券期限、票面利率、偿还方式、债券形式；发行范围及对象主要有发行期限、发行首日、起息日、计算期限、担保主体、担保方式、评级机构、评级结果、主承销商；并查找此债券的评级报告，对报告的内容作以简要总结。

(1)现代投资债券发行信息(见表 6—10)。

表 6—10　　06 现代投资债发行信息

项　目	内　容
发行主体	现代投资股份有限公司
发行价格	债券面值 100 元，平价发行，以 1 000 元为一个认购单位，认购金额必须是 1 000 元的整数倍且不少于 1 000 元
发行规模	10 亿元人民币
债券期限	15 年
票面利率	采用固定利率形式，利率区间为 3.98%～4.2%，在本期债券存续期内固定不变。本期债券采用单利按年计息，不计复利，逾期不另计利息
偿还方式	每年付一次息，最后一期利息随本金一并支付
债券形式	记账式企业债券，投资者认购的本期债券在中央国债登记公司开立的一级托管账户或本期债券的二级托管人开立的二级托管账户中托管记载
发行范围及对象	通过承销团成员设置的发行网点和在北京市设置的零售营业网点公开发行。持有中华人民共和国居民身份证的公民（军人持军人有效证件）及境内机构（国家法律、法规另有规定者除外）均可购买
发行期限	5 个工作日，自发行首日至 2006 年 10 月 11 日
发行首日	2006 年 9 月 30 日
起息日	自发行首日开始计息，本期债券存续期内每年的 9 月 30 日为该计息年度的起息日
计息期限	自 2006 年 9 月 30 日至 2016 年 9 月 30 日
担保主体	中国农业银行湖南省分行
担保方式	无条件不可撤销的担保
评级机构	中诚信国际信用评级有限责任公司
评级结果	AAA 级
主承销商	国信证券有限责任公司

（2）中诚信国际信用评级有限责任公司评级报告内容摘要，具体见表 6—11：

表 6—11　　发行公司及担保主体财务概况数据

现代投资	2003 年	2004 年	2005 年
资产总额(亿元)	45.26	53.78	50.77
股东权益(亿元)	25.62	26.29	26.45
主营业务收入(亿元)	4.92	8.90	10.55
主营业务毛利率(%)	69.82	78.03	79.31
股东权益收益率(%)	2.05	4.22	6.65
总债务(亿元)	18.74	26.16	22.00
EBITDA/利息支出(倍)	4.52	5.61	6.52
总债务/EBITDA(倍)	5.14	4.48	3.13
总债务/(总债务+净资产)(%)	42.14	49.78	45.33
资产负债率(%)	43.16	50.92	47.73
中国农业银行	2003 年	2004 年	2005 年
资产总额(亿元)	34 940.16	40 137.69	47 710.19
税后净利润(亿元)	19.22	20.03	10.44
平均权益收益率(%)	1.40	1.85	1.32
平均资产收益率(%)	0.28	0.22	0.18
不良贷款率(%)	30.66	26.73	26.17

基本观点：

中诚信国际评定"2006 年现代投资股份有限公司债券"信用等级为 AAA。中诚信国际肯定了现代投资股份有限公司(以下简称"现代投资"或"公司")丰富的公路运营和管理经验、较强的盈利能力以及稳定的现金获取能力，考虑了湖南作为中部崛起战略的重要实施省份所独具的区位优势。中诚信国际同时也关注公司未来投资和相关政策变化对公司发展的影响。此外，本级别考虑了中国农业银行为本期债券提供的强有力担保。

优势：

①区位优势。湖南省位于"泛珠三角"区域与长江流域开放带的结合部，具有承东接西南联北进的枢纽地位，也是实施中部崛起战略的重要省份。作为连

接经济发达的“泛珠三角”

区域的通道，未来高速公路的发展具有较为广阔的发展前景。

②区内经济的快速增长。近年来湖南省 GDP 增长速度高于全国平均水平，居民收入水平不断提升，货运及客运量增长较快，预计未来省内交通运输需求仍将保持增长，这为公司经营提供了良好的外部条件。

③较强的盈利能力和稳定的现金流入。公司现有主要的公路资产地理位置优越，车流量增长迅速，近年来公司主营业务收入快速增长，盈利规模不断扩大，现金流入稳定，资金管理较为稳健，这为公司未来的发展奠定了基础。

④担保实力。中国农业银行作为四大国有商业银行之一，资产规模雄厚，该行的担保为本期债券的按期偿还提供了强有力的保障。

风险分析：

①政策风险。高速公路的建设经营具有较强的政策性，现代投资所辖高速公路的收费标准由政府相关部门审定，未来国家及省内收费政策的变化对公司的经营形成较大的影响。

②竞争压力。湖南省“十一五”期间规划建设的高速公路可能对公司现有公路资产产生一定的分流影响。

③投资风险。公司已有投资项目中泰阳证券和西风网络已全部和部分计提投资减值准备，我们将关注公司未来的投资项目风险。

6.3.5 腾讯融资计划

2004 年 6 月 16 日，腾讯 QQ 正式在香港挂牌上市，简称为“腾讯控股”。其超额认购的首次公开募股(IPO)将带来总计 14.4 亿港元的净收入，拥有公司 14.43%股权的马化腾个人资产接近 9 亿港元。腾讯此次 IPO 的成功无疑是国内民营企业牵手境外资本的成功范例。上网查找相关资讯，简述腾讯上市前国际投资机构的几次重大注资及资本更迭情况，并做出简要分析。

从 1998 年注册资本仅为 50 万元人民币的腾讯计算机(腾讯控股的前身)到今天价值约 60 亿港元的腾讯控股，国际投资机构功不可没。

(1)2000 年 4 月，IDG 和香港盈科共投入 220 万美元风险投资，分别持有腾讯控股总股本的 20%，马化腾及其团队持股 60%。正是这 220 万美元的风险资金，为腾讯日后的迅速崛起奠定了基础。

(2)2001 年 6 月，在以 110 万美元的投资，不到一年即获得 1 000 余万美元的回报后，香港盈科又以 1 260 万美元的价格将其所持腾讯控股 20%的股权悉数出售给 MIH 米拉德国际控股集团公司。起源于南非的 MIH 传媒巨头不满足于从盈科手中购得 20%腾讯股权，MIH 又从 IDG 手中收购了腾讯控股 13%的股份。此后的 2002 年 6 月，MIH 又从腾讯控股其他主要创始人购得 13.5%的股份。此时，MIH 的连连出手使得腾讯的股权结构变为创业者占 46.3%、MIH 占 46.5%、IDG 占 7.2%，MIH 成为腾讯最大的股东。

从腾讯的引资之路，特别是与 MIH 的较量中可见，MIH 最终仍然扮演着参股投资的安分角色，换句话说，腾讯在引入资本的同时，又没有让自己被对方进一步蚕食。主要原因，我们认为主要在于以下几点：

(1)尽管 MIH 拥有强大的资金实力，但对于腾讯控股而言，一旦没有马化腾及其他主要创办人的努力，公司的运营和进一步发展就会失去方向，甚至对公司的运营和财务状况都会产生很大影响。

(2)除了马化腾创业团队的不可取代的地位外，腾讯控股自身的技术支持也成为 MIH 不敢仅仅凭借股权优势就对腾讯控股实施绝对控股的掣肘之一。

也许正是因为腾讯在深谙如何正确取悦投资者的同时，仍然不放弃保持和发掘自身的优势，从而掌握了与境外投资者较量的底牌。由此可见，得与失的平衡，自身优势才是制胜的砝码。

6.3.6　中石化筹资之道

中国石油化工股份有限公司，简称中石化，证券代码 600028，于 2000 年 2 月 28 日以独家发起方式成立，2000 年 10 月 18 日在纽约、19 日在香港和伦敦成功挂牌上市，发行股票共计 180.385 亿股，共筹资 37.3 亿美元。其中发售 H 股 167.8 亿股，发行价为 1.35 港元，市盈率为 11 倍。

2001 年为了寻找新的战略突破点，该公司管理层根据发展战略拟定了三个重要的投资项目：(1)拟投资 64.461 亿元收购集团公司所持有的重组后的新星公司 100%的权益。新星公司属于一个较有前途的资源性公司，收购后将会加大该公司油气开采力度，从而使其经济效益上升；(2)拟投资 20.92 亿元建设宁波—上海、南京进口原油管道工程项目。通过实施该项目可以将从宁波进口的原油直接运送到所需的上海和南京，从而增大原油的储存能力，有效地锁定成本；(3)拟投资34.8亿元建设大西南成品油管道工程项目。实施该项目可以及时满足大西南成品油的需求，从而扩大成品油的销量。

为了满足投资所需的资金，该公司拟向银行借款16.716亿元，并决定发行A股筹资。事实上，该公司所需股权资本可以继续通过增发B股解决，但考虑到B股市场长期低迷，再加之中国当时在海外上市的一些公司市场表现不佳，从而导致海外投资者对中国企业了解不足，因此该公司决定调整发行计划，于2001年6月22日刊登招股意向书，宣布增发A股28亿，并详细规定了对法人投资者的配售办法，配售对象有战略投资者(与其有密切联系的法人)、一般法人投资者和证券投资基金。

此次股本发行，中石化采用在网下向法人投资者配售和向一般投资者上网定价发行相结合的发售方式，选择的承销商是中国国际金融有限公司，由其组织承销团并以余额包销方式承销，承销期为2001年6月22日至7月23日，承销商可以根据网上中签率确定是否启动股票回拨机制，并最终确定网上、网下的配售比例。

2001年7月2日，中石化开始接受网下法人投资者报价申购并公布了报价区间。原定网上、网下配售比例为30%、70%，规定：当网上申购中签率(网上发行量/有效申购量×100%)低于2%时，主承销商可以将7亿股网下股票回拨至网上，从而使网上、网下配售股票的数量比例为55%、45%；网下法人投资者申购报价的区间为每股3.9～4.3元，报价时间为7月2～7月9日。

主承销商和发行人于7月2日～7月9日对机构投资者的申购进行了簿记建档，拟根据网下簿记建档情况确定发行价格，考虑的因素主要有：(1)公司发行当年的盈利情况及预计的今后数年的收益增长情况；(2)发行时的市场情况；(3)同行业上市公司的股价情况；(4)预路演、路演时投资者对公司的反映；(5)公司对资金的需求情况。

7月3日～7月5日，中石化管理层先后在北京、上海、深圳三地举行了现场推介会，7月12日又在全景网络上进行了4个小时的网上路演，随后公布本次股票的发行价格为每股4.22元，预计承销费用为1.772 4亿元，2001年预计实现净利润180.23亿元，稀释每股收益为0.21元，稀释后的发行市盈率为20.10倍。

7月13日在路演完毕和发行价格确定后，中石化在各大媒体公布了网上发行的相关事项并对此进行了详细地说明，规定网上申购投资者可在7月16日之前进行申购并存入资金。在申购过程中，主承销商启动了股票回拨机制，回拨股票7亿股。

申购日后的两天内(即7月17日～7月18日)，各证券营业部根据申购者的资金确认申购是否有效；申购日后的第三天，公布申购号和中签率，并摇号抽签，进行股份确认；申购日后的第四日，公布了摇号结果；7月23日公布了网下配售情况。

中石化此次A股发行获得圆满成功，募集资金总额为118.16亿元，本次实际上网发行量为15.4亿股，实际有效申购户数为2 399 947户，有效申购股数为1 347.564 91亿股，上网发行中签率为1.142 802 09%；战略投资者配售5.7亿股，一般法人投资者区分A、B、C三类，配售的股数分别为：0.637 695亿股、4.850 772亿股、1.411 533亿股。上网发行的15.4亿股于2001年8月8日在上交所挂牌交易，C类一般法人投资者配售购入的股票于11月8日开始上市流通；A类、B类一般法人投资者配售购入的股票于12月10日开始上市流通；战略投资者配售购入的股票于2002年4月8日开始上市流通。

根据所给材料，请回答以下几个问题：

(1)中石化为什么要筹资？其数额是如何确定的？筹资结构如何？

(2)为什么说B股市场低迷？中石化为什么不发行B股筹资而是选择发行A股筹资？

(3)简要说明中石化股票发行的具体程序。

(4)说明中石化采用的股票发行方式。

分析：(1)中石化之所以要筹资是由拟上的投资项目所决定的，三个投资项目预计共需资金120.181(64.461＋20.92＋34.8)亿元，其中向银行借款16.716亿元，资金缺口为103.465亿元，如果拟发行股票28亿股，申购报价的区间为每股3.9～4.3元，以每股3.9元计算，可获资金109.2亿元，扣除筹资费率，完全可以弥补资金缺口。从筹资结构来看，股票筹资约占86.01%，可见存在对外部股权融资的偏好。

(2)B股市场低迷表现为发行价和市盈率指标偏低，中石化发行H股的发行价为每股1.35港元，市盈率为11倍，而A股的发行价格为每股4.22元，市盈率为20.1倍，显然A股市场具有更大的吸引力。中石化之所以不发行B股，原因有两个：一是B股市场发行价格低，二是海外投资者对中国企业了解不足。

(3)中石化发行A股的程序如下：2001年6月22日刊登招股意向书并做出相关的规定；7月2日公布价格区间；；7月2日～7月9日接受网下法人投资者报价申购，并对机构投资者的申购进行簿记建档，同时在7月3日～7月5日进行了路演；7月12日进行网上路演并确定了发行价格；7月13日～7月16日进行网上申购；7月17日～7月18日确认申购是否有效；7月19日公布中签率并摇号抽签；7月20日公布摇号结果；7月23日公布网下配售情况。

(4)中石化发行的A股为有偿增资发行；从发行对象来看，为公募发行与私募发行相结合；从中介机构来看，该公司委托中国国际金融有限公司采用余额包销方式承销，属于直接筹资。

6.4 技能训练

1. 已知：某公司2012年销售收入为10 000万元，销售净利润率为10%，净利润的70%分配给投资者。2012年12月31日的资产负债表如表6－12所示。

表6－12 **资产负债表** 单位：万元

资　产	期末余额	负债及所有者权益	期末余额
货币资金	200	应付票据	200
应收账款	1 800	应付账款	2 800
应收票据	500	长期借款	700
存货	3 500	实收资本	1 000
固定资产	2 500	资本公积	2 000
无形资产	1 500	留存收益	3 300
资产总计	10 000	负债与所有者权益总计	10 000

要求：如果预计 2013 年销售增长率为 10%，流动资产和流动负债与销售收入同比例增长，同时需要增加长期资产投资 100 万元，销售净利润率和股利支付率不变，计算 2013 年需要增加的资金以及需要对外筹集的资金量。

2. 某企业发行普通股 800 万元，发行价为 8 元/股，筹资费率为 6%，第一年预期股利为 0.8 元/股，以后各年增长 2%；该公司股票的贝塔系数等于 1.2，无风险利率为 8%，市场上所有股票的平均收益率为 12%；该公司股票的风险溢价估计为 4%。

要求：根据上述资料使用股利折现模型、资本资产定价模型以及无风险利率加风险溢价法分别计算普通股的资金成本。

3. 某企业从银行取得借款 800 万元，期限一年，名义利率 4%，银行存款利率为 2%，求下列几种情况下的实际利率：

(1)收款法付息；

(2)贴现法付息；

(3)银行规定补偿性余额为 10%(不考虑补偿性余额存款的利息)；

(4)银行规定补偿性余额为 10%(不考虑补偿性余额存款的利息)，并按贴现法付息。

4. 兴隆公司发行债券的面值是 100 元，期限 5 年，票面利率为 10%，市场利率为 12%。假定债券按年付息，筹资费率为 2%，企业所得税税率为 30%，计算债券筹资的成本。

$(P/F, 12\%, 5)=0.5674$；$(P/A, 12\%, 5)=3.6048$

5. 已知某公司 2010 年销售收入为 20 000 万元，销售净利润率为 12%，净利润的 60%分配给投资者。2010 年 12 月 31 日的资产负债表见表 6—13。

表 6—13　　**资产负债表(简表)2010 年 12 月 31 日**　　单位：万元

资　产	期末余额	负债及所有者权益	期末余额
货币资金	1 000	应付账款	1 000
应收账款净额	3 000	应付票据	2 000
存货	6 000	长期借款	9 000
固定资产净值	7 000	实收资本	4 000

续表

资　产	期末余额	负债及所有者权益	期末余额
无形资产	1 000	留存收益	2 000
资产总计	18 000	负债及所有者权益	18 000

该公司 2011 年计划销售收入比上年增长 30%，为实现这一目标，公司需新增设备一台，价值 148 万元。据历年财务数据分析，公司流动资产和流动负债随销售额同比率增减。公司如需对外筹资，可按面值发行票面年利率为 10%、期限为 10 年、每年年末付息的公司债券解决。假设该公司 2011 年的销售净利率和利润分配政策与上年保持一致，公司债券发行费用可忽略不计，适用的所得税率为 33%。

要求：

(1)预测 2011 年公司需增加的营运资金；

(2)预测 2011 年需要对外筹集的资金量；

(3)计算发行债券的资金成本；

(4)填写 2011 年年末简化资产负债表(见表 6—14)：

表 6—14　　**资产负债表(简表)2011 年 12 月 31 日**　　单位：万元

资　产	期末余额	负债及所有者权益	期末余额
流动资产		流动负债	
固定资产		长期负债	
无形资产		所有者权益	
资产总计		负债及所有者权益	

第7章 综合资本成本与资本结构

学习目标

了解资金成本在企业筹资与投资决策中的作用；能正确计算个别资金成本和加权平均资金成本；能正确计算经营杠杆、财务杠杆和总杠杆；能运用经营杠杆、财务杠杆和总杠杆衡量企业风险。了解影响资本结构的因素；能运用比较资金成本法和EBIT—EPS分析法进行最佳资本结构的分析决策。

关键词

综合资本成本　边际资本成本　筹资分界点　经营杠杆　财务杠杆

复合杠杆(总杠杆)

7.1 理论背景

7.1.1 综合资金成本

7.1.1.1 加权平均资金成本

含义与公式：加权平均资金成本，是指分别以各种资金成本为基础，以各种资金占全部资金的比重为权数计算出来的综合资金成本。它是综合反映资金成本总体水平的一项重要指标。

综合资金成本是由个别资金成本和各种长期资金比例这两个因素所决定的。加权平均资金成本计算公式为：

加权平均资金成本＝∑(某种资金占总资金的比重×该种资金的成本)

【例 7—1】 某企业筹资总额 1 000 万元，其中发行普通股 500 万元，资金成本为 15%；发行债券 300 万元，资金成本为 8%；银行借款 200 万元，资金成本为 7%。要求：计算加权平均资本成本。

(1)计算各种资金所占的比重：

普通股占资金总额的比重＝500/1 000×100%＝50%

债券占资金总额的比重＝300/1 000×100%＝30%

银行借款占资金总额的比重＝200/1 000×100%＝20%

(2)计算加权平均资金成本：

加权平均资金成本＝15%×50%＋8%×30%＋7%×20%＝11.3%

权数的确定：各种资金价值的确定基础主要有三种选择：即账面价值、市场价值和目标价值(见表 7－1)。

表 7—1　　资本成本计算中三种资金价值比较

确定方法	评　价	
账面价值权数	优点	易于从资产负债表中取得这些资料，容易计算
	缺点	反映过去，资金账面价值可能不符合市场价值，如果资金的市场价值与账面价值差别很大，计算结果会与资本市场现行实际筹资成本存在较大的差距，从而不利于加权平均资金成本的测算和筹资管理决策
市场价值权数	优点	能反映企业目前的实际情况
	缺点	证券市场价格变动频繁
目标价值权数	优点	能反映企业期望的资本结构，而不是像按账面价值和市场价值确定的权数那样只反映过去和现在的资本结构，所以，按目标价值权数计算得出的加权平均资金成本更适用于企业筹资新资金
	缺点	企业很难客观合理地确定证券的目标价值，有时这种计算方法不易推广

【注意】在实务中，通常以账面价值权数计算加权平均资金成本。

【例7—2】 ABC公司正在着手编制明年的财务计划，公司财务主管请你协助计算其加权平均资金成本。有关信息如下：

(1)公司银行借款利率当前是9%，明年将下降为8.93%；

(2)公司债券面值为1元，票面利率为8%，期限为10年，分期付息，当前市价为0.85元；如果按公司债券当前市价发行新的债券，发行费用为市价的4%；

(3)公司普通股面值为1元，当前每股市价为5.5元，本年派发现金股利0.35元，预计每股收益增长率维持7%，并保持25%的股利支付率；

(4)公司当前(本年)的资本结构为：

银行借款150万元

长期债券650万元

普通股400万元(400万股)

留存收益420万元

(5)公司所得税税率为40%；

(6)公司普通股的β值为1.1；

(7)当前国债的收益率为5.5%，市场上普通股平均收益率为13.5%。

要求：

(1)计算银行借款的税后资金成本。

(2)计算债券的税后资金成本。

(3)分别使用股利折现模型和资本资产定价模型估计权益资金成本，并计算两种结果的平均值作为权益资金成本。

(4)如果仅靠内部融资，明年不增加外部融资规模，计算其加权平均资金成本(权数按账面价值权数，计算时单项资金成本百分数保留两位小数)。

【解答】

(1)银行借款成本=8.93%×(1-40%)=5.36%

(2)债券成本=$\frac{1\times 8\%\times(1-40\%)}{0.85\times(1-4\%)}$=5.8%

(3)普通股成本和留存收益成本：

股利折现模型：

股利支付率=每股股利/每股收益，本例中，股利支付率不变(一直是

25%),由此可知,每股股利增长率=每股收益增长率=7%

普通股成本$=\frac{d_1}{p_0}+g=\frac{0.35\times(1+7\%)}{5.5}+7\%=13.8\%$

资本资产定价模型:

普通股成本=5.5%+1.1×(13.5%−5.5%)=5.5%+8.8%=14.3%

普通股平均资金成本=(13.8%+14.3%)÷2=14.05%

留存收益成本与普通股成本相同。

(4)预计明年留存收益数额:

根据本年每股股利 0.35 元和股利支付率 25%,有:

本年的每股收益=0.35/25%=1.4(元/股)

明年每股收益=1.4×(1+7%)=1.498(元/股)

明年的净利润=1.498×400=599.2(万元)

明年的留存收益数额=599.2×(1−25%)+420=449.4+420=869.40(万元)

计算加权平均成本:

明年企业资本总额=150+650+400+869.40=2 069.40(万元)

银行借款占资金总额的比重$=\frac{150}{2\ 069.40}\times100\%=7\%$

长期债券占资金总额的比重=31.41%

普通股占资金总额的比重=19.33%

留存收益占资金总额的比重=42.01%

加权平均资金成本=5.36%×7.25%+5.88%×31.41%+14.06%×19.33%+14.06%×42.01%=10.8%

7.1.1.2　边际资金成本

(1)边际资金成本的概念

边际资金成本是指资金每增加一个单位而增加的成本,需要用加权平均的方法计算。

【注意】

①其权数应为市场价值权数。

②计算假设：企业始终按照目标资本结构追加资金。

(2)边际资金成本的计算

【思考】如某企业资金结构为：普通股 60%，长期借款 40%，该结构为目标结构。

①若企业新增借款 40 万元，则筹资总额为多少？

40/40%＝100(万元)

②若企业发行普通股 120 万元，则筹资总额为多少？

120/60%＝200(万元)

③如果长期借款在 80 万元及以下，成本为 10%；80 万元以上，成本为 12%。筹资总额为多少时，长期借款的成本为 10%；筹资总额为多少时，长期借款的成本为 12%？

80/40%＝200(万元)

筹资总额为 200 万元及以下时，长期借款的成本为 10%。

筹资总额为 200 万元以上时，长期借款的成本为 12%。

【注意】这里长期借款 80 万元，我们称为个别资金分界点。

筹资总额 200 万元，我们称为筹资总额分界点。

④如果普通股筹资在 180 万元及以下，成本为 14%；180 万元以上为 16%，计算筹资总额分界点：

180/60%＝300(万元)

筹资总额为 300 万元及以下时，普通股的成本为 14%。

筹资总额为 300 万元以上时，普通股的成本为 16%。

根据两个总额分界点，划分筹资总额的区间(0—200)、(200—300)、(300 以上)。

根据各个区间的个别资金成本，按照目标结构即可计算出各个区间的加权平均资金成本，这也就是各个区间的边际资金成本。

(0—200)：边际资金成本＝40%×10%＋60%×14%＝12.4%

(200—300)：边际资金成本＝40%×12%＋60%×14%＝13.2%

(300 以上)：边际资金成本＝40%×12%＋60%×16%＝14.4%

【归纳】个别分界点——总额分界点——划分区间——按区间计算加权平

均资金成本(边际资金成本)。

计算确定边际资金成本可按如下步骤进行：

①确定公司最优资本结构(即目标资本结构)。

②确定不同筹资方式在不同筹资范围的个别资金成本。

③计算筹资总额分界点。

$$筹资总额分界点=\frac{某种筹资方式的成本分界点}{目标资金结构中该种筹资方式所占比重}$$

④计算边际资金成本。根据计算出的分界点,可得出若干组新的筹资范围,对各筹资范围分别计算加权平均资金成本,即可得到各种筹资范围的边际资金成本。

【例 7—3】 某公司拥有长期资金 400 万元,其中长期借款 100 万元,普通股 300 万元。该资本结构为公司理想的目标结构。公司拟筹集新的资金,并维持目前的资本结构。随筹资额增加,各种资金成本的变化如表 7—2 所示：

表 7—2　　某公司长期资金筹资成本变动表

资金种类	新筹资额(万元)	资金成本
长期借款	40 及以下	4%
	40 以上	8%
普通股	75 及以下	10%
	75 以上	12%

【解答】

目标资本结构中,借款的比重＝100/400×100%＝25%

普通股的比重＝300/400×100%＝75%

借款的筹资总额分界点＝40/25%＝160(万元)

普通股的筹资总额分界点＝75/75%＝100(万元)

根据筹资总额分界点,可得出三组新的筹资范围①0－100;②100－160;③160 以上。对以上三个筹资范围分别计算加权平均资金成本,即可得到各种筹资范围的边际资金成本。

边际资金成本(0－100)＝25%×4%＋75%×10%＝8.5%

边际资金成本(100－160)＝25％×4％＋75％×12％＝10％

边际资金成本(160 以上)＝25％×8％＋75％×12％＝11％

7.1.2　杠杆原理

图 7—1　阿基米德的杠杆效应

7.1.2.1　杠杆效应的含义

杠杆效应最初来自物理学,利用杠杆原理可以较小力量举起较重的物体。物理学家阿基米德曾说过:“给我一个支点,我将把整个地球翘起来”(见图 7—1)。财务管理中的杠杆效应,是指由于特定费用(如固定成本或固定财务费用)的存在而导致的,当某一财务变量以较小幅度变动时,另一相关财务变量会以较大幅度变动的现象。它包括经营杠杆、财务杠杆和复合杠杆三种形式。

7.1.2.2　成本习性、边际贡献与息税前利润

(1)成本习性及分类

成本习性是成本总额与业务量之间在数量上的依存关系。

成本按习性可划分为固定成本、变动成本和混合成本三类。

①固定成本

含义:是指其总额在一定时期和一定业务量范围内不随业务量发生任何变动的那部分成本。

特点:总额不变;单位额与业务量呈反比例变化

固定成本还可进一步区分为约束性固定成本和酌量性固定成本两类。

a. 约束性固定成本

约束性固定成本属于企业“经营能力”成本。表明维持企业正常生产经营能力所需要的成本,这个成本是必须的。

【注意】降低约束性固定成本只能从合理利用经营能力入手。约束性固定成本总额不能随意去改变，改变会影响正常经营，但可以通过充分利用生产能力，增加产销量，来降低单位固定成本。

b. 酌量性固定成本

酌量性固定成本属于企业“经营方针”成本。可以随企业经营方针和财务状况的变化，而斟酌其开支的数额。

降低酌量性单位固定成本的方法：在预算时精打细算，合理确定这部分成本的数额。

【注意】从较长时期来看，所有的成本都在变化，没有绝对不变的固定成本。

【解析】酌量性固定成本，属于企业“经营方针”成本，是企业根据经营方针确定的一定时期（通常为一年）的成本，如广告费、研究与开发费、职工培训费等。

②变动成本

含义：是指其总额随着业务量成正比例变动的那部分成本。

两个特点：总额正比例变动，但单位额不变

【注意】变动成本也存在相关范围的问题。即只有在一定范围之内，产量和成本才能完全成同比例变化，超过了一定的范围，这种关系就不存在了。

③混合成本

含义：是指混合成本虽然随着业务量变动而变动，但不成同比例变动。具体包括：

a. 半变动成本

半变动成本，通常有一个初始量，类似于固定成本，在这个初始量的基础上随产量的增长而增长，又类似于变动成本。

b. 半固定成本

这类成本随产量的变动而呈阶梯形增长。产量在一定限度内，这种成本不变，但增长到一定限度后，就变了。

混合成本是一种过渡性的分类，最终分解成固定成本和变动成本两块，所以企业所有的成本都可以分成两部分，包括固定成本和变动成本。

④总成本习性模型 $y=a+bx$

(2)边际贡献及其计算

边际贡献,是指销售收入减去变动成本后的差额。

边际贡献=销售收入-变动成本

$M=px-bx=(p-b)x=m \cdot x$

式中:M 为边际贡献;p 为销售单价;b 为单位变动成本;x 为产销量;m 为单位边际贡献。单位边际贡献=单价-单位变动成本

(3)息税前利润及其计算

息税前利润是指企业支付利息和缴纳所得税之前的利润。

息税前利润=销售收入-变动成本-固定成本

息税前利润=边际贡献-固定成本

$EBIT=px-bx-a=M-a$

式中,$EBIT$ 为息税前利润;a 为固定成本。

上式的固定成本和变动成本中不应包括利息费用因素。息税前利润也可以用利润总额加上利息费用求得,详见图 7—2。

$$\underline{y}=a+bx$$

$$m=px-bx=\underline{(p-b)}x$$

$$EBIT=\underline{px-bx}-a$$

$$=M-a$$

$$\underline{\underline{M=EBIT+a}}$$

图 7—2　总成本公式的分类

【例 7—4】　某公司当年年底的所有者权益总额为 1 000 万元,普通股 600 万股。目前的资本结构为长期负债占 60%,所有者权益占 40%,没有流动负债。该公司的所得税税率为 33%,预计继续增加长期债务不会改变目前 11% 的平均利率水平。董事会在讨论明年资金安排时提出:

①计划年度分配现金股利 0.05 元/股;

②拟为新的投资项目筹集 200 万元的资金;

③计划年度维持目前的资本结构,并且不增发新股。

要求:测算实现董事会上述要求所需要的息税前利润。

【解答】解题思路:净利润需求——税前利润——息税前利润

①因为发放现金股利所需税后利润＝0.05×600＝30(万元)。

因为,企业维持目标资本结构不变,且不增发新股,则满足投资需要的税后利润＝200×40%＝80(万元)。

所以,计划年度的税后利润＝30＋80＝110(万元)

计划年度的税前利润＝110/(1－33%)＝164.18(万元)

②因为计划年度维持目前的资本结构,所以,需要增加的长期负债＝200×60%＝120(万元)

③因为原来的所有者权益总额为 1 000 万元,资本结构为所有者权益占40%,所以,原来的资金总额＝1 000/40%＝2 500(万元),因为资本结构中长期负债占 60%,所以,原来的长期负债＝2 500×60%＝1 500(万元)

④因为计划年度维持目前的资本结构,所以,计划年度不存在流动负债,计划年度借款利息＝长期负债利息＝(原长期负债＋新增长期负债)×利率＝(1 500＋120)×11%＝178.2(万元)

⑤因为息税前利润＝税前利润＋利息,所以,计划年度息税前利润＝164.18＋178.2＝342.38(万元)

7.1.2.3　经营杠杆

(1)经营杠杆的概念

【思考】在其他因素不变的情况下,销售量增加 10%,则息税前利润增加幅度是大于、小于还是等于 10%？示意图详见图 7—3。

【答案】大于 10%。

【分析】$EBIT=(p-b)x-a$

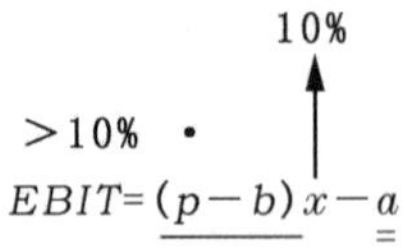

图 7—3　EBIT 随 X 变化示意

经营杠杆:由于固定成本的存在而导致息税前利润变动率大于产销业务量

变动率的杠杆效应。

(2)经营杠杆作用的衡量指标

由于存在固定经营成本，销量较小的变动会引起息税前利润很大的变动。

①DOL 的定义公式：

经营杠杆系数＝息税前利润变动率/产销业务量变动率

②简化公式：

报告期经营杠杆系数＝基期边际贡献/基期息税前利润

$$DOL=M/EBIT=M/(M-a)=\frac{(p-b)x}{(p-b)x-a}$$

【公式推导】

$$DOL=\frac{\frac{\Delta EBIT}{EBIT}}{\frac{\Delta x}{x}}=\frac{\Delta EBIT}{EBIT}\times\frac{x}{\Delta x}$$

$$EBIT=(p-b)x-a$$

$$\Delta EBIT=\left[(p-b)x\left(1+\frac{\Delta x}{x}\right)-a\right]-[(p-b)x-a]=(p-b)\Delta x$$

$$\frac{\Delta EBIT}{EBIT}=\frac{(p-b)\Delta x}{(p-b)x-a}$$

将此式代入前式得：

$$DOL=\frac{(p-b)\Delta x}{(p-b)x-a}\times\frac{x}{\Delta x}\times\frac{x}{\Delta x}=\frac{(p-b)x}{(p-b)x-a}=\frac{M}{EBIT}$$

【注意】

①经营杠杆系数不是固定不变的；

②运用简化公式计算经营杠杆系数时，利用的是基期的数据；

③经营杠杆系数的影响因素：单价、单位变动成本、销售量、固定成本。

【例 7—5】 某公司有关资料如表 7—3 所示。

表 7—3　　经营杠杆系数计算

项　目	2010 年	2011 年	变动额	变动率
销售额	1 000	1 200	200	20%
变动成本	600	720	120	20%
边际贡献	400	480	80	20%
固定成本	200	200	0	0
息税前利润	200	280	80	40%

要求：

①采用定义公式计算该公司 2011 年的 DOL。

②采用简化公式计算该公司 2011 年和 2012 年的 DOL。

【答案】

①2011 的 DOL＝40%/20%＝2

②2011 年的 DOL＝400/200＝2

2012 年的 DOL＝480/280＝1.71

3. 经营杠杆与经营风险的关系

经营风险是指由于经营上的原因导致的风险，即未来的息税前利润的不确定性。

经营杠杆系数越大，企业经营风险越大。

控制经营风险的方法：增加销售额、降低单位变动成本、降低固定成本。

【注意】经营杠杆本身并不是利润不稳定的根源，但是，经营杠杆扩大了市场和生产等不确定因素对利润变动的影响如图 7—4 所示。

DOL＝2

4

x↑10%　EIT↑20%　40%

－10%　－20%　－40%

图 7—4　经营杠杆原理示意

经营风险既可以用杠杆系数表示，还可以使用息税前利润的标准差或标准离差率表示，二者反映的结果是一致的。

【例 7—6】 A、B 两家企业的有关资料如表 7—4 所示。试比较两家公司的经营风险。

表 7—4　　A、B 两家企业经营风险分布

企业名称	经济情况	概率	销售量（件）	单价	销售额	单位变动成本	变动成本总额	边际贡献	固定成本	息税前利润
A	好	0.20	120	10	1 200	6	720	480	200	280
	中	0.60	100	10	1 000	6	600	400	200	200
	差	0.20	80	10	800	6	480	320	200	120
B	好	0.20	120	10	1 200	4	480	720	400	320
	中	0.60	100	10	1 000	4	400	600	400	200
	差	0.20	80	10	800	4	320	480	400	80

①先计算两家企业最有可能的经营杠杆系数。

A 企业的期望边际贡献为：

$$\overline{M_A}=480\times 0.20+400\times 0.60+320\times 0.20=400(\text{万元})$$

A 企业最有可能的经营杠杆系数为：

$$DOL_A=\frac{\overline{M_A}}{\overline{M_A}-a}=\frac{400}{400-200}=2$$

B 企业的期望边际贡献为：

$$\overline{M_B}=720\times 0.20+600\times 0.60+480\times 0.20=600(\text{万元})$$

B 企业最有可能的经营杠杆系数为：

$$DOL_B=\frac{\overline{M_B}}{\overline{M_B}-a}=\frac{600}{600-400}=3$$

②计算两家企业息税前利润的标准差。

A 企业的期望息税前利润为：

$$\overline{\text{EBIT}_A}=280\times 0.20+200\times 0.60+120\times 0.20=200(\text{万元})$$

B 企业的期望息税前利润为：

$$\overline{\text{EBIT}_B}=320\times 0.20+200\times 0.60+80\times 0.20=200(\text{万元})$$

A 企业息税前利润的标准差＝

$$\sqrt{(280-200)^2\times 0.2+(200-200)^2\times 0.6+(120-200)^2\times 0.2}$$

$$\approx 50.6(\text{万元})$$

B企业息税前利润的标准差＝

$\sqrt{(320-200)^2\times 0.2+(200-200)^2\times 0.6+(80-200)^2\times 0.2}$

≈75.9(万元)

根据A、B的经营杠杆系数可以看出A的经营杠杆系数小，所以A的经营风险小；根据息税前利润的标准差可以看出A的标准差小，所以A的经营风险小。

7.1.2.4　财务杠杆

(1)财务杠杆的概念

$$每股收益EPS=\frac{(息税前利润-利息)\times(1-所得税率)}{普通股股数}$$

【思考】在其他因素不变的情况下，如果息税前利润增加10%，那么每股收益变动率是大于、小于还是等于10%?

【答案】大于10%

【解析】在EPS的计算公式中，息税前利润增加10%，如果利息也增加10%，显然，EPS会增加10%。实际上，当息税前利润增加10%时，利息并不发生变动，这样，EPS的变动率就会大于10%。之所以会存在EPS变动率大于EBIT变动率这种现象，原因在于存在固定的财务费用。

在财务管理中，由于固定财务费用存在而导致的每股收益变动率大于息税前利润变动率的杠杆效应，就称为财务杠杆。

(2)财务杠杆作用的衡量

①定义公式：

财务杠杆系数＝普通股每股收益变动率/息税前利润变动率

财务杠杆系数：普通股每股收益的变动率相当于息税前利润变动率的倍数。

②计算公式：

如果企业没有融资租赁和优先股，则：

$$财务杠杆系数=\frac{基期息税前利润}{息税前利润-基期利息}$$

【注意】

通过这个公式可以看到，假如利息为零，那财务杠杆系数就是1，没有财务杠杆作用，每股收益变动率等于息税前利润变动率；否则，分子要比分母大，表明每股收益的变动幅度会超过息税前利润的变动幅度。

运用上期资料计算出的财务杠杆系数，是本期的财务杠杆系数。

【例7—7】 某公司2006年的净利润为670万元，所得税税率为33%，估计下年的财务杠杆系数为2。该公司全年固定成本总额为1 500万元，公司年初发行了一种债券，数量为10万张，每张面值为1 000元，发行价格为1 100元，债券票面利率为10%，发行费用占发行价格的2%。假设公司无其他债务资本。

要求：

①计算2006年的利润总额；

【答案】利润总额＝670/(1－33%)＝1 000(万元)

②计算2006年的利息总额；

【答案】2006年利息总额＝债券面值总额×票面利率＝10×1 000×10%＝1 000(万元)

③计算2006年的息税前利润总额；

【答案】$\frac{EBIT}{EBIT-1\ 000}=2$ 000(万元)

即息税前利润总额为2 000万元。

或者：息税前利润总额＝利润总额＋利息总额＝1 000＋1 000＝2 000(万元)

④计算2007年的经营杠杆系数；

【答案】 $DOL=\frac{1\ 500+2\ 000}{2\ 000}=1.75$

⑤计算2006年的债券筹资成本(计算结果保留两位小数)。

【答案】 债券融资成本$=\frac{1\ 000\times 10\%\times(1-33\%)}{1\ 100\times(1-2\%)}=6.22\%$

(3)财务杠杆与财务风险的关系

财务杠杆系数越大，财务风险越大。

控制财务风险的方法：控制负债比率，即通过合理安排资本结构，适度负债使财务杠杆利益抵消风险增大所带来的不利影响。

财务风险，既可以用财务杠杆系数表示，也可以用每股收益的标准差和标准离差率表示，二者得出的结论一致。

7.1.2.5　复合杠杆

(1)复合杠杆的概念

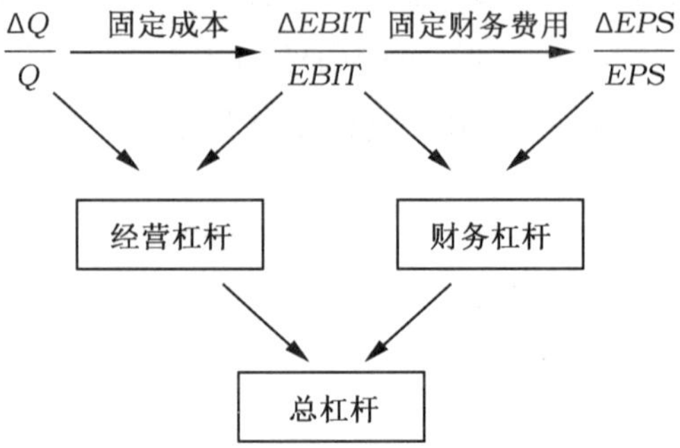

图 7—5　三大杠杆关系示意

复合杠杆：由于固定成本（指的是固定生产经营成本）和固定财务费用的共同存在而导致的普通股每股收益变动率大于产销量变动率的杠杆效应。三种杠杆之间的关系如图 7—5 所示。

(2)复合杠杆的计量

【定义公式】

复合杠杆系数＝普通股每股收益变动率/产销量变动率

复合杠杆系数，是指普通股每股收益变动率相当于产销量变动率的倍数。

$$\text{复合杠杆系数}=\frac{\text{每股收益变动率}}{\text{产销量变动率}}$$

$$=\frac{\text{息税前利润变动率}}{\text{产销量变动率}}\times\frac{\text{每股收益变动率}}{\text{息税前利润变动率}}$$

$$=\text{经营杠杆系数}\times\text{财务杠杆系数}$$

【计算公式】

复合杠杆系数＝财务杠杆系数×经营杠杆系数

如果企业没有融资租赁和优先股，则：

$DCL = DOL \times DFL$

$$= \frac{边际贡献}{息税前利润} \times \frac{息税前利润}{息税前利润-利息} = \frac{边际贡献}{息税前利润-利息}$$

注:上式中的“边际贡献”“息税前利润”和“利息”也都是“基期”的。

【例 7—8】 某企业 2007 年资产总额是 1 000 万元,资产负债率是 40%,负债的平均利息率是 5%,实现的销售收入是 1 000 万元,变动成本率 30%,固定成本和财务费用总共是 220 万元。如果预计 2008 年销售收入会提高 50%,其他条件不变。

①计算 2008 年的财务杠杆、经营杠杆和复合杠杆系数;

【答案】计算 2008 年的财务杠杆、经营杠杆和复合杠杆系数

利息=1 000×40%×5%=20(万元)

变动成本=销售收入×变动成本率=1 000×30%=300(万元)

固定成本=220−20=200(万元)

息税前利润=1 000−300−200=500(万元)

财务杠杆系数=500/(500−20)=1.04

经营杠杆系数=(1 000−300)/500=1.4

复合杠杆系数=1.04×1.4=1.46

②预计 2008 年每股收益增长率。

【答案】预计 2008 年每股收益增长率

2008 年每股收益增长率=复合杠杆系数×收入增长率=1.46×50%=73%

(3)复合杠杆与企业风险的关系

企业复合杠杆系数越大,每股收益的波动幅度越大。由于复合杠杆作用使普通股每股收益大幅度波动而造成的风险,称为复合风险。复合风险直接反映企业的整体风险。在其他因素不变的情况下,复合杠杆系数越大,复合风险越大;复合杠杆系数越小,复合风险越小。通过计算分析复合杠杆系数及普通股每股利润的标准离差和标准离差率可以揭示复合杠杆同复合风险的内在联系。

【例 7—9】 某企业只生产和销售 A 产品,其总成本习性模型为 $y=10\ 000+3x$。假定该企业 2006 年度 A 产品销售量为 10 000 件,每件售价为 5 元;按

市场预测 2007 年 A 产品的销售数量增长 10%。

要求：

①计算 2006 年该企业的边际贡献总额；

②计算 2006 年该企业的息税前利润；

③计算 2007 年的经营杠杆系数；

④计算 2007 年息税前利润增长率；

⑤假定企业 2006 年发生负债利息 5 000 元，且无融资租赁租金，计算 2007 年复合杠杆系数。

【答案】

①2006 年企业的边际贡献总额＝10 000×5－10 000×3＝20 000(元)

②2006 年该企业的息税前利润＝边际贡献总额－固定成本＝20 000－10 000＝10 000(元)

③2007 年的经营杠杆系数＝$M/EBIT$＝20 000/10 000＝2

④2007 年息税前利润增长率＝2×10%＝20%

⑤$DCL=M/(EBIT-I)$＝20 000/(10 000－5 000)＝4

【例 7－10】 某公司年销售额 100 万元，变动成本率 70%，全部固定成本和费用 20 万元(注：固定成本和费用＝固定成本＋利息费用)，总资产 50 万元，资产负债率 40%，负债的平均利息率 8%，假设所得税税率为 40%。

该公司拟改变经营计划，追加投资 40 万元，每年固定成本(注：不含利息费用)增加 5 万元，可以使销售额增加 20%，并使变动成本率下降至 60%。

该公司以提高权益净利率同时降低总杠杆(即复合杠杆)系数作为改进经营计划的标准。

要求：①所需资金以追加实收资本取得，计算权益净利率、经营杠杆系数、财务杠杆系数和复合杠杆系数，判断应否改变经营计划。

【答案】

目前情况：

1－变动成本率＝1－70%＝30%

$$权益净利润=\frac{(100\times30\%-20)\times(1-40\%)}{50\times(1-40\%)}\times100\%=20\%$$

$$经营杠杆系数=\frac{100\times30\%}{100\times30\%-(20-50\times40\%\times8\%)}=\frac{30}{11.6}=2.59$$

$$财务杠杆系数=\frac{11.6}{11.6-1.6}=1.16$$

复合杠杆系数=2.59×1.16=3

或:复合杠杆系数=(100×30%)/(100×30%－20)=3

增资方案:

$$权益净利率=\frac{[100\times120\%\times(1-60\%)-(20+5)]\times(1-40\%)}{50\times(1-40\%)+40}\times100\%$$

$$=19.71\%$$

$$经营杠杆系数=\frac{120\times(1-60\%)}{120\times(1-60\%)-(20+5-1.6)}$$

$$=\frac{48}{48-23.4}=\frac{48}{24.6}=1.95$$

$$财务杠杆系数=\frac{24.6}{24.6-1.6}=1.07$$

复合杠杆系数=1.95×1.07=2.09

或:复合杠杆系数=(120×40%)/[120×40%－(20+5)]=2.09

由于权益净利率降低了,因此,不应改变经营计划

②所需资金以 10%的利率借入,计算权益净利率、经营杠杆系数、财务杠杆系数和复合杠杆系数,判断应否改变经营计划。

【答案】借入资金方案

$$权益净利率=\frac{[100\times120\%\times(1-60\%)-(20+5+4)]\times(1-40\%)}{50\times(1-40\%)}\times100\%$$

$$=38\%$$

$$经营杠杆系数=\frac{120\times40\%}{120\times40\%-(20+5-1.6)}=1.95$$

$$财务杠杆系数=\frac{24.6}{24.6-(4+1.6)}=1.29$$

复合杠杆系数=1.95×1.29=2.52

由于权益净利率提高了,并且复合杠杆系数降低了,因此,应采用借入资金

的经营计划。

【公式总结】

公式总结如图 7—6 所示。

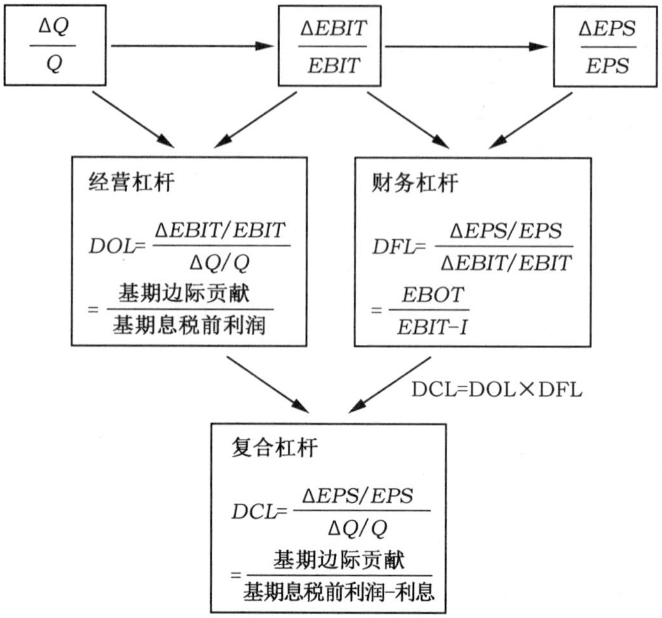

图 7—6 三种杠杆的关系示意

7.1.3 资本结构

7.1.3.1 资本结构的含义

资本结构是指企业各种资本的构成及其比例关系。资本结构是企业筹资决策的核心问题。

资本结构有广义和狭义之分。本章所指资本结构是指狭义的资本结构如表 7—5 所示。

表 7—5　资本结构含义

资本结构	含　义
广义资本结构	指的是全部资金(包括长期资金、短期资金)的结构
狭义资本结构	指的是长期资本结构

7.1.3.2　影响资本结构的因素

(1)企业财务状况

企业获利能力越强、财务状况越好、变现能力越强,就有能力负担财务上的风险,其举债筹资就越有吸引力。

(2)企业资产结构

①拥有大量固定资产的企业,主要通过长期负债和发行股票筹集资金;

②拥有较多流动资产的企业,更多依赖流动负债筹集资金;

③资产适用于抵押贷款的公司举债额较多;

④以研发为主的公司则负债较少。

(3)企业产品销售情况(稳定与否)

(4)投资者和管理人员的态度

(5)贷款人和信用评级机构的影响

(6)行业因素

(7)所得税税率的高低

所得税税率越高,负债的好处越多

(8)利率水平的变动趋势

如果企业财务管理人员认为,利息率暂时较低,但不久的将来有可能上升的话,便会大量发行长期债券,从而在未来若干年内把利率固定在较低的水平上。

7.1.3.3　资本结构理论

资本结构理论包括净收益理论、净营业收益理论、MM 理论、代理理论和等级筹资理论等(见表 7—6)。

表 7—6　　资本结构主要理论

资本结构理论	主要观点
净收益理论	负债程度越高，加权平均资金成本越低，企业价值越大。当负债比率达到 100%时，企业价值将达到最大
净营业收益理论	资本结构与企业的价值无关，决定企业价值高低的关键要素是企业的净营业收益。尽管企业增加了成本较低的债务资金，但同时也加大了企业的风险，导致权益资金成本的提高，企业的综合资金成本仍保持不变。不论企业的财务杠杆程度如何，其整体的资金成本不变，企业的价值也就不受资本结构的影响，因而不存在最佳资本结构
MM 理论	在没有企业和个人所得税的情况下，风险相同的企业，其价值不受有无负债及负债程度的影响；但在考虑所得税的情况下（修正的 MM 理论），由于存在税额庇护利益，企业价值会随负债程度的提高而增加，股东也可获得更多好处。于是，负债越多，企业价值也会越大
代理理论	随着公司债权资本的增加，债权人的监督成本随之上升，债权人会要求更高的利率。这种代理成本最终要由股东承担（股权代理成本增加），公司资本结构中债权比例过高，会导致股东价值的降低，因此，均衡的企业所有权结构是由股权代理成本和债权代理成本之间的平衡关系来决定的
等级筹资理论	从成熟的证券市场来看，企业的筹资优序模式首先是内部筹资，其次是借款、发行债券、可转换债券，最后是发行新股筹资。但是，20 世纪 80 年代新兴证券市场具有明显的股权融资偏好

7.1.3.4　资本结构优化决策

最佳资本结构是指在一定条件下使企业加权平均资金成本最低、企业价值最大的资本结构。

确定方法主要有以下几种：

(1)每股收益无差别点法（$EBIT-EPS$ 分析法）

$$每股收益\ EPS=\frac{(EBIT-I)\times(1-T)}{N}$$

每股收益无差别点的息税前利润，就是两种筹资方式每股收益相等时的息税前利润。

求解方法：写出两种筹资方式每股收益的计算公式，令其相等，解出息税前利润。这个息税前利润就是每股收益无差别点的息税前利润。

决策原则：如果预期的息税前利润大于每股收益无差别点的息税前利润，则运用负债筹资方式；反之，如果预期的息税前利润小于每股收益无差别点的息税前利润，则运用权益筹资方式。

【例 7－11】 某公司 2007 年 12 月 31 日的负债及所有者权益总额为 18 000 万元，其中，发行在外的普通股 8 000 万股（每股面值 1 元），公司债券 2 000 万元（按面值发行，票面年利率为 8%，每年年末付息，三年后到期），资本公积 4 000 万元，其余均为留存收益。

2008 年 1 月 1 日，该公司拟投资一个新的建设项目需追加筹资 2 000 万元，现有 A、B 两个筹资方案可供选择。

A 方案为：发行普通股，预计每股发行价格为 5 元。

B 方案为：按面值发行票面年利率为 8%的公司债券（每年年末付息）。

假定该建设项目投产后，2008 年度公司可实现息税前利润 4 000 万元。公司适用的所得税税率为 33%。

要求：

(1)计算 A 方案的下列指标：

①增发普通股的股数；

②2008 年公司的全年债券利息。

【答案】A 方案：

①2008 年增发普通股股数＝2 000/5＝400（万股）

②2008 年全年债券利息＝2 000×8%＝160（万元）

(2)计算 B 方案下 2008 年公司的全年债券利息。

【答案】B 方案：

2008 年全年债券利息＝160＋2 000×8%＝320（万元）

(3)计算 A、B 两方案的每股利润无差别点的息税前利润；并据此为该公司做出筹资决策。

【答案】计算每股利润无差别点的息税前利润：

依题意，列以下方程式

$$\frac{(\overline{EBIT}-160)\times(1-33\%)}{8\,000+400}=\frac{(\overline{EBIT}-320)\times(1-33\%)}{8\,000}$$

解得：每股利润无差别点的息税前利润＝3 520（万元）

【注意】由于方程两边均有（1－33％），为简化计算可以先约去，再计算无差别点。

∵预计的息税前利润 4 000 万元＞每股利润无差别点 3 520 万元

∴应当发行公司债券筹集所需资金。

【注意】每股收益无差别点除了可以利用息税前利润表示外，还可以用销售量、销售额、边际贡献等表示。

（2）比较资金成本法

比较资金成本法，是通过计算各方案加权平均资金成本，并根据加权平均资金成本的高低来确定最佳资本结构的方法。最佳资本结构亦即加权平均资金成本最低的资本结构。

【例 7－12】 乙公司原来的资金结构如表 7－7 所示。普通股每股面值 1 元，发行价格 10 元，目前价格也为 10 元，今年期望股利为 1 元/股，预计以后每年增加股利 5％。该企业适用的所得税税率假设为 33％，假设发行的各种证券均无筹资费。

表 7－7　　资金结构　　单位：万元

筹资方式	金额
债券（年利率 10％）	8 000
普通股（每股面值 1 元，发行价 10 元，共 800 万股）	8 000
合计	16 000

该企业现拟增资 4 000 万元，以扩大生产经营规模，现有如下三种方案可供选择：

甲方案：增加发行 4 000 万元的债券，因负债增加，投资人风险加大，债券利率增加至 12％才能发行，预计普通股股利不变，但由于风险加大，普通股市价降至 8 元/股。构成变化如图 7－7 所示。

乙方案：发行债券 2 000 万元，年利率为 10％，发行股票 200 万股，每股发行价 10 元，预计普通股股利不变。

丙方案：发行股票 400 万股，普通股市价 10 元/股。

要求:分别计算其加权平均资金成本,并确定哪个方案最好。

甲方案	原债券	8 000	40%	6.7%
	新债券	4 000	20%	8.04%
	普通股	8 000	40%	17.5%
	合计	20 000		

图7—7　比较资金成本法中甲方案的成本比较

【答案】(1)计算计划年初的加权平均资金成本

各种资金的比重和资金成本分别为(其中b代表债券,e代表股票):

$$W_b=\frac{8\ 000}{16\ 000}\times 100\%=50\%$$

$$W_e=\frac{8\ 000}{16\ 000}\times 100\%=50\%$$

$$K_b=10\%-(1-33\%)=6.7\%$$

$$K_e=\frac{1}{10}+5\%=15\%$$

计划年初加权平均资金成本$=50\%\times 6.7\%+50\%\times 15\%=10.85\%$

(2)计算甲方案的加权平均资金成本

$W_{b1}=(8\ 000/20\ 000)\times 100\%=40\%$

$W_{b2}=(4\ 000/20\ 000)\times 100\%=20\%$

$W_C=(8\ 000/20\ 000)\times 100\%=40\%$

$K_{b1}=10\%\times(1-33\%)=6.7\%$

$K_{b2}=12\%\times(1-33\%)=8.04\%$

$K_C=1/8+5\%=17.5\%$

甲方案的加权平均资金成本$=40\%\times 6.7\%+20\%\times 8.04\%+40\%\times 17.5\%=11.29\%$

(3)计算乙方案的加权平均资金成本

乙方案筹资后债券和普通股的比重仍然分别为50%,50%;且资金成本仍然分别为6.7%,15%。所以乙方案加权平均资金成本仍然为10.85%。

(4)计算丙方案的加权平均资金成本

负债和权益资金的比重分别为40%、60%;资金成本分别为6.7%、15%.

丙方案的加权平均资金成本=40%×6.7%+60%×15%=11.68%

按照比较资金成本法决策,要选择加权平均资金成本最小的方案为最优方案,因此,最优方案是乙方案。

【总结】

(1)企业举借新债,如果新债与旧债成本不同,需要分别计算各自的资金成本。

(2)企业发行新股筹资,新旧普通股一并重新计算资金成本。

(3)公司价值分析法

公司价值分析法,是在充分反映公司财务风险的前提下,以公司价值的大小为标准,经过测算确定公司最佳资本结构的方法。

通常适用于资本规模较大的上市公司。

关于公司价值的内容和测算基础与方法,目前主要有两种认识:

①公司价值等于其未来净收益(或现金流量,下同)按照一定的折现率折现的价值,即公司未来净收益的折现值。②公司价值是其股票的现行市场价值。

7.2 向洋葱认输的麦当劳

麦当劳是世界上最大的快餐连锁店之一。2009 年 10 月 31 日午夜,麦当劳在冰岛结束这一天营业的同时,也结束了在冰岛长达 16 年的营业史,全面退出了冰岛市场,甚至没有表示会有重新开张的一天!

麦当劳总部对此发布声明说,在冰岛开展业务是一项非常大的挑战。然而与此同时,麦当劳在冰岛的总经销商欧曼德森却表示,麦当劳在冰岛的生意一直十分兴隆:“每到就餐时,汹涌的人潮是任何一个地方都没有的!”

既然生意这样好,那又是什么原因使麦当劳选择了退出呢?谁也想不到的是,让麦当劳认输的,竟然不是同行业的竞争,而是冰岛的洋葱!

在冰岛这个位于大西洋中的岛国,农业不发达,大部分农作物都来自德国,包括麦当劳里一种必不可少的原料——洋葱!然而,麦当劳于 1993 年决定在冰岛开设分店时,并没有对此做过仔细的调查,麦当劳总部想当然地认为洋葱只是一种随处可见的便宜货,到开张之后才发现,冰岛的洋葱简直就是贵得出奇，购进一个普通大小的洋葱，需要卖掉十几个巨无霸汉堡包才够本！

既然开张了，麦当劳只能选择坚持。长期以来，麦当劳在冰岛的生意看上去虽然红火，但是所能产生的利润实在是薄之又薄。冰岛的麦当劳特许营运商奥格蒙德森用一句话描述出了这十几年来的经营状况："我一直在不断亏钱！"

此次的金融风暴使冰岛克朗大幅贬值，欧元逐渐走强，加之进口食品税率提高，成本上升，更加大了麦当劳的经营难度。在冰岛首都雷克雅未克，一个巨无霸的售价为650冰岛克朗，但如果要获得最基本的利润，就必须让价格上涨到780冰岛克朗(约6.36美元)，而这个价钱甚至比瑞士和挪威的5.75美元还要高。如果是这个价格，那么麦当劳就根本不会成为人们的选择！而购买一只普通的洋葱，按欧曼德森的话来说："要花掉购买一瓶上等威士忌酒的钱。"

因为洋葱的高价，使麦当劳这个几乎是所向披靡的全球快餐巨无霸，在冰岛低头认了输！

有人说这是因为冰岛不产洋葱所导致的，也有人说这是让金融危机给害的，这些观点不能说全错了，但最为根本的原因，是麦当劳在决定开拓冰岛这片市场的时候，忽略掉了一个细节：冰岛的洋葱从哪儿来？

正是因为忽略了这个细节，最终导致了麦当劳在冰岛的失败。这个故事同时也告诉我们，即便是优秀的企业也面临着无处不在的经营风险。

资料来源：《读者》2001年第3期。

7.3　Excel 运用

7.3.1　加权平均资金成本模型设计

在手工条件下，不少企业采用简单性分析匆匆采取某种筹资方式而影响了决策的质量；而有些企业意识到应该将定量分析和定性分析结合做出有效的筹资方案，但因计算机的复杂和模型建立的艰辛而望而却步。这里通过例子介绍建立加权平均资金成本模型的方法，可以为企业进行资金成本的计算提供更好的工具。

【例7—13】　某企业共有资金150万元，其中长期借款50万元，债券30万元，优先股10万元，普通股40万元，留存收益20万元，各种资金成本率分别为8%、6%、12%、15.5%、15%，债券筹资费率是1%，优先股筹资费率是2%，普通股筹资费率是3%，试计算该企业加权资金成本。先建立筹资决策分析模型工作簿，建立工作表将其命名为"加权平均资本成本模型(固定股利型)"，

其模型如表7—8所示。

表7—8　　加权平均资金成本模型(固定股利型)

	A	B	C	D	E	F	G	H
1								
2	股利增长率	0						
3	所得税率	33%						
4								单位:万元
5	筹资种类		筹资总额	年利率/股利率	利息额/股利	筹资费率	资金成本率K	所占比重W
6	长期借款筹资		50	8%	4	0	5.36%	33%
7	债券筹资		30	6%	1.8	1%	4.06%	20%
8	优先股筹资		10	12%	1.2	2%	12.24%	7%
9	普通股筹资（固定股利型）		40	15%	6	3%	15.46%	27%
10	普通股筹资（稳定增长型）							
11	留存收益筹资(固定股利型)		20	15.50%	3.1	0	15.50%	13%
12	留存收益筹资(稳定增长型)							
13	总计		150					100%
14	加权平均资金成本						9.61%	
15								

加权平均资金成本模型设计步骤如下：

(1)设计加权平均资金成本模型结构图；

(2)长期借款资本成本率：选择G6单元，输入公式"=D6 * (1—B3)"可得；

(3)债券资金成本率：选择G7单元，输入公式"=E7 * (1—B3)/(C7 * (1—F7))"可得；

(4)优先股资金成本率：选择G8单元，输入公式"=E8/(C8 * (1—F8))"可得；

(5)普通股资金成本率(固定股利型)：选择G9单元，输入公式"=E9/(C9 * (1—F9))"

可得；

(6)留存收益资金成本率(固定股利型):选择 G11 单元,输入公式"=E11/C9"可得;

(7)各种资金占总资金的比重:选择 H6 单元,输入公式"=C6/$C$13",再选择 H6 拖住填充柄至 H12 即可;

(8)加权平均资金成本率:选择 G14 单元,输入公式"=G6*H6+G7*H7+G8*H8+G9*H9+G10*H10+G11*H11+G12*H12"可得。

注:H6 中绝对地址的运用和合并单元格的运用。

上例为普通股是固定股利的情况,下例给出当普通股股利是稳定增长型情况。

【例 7—14】 假设普通股以每年 4%的股利在增长,试计算该企业加权资金成本。

选择工作表 2 将其重命名为"加权平均资本成本模型(股利稳定增长型)",其模型如表 7—9 所示。

表 7—9　　加权平均资本成本模型(股利稳定增长型)

股利增长率	0
所得税率	33%

单位:万元

筹资种类	筹资总额	年利率/股利率	利息额/股利	筹资费率	资金成本率K	所占比重W
长期借款筹资	50	8%	4	0	5.36%	33%
债券筹资	30	6%	1.8	1%	4.06%	20%
优先股筹资	10	12%	1.2	2%	12.24%	7%
普通股筹资(固定股利型)	40	15%	6	3%	15.46%	27%
普通股筹资(稳定增长型)						
留存收益筹资(固定股利型)	20	15.50%	3.1	0	15.50%	13%
留存收益筹资(稳定增长型)						
总计	150					100%
加权平均资金成本					9.61%	

加权平均资金成本模型(股利稳定增长型)

加权平均资金成本模型设计步骤如下:

步骤(1)(4)同上例。

(5)普通股资金成本率(稳定增长型):选择 G10 单元,输入公式"=E10/(C10*(1-F10))+B2"可得;

(6)留存收益资金成本率(固定股利型):选择 G11 单元,输入公式"=E11/C9"可得;

(7)各种资金占总资金的比重:选择 H6 单元,输入公式"=C6/$C$13",再选择 H6 拖住填充柄至 H12 即可;

(8)加权平均资金成本率:选择 G14 单元,输入公式"=G6*H6+G7*H7+G8*H8+G9*H9+G10*H10+G11*H11+G12*H12"可得。

注:H6 中绝对地址的运用和合并单元格的运用。

7.3.2 综合资本成本的计算

FIB 公司只生产一种甲产品,当年的销售量为 8 000 件,销售单价 100 元,单位变动成本 60 元,固定成本总额为 240 000 元。具体如 Excel 电子表格表 7—10 所示。

表 7—10　　FIB 公司息税前收益和经营杠杆系数相关数据及计算表

	A	B	C
1		分析数据	
2	Q	8 000	销售量
3	P	100	销售单价
4	V	60	单位变动成本
5	F	240 000	固定成本总额
6		计算过程及结果	
7	息税前收益(EBIT)		
8	经营杠杆系数(DOL)		

要求:

(1)分别计算 Excel 电子表格中该公司当期的息税前收益(B7)和经营杠杆系数(B8);

(2)利用 Excel 电子表格进行敏感性分析：

①销售量(Q)对息税前收益和经营杠杆系数的敏感性分析；

②销售单价(P)对息税前收益和经营杠杆系数的敏感性分析；

③单位变动成本(V)对息税前收益和经营杠杆系数的敏感性分析；

④固定成本总额(F)对息税前收益和经营杠杆系数的敏感性分析；

(3)如果 FIB 公司的资本来源为：公司债券 400 000 元，年利息率 5%；优先股 1 000 股，每股面值 100 元，年股息率 7.5%；流通在外的普通股股数为 5 000 股，公司的所得税税率 25%。假设 FIB 公司预计明年的销售量会在现有 8 000 件的基础上增长 10%，其他因素保持不变，相关数据如表 7—11 所示。根据 Excel 电子表格计算 B13:D26 区域内空白单元格的数值，并计算该公司的经营杠杆系数(D27)、财务杠杆系数(D28)和总杠杆系数(D29)。

表 7—11　　FIB 公司杠杆分析数据及计算表　　单位：元

	A	B	C	D
1	分析数据：			
2	销售量(件)	8 000	单位变动成本	60
3	销售单价	100	固定成本总额	240 000
4	所得税税率	25%		
5	资本构成：			
6	公司债券		优先股	
7	债券价值	400 000	股数(股)	1 000
8	利息率	5%	每股面值	100
9	普通股		股息率	7.50%
10	股数(股)	5 000		
11	计算过程及结果：			
12		当年(t=0)	明年(t=1)	增长率
13	销售量(件)	8 000		10.00%
14	销售收入			
15	减：变动成本总额			

续表

	A	B	C	D
16	边际贡献总额			
17	减:固定成本总额			—
18	息税前收益(*EBIT*)			
19	减:利息(5%)			—
20	税前收益			
21	减:所得税(25%)			
22	税后收益			
23	减:优先股股息			—
24	普通股净收益			
25	普通股股数(股)			—
26	每股收益(*EPS*)			
27	经营杠杆系数(*DOL*)			
28	财务杠杆系数(*DFL*)			
29	总杠杆系数(*DTL*)			

(1)具体步骤(见表7—12):

表7—12　　FIB公司息税前收益和经营杠杆系数相关数据及计算表

	A	B	C
1	分析数据:		
2	*Q*(件)	8 000	销售量
3	*P*(元)	100	销售单价
4	*V*(元)	60	单位变动成本
5	*F*(元)	240 000	固定成本总额
6	计算过程及结果		
7	息税前收益(*EBIT*)(元)	80 000	B7=B2 * (B3－B4)－B5
8	经营杠杆系数(*DOL*)	4	B8=B2 * (B3－B4)/B7

(2)敏感性分析:

①销售量(Q)对息税前收益和经营杠杆系数的敏感性分析：

表 7—13　　不同销售量水平下的息税前收益和经营杠杆系数

	A	B	C	D
10	分析数据(Q)	计算结果		计算公式
11		息税前收益(EBIT)(元)	经营杠杆系数(DOL)	
12		80 000	4	B12=B7,C12=B8
13	0	−240 000	0.00	B13=表(,B2)
14	1 000	−200 000	−0.20	B14=表(,B2)
15	2 000	−160 000	−0.50	B15=表(,B2)
16	3 000	−120 000	−1.00	B16=表(,B2)
17	4 000	−80 000	−2.00	B17=表(,B2)
18	5 000	−40 000	−5.00	B18=表(,B2)
19	6 000	0	#DIV/0!	B19=表(,B2)
20	7 000	40 000	7.00	B20=表(,B2)
21	8 000	80 000	4.00	B21=表(,B2)
22	9 000	120 000	3.00	B22=表(,B2)
23	10 000	160 000	2.50	B23=表(,B2)
24	11 000	200 000	2.20	B24=表(,B2)
25	12 000	240 000	2.00	B25=表(,B2)

Excel 电子表格中单元格 B13:C25 区域的数据是采用模拟运算表进行计算的。假设在当前销售量 8 000 件的基础上每增、减 1 000 件进行敏感性分析，即销售量为单元格 A13:A25 所示。首先在单元格 B12 中输入公式“=B7”，C12 中输入公式“=B8”，然后选定单元格 A12:C25 区域，在[数据]菜单栏的下拉菜单中选择[模拟运算表]，在出现的模拟运算表对话框中的“输入引用列的单元格”中点击红色箭头，选择单元格 B2，点击[确定]按钮，即可得到表中 B13:C25 区域的结果。

说明：(1)表中 D 列列示出 B13:B25 的计算公式，而 C13:C25 的计算公式同 B13:B25；(2)表中单元格 C19 中显示“#DIV/0!”，表明计算公式的分母为零，这说明在销售量为 6 000 件时，经营杠杆系数趋近于无穷大，即 DOL→∞。

销售单价（P）、单位变动成本（V）和固定成本总额（F）对息税前收益和经营杠杆系数的敏感性分析步骤同上，其结果如下：

②销售单价（P）对息税前收益和经营杠杆系数的敏感性分析（见表 7—14）：

表 7—14　　不同销售单价水平下的息税前收益和经营杠杆系数

	A	B	C	D
27	分析数据（P）	计算结果		计算公式
28		息税前收益（$EBIT$）（元）	经营杠杆系数（DOL）	
29		80 000	4.00	B29＝B7，C29＝B8
30	65	－200 000	－0.20	B30＝表（，B3）
31	70	－160 000	－0.50	B31＝表（，B3）
32	75	－120 000	－1.00	B32＝表（，B3）
33	80	－80 000	－2.00	B33＝表（，B3）
34	85	－40 000	－5.00	B34＝表（，B3）
35	90	0	＃DIV/0！	B35＝表（，B3）
36	95	40 000	7.00	B36＝表（，B3）
37	100	80 000	4.00	B37＝表（，B3）
38	105	120 000	3.00	B38＝表（，B3）
39	110	160 000	2.50	B39＝表（，B3）
40	115	200 000	2.20	B40＝表（，B3）
41	120	240 000	2.00	B41＝表（，B3）
42	125	280 000	1.86	B42＝表（，B3）

③单位变动成本（V）对息税前收益和经营杠杆系数的敏感性分析（见表 7—15）：

表 7—15　　不同单位变动成本水平下的息税前收益和经营杠杆系数

	A	B	C	D
44	分析数据(*P*)	计算结果		计算公式
45		息税前收益(*EBIT*)(元)	经营杠杆系数(*DOL*)	
46		80 000	4.00	B46=B7,C46=B8
47	30	320 000	1.75	B47=表(,B4)
48	35	280 000	1.86	B48=表(,B4)
49	40	240 000	2.00	B49=表(,B4)
50	45	200 000	2.20	B50=表(,B4)
51	50	160 000	2.50	B51=表(,B4)
52	55	120 000	3.00	B52=表(,B4)
53	60	80 000	4.00	B53=表(,B4)
54	65	40 000	7.00	B54=表(,B4)
55	70	0	#DIV/0!	B55=表(,B4)
56	75	−40 000	−5.00	B56=表(,B4)
57	80	−80 000	−2.00	B57=表(,B4)
58	85	−120 000	−1.00	B58=表(,B4)
59	90	−160 000	−0.50	B59=表(,B4)

④固定成本总额(*F*)对息税前收益和经营杠杆系数的敏感性分析(见表 7—16):

表 7—16　　不同固定成本总额水平下的息税前收益和经营杠杆系数

	A	B	C	D
61	分析数据(*P*)	计算结果		计算公式
62		息税前收益(*EBIT*)(元)	经营杠杆系数(*DOL*)	
63		80 000	4.00	B63=B7,C63=B8
64	0	320 000	1.00	B64=表(,B5)
65	40 000	280 000	1.14	B65=表(,B5)
66	80 000	240 000	1.33	B66=表(,B5)

续表

	A	B	C	D
67	120 000	200 000	1.60	B67=表(,B5)
68	160 000	160 000	2.00	B68=表(,B5)
69	200 000	120 000	2.67	B69=表(,B5)
70	240 000	80 000	4.00	B70=表(,B5)
71	280 000	40 000	8.00	B71=表(,B5)
72	320 000	0	#DIV/0!	B72=表(,B5)
73	360 000	−40 000	−8.00	B73=表(,B5)
74	400 000	−80 000	−4.00	B74=表(,B5)
75	440 000	−120 000	−2.67	B75=表(,B5)
76	480 000	−160 000	−2.00	B76=表(,B5)

(3)计算该公司的经营杠杆系数(D27)、财务杠杆系数(D28)和总杠杆系数(D29)如表7—17所示。

表7—17　　FIB公司杠杆分析数据及计算表　　单位:元

	A	B	C	D	E
1	分析数据				
2	销售量(件)	8 000	单位变动成本	60	
3	销售单价	100	固定成本总额	240 000	
4	所得税税率	25%			
5	资本构成:				
6	公司债券优先股				
7	债券价值	400 000	股数(股)	1 000	
8	利息率	5%	每股面值	100	
9	普通股		股息率	7.50%	
10	股数(股)	5 000			
11	计算过程及结果				
12		当年(t=0)	明年(t=1)	增长率	
13	销售量(件)	8 000	8 800	10.00%	C13=B13*(1+D13)
14	销售收入	800 000	880 000	10.00%	B14=B13*$B$3

续表

	A	B	C	D	E
15	减:变动成本总额	480 000	528 000	10.00%	B15=B13 * $D$2
16	边际贡献总额	320 000	352 000	10.00%	B16=B14−B15
17	减:固定成本总额	240 000	240 000	—	B17= $D$3
18	息税前收益(EBIT)	80 000	112 000	40.00%	B18=B16−B17
19	减:利息(5%)	20 000	20 000	—	B19= $B$7 * $B$8
20	税前收益	60 000	92 000	53.33%	B20=B18−B19
21	减:所得税(25%)	15 000	23 000	53.33%	B21=B20 * $B$4
22	税后收益	45 000	69 000	53.33%	B22=B20−B21
23	减:优先股股息	7 500	7 500	—	B23= $D$7 * $D$8 * $D$9
24	普通股净收益	37 500	61 500	64.00%	B24=B22−B23
25	普通股股数(股)	5 000	5 000	—	B25= $B$10
26	每股收益(*EPS*)	7.5	12.3	64.00%	B26=B24/B25
27	经营杠杆系数(*DOL*)			4	D27=D18/D13
28	财务杠杆系数(*DFL*)			1.6	*D28*=*D26*/*D18*
29	总杠杆系数(DTL)			6.4	*D29*=*D26*/*D13*
30	说明:*E14*:*E26* 列示出单元格 *B14*:*B26* 的计算公式(计算过程中采用单元格的绝对引用),而单元格 *C14*:*C26* 的计算同 *B14*:*B26*,因此可以采用 *Excel* 电子表格中的自动填充功能得到 *C14*:*C26* 的计算结果;单元格 *D14* 的计算公式为:*D14*=(*C14*−*B14*)/*B14*,*D15*:*D26* 中的空白单元格可依此填充。				

7.4　案例分析

7.4.1　马绍尔工业公司低负债的资本结构

马绍尔工业公司(Marshall Industries)是美国第四大电子和工业零部件经销商。半导体占其销售的大多数。公司的供应商包括得克萨斯仪器公司(Texas Instruments)、日立公司和富士公司。公司是在 1954 年由戈登 S. 马绍尔(Gordon S. Marshall)创立的。马绍尔先生仍是董事会主席,但他目前拥有不到 2%的公司股份。直到最近,当公司宣布其购买电子经销商斯特林电子公司(Sterling Electronics)的意向时,马绍尔工业公司采用了极少量的长期债务。

在 1997 年 8 月，公司的资本结构如表 7—18 中所示：

表 7—18　　马绍尔工业公司的资本结构　　单位：美元

资金来源	金　额	比　率
长期债务	55 000 000	8.5%
股票市场价值	593 000 000	91.5%
合　计	648 000 000	100%

为什么马绍尔工业公司并不看重长期债务呢？创始人及董事会主席戈登 S. 马绍尔（简称 GSM）回答了这个以及其他问题。

采访者：从财务的角度看待马绍尔工业公司，有一件事情较突出，即公司几乎没有长期债务，为什么呢？

GSM：公司没有任何理由采用财务杠杆。我们能从留存收益中筹得发展资金。我们不需要债务。

采访者：马绍尔工业公司正处于竞争激烈的行业中。这是否是马绍尔工业公司资本结构的影响因素？

GSM：一个重要的因素是我的谨慎个性。正如你知道的，这是一个激烈的行业。我已经历过一些财务上的恶劣时期，我不想把自己置于这样一种处境——任何时候都不得不到一家银行说："你们能贷一些款给我吗？"

采访者：马绍尔工业公司经销亚洲（主要是日本）的电子零部件。近来的亚洲衰退对马绍尔工业公司有影响吗？

GSM：生产力过剩是个大问题。在亚洲，所有生产力过剩的结果是价格和利润持续下降。所以我们的策略是必须扩大规模，使得公司更有效率和更富有竞争力。这就是我们最近收购斯特林电子公司的原因。斯特林电子公司是一家市值 4 亿美元的公司，而且现在我们有了财务杠杆。我们目前有 3 亿美元的债务。

采访者：到最近为止，马绍尔工业公司几乎没有债务，获利甚丰而且未支付股利。贵公司曾经是敌意收购抑或其他收购行为的目标公司吗？

GSM：在历史上，公司大多依赖我（直至任命目前的首席执行官 Robert Rodin）和我长期以来所建立起来的关系。因此，敌意的收购是不可能的。

马绍尔工业公司的一些教训是什么呢？首先，它是一家拥有重大无形资产的公司。马绍尔工业公司在历史上的成功依靠戈登 S. 马绍尔的领导能力——他的信誉和建立并保持关系的能力。无形资产和低负债比率趋于相关，因为无形资产带来高的财务困境成本，尤其是当其与公司的成功有了密切的联系时。电子零部件的经销是竞争激烈的行业，有足够的成长机会，但也有经营不好的时期。在经营好的时候，马绍尔工业公司采用非常少的债务。未使用的负债能力提供高融资能力（Financial Slack）和进入金融市场的准备。马绍尔工业公司把对自己有利的高融资能力用于与斯特林电子公司的合并。

当然，戈登 S. 马绍尔已经是马绍尔工业公司股票的一个重要持有人。所有者控制的公司在财务上趋于保守，因为财务困境成本对它们的损害高于对所有权分散的公司的损害。表 7—19 是马绍尔工业公司的一份财务报告：

表 7—19　　马绍尔工业公司的财务报告

项　目	1997 年
收入（百万美元）	1 184
净收入（百万美元）	40
长期债务（百万美元）	55
股票的市场价值（百万美元）	593
股利支付比率（%）	0
五年期平均权益收益率（%）	13.3
市值/面值比	1.6
债务占总资本比（%）	8.5
五年综合收入年增长率（%）	16
机构投资者的持股比例（%）	87

资料来源：（美）斯蒂芬 A. 罗斯等著：《公司理财》，机械工业出版社，2000 年。

案例分析要求：利用财务管理理论和经济学理论对该公司对以下几个方面的财务行为进行分析：

（1）马绍尔工业公司资本结构的特点是什么？它对公司价值产生什么影响？

(2)“马绍尔工业公司正处于竞争激烈的行业中。这是否是影响马绍尔工业公司资本结构的因素?”

(3)“马绍尔工业公司几乎没有债务,获利甚丰而且未支付股利”,你对此是如何理解的?

(4)如何理解“所有生产力过剩的结果是价格和利润持续下降。所以我们的策略是必须扩大规模,使得公司更有效率和更富有竞争力。这就是为什么我们最近收购斯特林电子公司的原因。”

(5)如何理解“无形资产和低负债比率趋于相关,因为无形资产带来高的财务困境成本,尤其是当其与公司的成功有了密切的联系时。”

7.4.2 宝钢增发A股案例

本案例介绍了宝山钢铁股份有限公司增发融资过程的始末,思考宝钢在选择其资本结构时,采取A股增发方式的原因。

7.4.2.1 宝钢简介

宝山钢铁股份有限公司(股票代码600019,以下简称“宝钢”),2000年2月3日,由上海宝钢集团公司(以下简称“宝钢集团”)以主体资产的一、二期工程及部分三期资产发起设立,同年12月12日正式在上海证券交易所挂牌上市。公司坐落于中国上海,注册资本为175亿元,是上海宝山钢铁集团最重要的子公司。

公司专业生产高技术含量、高附加值的钢铁产品。在汽车制造、家电生产、石油开采、油气输送、压力容器、集装箱用材等领域,宝钢在成为中国市场主要钢材供应商的同时,产品出口日本、韩国、欧美四十多个国家和地区。

宝钢是中国最大、最现代化的钢铁联合企业。《财富》2005年全球企业500强排名中,宝钢居309位,全球钢铁行业企业排行中,宝钢居第6位。

自发行上市以来,宝钢保持了较为快速的增长,其主营收入年平均增长率为18.39%,其净利润年平均增长率更是达到37.59%(见表7—20)。

表 7—20　　宝钢上市以来经营业绩增长情况

时　间	2000—12—31	2001—12—31	2002—12—31	2003—12—31	2004—12—31
主营收入(亿元)	309.41	291.71	338.77	444.60	586.38
增长率	—	−5.72%	16.13%	31.24%	31.89%
净利润(亿元)	29.92	25.61	42.72	69.76	93.95
增长率	—	−14.40%	66.79%	63.29%	34.68%
总资产(亿元)	389.67	580.42	614.89	609.18	642.55
增长率	—	48.95%	5.94%	−0.93%	5.48%
净资产(亿元)	252.82	262.90	281.85	354.66	418.61
增长率	—	3.99%	7.21%	25.83%	18.03%
每股收益(元/股)	0.24	0.20	0.34	0.56	0.75
增长率	—	−16.67%	70.00%	64.71%	33.93%

资料来源:相关年份的年度报告。

7.4.2.2　资本结构状况

(1)负债情况

宝钢的各项财务指标显示,其资本结构的安全性很强(见表 7—21)。

表 7—21　　宝钢资本结构情况

时　间	2000—12—31	2001—12—31	2002—12—31	2003—12—31	2004—12—31
流动资产合计(亿元)	118.99	78.98	118.35	114.36	159.54
固定资产合计(亿元)	270.22	501.04	496.39	491.36	479.49
总资产(亿元)	389.67	580.42	614.89	609.18	642.55
流动负债(亿元)	78.38	80.69	119.36	98.21	121.36
长期负债(亿元)	58.47	236.83	213.68	154.06	101.06
负债合计(亿元)	136.85	317.52	333.04	252.27	222.42
股东权益合计(亿元)	252.82	262.90	281.85	354.66	418.61
资产负债率	35.12%	54.71%	54.16%	41.41%	34.61%
长期负债资产比	15.01%	40.80%	34.75%	25.29%	15.73%
流动负债率	57.27%	25.41%	35.84%	38.93%	54.56%

注:资产负债率=总负债/总资产;长期负债资产比=长期负债/总资产;流动负债率=流动负债/负债合计。

宝钢的负债于 2003 年大幅下降,由 2002 年末的 333 亿元降为 2003 年末的

252亿元,并于2004年末持续下降至222亿元;相应地,公司资产负债率在2003、2004年大幅下降,到2004年末期已下降到34.61%,达到其上市之后的最低水平,显示宝钢具有较强的资产安全性。

在总负债水平较低的前提下,宝钢的长期负债在2001～2004年处于持续下跌状态,长期负债额由2001年底的237亿元跌至2004年底的101亿;相应地,公司长期负债占总资产的比重在2004年底基本达到其上市之后的最低点(仅高于2000年底)(见图7—8)。

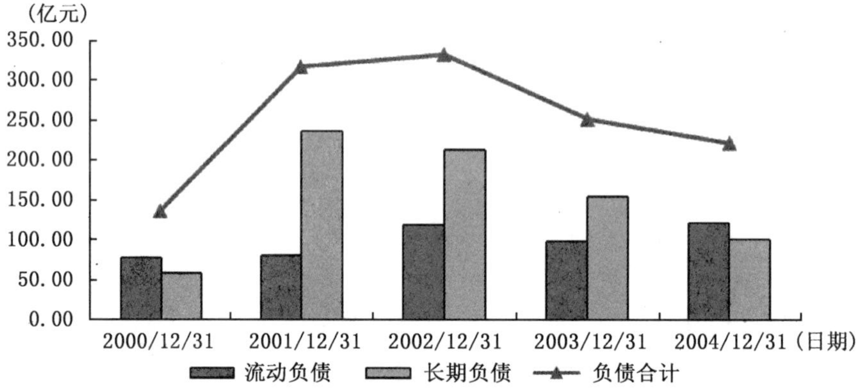

图7—8 宝钢2000～2004年的负债结构

相对于长期负债,宝钢的流动负债变动较小,处于相对稳定的状态。至2004年底,由于长期负债的大幅下降,宝钢的流动负债超过其长期负债,占总负债的比重上升为55%,处于较高水平。

(2)股本情况

宝钢集团作为宝钢的发起人,持有宝钢85%的股份,是宝钢的控股股东。截至2004年底,宝钢股权结构分布为:总股本125.12亿股,其中国家股(非流通股)106.35亿股,全部由宝钢集团持有,占总股本85%;社会公众股(流通A股)18.77亿股,占总股本15%,其前十大流通股股东均为基金、券商和QFII。

自2000年12月12日上市至2004年底,宝钢未进行增发和送配股,股本总额保持不变(见表7—22)。

表7—22　　宝钢股本结构状况(增发前)

类　别	国有股(宝钢集团)	社会公众股	总股本
股数(亿股)	106.35	18.77	125.12
比重	85%	15%	100%

宝钢作为总股本数、流通A股规模最大的上市公司之一,入选上证180指数,其对证券股指的影响巨大。

7.4.2.3　宝钢增发融资始末

2004年8月10日,宝钢召开董事会,于12日公布其增发方案:拟增发的股份总数不超过50亿股,包括向上海宝钢集团公司定向增发国家股和向社会公众增发社会公众股两部分。定向增发部分占本次增发总量的比例不低于50%。宝钢集团将按向社会公众增发部分相同的价格全额认购定向增发部分,该部分暂不上市流通。发行定价在5.6元/股左右。

全部募集资金计划向宝钢集团收购包括钢铁生产、供应链以及相关产业等三大体系的钢铁主业资产,拟收购目标资产基准日评估净值280亿元。收购后,宝钢产品将扩展到碳钢、不锈钢、特钢领域,拥有完善的营销服务网络,获得稳定和经济的钢铁生产战略资源供应保障及物流支持。

宝钢对外声称,按增发不超过50亿股计算,该收购对宝钢2004年每股收益增厚将不低于16%,这将大幅提升公司的股东价值。

8月13日,市场对宝钢增发方案做出反应,当日股价跌幅达到8%。市场对宝钢增发的认识点落到了股市的敏感话题"保护中小投资者利益"上。

根据2004年6月30日统计数据显示,全国三十多家基金公司持有宝钢流通股4亿多股,占全部流通股的22%~25%。而与此同时,根据规定宝钢集团作为被收购资产方和关联股东,应该在股东大会表决时回避。这样增发是否在股东大会通过的决定权就全部放在了流通股东手中。毋庸置疑,流通股东中最具代表性的机构投资者,尤其是基金公司对增发的决策举足轻重。

8月16日,市场传言基金公司将会挺身而出,高举保护中小股东利益的大旗,联手反对宝钢增发,迫使其修改方案,以降低配售价格、调整配售比例或缩减融资规模。

同时，广大中小投资者也通过网络调查形式表达了对宝钢增发的不满，甚至有网站和报社发起“抵制宝钢增发征集投票权”活动。

面对市场巨大的压力，宝钢紧紧抓住增发决策的核心人物——基金公司展开了一系列的公关活动。8月12日增发方案公布以后，宝钢高层在京、沪、深三地展开了各大基金公司基金经理的游说活动，甚至安排机构投资者实地考察拟收购的集团公司资产。而这时整个事件也出现了转折，基金公司的重点开始放在了增发定价问题上，逐渐抛开了“代表中小投资者利益”的形象。

9月21日，宝钢董事会决议和随后的公告中表示：定向增发部分占增发总量的比例由50％调为60％；原社会公众股以10∶10的比例享有优先认购权；增发价格的确定将以股权登记日前30个交易日收盘价的算术平均值为基准，询价区间将为该基准值的80％～85％；社会公众增发部分在扣除原社会公众股股东优先认购的部分后，将以适当的比例向战略投资者配售，但战略投资者持有本次增发的股份的期限自有关股份上市后不得少于三年。

80％～85％的询价区间意味着增发价将低于原来市场预期的5.6元；同时社会公众股东优先认购的比例10∶10，也比2004年武钢增发的条件好得多。这两个关键点使得机构投资者尤其是基金态度大为改观，纷纷将宝钢评价转为“中性偏好”。

9月23日，针对增发举行的宝钢股东大会召开。增发有关的议案分项实施了关联股东回避，由与会的流通股股东投票参与。流通股到会股数约为8.3亿股，占总流通股股数的44.22％。约有7.2亿流通股股东赞成，通过率达到87.66％。

2005年1月19日，宝钢增发申请获得证监会通过。

4月15日，宝钢增发招股说明书中增发方案最后确定为：总计增发50亿股，其中向宝钢集团定向增发30亿股，原流通股股东增发20亿股，配售比例10∶10，取消了原定的向战略投资者配售的方案，定价区间仍确定为以股权登记日前30个交易日收盘价的算术平均值为基准的80％～85％，具体询价区间为4.91～5.22元。

4月26日，根据宝钢新股发行结果公告，增发确定的发行价格为5.12元/股，募集资金总额256亿元(含发行费用)，剔除集团公司定向增发部分，宝钢从外部融资 102.4 亿元。向社会公众公开发行的股份中，向原社会公众股股东优先配售 16.5 亿股，占本次向社会公众公开发行股份数量的 82.49%；剩余 3.5 亿股向机构投资者按比例配售。增发的流通股在 2005 年 5 月 9 日上市流通。宝钢增发前后股本结构对比如表 7—23 所示。

表 7—23　　宝钢增发前后股本结构对比

	股份类别	增发前		增发后	
		股数	比例	股数	比例
非流通股	国家持有股份(宝钢集团)	10 635 000 000	85.00%	13 635 000 000	77.86%
	网下机构投资者比例配售	—	—	350 142 269	2.00%
	合　计	10 635 000 000	85.00%	13 985 142 269	79.86%
	流通股	1 877 000 000	15.00%	3 526 857 731	20.14%
	股份总额	12 512 000 000	100.00%	17 512 000 000	100.00%

7.4.2.4　增发过程中股价变化

对宝钢增发始末期的股价进行分析，发现有 3 个交易顶峰(见图 7—9 中的圈注)，其对应时间为 2004 年 8 月 13 日、9 月 22 日及 2005 年 4 月 27 日。

2004 年 8 月 10 日，宝钢召开董事会，于 8 月 12 日公布其增发方案。8 月 13 日，市场对宝钢增发方案图 7—9 做出反应，当日股票交易量激升至 154 万手，股票收盘价由 6.75 元跌至 6.17 元，跌幅达到 8%。市场对宝钢初始的增发方案表示不满，呈现较强的负面反应。

经过众多流通股东，尤其是以基金为代表的机构投资者与宝钢的博弈，2004 年 9 月 21 日，宝钢公布其修改后的增发方案。从流通股股东角度来看，新方案是流通股东争取其权利而宝钢妥协退让后的结果，比起初始方案有较大改良。9 月 22 日，市场对新的增发方案做出反应，交易量上升至 143 万手，股价由 6.35 元升至 6.57 元，增幅 3.6%，市场表示认同宝钢新的增发方案。

因增发原因，宝钢从 2005 年 4 月 20 日开始停牌 5 天。4 月 26 日，宝钢公布其新股发行结果，确定增发价格为 5.12 元。股票于 4 月 27 日复牌后大幅低开，开盘一小时后盘面表现为跌停，全天成交量激增至近 1 亿股，创半年来成交量记录，股价由 4 月 19 日收盘的 6.02 元下跌 0.6 元至 5.42 元。

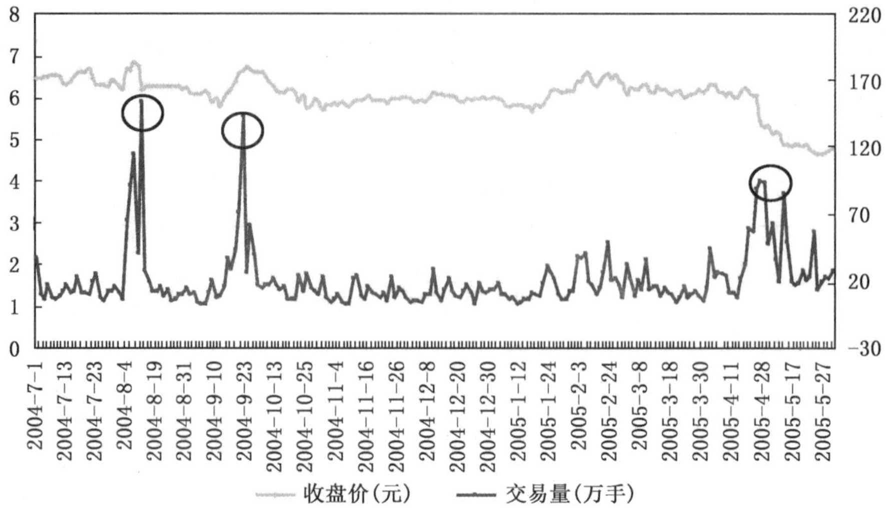

图 7—9　宝钢股价(2004 年 7 月 1 日至 2005 年 5 月 31 日)

假设流通股股东以 10∶10 比例认购宝钢增发股票,增发价格为 5.12 元/股,按照 4 月 27 日 5.42 元收盘价计算,流通股股东通过低价认购增发股票每股可获得收益 0.3 元,而其增发前持有的每股股票市价下跌 0.6 元,总损失为每股 0.3 元。从股价反应可以看出,最终确定的增发价格高于流通股预期,导致流通股资本损失。

7.4.2.5　宝钢选择通过增发融资的原因思考

2004 年底,宝钢的资产负债率仅为 34.61%,远远低于同行业的其他 4 家钢铁行业上市公司。假定宝钢采取举债或者发行债券进行融资(融资额以 256 亿元计算),其资产负债率将上升至 53.24%,在同类公司中仍然只是处于中游水平。因此,从资产负债率水平来看,宝钢选择债务融资更加合理。而宝钢却选择了股权融资——增发的方式,导致其资产负债率进一步下跌至 24.75%,差距进一步扩大(见表 7—24)。

表7—24　　2004年末上市钢铁公司资产负债率

公　司	时　点	资产负债率
宝钢	2004年末增发前	34.61%
	2004年末增发后	24.75%
	假定以债务融资替代增发	53.24%
武钢		42.75%
首钢		54.03%
邯郸钢铁		61.03%
马钢		44.34%

资料来源:各上市公司年报。

并且,宝钢集团在增发前尽管持有85%宝钢股份,但其作为被收购资产方和关联股东,不能在股东大会表决时投票,即是否增发的决定权全部落在流通股东手中。为此,宝钢对增发决策的核心人物——基金公司展开一系列的公关活动,并退让修改其增发方案使得更符合流通股股东利益,最终获得流通股东88%的通过率。

从融资决策顺序来讲,规范市场中,股权融资对已上市公司来说是一种劣势选择。从理论上来说,由于信息不对称,投资者拥有的企业信息远少于直接的经营者和管理者,所以公开披露出来的企业筹资决策对投资者来说更大程度上是一种企业发展前景的信号。发行股票被认为是企业分散未来风险的表现,会引起股价下跌,所以企业发展前景较好时,一般不选择股票筹资,而总是尽量使用内部资金,其次是负债,只有在发行股票的收益大于股价下跌带来的损失和其他成本是企业才会选择股票筹资。

从以上分析,我们的结论是:宝钢选择其资本结构时,似乎选择内部积累或债务融资更为合理。然而,宝钢具有良好的发展前景、经营业绩,并且其资产负债率也很低,为什么没有依靠内部积累,没有大规模举债,也没有发行可以有抵税作用的债券,而是选择了不断扩充股本的筹资方式呢?

融资金额巨大可能是宝钢采取股本融资的原因之一。宝钢此次增发A股融资金额达到256亿元人民币,而在2004年底,其总资产为642.55亿元,总负债仅为 222.42 亿元，相较之下，其融资金额非常大。另外，募集资金投向为收购母公司旗下资产，可能存在较大的风险。考虑到融资金额及风险值，如若通过举债方式融资，很可能并没有投资者能够提供给宝钢如此大额的贷款；即使贷款成功，如此大额的借款必将导致公司财务风险的大幅上升，而且在经营活动上将受到贷款者（比如银行）严格的监督。而选择增发的方式，宝钢没有偿还利息和本金的压力，同时亦无须受到贷款者的监督。

另一个原因，从大的市场环境来看，我国的债券市场也不完善，基本被国债垄断，金融债券和其他企业债券的数量和种类较少，很难形成规模，因此一般不会成为企业筹资的首选，对于宝钢来讲，由于其巨大的融资规模及较大的风险值，发行企业债券很难成功。

同时，由于我国的证券市场还没有发展成熟，在许多方面还不规范，信息披露和传递机制都不完善，这种情况下，市场对企业的评价往往并不是有效的。从宝钢增发案来看，虽然增发方案的决策权在于流通股股东，并最终得到绝大部分流通股股东（尤其是以基金为代表）的赞同，但实际上，在宝钢公布增发结果的次日，股价一路跌停，除去低价增发的收益，流通股股东仍遭受每股 0.3 元的损失。

当然，还存在其他的原因致使宝钢选择增发进行融资，比如国内证券市场最为流行的“圈钱”之说，或者宝钢不愿意看到其为增发投入的各种努力付诸东流，及其他各种原因。公司融资行为具有复杂的背景和特殊的考虑，其背后的原因，值得读者思索。

资料来源：（1）宝钢股份公司年报、公司公告、增发新股说明书 http://share.jrj.com.cn/cominfo/default_600019.htm；http://finance.sina.com.cn/realstock/company/sh600019/bc.shtml。

（2）林耀佳，《宝钢股份增发融资冲突事件分析》，清华大学经管学院学位论文库，工商管理硕士论文，2005 年。

（3）杨君华，《中国证券市场增发新股问题研究》，清华大学经管学院学位论文库，工商管理硕士论文，2002 年。

（4）王化成，《财务管理案例点评》，浙江人民出版社，2003 年。

7.4.3　XSW 公司综合资本成本的选择

XSW 企业计划年初资本结构如表 7—25 所示。

表 7—25　XSW 公司计划年初资本结构表　单位:万元

资金来源	金　额	比　重
长期债券年利率 10%	100	12.5%
优先股年股利率 8%	200	25%
普通股 50 000 股	500	62.5%
合计	800	100%

其他有关资料如下:

普通股市价每股 100 元,第一年期望股息为 12 元,预计以后每年股息增加 3%,该企业所得税率为 33%,假定发行各种证券均无筹资费用。该企业拟增加资金 200 万元,有两个方案供选择。甲方案:发行债券 200 万元,年利率为 12%;普通股股利增加到 15 元,以后每年还可增加 3%,由于企业风险增加,普通股市价将跌到 96 元。乙方案:发行债券 100 万元,年利率为 11%;另发行普通股 100 万元,普通股市价、股利与年初相同。计算如表 7—26 和表 7—27 所示。

表 7—26　甲方案加权平均资本成本计算表　单位:万元

资金来源	金　额	比　率	资本成本
长期债券年利率 10%	100	10.20%	10%×(1—33%)=6.7%
长期债券年利率 12%	200	20.41%	12%×(1—33%)=8.04%
优先股年股利率 8%	200	20.41%	8%
普通股 50 000 股	480	48.98%	15÷96+3%=18.625%
小　计	980	100%	6.7%×10.20%+8.04%×20.41%+8%×20.41%+18.625%×48.98%=13.08%

表 7—27　　乙方案加权平均资本成本计算表　　单位:万元

资金来源	金　额	比　率	资本成本
长期债券年利率 10%	100	10%	10%×(1−33%)=6.7%
长期债券年利率 11%	100	10%	11%×(1−33%)=7.37%
优先股年股利率 8%	200	20%	8%
普通股 60 000 股	600	60%	12÷100+3%=15%
合　计	1 000	100%	6.7%×10%+7.37%×10%+8%×20%+15%×60%=12.01%

通过比较可以看出甲方案的加权平均资本成本较高,为 13.08%,乙方案的加权平均资本成本较低,为 12.01%,故采用乙方案筹资对企业较为有利。采用乙方案筹资其加权平均资本成本比甲方案低 1.07%,企业价值又提高 20 万元。

7.4.4　财务杠杆与大宇神话的陨灭

7.4.4.1　大宇集团的基本情况

韩国第二大企业集团大宇集团 1999 年 11 月 1 日向新闻界正式宣布,该集团董事长金宇中以及 14 名下属公司的总经理决定辞职,以表示“对大宇的债务危机负责,并为推行结构调整创造条件”。韩国媒体认为,这意味着“大宇集团解体进程已经完成”“大宇集团已经消失”。

大宇集团于 1967 年开始奠基立厂,其创办人金宇中当时是一名纺织品推销员。经过 30 年的发展,通过政府的政策支持、银行的信贷支持和在海内外的大力购并,大宇成为直逼韩国最大企业——现代集团的庞大商业帝国:1998 年底,总资产高达 640 亿美元,营业额占韩国 GDP 的 5%;业务涉及贸易、汽车、电子、通用设备、重型机械、化纤、造船等众多行业;国内所属企业曾多达 41 家,海外公司数量创下过 600 家的纪录,鼎盛时期,海外雇员多达几十万,大宇成为国际知名品牌。大宇是“章鱼足式”扩张模式的积极推行者,认为企业规模越大,就越能立于不败之地,即所谓的“大马不死”。据报道,1993 年金宇中提出“世界化经营”战略时,大宇在海外的企业只有 15 家,而到 1998 年底已增至 600 多家,“等于每 3 天增加一个企业”。还有更让韩国人为大宇着迷的是:在韩国陷入金融危机的1997年,大宇不仅没有被危机困住,反而在国内的集团排名中由第4位上升到第2位,金宇中本人也被美国《幸福》杂志评为亚洲风云人物。

1997年底韩国发生金融危机后,其他企业集团都开始收缩,但大宇仍然我行我素,结果债务越背越重。尤其是1998年初,韩国政府提出"五大企业集团进行自律结构调整"方针后,其他集团把结构调整的重点放在改善财务结构方面,努力减轻债务负担。大宇却认为,只要提高开工率,增加销售额和出口就能躲过这场危机。因此,它继续大量发行债券,进行"借贷式经营"。1998年大宇发行的公司债券达7万亿韩元(约58.33亿美元)。1998年第4季度,大宇的债务危机已初露端倪,在各方援助下才避过债务灾难。此后,在严峻的债务压力下,大梦方醒的大宇虽做出了种种努力,但为时已晚。1999年7月中旬,大宇向韩国政府发出求救信号;7月27日,大宇因"延迟重组",被韩国4家债权银行接管;8月11日,大宇在压力下屈服,割价出售两家财务出现问题的公司;8月16日,大宇与债权人达成协议,在1999年底前,将出售盈利最佳的大宇证券公司,以及大宇电器、大宇造船、大宇建筑公司等,大宇的汽车项目资产免遭处理。"8月16日协议"的达成,表明大宇已处于破产清算前夕,遭遇"存"或"亡"的险境。由于在此后的几个月中,经营依然不善,资产负债率仍然居高,大宇最终不得不走向本文开头所述的那一幕。

7.4.4.2　财务杠杆与举债经营

大宇集团为什么会倒下?在其轰然坍塌的背后,存在的问题固然是多方面的,但不可否认有财务杠杆的消极作用在作怪。所谓财务杠杆是指由于固定性财务费用的存在,使企业息税前利润(EBIT)的微量变化所引起的每股收益(EPS)大幅度变动的现象。也就是,银行借款规模和利率水平一旦确定,其负担的利息水平也就固定不变。因此,企业盈利水平越高,扣除债权人拿走某一固定利息之后,投资者(股东)得到的回报也就愈多。相反,企业盈利水平越低,债权人照样拿走某一固定的利息,剩余给股东的回报也就越少。当盈利水平低于利率水平的情况下,投资者不但得不到回报,甚至可能倒贴。

由于利息是固定的,因此,举债具有财务杠杆效应。而财务杠杆效应是一把"双刃剑",既可以给企业带来正面、积极的影响,也可以带来负面、消极的影响。其前提是:总资产利润率是否大于利率水平。当总资产利润率大于利率时，举债给企业带来的是积极的正面影响；相反，当总资产利润率小于利率时，举债给企业带来的是负面、消极的影响。

大宇集团在政府政策和银行信贷的支持下，走上了一条“举债经营”之路。试图通过大规模举债，达到大规模扩张的目的，最后实现“市场占有率至上”的目标。如前所述，举债经营能否给企业带来积极效应，关键是两条：一是资金的利用效果如何，二是资金的收回速度快慢。资金得到充分利用，当总资产利润率大于利率时，举债可以提高企业的盈利水平。资金投入能得到充分有效利用，能够及早产生效益并收回所投资金，则到期债务本息的偿付就越有保证。1997 年亚洲金融危机爆发后，大宇集团已经显现出经营上的困难，其销售额和利润均不能达到预期目的，而与此同时，债权金融机构又开始收回短期贷款，政府也无力再给它更多支持。1998 年初韩国政府提出“五大企业集团进行自律结构调整”方针后，其他集团把结构调整的重点放在改善财务结构方面，努力减轻债务负担。但大宇却认为，只要提高开工率，增加销售额和出口就能躲过这场危机。因此，它继续大量发行债券，进行“借贷式经营”。正由于经营上的不善，加上资金周转上的困难，韩国政府于 7 月 26 日下令债权银行接手对大宇集团进行结构调整，以加快这个负债累累的集团的解散速度。由此可见，大宇集团的举债经营所产生的财务杠杆效应是消极的，不仅难以提高企业的盈利能力，反而因巨大的偿付压力使企业陷于难以自拔的财务困境。从根本上说，大宇集团的解散，是其财务杠杆消极作用影响的结果。

7.4.4.3　从资本结构原理看大宇神话

大宇是“章鱼足式”扩张模式的积极推行者，认为企业规模越大，就越能立于不败之地。从资本结构理论的角度看，有规模不一定有效益。资本结构理论的目的在于，寻求一种能使股东价值达到最大的负债与权益结构。其基本思路有两条：

(1)“做饼原理”，即在保持现有资本结构不变的条件下，尽可能通过提高企业 EBIT 水平来实现提高 EPS 的目的。

(2)“分饼原理”，即在 EBIT 保持不变的条件下，如何通过改变资本结构来实现提高 EPS 的目的。

很显然，大宇集团走的是一条传统思路，即“做饼原理”。试图通过扩大企业规模来实现提高企业盈利水平的目的。而要把饼做大需要相应的资金。资金来源不同其所决定的资本结构也不同，相应地，财务杠杆的作用程度也不同。要将企业规模做大容易，只要像大宇集团那样，通过大规模举债即可实现，问题是所投入的资金能否产生效益。以债台高筑为基础的急剧扩张式企业，其所面临的不仅仅是逆水行舟，不进则退的局面，更多是一旦资金没有得到有效利用而难以产生相应效益，就将产生消极的财务杠杆作用，并在这种负面的财务杠杆的作用下以几倍的速度将企业推向亏损、甚至破产的境地。如前所说，有规模又要有效益，必须具备总资产利润率大于借款利率这一基本前提。与此同时，企业一旦具备这一前提，就更应考虑资本结构理论的另一条思路，即"分饼原理"。当企业投入某一数额的资金可以产生一定 EBIT 水平时，企业应及时合理调整其资本结构，据此提高企业的 EPS 水平。而要实现这一思路，在理财上，必须遵循以下基本理财步骤：首先必须对投资项目进行严格的可行性研究，通过可行性研究把握市场和把握项目的盈利能力；在此基础上，再根据项目的盈利能力谨慎选择相应的筹资模式，以充分、合理利用财务杠杆的积极作用效应，提高企业的 EPS 水平。

由此可见，不求最大，但求最好是比较正确的经营思路。将有限的财务资源投资到企业最具竞争能力的业务上，不仅可以提高企业的核心竞争能力，提高企业的竞争优势，而且可以避免不必要的债务负担和财务危机。

7.4.4.4　*启示和思考*

(1)举债经营对企业的影响是双方面的，其基本前提是总资产利润率能否大于借款利率。只有当总资产利润率大于借款利率时，才会给企业带来有利的积极的财务杠杆作用；反之，将会给企业带来负面、消极的影响。任何企业不能无条件地从事举债经营。

(2)不求最大，但求最好。有规模并不等于一定有效益。一家企业的大小应取决于企业核心竞争能力大小的要求。只有拥有核心竞争能力，才能将企业做得最好。没有核心竞争能力的企业，一味追求企业规模的扩大，其结果只能是无功而返，甚至陷入困境。

(3)我国资本市场上大批 ST、PT 上市公司以及大批靠国家政策和信贷支持发展起来而又债务累累的国有企业，应从"大宇神话"破灭中吸取教训。加强企业自身管理的改进及时从多元化经营的幻梦中醒悟过来，清理与企业核心竞争能力无关的资产和业务，保留与企业核心竞争能力相关的业务，优化企业资本结构，进一步提高企业的核心竞争能力。

资料来源：公司治理网，《"大宇神话"透视的财务杠杆双刃剑》，2008 年 1 月 14 日。

7.5 技能训练

(1)某公司目前拥有长期资金 500 万元，其中长期债券 200 万元，普通股 300 万元，该公司明年计划筹集新的资金，并维持目前的资本结构不变。随筹资额的增加，各筹资方式的资金成本变化如表 7—28 所示。

表 7—28　　技能训练公司资本成本变化

筹资方式	新筹资额	资金成本
债券	40 万元以下	6%
	40 万～100 万元	8%
	100 万元以上	10%
普通股	90 万元以下	12%
	90 万元以上	14%

要求：计算各筹资总额范围内边际资金成本。

(2)某企业只生产和销售甲产品，其总成本习性模型为 $y=15\ 000+4x$。假定该企业 2012 年度该产品销售量为 10 000 件，每件售价为 8 元，按市场预测 2013 年 A 产品的销售数量将增长 15%。

要求：

①计算 2012 年该企业的边际贡献总额。

②计算 2012 年该企业的息税前利润。

③计算 2013 年的经营杠杆系数。

④计算 2013 年的息税前利润增长率。

⑤假定企业 2012 年发生负债利息及融资租赁租金共计 5 000 元，企业所得

税税率 40%，计算 2013 年的复合杠杆系数。

(3)MC 公司 2012 年初的负债及所有者权益总额为 10 000 万元，其中，公司债券为 1 000 万元(按面值发行，票面年利率为 10%，每年年末付息，三年后到期)；普通股股本为 5 000 万元(面值 1 元，5 000 万股)；资本公积为 2 000 万元；其余为留存收益。

2013 年该公司为扩大生产规模，需要再筹集 2 000 万元资金，有以下两个筹资方案可供选择。

方案一：增加发行普通股，预计每股发行价格为 10 元；

方案二：增加发行同类公司债券，按面值发行，票面年利率为 10%。

预计 2013 年可实现息税前利润 5 000 万元，适用的企业所得税税率为 30%。

要求：

①计算增发股票方案的下列指标；

2013 年增发普通股股份数；

2013 年全年债券利息；

②计算增发公司债券方案下的 2013 年全年债券利息。

③计算两种筹资方式的每股利润的无差异点，并据此进行筹资决策。

(4)光明公司原来的资本结构为债券和普通股各占 50%，债券和普通股的金额都是 1 000 万元，债券的年利率为 8%，普通股每股面值 1 元，发行价格为 10 元，第一年期望股利为 1 元/股，预计以后每年增加股利 4%。该企业所得税税率为 30%，假设发行的各种证券均无筹资费。该企业现拟增资 400 万元，以扩大生产经营规模，现有如下两个方案可供选择：

甲方案：增加发行 400 万元的债券，债券利率为 10%，预计普通股股利不变，但普通股市价降至 8 元/股。

乙方案：发行债券 200 万元，年利率为 8%，发行股票 20 万股，每股发行价 10 元，预计普通股股利不变。

要求：通过计算加权平均资金成本确定哪个方案最好。

(5)BEC 公司通过发行股票筹措资本，共发行普通股 3 000 万股，每股面值 20 元，发行价格 48 元，筹资费率 2%。

要求：

①如果公司每年的股利率固定为10%，计算普通股的资本成本；

②如果公司发行后第一年的每股股利为0.16元，预计以后每年股利增长率为5%，计算该普通股的资本成本；

③如果该公司股票β系数为0.25，无风险利率为5%，市场风险溢价为3%，分别计算不考虑筹资费用和考虑筹资费用两种情况下普通股的资本成本。

第8章　营运资金管理

学习目标

通过本模块的训练，使学生了解营运资金的特点与管理要求；理解现金、应收账款、存货的功能与成本，现金、应收账款、存货的日常管理；掌握最佳现金持有量的定量分析方法，应收账款机会成本的计算、信用期限的确定、信用政策的制定，存货资金需要量的预测、经济订货量基本模型及其拓展、存货储存期的确定等方法，并能熟练运用这些方法进行相应的决策。同时，注意培养学生的责任意识与综合能力，为以后从事这方面的工作奠定基础。

关键词

最佳现金持有量　应收账款成本　信用期限　存货资金需要量　存货经济定货量　存货储存期

8.1　理论背景

8.1.1　营运资金的含义与特点

8.1.1.1　营运资金的含义

营运资金又称循环资本，是指一个企业维持日常经营所需的资金，通常指流动资产减去流动负债后的差额。用公式表示为：

营运资金总额＝流动资产总额－流动负债总额

【注意】与营运资金指标有关的一个指标是流动比率指标。流动比率等于流动资产除以流动负债。注意这两个指标结合出计算性质的客观题。

营运资金的特点：

营运资金的特点体现在流动资产和流动负债的特点上。

流动资产的特点：

流动资产投资又称经营性投资，与固定资产投资相比，有如下特点：(1)投资回收期短；(2)流动性强；(3)具有并存性；(4)具有波动性。

8.1.1.2　流动负债的特点

与长期负债筹资相比，流动负债筹资具有如下特点：(1)速度快；(2)弹性大；(3)成本低；(4)风险大。

8.1.1.3　营运资金的周转

营运资金周转是指企业的营运资金从现金投入生产经营开始，到最终转化为现金为止的过程。

营运资金周转通常与现金周转密切相关。

现金的周转过程主要包括三个方面，如图8—1所示。

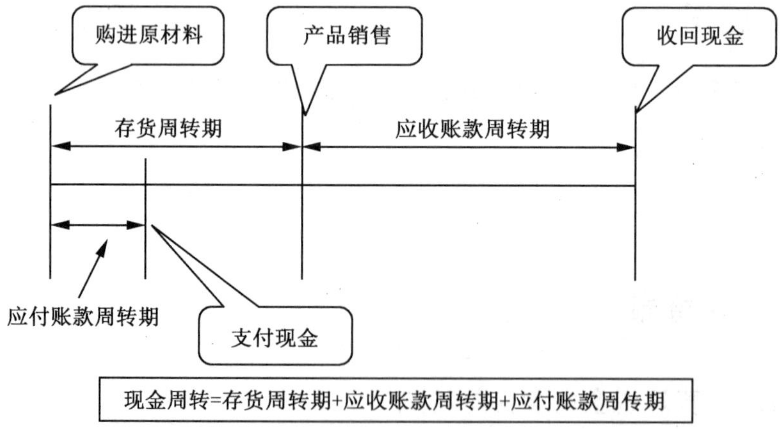

图8—1　现金周转期的构成

①存货周转期。是指将原材料转化成产成品并出售所需要的时间；②应收账款周转期。是指将应收账款转换为现金所需要的时间；③应付账款周转期是指从收到尚未付款的材料开始到现金支出之间所用的时间。

现金周转期＝存货周转期＋应收账款周转期－应付账款周转期

影响营运资金的因素：

现金循环周期的变化会直接影响所需营运资金的数额。影响营运资金数额的主要因素有：

①存货周转期(同向)；

②应收账款周转期(同向)；

③应付账款周转期(反向)。

此外，营运资金周转的数额还受到偿债风险、收益要求和成本约束等因素的制约。

8.1.1.4　营运资金的持有量水平

为提高营运资金周转效率，企业的营运资金应维持在既没有过度资本化又没有过量交易的水平上。

过度资本化是指一家企业的营运资金远远超过其经营规模实际需要的营运资金水平(营运资金过多)。

过量交易是指一家企业主要靠流动负债来支持其存货和应收账款，而出现投放在营运资金上的长期资金不足(营运资金过少)。

8.1.2　现金的管理

8.1.2.1　现金管理的意义

现金是指在生产过程中暂时停留在货币形态的资金，包括库存现金、银行存款、银行本票和银行汇票等。

企业持有一定数量的现金主要是基于交易动机、预防动机和投机动机(见表 8—1)。

表 8—1　　持有现金的三个动机

动机	含　义	影响因素
交易动机	为维持日常生产经营活动而持有的现金	主要取决于企业销售水平
预防动机	为应付紧急情况而持有的现金	(1)企业愿意承担风险的程度;(2)企业临时举债能力的强弱;(3)企业对现金流量预测的可靠程度
投机动机	为把握市场投资机会,获得较大收益而持有现金	(1)企业在金融市场的投资机会;(2)企业对待风险的态度

现金的成本企业持有现金的成本通常由以下三个部分组成:

(1)持有成本

现金的持有成本,是指企业因保留一定现金余额而增加的管理费(如管理人员的工资以及必要的安全措施费用)及丧失的再投资收益(机会成本)。

管理费用具有固定成本的性质,它在一定范围内与现金持有量的多少关系不大,是决策无关成本。

机会成本与现金持有量成正比例关系。

(2)转换成本

现金的转换成本是指企业用现金购入有价证券以及转让有价证券换取现金时付出的交易费用,即现金同有价证券之间相互转换的成本,如委托买卖佣金、委托手续费、证券过户费、实物交割手续费等。

(3)短缺成本

现金的短缺成本是指由于现金持有量不足而又无法及时通过有价证券变现加以补充而给企业造成的损失,包括直接损失与间接损失。

短缺成本与现金持有量之间呈反方向变动关系。

8.1.2.2　最佳现金持有量的确定

确定最佳现金持有量的模式主要有成本分析模式和存货模式。

(1)成本分析模式

成本分析模式是根据现金有关成本,分析预测其总成本最低时现金持有量的一种方法(见表 8—2)。

假设:企业持有的现金均为货币形态,没有有价证券。这样,转换成本就是无关成本，相关成本只有机会成本和短缺成本，而管理费用和转换成本不予考虑。

表 8—2　　持有现金的成本分析模式

涉及的成本	含　义	与现金持有量的关系
机会成本	因持有现金而丧失的再投资收益	正比例变动
短缺成本	现金持有量不足而又无法及时通过有价证券变现加以补充而给企业造成的损失	反向变动
最佳现金持有量：上述两项成本之和最小的现金持有量		

(2)存货模式

①基本假设

a. 所需的现金可以通过证券变现取得，证券变现的不确定性很小；

b. 预算期内现金需要总量可以预测(T 已知)；

c. 现金支付过程比较稳定，现金余额降至零时可以通过部分证券变现得以补足(现金平均持有量为 $Q/2$)；

d. 证券的利率或报酬率(K)以及每次固定性交易费用(F)已知。

②相关成本

$$机会成本=\frac{Q}{2}\times K$$

$$固定性转换成本=\frac{T}{Q}\times F$$

基本公式：$TC(Q)=\frac{Q}{2}\times K+\frac{T}{Q}\times F$

【注意】从图 8—2 可以看出，由于机会成本和固定性转换成本随着现金持有量的变化而反向变化，这种反方向变化的结果导致总成本线为一个“U”型曲线。曲线的最低点即为总成本最低。与这一点对应的现金持有量即为最佳现金持有量。

根据前面的结论，当机会成本与固定性转换成本相等时，相关总成本最低，此时的持有量即为最佳持有量。因此，令机会成本等于固定性转换成本，就可得出最佳现金持有量的基本公式，详见图 8—3：

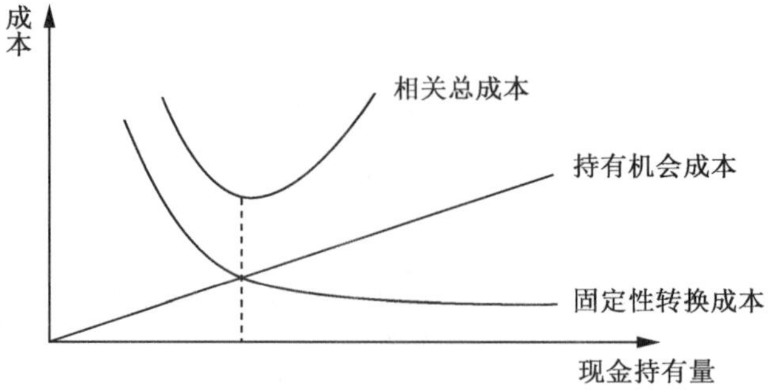

图 8—2　现金的存货模式成本构成

$$最佳现金持有量(Q)=\sqrt{2TF/K}$$

$$最低现金管理总成本(TC)=\sqrt{2TFK}$$

$$有价证券最佳交易次数:N^*=T/Q^*$$

$$有价证券交易最佳间隔期=360/N^*$$

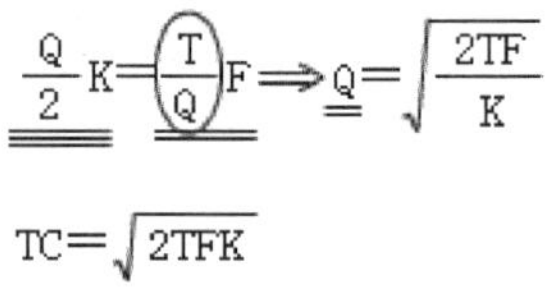

图 8—3　现金最佳持有量确定的推导过程

【比较】两种模式均考虑了机会成本。

8.1.2.3　现金回收的管理

现金回收管理的目的是尽快收回现金，加速现金的周转。为此，企业应建立销售与收款业务控制制度，并且根据成本与收益比较原则选用适当方法加速账款的收回。

现金回收主要采用的方法有邮政信箱法和银行业务集中法两种。

(1)邮政信箱法

是指在各主要城市租用专门的邮政信箱，并开立分行存款户，授权当地银行每日开启信箱，在取得客户支票后立即予以结算，并通过电汇再将货款拨给企业所在地银行。

该方法缩短了支票邮寄时间和在企业的停留时间，但成本较高。

(2)银行业务集中法

这是一种通过建立多个收款中心来加速现金流转的方法。是指定一个主要开户行(通常是总部所在地)为集中银行，并在收款额较集中的若干地区设立若干个收款中心，客户收到账单后直接汇给当地收款中心，中心收款后立即存入当地银行，当地银行在进行票据交换后立即转给企业总部所在银行。

缩短了现金从客户到企业的中间周转时间，但增加了相应的费用支出。

分散收账收益净额＝(分散收账前应收账款投资额－分散收账后应收账款投资额)×企业综合资金成本率－因增设收账中心每年增加费用额

如果分散收账收益净额大于0，应该采用银行业务集中法，否则，不应采用银行业务集中法。

现金管理的另一个方面就是决定如何使用现金。企业应建立采购与付款业务控制制度，并且根据风险与收益权衡原则选用适当方法延期支付账款。

与现金收入的管理相反，现金支出管理的主要任务是尽可能延缓现金的支出时间。延期支付账款的方法一般有以下几种(见表8－3)：

表8－3　　现金支出管理中延期付账的方法

方　法	做　法	效　果
合理利用“浮游量”	准确预测浮游量并加以运用	可以节约大量的现金
推迟支付应付款	在不影响信誉的情况下，尽可能推迟支付期	考虑了资金时间价值因素
采用汇票付款	利用不是“见票即付”的汇票支付方式	合法地延期付款

【提示】现金的“浮游量”，是指企业账户上现金余额与银行账户上所示的存款余额之间的差额。

8.1.3　应收账款的管理

8.1.3.1　应收账款的成本

应收账款的成本包括机会成本、管理成本和坏账成本。

(1)机会成本

应收账款的机会成本即因资金投放在应收账款上而丧失的其他收入。这一成本的大小通常与企业维持赊销业务所需要的资金数量(即应收账款投资额)、资金成本率有关。应收账款机会成本可通过以下公式计算得出:

①应收账款机会成本=维持赊销业务所需资金×资金成本率

②维持赊销业务所需资金=应收账款平均余额×变动成本率

上式假设企业的成本水平保持不变(即单位变动成本不变、固定成本总额不变),因此,随着赊销业务的扩大,只有变动成本随之上升。

③应收账款平均余额=平均每日赊销额×平均收账天数

式中,平均收账天数一般按客户各自赊销额占总赊销额比重为权数的所有客户收账天数的加权平均数计算;资金成本率一般可按有价证券利息率计算。

应收账款机会成本=平均每日赊销额×平均收账天数×变动成本率×资金成本率

(2)管理成本

管理成本,即对应收账款进行日常管理而耗费的开支,主要包括对客户的资信调查费用、应收账款账簿记录费用、收账费用等。

(3)坏账成本

坏账成本即因应收账款无法收回而给企业带来的损失。这一成本一般与应收账款数量同方向变动,即应收账款越多,坏账成本也越多。基于此,为规避发生坏账成本给企业生产经营活动的稳定性带来的不利影响,企业应合理提取坏账准备。

(4)信用政策的含义与构成

信用政策即应收账款的管理政策,是指企业为应收账款投资进行规划与控制而确立的基本原则与行为规范,包括信用标准、信用条件和收账政策三部分内容。

8.1.3.2 信用标准

(1)信用标准

信用标准是指客户获得企业商业信用所应具备的最低条件,通常以预期的坏账损失率表示。

影响信用标准的基本因素包括：

①同行业竞争对手的情况；

②企业承担风险的能力；

③客户的资信程度(通常从信用品质、偿付能力、资本、抵押品和经济状况五个方面进行评估)。

(2)信用条件

信用条件是指企业接受客户信用订单时所提出的付款要求，主要包括信用期限、折扣期限及现金折扣等。信用条件的基本表现方式如“2/10，n/45”，45 天为信用期限，10 天为折扣期限，2%为现金折扣率。

(3)收账政策

收账政策是指企业针对客户违反信用条件，拖欠甚至拒付账款所采取的收账策略与措施。

8.1.3.3　信用政策决策

(1)基本原理

①信用成本前收益＝年赊销额－变动成本

②信用成本后收益＝信用成本前收益－信用成本

＝信用成本前收益－现金折扣－机会成本－坏账损失－收账费用

【提示】如果各方案固定成本不同，在计算信用成本前收益时要扣除固定成本。

(2)信用政策决策方法的扩展应用

对于改变前后的信用政策比较与决策，如果改变是可行的，则改变后的信用成本后收益大于改变前的信用成本后收益。

①收账政策决策

费用低，但坏账损失和机会成本高。

②收账政策严格

收账费用高，但坏账损失和机会成本低。制定收账政策就是要在增加收账费用与减少坏账损失、减少应收账款机会成本之间进行权衡，若前者小于后者，则说明制定的收账政策是可取的。

③影响收账政策的成本：坏账损失、机会成本和收账费用。

④收账政策决策的原则：收账总成本（包括机会成本、坏账损失、年收账费用）最低。

关于这三项成本，机会成本的计算方法与前面介绍的相同。坏账损失根据坏账损失率计算，收账费用一般是已知条件。

8.1.3.4 应收账款的管理

对于已经发生的应收账款，企业还应进一步强化日常管理工作，采取有力的措施进行分析、控制，及时发现问题，提前采取对策。

(1)应收账款追踪分析

应收账款一旦发生，赊销企业就必须考虑如何按期足额收回的问题。要达到这一目的，赊销企业就有必要在收账之前，对该项应收账款的运行过程进行追踪分析。

(2)应收账款账龄分析

应收账款账龄分析就是考察研究应收账款的账龄结构。所谓应收账款的账龄结构，是指各账龄应收账款的余额占应收账款总计余额的比重。

一般而言，账款的逾期时间越短，收回的可能性越大，即发生坏账损失的可能性相对越小；反之，收账的难度及发生坏账损失的可能性也就越大。

(3)应收账款收现保证率分析

应收账款收现保证率＝（当期必要的现金支付总额—当期其他稳定可靠的现金流入总额）/当期应收账款总额

【提示】分子为满足现金支付需要收回的应收账款，应收账款收现保证率就是为了满足现金支付，需要收回的应收账款占应收账款总额的百分比。如果该比率为50%，其含义就是企业应收账款至少要收回50%，才能满足当期现金支付的需要。

8.1.4 存货的管理

8.1.4.1 存货的含义与功能

存货，是指企业在日常活动中持有以备出售的产成品或商品、处在生产过程中的在产品、在生产过程或提供劳务过程中耗用的材料和物料等。

企业持有存货的主要功能是：(1)防止停工待料；(2)适应市场变化；(3)降

低进货成本；(4)维持均衡生产。

8.1.4.2　存货控制的 ABC 分类法

ABC 分类管理就是按照一定的标准，将企业的存货划分为 A、B、C 三类，分别实行分品种重点管理、分类别一般控制和按总额灵活掌握的存货管理方法。

首先，要确定存货分类的标准。分类的标准主要有两个：一是金额标准；二是品种数量标准。其中金额标准是最基本的，品种数量标准仅作为参考。A 类存货的特点是金额巨大，但品种数量较少；B 类存货金额一般，品种数量相对较多；C 类存货品种数量繁多，但价值金额却很小。

其次，根据上述标准对 A、B、C 三类存货进行具体划分。

最后，在对存货进行 ABC 分类的基础上，企业应分清主次，采取相应的对策进行有效的管理、控制。

【总结】

(1)分类标准：一是金额标准；另一个是品种数量标准。其中金额标准是最基本的，品种数量标准仅作为参考。

(2)参考比例：三类存货的金额比重大致为 A∶B∶C＝0.7∶0.2∶0.1；品种数量比例大致为 A∶B∶C＝0.1∶0.2∶0.7。

(3)管理方法：A——分品种重点管理；B——分类别一般控制；C——按总额管理。

管理思想：关键的少数，次要的多数。

8.1.4.3　存货的成本

表 8—4　　存货有关成本

类　别	具体项目		订货批量与存货成本相关性
进货成本（取得成本）	存货进价（购置成本）＝采购单价（P）×采购数量（A）		有数量折扣时，相关成本无数量折扣时，无关成本
	进货费用（订货成本）	固定性进货费用（$F1$）	与进货批量无关，为无关成本
		变动性进货费用＝年进货次数（A/Q）×每次进货费用（B）	与进货批量成反比，为相关成本

续表

类　别	具体项目	订货批量与存货成本相关性
储存成本	固定性储存成本(F2)	与进货批量无关，为无关成本
	变动性储存成本＝平均储存量(Q/2)×单位存货储存成本(C)	与进货批量成正比，为相关成本
缺货成本	停工损失、信誉损失、丧失销售机会的损失	不允许缺货，为无关成本
		允许缺货，为相关成本
存货相关总成本＝存货进价(存在数量折扣时)＋相关进货费用＋相关储存成本＋缺货成本(允许缺货) $TC=AP+(A/Q)\times B+(Q/2)\times C+TCs$		

【提示】

相关成本包括：(1)变动性进货费用；(2)变动性储存成本；

缺货成本是否相关，取决于是否允许缺货；

进价成本是否相关，取决于是否存在数量折扣。

8.1.4.4　存货控制的经济进货批量模型

经济进货批量，是指能够使一定时期存货的总成本达到最低点的进货数量。决定存货经济进货批量的成本因素主要包括变动性进货费用、变动性储存成本以及允许缺货时的缺货成本。不同的成本项目与进货批量呈现不同的变动关系，因此存在一个最佳的进货批量，使成本总和保持最低水平。

(1)存货经济进货批量基本模型

经济进货批量基本模式以如下假设为前提：

①企业一定时期的进货总量可以较为准确地予以预测(年需要量可确定)；

②存货的耗用或者销售比较均衡；

③存货的价格稳定，且不存在数量折扣，进货日期完全由企业自行决定，并且每当存货量降为零时，下一批存货均能马上一次到位；

④仓储条件及所需现金不受限制；

⑤不允许出现缺货情形；

⑥所需存货市场供应充足，不会因买不到所需存货而影响其他方面。

(2)相关总成本

在上述假定条件下，由于不存在数量折扣，进价成本属于无关成本；不允许存在缺货，缺货成本属于无关成本。此时与存货订购批量相关的成本只有变动性进货费用和变动性储存成本。

这种情况下，经济进货批量就是变动性进货费用和变动性储存成本之和最低的进货批量。

变动进货费用＝年进货次数×每次进货费用＝$(A/Q)\times B$

变动储存成本＝年平均库存×单位储存成本＝$(Q/2)\times C$

(3)经济进货批量的相关计算公式

①经济进货批量(Q^*)基本公式：

$$Q^*=\sqrt{2AB/C}$$

②相关公式：

$$\text{经济进货批量的存货相关总成本 } T_c=\sqrt{2ABC}$$

$$\text{经济进货批量平均占用资金 } W=\frac{PQ}{2}=P\sqrt{\frac{AB}{2C}}$$

$$\text{存货最佳进货批次 } N=\frac{A}{Q}=\sqrt{\frac{AC}{2B}}$$

(4)实行数量折扣的经济进货批量模型

实行数量折扣的条件下，存货进价与进货数量的大小有直接的联系，属于决策的相关成本。进货企业对经济进货批量的确定，除了考虑变动性储存成本和变动性进货费用外，还应考虑存货的进货成本。

存货相关总成本公式为：

存货相关总成本＝存货进价＋相关进货费用＋相关储存成本

进货成本＝年需要量×单价＝$A\times P$

相关进货费用＝年进货次数×每次进货费用＝$(A/Q)\times B$

相关储存成本＝年平均库存×单位储存成本＝$(Q/2)\times C$

实行数量折扣的经济进货批量具体确定步骤如下：

第一步，按照基本经济进货批量模型确定经济进货批量；

第二步，计算按经济进货批量进货时的存货相关总成本(含存货进价)；

第三步，计算按给予数量折扣的进货批量进货时的存货相关总成本。

如果给予数量折扣的进货批量是一个范围，如进货数量在1 000～1 999千克之间可享受2%的价格优惠，此时按给予数量折扣的最低进货批量，即按1 000千克计算存货相关总成本。

第四步，比较不同进货批量的存货相关总成本，最低存货相关总成本对应的进货批量，就是实行数量折扣的最佳经济进货批量。

【例8—1】 某企业甲材料的年需要量为16 000千克，每千克标准价为20元。销售企业规定：客户每批购买量不足1 000千克的，按照标准价格计算；每批购买量1 000千克以上，2 000千克以下的，价格优惠2%；每批购买量2 000千克以上的，价格优惠3%。已知每批进货费用600元，单位材料的年储存成本30元。

要求：

①按照基本模型计算经济进货批量及其相关总成本（含存货进价）；

解：按经济进货批量基本模型确定的经济进货批量为：

$Q=\sqrt{2\times16\ 000\times600/30}=800$（千克）

每次进货800千克时的存货相关总成本为：

存货相关总成本＝16 000×20（存货进价）＋16 000/800×600（相关进货费用）＋800/2×30（相关储存成本）＝344 000（元）

②计算确定实行数量折扣的经济进货批量。

【分析】在存在数量折扣的情况下，企业实际上面临着三种选择：一是不享受折扣，按照第一问中计算出的批量采购；二是享受2%的折扣，按照1 000千克的批量采购；三是享受3%的折扣，按照2 000千克的批量采购。确定经济进货批量，需要比较这三个方案的相关总成本，最低的即为最优批量。

解：首先，计算每次进货1 000千克时的存货相关总成本：

存货相关总成本

＝16 000×20×（1－2%）（进货成本）＋16 000/1 000×600（变动性进货费用）＋1 000/2×30（变动储存成本）＝338 200（元）

其次，计算每次进货2 000千克时的存货相关总成本：

存货相关总成本

＝16 000×20×（1－3%）＋16 000/2 000×600＋2 000/2×30

=345 200(元)

通过比较发现,每次进货为 1 000 千克时的存货相关总成本最低,所以此时最佳经济进货批量为 1 000 千克。

(5)允许缺货时的经济进货批量模型

允许缺货的情况下,企业对经济进货批量的确定,不仅要考虑变动性进货费用与变动性储存成本,而且还必须对可能的缺货成本加以考虑,即能够使三项成本总和最低的批量便是经济进货批量。这样企业的年度存货成本就表示为三种成本之和,即:

年存货成本=订货成本+储存成本+缺货成本

设缺货量为 S,单位缺货成本为 R,则:

允许缺货时的经济进货批量 $Q=\sqrt{\frac{2AB}{C}\times\frac{C+R}{R}}$

(6)再订货点、订货提前期和保险储备

①再订货点

再订货点,即发出订货指令时尚存的原材料数量。其计算公式为:

再订货点=原材料使用率×原材料的在途时间(不考虑保险储备的再订货点)

式中,原材料使用率是指每天消耗的原材料数量。

【例 8-2】 某企业生产周期为一年,甲种原材料年需要量 500 000 千克,企业订购原材料的在途时间为 2 天。要求:

a. 计算原材料使用率;

b. 计算企业的再订货点。

解:原材料使用率=500 000/360=1 389(千克/天)

企业的再订货点=1 389×2=2 778(千克)

②订货提前期

订货提前期,即从发出订单到货物验收完毕所用的时间。其计算公式为:

订货提前期=预计交货期内原材料的使用量÷原材料使用率

【例 8-3】 某企业预计交货期内原材料的用量为 100 千克,原材料使用率为 10 千克/天,无延期交货情况。

则该企业的订货提前期为：$t=100/10=10$（天）

③保险储备

保险储备，即为防止耗用量突然增加或交货延期等意外情况而进行的储备。

【方法一】公式法

保险储备量＝1/2×（预计每天的最大耗用量×预计最长订货提前期－平均每天的正常耗用量×正常订货提前期）

【注意】保险储备的存在不会影响经济进货批量的计算，但会影响再订货点的确定。考虑保险储备情况下的再订货点计算公式为：

再订货点＝保险储备＋原材料使用率×原材料的在途时间

【例 8－4】 某企业平均每天正常耗用甲材料 10 千克，正常订货提前期为 10 天，预计每天的最大耗用量为 12 千克，预计最长订货提前期为 15 天，则保险储备量为：

保险储备量＝1/2×（12×15－10×10）＝40（千克）

根据上例资料，该公司考虑保险储备情况下的再订货点为：

再订货点＝40＋10×10＝140（千克）

【方法二】相关成本比较法

保险储备的存在虽然可以减少缺货成本，但增加了储存成本。最优的存货政策就是在这些成本之间进行权衡，选择使相关总成本最低的再订货点和保险储备量。

相关总成本＝缺货成本＋变动储存成本

（7）及时生产的存货系统

①及时生产的存货系统的基本原理

只有在使用之前才从供应商处进货，从而将原材料或配件的库存数量减少到最小；只有在出现需求或接到订单时才开始生产，从而避免产成品的库存。及时生产的存货系统要求企业在生产经营的需要与材料物资的供应之间实现同步，使物资传送与作业加工速度处于同一节拍，最终将存货降低到最小限度，甚至零库存。

②及时生产的存货系统的优点和缺点

及时生产的存货系统的优点：

a. 降低库存成本；

b. 减少从订货到交货的加工等待时间，提高生产效率；

c. 降低废品率、再加工和担保成本。

及时生产的存货系统的缺点：

d. 加大经营风险：一旦供应链破坏，或企业不能在很短的时间内根据客户需求调整生产，企业生产经营的稳定性将会受到影响，经营风险加大；

e. 丧失机会收益：为了保证能够按合同约定频繁小量配送，供应商可能要求额外加价，企业因此丧失从其他供应商那里获得更低价格的机会收益。

8.1.5　流动负债的管理

本部分主要介绍短期借款、商业信用等流动负债的管理。

8.1.5.1　短期借款

短期借款是指企业向银行和其他非银行金融机构借入的期限在 1 年以内的借款。

短期借款主要有生产周转借款、临时借款、结算借款等。短期借款还可依偿还方式的不同，分为一次性偿还借款和分期偿还借款；依利息支付方法的不同，分为收款法借款、贴现法借款和加息法借款；依有无担保，分为抵押借款和信用借款。

(1)短期借款的信用条件

银行发放短期贷款时，主要信用条件包括：

①信贷额度。信贷额度亦即贷款限额，是借款人与银行在协议中规定的允许借款人借款的最高限额。银行不会承担法律责任。

②周转信贷协定。它是银行从法律上承诺向企业提供不超过某一最高限额的贷款协定。

企业享用周转信贷协定，通常要就贷款限额的未使用部分付给银行一笔承诺费。

例如，某周转信贷额为 1 000 万元，承诺费率为 0.5%，借款企业年度内使用了 600 万元，余额 400 万元，借款企业该年度就要向银行支付承诺费 2 万元

(400×0.5%)。这是银行向企业提供此项贷款的一种附加条件。

【例 8—5】 企业取得 2005 年为期一年的周转信贷额为 1 000 万元，承诺费率为 0.4%。2005 年 1 月 1 日从银行借入 500 万元，8 月 1 日又借入 300 万元，如果年利率为 8%，则企业 2005 年度末向银行支付的利息和承诺费共为(　　)万元。

A. 49.5　　B. 51.5　　C. 64.8　　D. 66.7

【答案】B

【解析】利息＝500×8%＋300×8%×5/12＝50(万元)

未使用的贷款额＝1 000－[500＋300×(5/12)]＝1 000－625＝375(万元)

承诺费＝375×0.4%＝1.5(万元)

③补偿性余额。它是银行要求借款人在银行中保持按贷款限额或名义借款额的一定百分比计算的最低存款余额。

对于借款企业来讲，补偿性余额提高了借款的实际利率。

$$\text{补偿性余额贷款实际利率}=\frac{\text{利息}}{\text{可用借款额}}$$

$$=\frac{\text{借款额}\times\text{名义利率}}{\text{借款额}-\text{借款额}\times\text{补偿性余额比例}}$$

$$=\frac{\text{名义利率}}{1-\text{补偿性余额比例}}\times 100\%$$

【例 8—6】 某企业按年利率 8%向银行借款 10 万元，银行要求维持贷款限额 15%的补偿性余额。该项借款的实际利率则为：

实际利率＝8%/(1－15%)＝9.41%

④借款抵押。银行向财务风险较大、信誉不好的企业发放贷款，往往需要有抵押品担保，以减少自己蒙受损失的风险。借款的抵押品通常是借款企业的办公楼、厂房等。

⑤偿还条件。无论何种借款，银行一般都会规定还款的期限。根据我国金融制度的规定，贷款到期后仍无能力偿还的，视为逾期贷款，银行要照章加收逾期罚息。

⑥以实际交易为贷款条件。当企业发生经营性临时资金需求，向银行申请贷款以求解决时，银行则以企业将要进行的实际交易为贷款基础，单独立项，单

独审批，最后做出决定并确定贷款的相应条件和信用保证。

(2)借款利息的支付方式

①利随本清法。利随本清法又称收款法，是在借款到期时向银行支付利息的方法。采用这种方法，借款的名义利率等于其实际利率。

②贴现法。贴现法是银行向企业发放贷款时，先从本金中扣除利息部分，在贷款到期时借款企业再偿还全部本金的一种计息方法。贴现法的实际贷款利率公式为：

$$\text{贴现贷款实际利率}=\frac{\text{利息}}{\text{贷款金额}-\text{利息}}\times 100\%$$

此时实际利率高于名义利率。

【例8—7】 某企业从银行取得借款10万元，期限1年，名义利率8%；按照贴现法付息，该贷款的实际利率为多少？

【答案】实际利率＝利息/(本金－利息)＝10×8%/(10－10×8%)＝名义利率/(1－名义利率)＝8.7%

【注意】关于短期借款，名义利率与实际利率存在差异的情况，需要注意客观题。存在补偿性余额、贴现法付息情况下，实际利率高于名义利率，利随本清法付息情况下，名义利率等于实际利率。

不存在实际利率低于名义利率的情况。

【例8—8】 某公司因生产周转原因需要资金10 000元，拟向银行借款，支付银行贷款利息的方式同银行协商后的结果是：

A方案：采用收款法付息，利息率为14%；

B方案：采用贴现法付息，利息率为12%；

C方案：利息率为10%，银行要求的补偿性余额比例为20%。

要求：分析企业应选择哪种借款方式，并说明理由。

【答案】A采取收款法：实际利率＝名义利率＝14%

采取贴现法时实际利率为：(10 000×12%)/[10 000×(1－12%)]＝13.6%

采取补偿性余额实际利率为：(10 000×10%)/10 000×(1－20%)＝12.5%

通过三者比较，采取补偿性余额实际利率最低，因此应选用 C 方案对公司最有利。

【例 8—9】 某公司需要 200 万元用于设备购置，假设全部款项均通过银行借款取得，名义借款利率为 10%，银行要求的补偿性余额比率为 20%，则下列结论正确的是(　　)。

A. 公司的实际借款数额为 230 万元

B. 公司的实际借款数额为 250 万元

C. 该借款的实际利率为 11.5%

D. 该借款的实际利率为 12.5%

【答案】BD

【解析】设实际借款数额为 x，则：$x\times(1-20\%)=200$；解之得：$x=250$(万元)。

实际利率＝10%/(1－20%)＝12.5%。

(3)短期借款筹资的优点和缺点

短期借款筹资的优点主要有：①筹资速度快；②筹资弹性大。

短期借款筹资的缺点主要有：①筹资风险大；②与其他短期筹资方式相比，资金成本较高，尤其是存在补偿性余额和附加利率情况时，实际利率通常高于名义利率。

【注意】关于本节借款的信用条件和利息支付分式，有可能与现金预算结合出题。比如，编制现金预算时，得出某个季度现金不足，需要借款 10 万元。如果银行的补偿性余额比率为 20%，问企业应提出的贷款数量为多少？

$10=X(1-20\%)$

$X=10/0.8=12.5$(万元)

8.1.5.2　商业信用

(1)商业信用的条件

商业信用的条件是指销货人对付款时间和现金折扣所做的具体规定，主要有以下几种形式：预收货款；延期付款，但不涉及现金折扣；延期付款，但早付款可享受现金折扣。

①预收货款(销售方)

这是企业在销售商品时，要求买方在卖方发出货物之前支付货款的情形。在这种信用条件下，销货单位可以得到暂时的资金来源，购货单位则要预先垫支一笔资金。

②延期付款，但不涉及现金折扣(购货方)

这是指企业购买商品时，卖方允许企业在交易发生后一定时期内按发票金额支付货款的形式，如“net45”，是指在 45 天内按发票金额付款。在这种情况下，买卖双方存在商业信用，买方可以因延期付款而取得资金来源。

③延期付款，但早付款可享受现金折扣(购货方)

在这种条件下，买方若提前付款，卖方可给予一定的现金折扣，如买方不享受现金折扣，则必须在一定时期内付清账款。如“2/10，n/30”便属于此种信用条件。现金折扣一般为发票金额的 1%～5%。

(2)现金折扣成本的计算

如果购货方放弃现金折扣，就可能承担较大的机会成本，其计算公式为：

$$\text{放弃现金折扣的机会成本}=\frac{\text{折扣百分比}}{1-\text{折扣百分比}}\times\frac{360}{\text{信用期}-\text{折扣期}}$$

【公式含义分析】

某企业赊购商品 1 000 元，卖方提出付款条件“2/10，n/30”。

若在折扣期内付款(即选择第 10 天付款)，则需要付 1 000×(1－2%)＝980(元)；若放弃现金折扣(即选择第 30 天付款)，则需要付 1 000 元，这相当于占用 1 000×(1－2%)＝980(元)的资金 20 天，付出了 1 000×2%＝20(元)的代价。其具体的分析过程见图 8－4。

$$\text{放弃现金折扣的成本}=\frac{\text{资金占用费}}{\text{资金占用额}}=\frac{100\times2\%}{100\times(1-2\%)}$$

注意，这样计算出的成本率是 20 天(信用期－折扣期)的成本率，而一般所谓的成本率都是指年成本，所以，需要进行调整。调整的方法，就是将以上计算出的 20 天的成本除以 20，先得出天成本，然后，再乘以每年的天数 360。综合起来，就是乘以 360/20。

$$\text{放弃现金折扣的成本}=\frac{100\times2\%}{100\times(1-2\%)}\times\frac{360}{20}=\frac{2\%}{1-2\%}\times\frac{360}{20}=36.7\%$$

由此可以得出放弃现金折扣成本的计算公式如下：

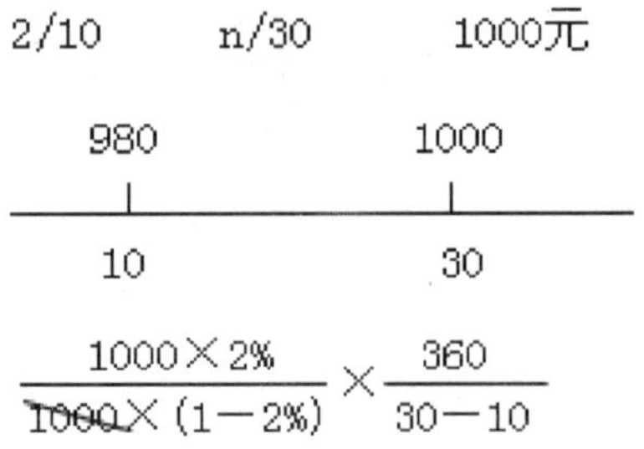

图 8—4　放弃现金折扣成本计算示意图

$$放弃现金折扣成本=\frac{折扣百分比}{1-折扣百分比}\times\frac{360}{信用期-折扣期}$$

(3)商业信用筹资的优点和缺点

采用商业信用筹资非常方便，而且筹资成本相对较低，限制条件较少，但其期限一般较短。

8.2　Excel 运用

8.2.1　具体步骤

【例 8—10】 某企业现有 A、B、C、D 四种现金持有量方案，有关的成本资料如表 8—5 所示。

表 8—5　　**最佳现金持有量备选方案表**　　单位：元

项　目	A	B	C	D
现金持有量	100 000	200 000	300 000	400 000
机会成本	10%	10%	10%	10%
短缺成本	48 000	25 000	10 000	5 000

可采用成本分析模式设计该企业最佳现金持有量模型，具体做法如下：

(1)在流动资金管理模型工作簿中，选择一新的工作表，将其名字改为“成本分析模式”。

(2)在基本数据区域输入有关要素的已知值。建立最佳现金持有量分析模型。

(3)以摩尔模型理论为依据,在该工作表中建立的最佳现金持有量模型,定义各要素之间的勾稽关系如下:

总成本=持有现金机会成本+现金短缺成本

=现金持有量×有价证券利率+现金短缺成本

①建立 A 方案的总成本公式:

选择 B7 单元,输入公式"=B4 * B5+B6"。

②再建立 B、C、D 方案的总成本公式:

a. 选择 C7 单元,输入公式"=C4 * C5+C6"。

b. 选择 D7 单元,输入公式"=D4 * D5+D6"。

c. 选择 E7 单元,输入公式"=E4 * E5+E6"。

或在建立 B7 单元公式后,拖住填充柄进行复制到 E7 为止。

此模型建成后,只要在基本数据区输入新的数据,最佳现金持有量分析模型中的值将自动计算出来。从分析模型中可以粗略观察到,现金余额为 300 000 元时,总成本最低为 40 000 元,则该现金余额为最佳现金持有量。如图 8—5 成本分析模式最佳现金持有量模型所示。

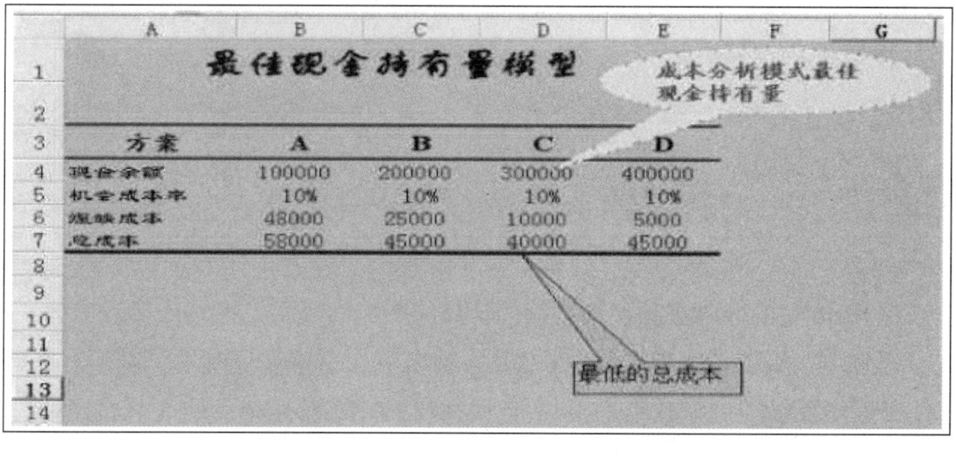

最佳现金持有量模型

方案	A	B	C	D
现金余额	100000	200000	300000	400000
机会成本率	10%	10%	10%	10%
短缺成本	48000	25000	10000	5000
总成本	58000	45000	40000	45000

图 8—5　成本分析模式最佳现金持有量模型

客户信用条件评价模型设计：制定合理的信用政策，是加强应收账款管理、提高应收账款投资效益的重要前提。信用政策即应收账款的管理政策，是指企业对应收账款投资进行规划与控制而确立的基本原则与行为规范，它包括信用标准、信用条件和收账政策三部分内容。

【例 8—11】 某企业预测 2002 年度赊销额为 3 600 万元，其信用条件是：$n/30$，变动成本率为 60%，资金成本率（或有价证券利息率）为 10%，假定企业收账政策不变，固定成本总额不变，该企业准备了三个信用条件的备选方案：

A. 维持 $n/30$ 的信用条件；

B. 将信用条件放宽到 $n/60$；

C. 将信用条件放宽到 $n/90$。

为各种备选方案估计的赊销水平、坏账百分比和收账费用等有关数据如表 8—6 所示。

表 8—6　　信用条件备选方案

	A	B	C	D	E
1					
2					
3	信用条件备选方案表　单位：万元				
4	方案	A	B	C	资金成本率
5	信用条件	n/30	n/60	n/90	10%
6	年赊销额	3600	3960	4200	变动成本率
7	应收账款平均收账天数	30	60	90	60%
8	应收账款平均余额	300	660	1050	
9	维持赊销业务所需资金	180	396	630	
10	坏账损失率	2%	3%	6%	
11	坏账损失	72	118.8	252	
12	收账费用	36	60	144	
13					
14					

（1）A 方案的应收账款平均余额的计算

选择 B8 单元，输入公式"＝B6/360 * B7"。

B、C 方案的应收账款平均余额，可以选择 B8 单元，用填充柄拖至 D8 得到。

（2）A 方案维持赊销业务所需要的资金的计算

选择 B9 单元，输入公式"＝B8 * ＄E＄7"。

B、C 方案的维持赊销业务所需要的资金，可以选择 B9 单元，用填充柄拖至 D9 得到。

(3)A 方案坏账损失的计算

选择 B11 单元，输入公式"＝B6＊B10"

B、C 方案坏账损失额，选择 B11 单元，用填充柄拖至 D11 得到。

(4)信用条件分析评价模型的建立

根据以上资料，可计算并建立如下模型，如表 8—7 所示。

表 8—7　　客户信用条件分析评价模型

客户信用条件分析评价模型　　单位：万元

方案	A	B	C	变动成本率
信用条件	n/30	n/60	n/90	60%
年赊销额	3600	3960	4200	
变动成本	2160	2376	2520	
信用成本前收益	1440	1584	1680	
信用成本：				
应收账款机会成本	18	40	63	
坏账损失	72	118.8	252	
收账费用	36	60	144	
小计	126	218	459	
信用成本后收益	1314	1366	1221	

①A 方案的变动成本：选择 B7 单元，输入公式"＝B6＊＄E＄5"可得；

B、C 方案的变动成本：选择 B7 单元，用填充柄拖至 D7 可以得到。

②A 方案的信用成本前收益：选择 B8 单元，输入公式"＝B6－B7"可得；

B、C 方案的信用成本前收益：选择 B8 单元，用填充柄拖至 D8 可以得到。

③A 方案的应收账款机会成本：选择 B10 单元，输入公式"＝信用条件备选方案表！B9＊信用条件备选方案表！E5"可得；具体操作方法是选择 B10 单元，输入"＝"，点击信用条件备选方案表，进入信用条件备选方案表中，选择 B9 单元，再输入乘号"＊"，再选择 E5 单元即可得；

同理，B 方案的应收账款机会成本：选择 C10 单元，输入公式"＝信用条件备选方案表！C9 * 信用条件备选方案表！E5”可得；

C方案的应收账款机会成本：选择D10单元，输入公式“＝信用条件备选方案表！D9 * 信用条件备选方案表！E5”可得。

④A方案的坏账损失：选择B11单元，输入公式“＝信用条件备选方案表！B11”可得(即直接调用信用条件备选方案表中A方案的坏账损失信息)；

B、C方案的坏账损失：选择B11单元，用填充柄拖至D11可得。

⑤A方案的收账费用：选择B12单元，输入公式“＝信用条件备选方案表！B12”可得(即直接调用信用条件备选方案表中A方案的收账费用信息)；

B、C方案的收账费用：选择B12单元，用填充柄拖至D12可得。

⑥信用成本：选择B13单元，输入公式“＝SUM(B10:B12)”可得；

B、C方案的信用成本：选择B13单元，用填充柄拖至D13可得。

⑦A方案的信用成本后收益：选择B14单元，输入公式“＝B8－B13”可得；

B、C方案的信用成本后收益：选择B14单元，用填充柄拖至D14可得。

8.2.2 综合运用

MM公司目前年赊销收入为560万元，信用条件为$n/30$，变动成本率为60%，有价证券收益率为6%，该公司为了扩大销售拟定了甲、乙两个信用条件方案：

甲方案：信用条件为$n/60$，预计赊销收入将增加28万元，坏账损失率为2%，预计收账费用为5万元；

乙方案：信用条件为2/10，1/30，$n/60$，预计赊销收入将增加50万元，坏账损失率为3%，估计约有60%的客户(按赊销额计算)会利用2%的现金折扣，30%的客户(按赊销额计算)会利用1%的现金折扣，预计收账费用为8万元。

上述资料具体相关数据如Excel电子表格如表8－8所示。

表 8—8　　应收账款信用条件分析　　单位:万元

	A	B	C	D	E
1	分析数据：				
2	目前年赊销收入	560			
3	变动成本率	60%			
4	有价证券收益率	6%			
5		甲方案(n/60)	乙方案(2/10,1/20,n/60)		
6	年赊销收入增加额	28	50		
7	坏账损失率	2%	3%		
8	收账费用	5	8		
9		—	折扣期限	现金折扣率	现金折扣利用百分比
10		—	10	2%	60%
11		—	20	1%	30%
12		—	60	—	10%
13	(1)相关指标计算				
14	应收账款平均收账期(天)				
15	应收账款周转次数(次)				
16	年赊销收入				
17	应收账款平均余额				
18	维持赊销业务所需的资本				
19	应收账款的机会成本				
20	(2)信用条件决策				
21	年赊销收入				
22	减:现金折扣				
23	年赊销收入净额				
24	减:变动成本				
25	信用成本前收益				
26	减:信用成本				

续表

	A	B	C	D	E
	A	B	C	D	E
27	应收账款的机会成本				
28	坏账损失				
29	收账费用				
30	小计				
31	信用成本后收益				
32	决策分析				

要求：

(1)根据 Excel 电子表格完成 MM 公司甲、乙两种方案相关指标的计算(B14:B19,C14:C19)；

(2)根据 Excel 电子表格完成 MM 公司信用决策分析，即计算电子表格中的 B21:B31,C21:C31 及 B32 相关数据；

(3)如果改变当前的信用条件，预计乙方案的赊销收入将增加 70 万元(C6 变为 70)，其他条件保持不变，重新计算(1)和(2)。

(1)和(2)答案(见表 8—9)：

表 8—9　　应收账款信用条件分析　　单位：万元

	A	B	C	D	E	F
1	分析数据：					
2	目前年赊销收入	560				
3	变动成本率	60%				
4	有价证券收益率	6%				
5		甲方案 (n/60)	乙方案 (2/10,1/20,n/60)			
6	年赊销收入增加额	28	50			
7	坏账损失率	2%	3%			
8	收账费用	5	8			
9		—	折扣期限	现金折扣率	现金折扣利用百分比	
10		—	10	2%	60%	

续表

	A	B	C	D	E	F
11		—	20	1%	30%	
12		—	60	—	10%	
13	(1)相关指标计算					
14	应收账款平均收账期(天)	60.00	18.00			C14=C10 * E10+C11 * E11+C12 * E12
15	应收账款周转次数(次)	6.00	20.00			B15=360/B14
16	年赊销收入	588.00	610.00			B16= $B$2+B6
17	应收账款平均余额	9.80	30.50			B17=B16/B14
18	维持赊销业务所需的资本	5.88	18.30			B18=B17 * $B$3
19	应收账款的机会成本	0.35	1.10			B19=B18 * $B$4
20	(2)信用条件决策					
21	年赊销收入	588.00	610.00			B21=B16
22	减:现金折扣	—	9.15			C22= C21 *(D10 * E10+D11 * E11)
23	年赊销收入净额	588.00	600.85			C23=C21−C22
24	减:变动成本	352.80	360.51			B24=B23 * $B$3
25	信用成本前收益	235.20	240.34			B25=B23−B24
26	减:信用成本					
27	应收账款的机会成本	0.35	1.10			B27=B19
28	坏账损失	11.76	18.30			B28=B21 * B7
29	收账费用	5.00	8.00			B29=B8
30	小计	17.11	27.40			B30=SUM(B27:B29)
31	信用成本后收益	218.09	212.94			B31=B25−B30
32	决策分析	应该选择甲方案				

注:电子表格中所列示的计算公式除个别(C14、C22、C23)外,均列示 B 列的计算公式,C 列计算同 B 列,可使用 Excel 中的自动填充功能实现。

(3)将(1)和(2)的计算结果(电子表格)拷贝到一个新的工作表,将乙方案的年赊销收入增加额(C6)变为 70,按【Enter】键即可重新计算(1)和(2),见表 8—10。从表 8—10 可以看出,此时应该选择乙方案。

表 8—10　　应收账款信用条件分析　　单位:万元

	A	B	C	D	E	F
1	分析数据:					
2	目前年赊销收入	560				
3	变动成本率	60%				
4	有价证券收益率	6%				
5		甲方案(*n*/60)	乙方案(2/10,1/20,*n*/60)			
6	年赊销收入增加额	28	70			
7	坏账损失率	2%	3%			
8	收账费用	5	8			
9		—	折扣期限	现金折扣率	现金折扣利用百分比	
10		—	10	2%	60%	
11		—	20	1%	30%	
12		—	60	—	10%	
13	(1)相关指标计算					
14	应收账款平均收账期(天)	60.00	18.00			C14=C10 * E10+C11 * E11+C12 * E12
15	应收账款周转次数(次)	6.00	20.00			B15=360/B14
16	年赊销收入	588.00	630.00			B16= $B$2+B6
17	应收账款平均余额	9.80	31.50			B17=B16/B14
18	维持赊销业务所需的资本	5.88	18.90			B18=B17 * $B$3
19	应收账款的机会成本	0.35	1.13			B19=B18 * $B$4
20	(2)信用条件决策					
21	年赊销收入	588.00	630.00			B21=B16
22	减:现金折扣	—	9.45			C22= C21 * (D10 * E10+D11 * E11)
23	年赊销收入净额	588.00	620.55			C23=C21—C22
24	减:变动成本	352.80	372.33			B24=B23 * $B$3
25	信用成本前收益	235.20	248.22			B25=B23—B24
26	减:信用成本					
27	应收账款的机会成本	0.35	1.13			B27=B19
28	坏账损失	11.76	18.90			B28=B21 * B7

续表

	A	B	C	D	E	F
29	收账费用	5.00	8.00			B29＝B8
30	小计	17.11	28.03			B30＝SUM(B27:B29)
31	信用成本后收益	218.09	220.19			B31＝B25－B30
32	决策分析	应该选择乙方案				

8.3　案例分析

8.3.1　富达自行车公司的最优现金持有量的确定

富达自行车有限公司财务经理为了尽量减少企业闲置的现金数量，提高资金收益率，考虑确定最佳现金持有量，财务科对四种不同现金持有量的成本做了测算，具体数据如表 8—11 所示：

表 8—11　　**现金持有方案**　　单位：元

方案	A	B	C	D
现金持有量	25 000	50 000	75 000	100 000
管理成本	20 000	20 000	20 000	20 000
短缺成本	10 000	6 000	2 000	0

财务经理根据上述数据，结合企业的资本收益率 12%，利用成本分析模式，确定出企业最佳现金持有余额 .

思考与讨论的问题：

- 不同现金持有量的机会成本
- 财务经理为什么确定 75 000 元为企业最佳现金持有余额？

必要提示(见表 8—12)：

表 8—12　　最佳现金持有量测算表　　单位:元

方案及现金持有量	管理成本	机会成本	短缺成本	相关总成本
A(25 000)	20 000	3 000	10 000	33 000
B(50 000)	20 000	6 000	6 000	32 000
C(75 000)	20 000	9 000	2 000	31 000
D(100 000)	20 000	12 000	0	32 000

C 方案的相关总成本最低,即公司持有 75 000 元现金时,各方面的总代价最低。

8.3.2　应收账款的选择

A 公司是一家商业企业。由于目前的收账政策过于严厉,不利于扩大销售,且收账费用较高,该公司正在研究修改现行的收账政策。现有甲和乙两个放宽收账政策的备选方案．有关数据如下(见表 8—13):

表 8—13　　应收账款政策的对比

项　目	现行收账政策	甲方案	乙方案
年销售额(万元/年)	2 400	2 600	2 700
收账费用(万元/年)	40	20	10
所有账户的平均收账期	2 个月	3 个月	4 个月
所有账户的坏账损失率	2%	2.5%	3%

已知 A 公司的销售毛利率为 20%,应收账款投资要求的最低报酬率为 15%。坏账损失率是指预计年度坏账损失和销售额的百分比。假设不考虑所得税的影响。

要求:通过计算分析回答,应否改变现行的收账政策?如果要改变,应选择甲方案还是乙方案?

分析(见表 8—14):

表 8—14　　　　总额分析法　　　　(单位:万元,以下同)

	现行收账政策	甲方案	乙方案
销售额	2 400	2 600	2 700
毛利	2 400 * 0.2=480	2 600 * 0.2=520	2 700 * 0.2=540
应收账款投资应计利息	400 * 0.8 * 15%=48	650 * 0.8 * 15%=78	900 * 0.8 * 15%=108
坏账损失	2 400 * 2%=48	2 600 * 2.5%=65	2 700 * 3%=81
收账费用	40	20	10
边际收益	344	357	341

因此,应采纳甲方案(见表 8—15)。

表 8—15　　　　差额分析法

项　目	现行收账政策	甲方案	乙方案
年销售额	2 400	2 600	2 700
销售额增加		200	300
(1)销售额增加的毛利		40	60
平均收账期(月)	2	3	4
应收账款周转次数	6	4	3
平均应收账款	400	650	900
应收账款增加		250	500
(2)应收账款投资的应计成本(15%)		30	60
坏账损失率	2%	2.5%	3%
坏账损失	48	65	81
(3)坏账损失增加的成本		17	33
收账费用	40	20	10
(4)收账费用减少带来的收益		20	30
净差额		13	—3

8.3.3　PC 公司应收账款的管理

PC 公司 2010 年成立,主要从事个人电脑的组装和销售业务,该公司产品质量优良，价格合理，在市场上颇受欢迎，销路很好，因此该公司也迅速发展壮大很快。但是到了2013年末，该公司有些问题开始呈现出来：公司过去为了扩大销售，占领市场，一直采用比较宽松的信用政策，客户拖欠的款项数额越来越大，时间越来越长，严重影响了资金的周转循环，公司不得不依靠长期负债及短期负债筹集资金。假如现在该公司请你做财务顾问，协助他们改善财务问题。

财务人员将有关资料整理如下：该公司考虑将其信用条件由"1/15，n/30"改为"2/10，n/30"，以加速应收账款的收现。在目前，约有50%的客户享有该公司所提供的1%的折扣，而在信用条件被改为"2/10，n/30"后，享有折扣的客户预期会上升到60%。不管是在什么信用条件下，在所有未享受折扣的客户中，有一半客户会准时付款，而另外一半客户则会在信用期过后的第十天才付款。因为该公司只有改变信用条件，但并未放宽信用标准，所以它的坏账损失预期仍然停留在目前总销售收入1%的水平上。然而，在现金折扣被提高到2%后，该公司的销售额预期可由目前的每年360 000元上升到每年450 000元。PC公司的变动成本率为65%，应收账款投资必要收益率8%。

试分析：

(1)为改善公司目前的财务状况，PC公司应采取什么措施？

(2)分别计算PC公司在信用条件改变前与改变后的平均收现期、现金折扣费用、应收账款机会成本以及坏账损失。

(3)计算信用条件改变给PC公司带来的增量收益，并分析说明PC公司是否应该改变它的信用条件。

(4)假定在PC公司改变其信用条件后，有50%的客户会提前付款以享受折扣，有25%客户准时付款，其余25%的客户则会在信用期过后的第十天才付款。而销售额预期不会改变。则PC公司平均收现期会缩短几天？是否应该改变它的信用条件？

(5)在(4)的前提下，若PC公司改变其信用条件，现金折扣率应不超过多少？

必要提示：

(1)公司应制定较高的信用标准，以保证未享受折扣的顾客也能在信用期付款；另外，公司要制定合理的收账政策，努力加强欠款回收。

(2)信用条件改变前：

平均收现期＝60％×15＋25％×30＋25％×40＝26.5(天)

现金折扣费用＝360 000×50％×1％＝1 800(元)

应收账款机会成本＝360 000/360×26.5×65％×8％＝1 378(元)

坏账损失＝360 000×1％＝3 600(元)

信用条件改变后：

平均收现期＝60％×10＋20％×30＋20％×40＝20(天)

现金折扣费用＝450 000×60％×2％＝5 400(元)

应收账款机会成本＝450 000/360×20×65％×8％＝1 300(元)

坏账损失＝450 000×1％＝4 500(元)

(3)销售增加的边际收益＝(450 000－360 000)×(1－65％)＝31 500(元)

应收账款机会成本减少＝1 300－1 300＝0(元)

现金折扣费用＝5 400－1 800＝3 600(元)

坏账损失增加＝4 500－3 600＝900(元)

改变信用期限的信用成本后收益＝31 500＋0－3 600－900＝27 000(元)

由于信用改变信用条件使得 PC 公司能够获得增量的收益，因此 PC 公司应该将信用条件由“1/15，n/30”改为“2/10，n/30”。

(4)由于预期的销售不变，所以只能比较成本费用。信用期限改变后：

平均收现期＝50％×10＋25％×30＋25％×40＝22.5(天)

平均收现期缩短：25－22.5＝2.5(天)

应收账款机会成本＝360 000/360×22.5×65％×8％＝1 170(元)

应收账款机会成本减少＝1 300－1 170＝130(元)

现金折扣费用增加＝360 000×50％×2％－1 800＝1 800(元)

成本费用增加＝1 800－130＝1 670(元)

由于改变信用条件，在与其收入不变的情况下，成本费用增加，所以 PC 公司不改变信用条件。

(5)假设现金折扣率为 X，则：

360 000×50％×X－1 800－130＝0

解得：X＝1.07％

所以，当 PC 公司现金折扣率不超过 1.07%时可以改变信用条件。

8.3.4 存货周转速度如何加快——来自 ZARA 的启示

在全球金融危机的背景下，有些企业仍能逆市发展扩大规模。净利润增长 13%，销售状况没有受到经济危机的任何影响，快速时尚品牌如何在短时间内迅速崛起？他们做的就是把整个"6＋1"产业链的高度压缩整合，变成 12 天。如何做到高效？他们挖了 200 公里的地下隧道，用高压空气传输。

最近几年有一家从来不做广告的服装品牌 ZARA 异军突起，不但打败了美国的 GAP，日本的优衣库和香港的思捷(Esprit)，而且在经济萧条时期竟然越做越好，不做广告没法打出服装行业的本质精神，但是它通过产业链的高效整合强化性价比，完全忽略性价比，ZARA 的成功值得我们传统劳动力密集型产业关注。

ZARA 和 H&M 都是价格低、款式时尚，但产品品质一般，可是价格低和产品外观时尚的两个优点就大幅度提高了性价比。

美国的 GAP、西班牙的 ZARA、瑞典的 H&M、德国的 C&A，是目前国际上最成功的四大服装零售品牌，都已经落户中国，其中 ZARA 和 H&M 在 2009 年净盈利分别上升 5%和 13%，为何在购买力降低、经济环境不是很好的情况下仍能保持着旺盛的销售势头？7 个环节的高效整合：批发、仓储、运输、订单处理、制造、产品设计、原料采购等环节，只有掌控了整条产业链，才能控制定价权，产品才会便宜，只有掌控了整条产业链，产品才会时尚。

ZARA 市场定位就是"买得起的快速时尚"，数据显示，中国服装企业的仓储时间一般为 6～9 个月，国际名牌一般是 120 天，而 ZARA 最快时只有 7 天，一般为 12 天。ZARA 的仓储成本非常低，而降低仓储成本也就意味着更低的成本，更快速的时装新品，往往最新一季的 Dior 的新装刚刚在巴黎 T 型台上亮相，两周后，北京、上海时尚男女就能在 ZARA 的店里发现 Dior 最新款式的影子。而价格可能连 Dior 的 1/10 都不到。

从产品设计一直到零售为止的整条产业链压缩成 12 天，中国企业需要 180 天，ZARA 是 12 天，H&M 是 21 天，为何产品便宜呢？需要 180 天才能把制造好的衣服卖出去的话，一件衣服就要在仓库放 180 天，假设一件衣服每天的仓储成本是 1 块，就要花 180 块来存储这件衣服，如果只需要 12 天的话，一件衣服的仓储成本就从 180 块降低到 12 块，已经缩减了 168 元的仓储成本，还需要考虑劳动成本吗？劳动成本根本就不重要了。所以他们根本不理中国的廉价劳动力，因为根本不重要，所以 80％的产品在欧洲生产。

12 天新品到顾客手中，ZARA 的设计师有几百人，都是年轻人，根本没有名设计师，只有放弃创新，产品才会时尚，如何对市场做出快速反应？做了 100 件衣服，前天卖了 12 件，昨天卖了 6 件，今天卖了 7 件，ZARA 告诉设计师，千万别创新，两个原则来设计衣服，第一个，根据 12 件到 6 件到 7 件的共性设计衣服，比如这三天都是深色系列的，那么设计的新款都是深色系列，第二个原则是根据趋势变化稍做修改，比如 12 件的时候是 4 个纽扣，卖 6 件是 3 个纽扣，卖 7 件是 2 个纽扣，新款就是 1 个纽扣。然后马上推向市场，在 12 天之内进入市场并把它卖掉。12 天之后，市场的需求就会从深色系列的 4 个纽扣到 3 个到 2 个，再到一个纽扣，你刚好推出新款，刚好配合，因此你的产品特别时尚。ZARA 通过产业链的整合，使得产品特别时尚，这是它的第二个优势。5 分钟设计，怎么保证 12 天送到顾客手里呢？就是公司经营管理水平，周期压缩到 12 天，那是非常难的。

快速时尚品牌一般都具有非常强大的新产品开发团队，他们的设计师都是典型的空中飞人，经常坐飞机穿梭于各种时装发布会之间或出入各种时尚场所，收集各种关于时尚的信息，从中获得设计灵感，以此为蓝本进行他们的设计程序，使得 ZARA 每年可生产极多款式的时装，仅仅在 2004 年 ZARA 便退出了超过 1.2 万款新时装。ZARA 和 H&M 都不是潮流的创造者，而是快速的反应者，通过选择快速模仿潮流时尚，在降低库存风险的情况下，大大缩减设计的酝酿期，从而达到快速模仿、快速反应，以最快的速度来满足消费者对流行的需要。

(1)真正的快速：压缩产业链时间获取绝对速度

以制造为例，ZARA 有 20 家大工厂，都是高科技机械化的大工厂，同时还有 400 家小型的配套工厂，很多小型配套工厂都是使用脚踏的缝纫机的，这种在我们中国工厂都不用了，我们都是机械化的，为何就不行？

大工厂只做两件事，染色和裁剪，根本不做缝制，因为机械化大工厂做这两件事效率最高，速度最快，而用机器缝制是非常麻烦的，缝制交给 400 家小工厂做，而且是一厂一款，一个工厂只缝制一款衣服，因此效率奇高。它们思维跟我们不同，我们一直喊着纺织业转型，让整个国家的纺织业都把手工业全部转成机械化，它们不转型，最高战略思想就是压缩产业链时间，快速！

制造方面是组合拳，机械化和小型工厂分工明确，各自负责自己效率最高的工作，速度大幅提升。

再看仓储运输，为了缩短时间，如何把大工厂染色、裁剪好的衣料送到小工厂？如何把小工厂缝制好的衣服送回物流中心？又如何把衣服从物流中心送到上海和北京？比如沃尔玛物流系统，或者用卡车运输。

既不用沃尔玛的物流方法，也不用卡车，也不用传送带，为了达到最快的速度，他们创造了一个全世界前所未有的模式，他们挖了 200 公里的地下隧道，用高压空气传输，刷一下就到。

但是如果刷一下送错了怎么办？不用担心，出错率大概是千分之一，还是会出错呢？怎么运回来？用卡车吗？还是用传输带传回来？目的就是要快，送错怎么办？当场丢掉？200 公里，北京到天津还不到 200 公里，上海到杭州也不到 200 公里，要建一条 200 公里的高速公路都是很庞大的工程，何况是挖一条 200 公里的高压隧道，需要耗费多大的能量？可是他们为了压缩时间在所不惜，这就是他们的仓储运输。此外，为了压缩时间，在欧洲做好的衣服送到北京和上海不用传统的轮船运输，而用飞机运输，这样不是很贵吗？为了快，不在乎成本，这就是他们的仓储和运输。

(2)零售新思维：规模不经济

一定要款少量多才能达到规模经济，它完全相反，是款多量少，追求规模不经济，因为只有规模不经济才具有创造力，那些喜欢规模经济的企业都是没有什么创造力的人。一年 12 000 款意味着什么，就是每个星期都换新款，很多服装店是一季换一次，它是一个星期换一次。

通常的身材比例是 10%大号，10%小号，80%中号，ZARA 怎么做，它做一件大号，一件小号，2 件中号，而不是 8 件中号，如果有 8 个人买中号，可是衣服只有 2 件，买不到怎么办？当她想买又买不到时，有极度的挫败感会让他们下周再来，所以买衣服时，大多数时候女士喜欢东摸摸西摸摸，20 分钟试一件衣服，基本还不会买，等半天也买不到一件衣服，但是在 ZARA 就不同了，去逛 ZARA 就是第一个动作时翻衣领，看有没有中号，有的话先拿在手里，然后再挑，等挑了一堆中号衣服再一起去试穿？或者直接埋单，回家再试穿，不喜欢明天回来退，行为所以反常，这就是 ZARA 的精心策划。

ZARA 在上海是周一和周四两天进货，而只有周一和周四才有中号，其他时间基本没有中号，特意只进 2 件中号，让你买不到，你下周还会来，下次再来时，就会其他老顾客一样，先翻衣领看是不是中号，如果是先拿在手里。而且下周来时，款式全部换新，因为它有 12 000 款已付，这种规模不经济的思维，ZARA 的销售速度特别快，正因为如此，全球消费者平均每人光顾 ZARA 店 13 次，而光顾其他店只有 3 次，所以从制造到仓储到零售，整条产业链的各个环节，ZARA 都把握了一个原则，就是产业链的高效整合。才能保证既廉价又时尚，才能对抗金融海啸。

(3)控制整条生产链：在流通环节节省成本

ZARA 这个服装企业从第一关的制造一直到最后的销售，整个环节用多少天？12 天，中国相同的服装制造业从第一关的制造一直到仓储共需多少天，以广东为例，180 天，以仓储为例，180 天变成 12 天，仓储成本会节约多少，物流成本可以节约多少，原来这些国家跨国企业，包括麦当劳、可口可乐，能想到的所有跨国企业都掌握着整条产业链，尽管制造环节不一定自己掌握，但掌握整条产业链却非常重要，为何 ZARA80%的产品生产在欧洲，卖到中国来比我们的产品还便宜？他们劳动成本高，为何还比我们便宜？就是从整个流通环节省下了大量成本，所以卖的比较便宜。瑞典的 H&M 呢？它的整个环节效率更高，能节省更多的成本，所以它卖的服装比 ZARA 还要便宜。所以今天整个竞争的格局不是民营企业和国有企业的问题，也不是中国企业和外国企业的问题，而是整条产业链的竞争问题，中国企业整条产业链的竞争是处于劣势的，而其原因是我们只掌握了整条产业链中最不重要的一部分——制造业，所以我们一方面对制造业大国这个称号感到很欣慰，但另一方面分析只掌握制造业其最后的结果是使得你的国际竞争力逐渐地下滑。

资料来源：郎咸平：《产业链阴谋：一场没有硝烟的战争》(Ⅰ、Ⅱ)》，东方出版社，2009 年。

8.3.5 现金周转期可能为负吗?

苏宁电器股份有限公司成立于1990年12月26日,自成立以来一直保持着快速稳健的发展势头,公司2004～2007年年度财务报表数据显示,其现金周转期分别为－3、－12、－21、－46天,为何会出现负的现金周转期,现金周转期为负值,说明苏宁在存货和应收账款上的资金不仅完全由供应商提供,而且还无偿占用了供应商提供的资金,苏宁电器利用其销售网络优势增强与家电制造商的讨价还价能力,不断减低采购价格,延长付款期限,在家电市场残酷的价格大战中,苏宁电器盈利模式在于不断压榨家电制造厂商的利润空间、无偿占有家电制造厂商的营运资金。苏宁电器2008年第三季度数据显示,流动资产与流动负债比率为1.28,一般角度看,这个比值很低,似乎风险不小。仔细研究其短期负债,真正的短期借款(银行短期贷款)只有2.16亿元,在流动负债总额的157亿元中,所占比率很低,流动负债的大头是应付票据与应付账款合计142亿元。家电零售,这二者形成主要是先拿了人家家电制造商的货去卖,但进货的钱还没有付给制造商。这意味着,苏宁电器在借着供货商的钱去经营自己的业务,这种借款不用付利息,免费用别人的钱做生意,实际上是每个公司梦寐以求的,但是真正能做到的只有那些市场地位超强的公司。同时也要求公司流动资产变现能力很强,苏宁电器能够尽快把货卖掉,拿回现金,然后偿付供货商,苏宁电器当期的货币资金达到了115亿元,占其流动资产的57.2%,这表明苏宁生意做得红火,电器卖得很快。

国内电器连锁店国美和苏宁的流动比率表现,整体而言,二者的流动比率近年来维持在1～1.5,与一般零售企业表现相当,国美与苏宁对供货商的无息融资能力相当,但是相对于沃尔玛小于1的流动比率来经营,仍有待加强。

要降低现金周转期,从而减少流动资产上占用的货币资金,需要从存货管理、应收账款管理和应付账款管理三个方面入手。存货方面,要加强销售,另一方面,要通过确定订货成本、采购成本以及储存成本来计算经济批量,将存货上占用的资金控制在最低的水平。应收账款管理要制定合理的信用标准、信用条件和收账政策,鼓励客户尽早付款。应付账款方面,一般而言要拖延付款时间对企业有利,但由于延期可能引起信誉恶化,所以企业必须衡量和比较做出决定，选择最佳方案。

沃尔玛在20世纪70年代，流动比率高达2.4，但是到了2009年降低到0.8。沃尔玛是全世界最大的渠道商，当消费者刷信用卡购买商品2～3天后，信用卡公司就必须支付沃尔玛现金。但是对供货商，沃尔玛维持一般商业交易最快30天付款的传统，利用“快快收钱，慢慢付款”的方法，创造手头的营运资金。因为现金来源充裕且管理得当，沃尔玛不必保留大量现金，并且能在快速增长下，控制应收账款与存货的增加速度。由于沃尔玛流动资产的增长远较流动负债慢，才会造成流动比率恶化的假象。

对其他厂商来说，流动比率小于1可能是警讯，对沃尔玛反而是竞争力的象征。相对地，规模及经营能力都远较沃尔玛逊色的渠道商Kmart，它的流动比率比沃尔玛高出许多。Kmart在2000年的流动比率甚至高达12.63。这难道代表Kmart的偿债能力大增？其实正好相反。事实上，因为Kmart在2000年遭遇财务危机，往来供货商要求Kmart以现金取货，或大力收缩Kmart的赊账额度及期限，在应付账款（流动比率的分母）快速减少之下，才会造成Kmart如此高的流动比率。传统的财务报表分析强调企业的偿债能力，要求企业的流动比率至少在1.5以上。然而，由竞争力的角度着眼，能以小于1的流动比率（营运资金为负数）来经营，显示了沃尔玛强大的管理能力；至于突然攀高的流动比率（例如2000年Kmart的数字），反而是财务危机的警讯。

与沃尔玛类似的还有电脑行业的新秀戴尔电脑。戴尔向来以严格控制存货数量著称业界，它的平均付款时间由2000年的58天，延长到2005年的73天，2008年的81天，和沃尔玛一样符合“快快收钱，慢慢付款”的模式，所以也造成流动比率逐年下降的现象。传统商业思维是企业必须保持充裕的营运资金，因此要求流动比率起码在1.5～2。然而，沃尔玛和戴尔却告诉我们，他们能以“负”的营运资金有效率地推动如此庞大的企业体。有关短期流动性的需求，企业可有“存量”和“流量”两种不同的对策。例如微软2003年的流动比率高达4.2，它是用大量流动资产的“存量”（约589亿美元），来应对可能的现金周转问题。一般而言，这是最正统、最安全的方式。虽然沃尔玛与戴尔的流动比率目前都小于1，若进一步检视它们的现金流量表，会发现两者都有创造现金流量的强大能力，因此不会有流动性的问题。如果公司的流动比率很低，且创造现金流量的能力又不好，那么发生财务危机的机会就会大增。

8.4 技能训练

(1)AB公司现金收支状况比较稳定，预计全年(按360天计算)需要现金150 000元，现金与有价证券的转换成本为每次600元，有价证券的年利率为5%。

要求：

①计算最佳现金持有量；

②计算最佳现金持有量下的全年现金管理相关总成本、全年现金转换成本和全年现金持有机会成本；

③计算最佳现金持有量下的全年有价证券交易次数和有价证券交易间隔期。

(2)CG2013是为客户设计圆领T恤并销售的公司，2013年预计全年的T恤订货量为78 000件，每件T恤采购价是3.84元，每次订单的运输成本固定为260元/次，单位每件产品的储存成本为0.96元/件，请计算：

①T恤的最佳经济订货批量(EOQ)；

②如果生产商给出价格优惠条件对于大于或等于13 000件的采购量提供1%的折扣，那么该公司最佳经济订货批量又为多少；

(3)某企业预测2011年度销售收入为5 400万元，现销与赊销比例为4∶1，应收账款平均收账天数为40天，变动成本率为60%，企业的资金成本率为10%，一年按360天计算。

要求：

①计算2011年度赊销额；

②计算2011年度应收账款的平均余额；

③计算2011年度维持赊销业务所需要的资金额；

④计算2011年度应收账款的机会成本额；

⑤若2011年应收账款平均余额需要控制在60万元，在其他因素不变的条件下，应收账款平均收账天数应调整为多少天?

(4)某公司甲材料的年需要量为 3 600 千克。销售企业规定:客户每批购买量不足 900 千克的,按照单价为 8 元/千克计算;每批购买量 900 千克以上,1 800 千克以下的,价格优惠 1%;每批购买量 1 800 千克以上的,价格优惠 3%。已知每批进货费用 25 元,单位材料的年储存成本 2 元。要求计算实行数量折扣时的最佳经济进货批量。

(5)某公司预测的年度赊销收入净额为 2 400 万元,变动成本率为 65%,资本成本率为 20%,假设公司的收账政策不变,固定成本总额不变,该公司关于信用条件有三个备选方案可供选择:

方案 A:维持"$n/30$"的信用条件;坏账损失为 2%,收账费用为 24 万元。

方案 B:将信用条件放宽到"$n/60$";赊销收入增长 10%,坏账损失上升至 3%,收账费用为 40 万元。

方案 C:将信用条件放宽到"$n/90$";赊销收入为 2 800 万元,坏账损失为 5%,收账费用为 56 万元。

要求:完成表 8—16(列式计算过程)。

表 8—16　　　　信用政策备选方案计算

项　目	方案 A	方案 B	方案 C
年赊销额	2 400	2 400×(1+10%)=2 640	2 800
应收账款周转率			
变动成本			
信用成本前收益			
机会成本			
坏账损失			
收账费用			
信用成本后收益			
决策	选择信用成本后收益最大的,即选择　　方案		

第9章　利润分配

学习目标

通过本模块的训练，使学生理解利润分配原则、利润分配程序及股利分配对保险公司筹资和投资的影响；掌握影响股利分配的因素、股利分配政策的类型及其优缺点、股利形式、股利支付程序。在熟练掌握理论知识的基础上，能够灵活制定或选择适宜的股利政策。同时，注意培养学生的责任意识及思辨能力、表达能力、决策能力。

关键词

股利政策　股票分割　股票回购

9.1　理论背景

9.1.1　收益分配概述

9.1.1.1　收益分配的基本原则

企业的收益分配有广义的收益分配和狭义的收益分配两种。广义的收益分配是指对企业的收入和收益总额进行分配的过程；狭义的收益分配则是指对企业净收益的分配。本章所指收益分配是指企业净收益的分配。

作为一项重要的财务活动，企业的收益分配应当遵循以下原则：

(1)依法分配原则。

(2)资本保全原则。企业的收益分配必须以资本的保全为前提。企业的收益分配是对投资者投入资本的增值部分所进行的分配，不是投资者资本金的返还。以企业的资本金进行的分配，属于一种清算行为，而不是收益的分配。

(3)兼顾各方面利益原则。

(4)分配与积累并重原则。

(5)投资与收益对等原则。

9.1.1.2　确定收益分配政策时应考虑的因素

在确定企业的收益分配政策时，应当考虑相关因素的影响。

(1)法律因素

为了保护债权人和股东的利益，法律法规就公司的收益分配做出了规定，公司的收益分配政策必须符合相关法律规范的要求。相关要求主要体现在以下几个方面：

①资本保全约束

要求公司股利的发放不能侵蚀资本，即当企业没有可供分配的利润时，不得派发股利。资本保全的目的，在于防止企业任意减少资本结构中的所有者权益的比例，以保护债权人利益。

根据资本保全约束，企业派发的股利，只能来源于当期利润或留存收益；不能来源于资本公积和实收资本。

②偿债能力约束

保证在现金股利分配后公司仍能保持较强的偿债能力。

③资本积累约束

它要求企业在分配收益时，必须按一定的比例和基数提取各种公积金。另外，它要求在进行股利分配时，贯彻“无利不分”的原则。

④超额累积利润约束

这是规定企业不能过度地进行利润积累。为什么要限制企业过度积累利润呢？我们知道，企业股东获得的收益包括两部分：一部分是持有期间获得的股利，另一部分是将来卖出的时候卖出价和原来买入价的差额，叫资本利得。如果企业过度积累利润，虽然股东的股利收入减少了，但是，由于股价会上升，所以，股东可以获得资本利得。股利收入的所得税税率要高于获得资本利得收入的税率，因此，公司通过过度积累利润，虽然减少了股东的股利收入，但由于盈余的积累增加，提高了公司股价，从而使股东的资本利得可以增加。所以，过度积累利润，实质上是一种避税行为。因此，西方国家在法律上明确规定公司不得超额累计利润，当公司留存收益超过法律认可的水平将被加征额外的税款。但我国法律目前对此尚未做出规定。

(2)公司因素

公司在确定收益分配政策时，出于长期发展和短期经营的考虑，需要考虑以下因素：

①现金流量

企业在进行收益分配时，必须充分考虑企业的现金流量，而不仅仅是企业的净收益。

②投资需求

投资机会多——低股利；投资机会少——高股利。

③筹资能力

筹资能力强——高股利；筹资能力弱——低股利。

④资产的流动性

如果企业的资产有较强的流动性，现金来源较宽裕，则公司具有较强的股利支付能力。

⑤盈利的稳定性

一般来说，一家公司盈利越稳定，则其股利支付水平越高。

⑥筹资成本

留存收益与发行新股或举债相比，具有成本低的优点。因此，很多企业在确定收益分配政策时，往往将企业的净利润作为首选的筹资渠道，特别是负债资金较多，资本结构欠佳的时期。

⑦股利政策惯性

如果企业历年采取的股利政策具有一定的连续性和稳定性，那么重大的股利政策调整有可能对企业的声誉、股票价格等产生影响。另外，靠股利来生活和消费的股东不愿意投资于股利波动频繁的股票。

⑧其他因素

一般朝阳行业处于调整成长期，甚至能以数倍于经济发展速度的水平发展，因此就可能进行较高比例的股利支付；而夕阳产业则由于处于发展的衰退期，会随着经济的高增长而萎缩，就难以进行高比例的分红。

（3）股东因素

①稳定的收入

从稳定收入的角度考虑，靠股利维持生活的股东要求支付稳定的股利。

②控制权

从控制权的角度考虑，具有控制权的股东往往希望少分股利。原因在于，如果公司的股利支付率高，必然导致保留盈余减少，这又意味着将来发行新股的可能性加大，而发行新股会稀释公司的控制权。因此，具有控制权的股东往往主张限制股利的支付，而愿意较多地保留盈余，以防止控制权旁落他人。

③税赋

一般来说，股利收入的税率要高于资本利得的税率，因此，很多股东出于税赋因素的考虑，偏好于低股利支付水平。

④投资机会

公司再投资报酬率低于股东个人投资报酬率，股东倾向于多发现金股利。

（4）债务契约与通货膨胀

①债务契约

一般来说，股利支付水平越高，留存收益越少，公司破产风险就加大，就越有可能侵害到债权人的利益，因此，为了保证自己的利益不受侵害，债权人通常会在借款合同、债券契约，以及租赁合同中加入关于借款公司股利政策条款，以限制公司股利的发放。

②通货膨胀

在通货膨胀时期，企业一般采用偏紧的利润分配政策。原因在于，出现通货膨胀之后，货币购买力下降，固定资产重置资金会出现缺口，为了弥补缺口，企业往往少发放现金股利。

9.1.1.3 股利分配对公司股价的影响以及股利理论

关于股利与股票市价间的关系，存在着不同的观点，并形成了不同的股利理论。股利理论主要包括股利无关论、股利相关论、所得税差异理论及代理理论（见表9—1）。

表9—1　股利理论汇总

股利理论		应掌握的要点
股利无关论（MM理论）		在一定的假设条件限定下，股利政策不会对公司的价值或股票的价格产生任何影响。一家公司的股票价格完全由公司的投资决策的获利能力和风险组合决定，而与公司的收益分配政策无关。该理论是建立在完全市场理论之上的，假定条件包括：(1)市场具有强式效率；(2)不存在任何公司或个人所得税；(3)不存在任何筹资费用（包括发行费用和各种交易费用）；(4)公司的投资决策与股利决策彼此独立（公司的股利政策不影响投资决策）
股利相关论	股利重要论（"在手之鸟"理论）	用留存收益再投资给投资者带来的收益具有较大的不确定性，并且投资的风险随着时间的推移会进一步增大。投资者更喜欢现金股利，而不愿意将收益留存在公司内部，去承担未来的投资风险
	信号传递理论	在信息不对称的情况下，公司可以通过股利政策向市场传递有关公司未来盈利能力的信息，从而会影响公司的股价。一般来说，预期未来盈利能力强的公司往往愿意通过相对较高的股利支付水平，把自己同预期盈利能力差的公司区别开来，以吸引更多的投资者
所得税差异理论		由于普遍存在的税率的差异及纳税时间的差异，资本利得收入比股利收入更有助于实现收益最大化目标，企业应当采用低股利政策
代理理论		股利政策有助于减缓管理者与股东之间的代理冲突，也就是说，股利政策是协调股东与管理者之间代理关系的一种约束机制。较多地派发现金股利至少有以下两点好处：(1)管理者自身可以支配的"闲余现金流量"相应减少，在一定程度上可以抑制公司管理者过度地扩大投资或进行特权消费，从而保护外部投资者的利益。(2)减少了内部融资，导致公司进入资本市场寻求外部融资，从而公司可以经常接受资本市场的有效监督，这样便可以通过资本市场的监督减少代理成本

因此，高水平的股利支付政策有助于降低企业的代理成本，但同时也增加了企业的外部融资成本，所以，最优的股利政策应当使这两种成本之和最小。

9.1.2 股利政策

股利政策是指在法律允许的范围内，企业是否发放股利、发放多少股利以及何时发放股利的方针及对策。企业的净收益可以支付给股东，也可以留存在企业内部，股利政策的关键问题是确定分配和留存的比例。通常可供选择的股利政策包括：剩余股利政策、固定或稳定增长股利政策、固定股利支付率政策及低正常股利加额外股利政策。

9.1.2.1 剩余股利政策

(1)政策含义

剩余股利政策是指公司生产经营所获得的净收益首先应满足公司的权益资金需求，如果还有剩余，则派发股利；如果没有剩余，则不派发股利。

剩余股利政策的理论依据是MM股利无关理论。根据这一政策。该股利政策下公司按如下步骤确定其股利分配额：

①根据公司的投资计划确定公司的最佳资本预算；

②根据公司的目标资本结构及最佳资本预算预计公司资金需求中所需要的权益资本数额；

③尽可能用留存收益来满足资金需求中所需增加的股东权益数额；

④留存收益在满足公司股东权益增加需求后，如果有剩余再用来发放股利。

【注意】公司的股利政策不应当破坏最佳资本结构。

【例9－1】 假设某公司2005年的税后净利润为2 000万元，2006年的投资计划需要资金2 200万元。公司目标资本结构为权益资本占60%，债务资本占40%。则按照目标资本结构的要求，公司投资方案所需的权益资本数额为：

2 200×60%＝1 320(万元)

按照剩余股利政策的要求，该公司2005年度可向投资者发放的股利数额为：

2 000－1 320＝680(万元)

假设该公司当年流通在外的普通股为1 000万股，则每股股利为：

680/1 000＝0.68(元/股)

(2)评价

优点：留存收益优先保证再投资的需要，从而有助于降低再投资的资金成本，保持最佳的资本结构，实现企业价值的长期最大化。

缺点:股利发放额每年随投资机会和盈利水平的波动而波动。剩余股利政策不利于投资者安排收入与支出,也不利于公司树立良好的形象。

(3)适用范围

一般适用于公司的初创阶段。

9.1.2.2 固定或稳定增长股利政策

(1)政策含义

固定或稳定增长股利政策,是指公司将每年派发的股利额固定在某一特定水平或是在此基础上维持某一固定比率逐年稳定增长。只有在确信公司未来的盈利增长不会发生逆转时,才会宣布实施固定或稳定增长的股利政策。在固定或稳定增长的股利政策下,首先确定的是股利分配额,而且该分配额一般不随资金需求的波动而波动。

(2)评价

优点:固定或稳定增长的股利政策可以传递给股票市场和投资者一个公司经营状况稳定、管理层对未来充满信心的信号,这有利于公司在资本市场上树立良好的形象、增强投资者信心,进而有利于稳定公司股价。

固定或稳定增长股利政策,有利于吸引那些打算做长期投资的股东,这部分股东希望其投资的获利能够成为其稳定的收入来源,以便安排各种经常性的消费和其他支出。

缺点:固定或稳定增长股利政策下的股利分配只升不降,股利支付与公司盈利相脱离,即不论公司盈利多少,均要按固定的乃至固定增长的比率派发股利。

在公司的发展过程中,难免会出现经营状况不好或短暂的困难时期,如果这时仍执行固定或稳定增长的股利政策,那么派发的股利金额大于公司实现的盈利,必将侵蚀公司的留存收益,影响公司的后续发展,甚至侵蚀公司现有的资本,给公司的财务运作带来很大压力,最终影响公司正常的生产经营活动。

(3)适用范围

一般适用于经营比较稳定或正处于成长期的企业,且很难被长期采用。

【例9-2】 某公司2006年实现的税后净利为1 000万元,若2007年的投资计划所需资金800万元,公司的目标资本结构为自有资金占60%。

①若公司采用剩余股利政策，则 2006 年末可发放多少股利？

②若公司发行在外的普通股股数为 1 000 万股，计算每股收益及每股股利。

③若 2007 年公司决定将公司的股利政策改为逐年稳定增长的股利政策，设股利的逐年增长率为 2%，投资者要求的必要报酬率为 12%，计算该股票的价值。

④若该股票目前的市价为 6 元，则该公司股票能否购买？

【答案】

①投资所需自有资金＝800×60%＝480(万元)

向投资者分配股利额＝1 000－480＝520(万元)

②每股收益＝1 000/1 000＝1(元/股)

每股股利＝520/1 000＝0.52(元/股)

③股票的价值＝0.52×(1＋2%)/(12%－2%)＝5.30(元)

④由于目前股票价值低于市价，所以不宜购买该公司股票。

9.1.2.3　固定股利支付率政策

(1)政策含义

固定股利支付率政策是指公司将每年净收益的某一固定百分比作为股利分派给股东。这一百分比通常称为股利支付率，股利支付率一经确定，一般不得随意变更。固定股利支付率越高，公司留存的净收益越少。在这一股利政策下，只要公司的税后利润一经计算确定，所派发的股利也就相应确定了。

(2)评价

优点：采用固定股利支付率政策，股利与公司盈余紧密地配合，体现了多盈多分、少盈少分、无盈不分的股利分配原则。

采用固定股利支付率政策，公司每年按固定的比例从税后利润中支付现金股利，从企业支付能力的角度看，这是一种稳定的股利政策。

缺点：传递的信息容易成为公司的不利因素。大多数公司每年的收益很难保持稳定不变，如果公司每年收益状况不同，固定支付率的股利政策将导致公司每年股利分配额的频繁变化。而股利通常被认为是公司未来前途的信号传递，那么波动的股利向市场传递的信息就是公司未来收益前景不明确、不可靠等，很容易给投资者留下公司经营状况不稳定、投资风险较大的不良印象。

容易使公司面临较大的财务压力。因为公司实现的盈利越多,并不代表公司有充足的现金派发股利,只能表明公司盈利状况较好而已。如果公司的现金流量状况并不好,却还要按固定比率派发股利的话,就很容易给公司造成较大的财务压力。

缺乏财务弹性。股利支付率是公司股利政策的主要内容,模式的选择、政策的制定是公司的财务手段和方法。在不同阶段,根据财务状况制定不同的股利政策,会更有效地实现公司的财务目标。但在固定股利支付率政策下,公司丧失了利用股利政策的财务方法,缺乏财务弹性。

合适的固定股利支付率的确定难度大。如果固定股利支付率确定得较低,不能满足投资者对投资收益的要求;而固定股利支付率确定得较高,没有足够的现金派发股利时会给公司带来巨大财务压力。另外,当公司发展需要大量资金时,也要受其制约。所以,确定较优的股利支付率的难度很大。

(3)适用范围

由于公司每年面临的投资机会、筹资渠道都不同,一成不变地奉行按固定比率发放股利政策的公司在实际中并不多见。固定股利支付率政策只是比较适用于那些处于稳定发展阶段且财务状况也较稳定的公司。

9.1.2.4　低正常股利加额外股利政策

(1)政策含义

低正常股利加额外股利政策,是指企业事先设定一个较低的正常股利额,每年除了按正常股利额向股东发放现金股利外,还在企业盈利情况较好、资金较为充裕的年度向股东发放高于每年度正常股利的额外股利。

(2)评价

优点:①低正常股利加额外股利政策赋予公司一定的灵活性,使公司在股利发放上留有余地和具有较大的财务弹性,同时,每年可以根据公司的具体情况,选择不同的股利发放水平,以完善公司的资本结构,进而实现公司的财务目标。②低正常股利加额外股利政策有助于稳定股价,增强投资者信心。

低正常股利加额外股利政策既吸收了固定股利政策对股东投资收益的保障优点,同时又摒弃其对公司所造成的财务压力方面的不足,所以在资本市场上颇受投资者和公司的欢迎。

缺点:①年份之间公司的盈利波动使得额外股利不断变化,或时有时无,造成分派的股利不同,容易给投资者以公司收益不稳定的感觉。②当公司在较长时期持续发放额外股利后,可能会被股东误认为是"正常股利",而一旦取消了这部分额外股利,传递出去的信号可能会使股东认为这是公司财务状况恶化的表现,进而可能会引起公司股价下跌的不良后果。

(3)适用范围

盈利水平随着经济周期波动较大的公司或行业。

【例 9—3】 某公司成立于 2003 年 1 月 1 日,2003 年度实现的净利润为 1 000 万元,分配现金股利 550 万元,提取盈余公积 450 万元(所提盈余公积均已指定用途)。2004 年实现的净利润为 900 万元(不考虑计提法定盈余公积的因素)。2005 年计划增加投资,所需资金为 700 万元。假定公司目标资本结构为自有资金占 60%,借入资金占 40%。

要求:

①在保持目标资本结构的前提下,计算 2005 年投资方案所需的自有资金额和需要从外部借入的资金额。

【答案】

2005 年投资方案所需的自有资金额=700×60%=420(万元)

2005 年投资方案需要从外部借入的资金额=700×40%=280(万元)

②在保持目标资本结构的前提下,如果公司执行剩余股利政策。计算 2004 年度应分配的现金股利。

【答案】

2004 年度应分配的现金股利

=净利润-2005 年投资方案所需的自有资金额

=900-420=480(万元)

③在不考虑目标资本结构的前提下,如果公司执行固定股利政策,计算 2004 年度应分配的现金股利、可用于 2005 年投资的留存收益和需要额外筹集的资金额。

【答案】

2004 年度应分配的现金股利=上年分配的现金股利=550(万元)

可用于2005年投资的留存收益＝900－550＝350(万元)

2005年投资需要额外筹集的资金额＝700－350＝350(万元)

④在不考虑目标资本结构的前提下，如果公司执行固定股利支付率政策，计算该公司的股利支付率和2004年度应分配的现金股利。

【答案】

该公司的股利支付率＝550/1 000×100％＝55％

2004年度应分配的现金股利＝55％×900＝495(万元)

⑤假定公司2005年面临着从外部筹资的困难，只能从内部筹资，不考虑目标资本结构，计算在此情况下2004年度应分配的现金股利。

【答案】因为公司只能从内部筹资，所以2005年的投资需要从2004年的净利润中留存700万元，所以，2004年度应分配的现金股利＝900－700＝200(万元)。

9.1.3 股利分配程序与方案

9.1.3.1 股利分配程序

根据我国《公司法》的规定，公司税后利润分配的顺序是：

(1)弥补企业以前年度亏损

公司的法定公积金不足以弥补以前年度亏损的，在提取法定公积金之前，应当先用当年利润弥补亏损。

(2)提取法定盈余公积金

根据我国《公司法》的规定，法定盈余公积金的提取比例为当年税后利润(弥补亏损后)的10％。法定盈余公积金已达到注册资本的50％时可不再提取。法定盈余公积金可用于弥补亏损、扩大公司生产经营或转增资本，但企业用盈余公积金转增资本后，法定盈余公积金的余额不得低于转增前公司注册资本的25％。

(3)提取任意盈余公积金

根据我国《公司法》的规定，公司从税后利润中提取法定公积金后，经股东会或者股东大会决议，还可以从税后利润中提取任意公积金。

(4)向股东(投资者)分配股利(利润)

根据我国《公司法》的规定，公司弥补亏损和提取公积金后所余税后利润，可以向股东（投资者）分配股利（利润），其中有限责任公司股东按照实缴的出资比例分取红利，全体股东约定不按照出资比例分取红利的除外；股份有限公司按照股东持有的股份比例分配，但股份有限公司章程规定不按持股比例分配的除外。

根据我国《公司法》的规定，股东会、股东大会或者董事会违反相关规定，在公司弥补亏损和提取法定公积金之前向股东分配利润的，股东必须将违反规定分配的利润退还公司。另外，公司持有的本公司股份不得分配利润。

9.1.3.2　股利分配方案的确定

确定股利分配方案需要考虑以下几个方面的内容：

(1)选择股利政策

股利政策不仅会影响股东的利益，也会影响公司的正常运营以及未来的发展，因此，制定恰当的股利政策就显得尤为重要(见表 9—2)。

表 9—2　　股利政策的选择与企业发展阶段关系

公司发展阶段	特　点	适应的股利政策
公司初创阶段	公司经营风险高，有投资需求且融资能力差	剩余股利政策
公司高速发展阶段	公司快速发展，投资需求大	低正常加额外股利政策
公司稳定增长阶段	业务稳定增长，投资需求减少，净现金流入量增加，每股收益呈上升趋势	固定或稳定增长股利政策
公司成熟阶段	公司盈利水平稳定，公司通常已积累了一定的留存收益和资金	固定股利支付率政策
公司衰退阶段	公司业务锐减，获利能力和现金获得能力下降	剩余股利政策

(2)确定股利支付水平

股利支付水平通常用股利支付率来衡量。股利支付率是当年发放股利与当年净利润之比，或每股股利除以每股收益。是否对股东派发股利以及股利支付率高低的确定，取决于企业对下列因素的权衡：(1)企业所处的成长周期；(2)企业的投资机会；(3)企业的筹资能力及筹资成本；(4)企业的资本结构；

(5)股利的信号传递功能;(6)借款协议及法律限制;(7)股东偏好;(8)通货膨胀等因素。

(3)确定股利支付形式

按照股份有限公司对其股东支付股利的不同方式,股利可以分为不同的种类。其中,常见的有以下四类:

①现金股利

现金股利是以现金支付的股利,它是股利支付的最常见的方式。限制因素:除了要有足够的留存收益之外,还要有足够的现金。

②财产股利

财产股利是以现金以外的其他资产支付的股利,主要是以公司所拥有的其他公司的有价证券,如公司债券、公司股票等,作为股利发放给股东。

③负债股利

负债股利是以负债方式支付的股利,通常以公司的应付票据支付给股东,有时也以发行公司债券的方式支付股利。

财产股利和负债股利实际上都是现金股利的替代方式,但目前这两种股利方式在我国公司实务中极少使用。

④股票股利

股票股利是公司以增发股票的方式所支付的股利,我国实务中通常也称其为"红股"。股票股利对公司来说,并没有现金流出企业,也不会导致公司的财产减少,而只是将公司的留存收益转化为股本。但股票股利会增加流通在外的股票数量,同时降低股票的每股价值。它不会改变公司股东权益总额,但会改变股东权益的构成。

【例 9—4】 某上市公司在 20×5 年发放股票股利前,其资产负债表上的股东权益账户情况如下(单位:万元):

股东权益:

普通股(面值 1 元,流通在外 2 000 万股)　2 000

资本公积　4 000

盈余公积　2 000

未分配利润　3 000

股东权益合计　11 000

假设该公司宣布发放 30％的股票股利，现有股东每持有 10 股，即可获得赠送的 3 股普通股。该公司发放的股票股利为 600 万股，随着股票股利的发放，未分配利润中有 600 万元的资金要转移到普通股的股本账户上去，因而普通股股本由原来的 2 000 万元增加到 2 600 万元，而未分配利润的余额由 3 000 万元减少至 2 400 万元，但该公司的股东权益总额并未发生改变，仍是 11 000 万元，股票股利发放之后的资产负债表上股东权益部分如下：

股东权益：

普通股（面额 1 元，流通在外 2 600 万股）　2 600

资本公积　4 000

盈余公积　2 000

未分配利润　2 400

股东权益合计　11 000

假设一位股东派发股票股利之前持有公司的普通股 3 000 股，那么，他拥有的股权比例为：

3 000 股÷2 000 万股＝0.015％

派发股利之后，他拥有的股票数量和股份比例为：

3 000 股＋900 股＝3 900 股

3 900 股÷2 600 万股×100％＝0.015％

通过上例可以说明，由于公司的净资产不变，而股票股利派发前后每一位股东的持股比例也不发生变化，那么他们各自持股所代表的净资产也不会改变。

【注意】在我国发放股票股利，只影响股本和未分配利润，即股本增加，未分配利润减少，不影响资本公积。具体影响结果如图 9－1 所示。

公司发放股票股利的优点主要有：

①发放股票股利既不需要向股东支付现金，又可以在心理上给股东以从公司取得投资回报的感觉。因此，股票股利有派发股利之“名”，而无派发股利之“实”。

②发放股票股利可以降低公司股票的市场价格，一些公司在其股票价格较

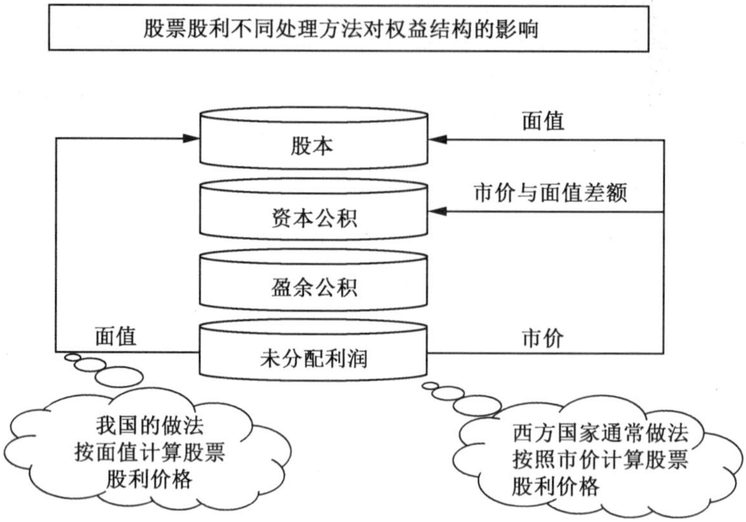

图 9—1　股票股利不同处理方法对权益结构的影响

高，不利于股票交易和流通时，通过发放股票股利来适当降低股价水平，促进公司股票的交易和流通。

③发放股票股利，可以降低股价水平，如果日后公司将要以发行股票方式筹资，则可以降低发行价格，有利于吸引投资者。

④发放股票股利可以传递公司未来发展前景良好的信息，增强投资者的信心。

⑤股票股利降低每股市价的时候，会吸引更多的投资者成为公司的股东，从而可以使股权更为分散，有效地防止公司被恶意控制。

9.1.3.3　股利的发放

公司在选择了股利政策、确定了股利支付水平和方式后，应当进行股利的发放。公司股利的发放必须遵循相关的要求，按照日程安排来进行。一般而言，股利的支付需要按照下列日程来进行，如图 9—2 所示。

(1)股利宣布日

董事会制订的分红预案必须经过股东大会讨论。只有讨论通过之后，才能公布正式分红方案及实施的时间。

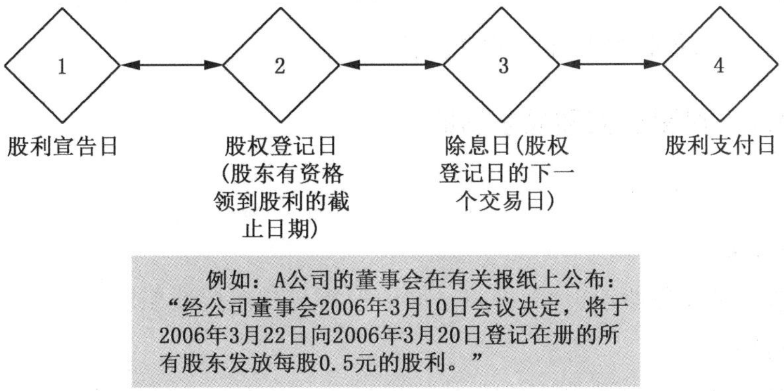

图 9—2　股利发放的程序

（2）股权登记日

这是由公司在宣布分红方案时确定的一个具体日期。凡是在此指定日期收盘之前取得了公司股票，成为公司在册股东的投资者都可以作为股东享受公司分派的股利，在此日之后取得股票的股东则无权享受已宣布的股利。

（3）除息日

在除息日，股票的所有权和领取股息的权利分离，股利权利不再从属于股票，所以在这一天购入公司股票的投资者不能享有已宣布发放的股利。另外，由于失去了“附息”的权利，除息日的股价会下跌，下跌的幅度约等于分派的股息。

（4）股利发放日

将股利正式发放给股东的日期。

2006 年 3 月 10 日：股利宣告日：董事会宣告发放股利的日期；

2006 年 3 月 20 日：股权登记日，在册可以享受的名单中，确认股东身份的截止日期，在册的股东有资格领取股利，在登记日当天，如果不在册，则无权领取股利；

2006 年 3 月 21 日：股票与股利相分离，有资格领取股利至股票分离的时间，若在除息日交易，股票中不含利息，已经除息，股票市价会下跌，我国目前的股权登记日的下一个交易日即除息日；

2006年3月22日:真正领到股利的时间,公司真正支付股利到股东账上的时间,这天标志着股利支付程序的结束。

9.1.4 股票分割和股票回购

9.1.4.1 股票分割

(1)含义

股票分割又称股票拆细,即将一股股票拆分成多股股票的行为。

(2)影响

股票分割对公司的资本结构不会产生任何影响,一般只会使发行在外的股票总数增加,资产负债表中股东权益各账户(股本、资本公积、留存收益)的余额都保持不变,股东权益的总额也保持不变。

(3)作用

股票分割会使公司股票每股市价降低,买卖该股票所必需的资金量减少,易于增加该股票在投资者之间的换手,并且可以使更多的资金实力有限的潜在股东变成持股的股东。因此,股票分割可以促进股票的流通和交易。

股票分割可以向投资者传递公司发展前景良好的信息,有助于提高投资者对公司的信心。

股票分割可以为公司发行新股做准备。公司股票价格太高,会使许多潜在的投资者力不从心而不敢轻易对公司的股票进行投资。在新股发行之前,利用股票分割降低股票价格,可以促进新股的发行。

股票分割有助于公司并购政策的实施,增加对被并购方的吸引力。

股票分割带来的股票流通性的提高和股东数量的增加,会在一定程度上加大对公司股票恶意收购的难度。

【例9—5】 某上市公司在2006年终,其资产负债表上的股东权益账户情况如下(单位:万元):

股东权益:

普通股(面值10元,流通在外1 000万股) 10 000

资本公积 20 000

盈余公积 4 000

未分配利润　5 000

股东权益合计　39 000

要求：(1)假设该公司宣布发放 30%的股票股利，即现有股东每持有 10 股，即可获得赠送的 3 股普通股。发放股票股利后，股东权益有何变化？每股净资产是多少？

【答案】

股东权益：

普通股(面值 10 元，流通在外 1 300 万股)　13 000

资本公积　20 000

盈余公积　4 000

未分配利润　2 000

股东权益合计　39 000

每股的净资产为：39 000÷(1 000+300)=30(元/股)

(2)假设该公司按照 1∶5 的比例进行股票分割。股票分割后，股东权益有何变化？每股的净资产是多少？

【答案】

股东权益：

普通股(面值 2 元，流通在外 5 000 万股)　10 000

资本公积　20 000

盈余公积　4 000

未分配利润　5 000

股东权益合计　39 000

每股的净资产为：39 000÷(1 000×5)=7.8(元/股)

【总结】发放股票股利——增加了股本，相应减少了未分配利润，所有者权益总额不变，但内部结构发生变化。

股票分割——股票面值发生变化，所有者权益总额和内部结构均不发生变化。

9.1.4.2　股票回购

(1)股票回购及其法律规定

股票回购，是指上市公司出资将其发行的流通在外的股票以一定价格购买回来予以注销或作为库存股的一种资本运作方式。

我国《公司法》规定，公司不得收购本公司股份。但是，有下列情形之一的除外：

①减少公司注册资本；

②与持有本公司股份的其他公司合并；

③将股份奖励给本公司职工；

④股东因对股东大会做出的公司合并、分立决议持异议，要求公司收购其股份的。

(2)股票回购的动机

在证券市场上，股票回购的动机主要有以下几点，详见图 9—3 所示：

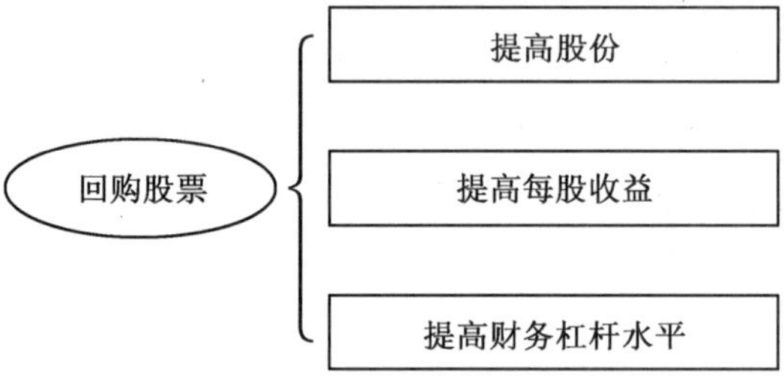

图 9—3　股票回购示意

①现金股利的替代：市场回购—提高价格—资本利得—替代现金股利。

②提高每股收益：回购股票—减少流通在外的普通股—提高每股收益。

③改变公司的资本结构：股票回购—减少权益资金—提高债务资金比例—提高财务杠杆水平。

④传递公司的信息以稳定或提高公司的股价：回购股票—传递信号(股价过低)—提高股价。

⑤巩固既定控制权或转移公司控制权。

针对大股东还要注意以下几点：

①防止敌意收购：股票回购—提高股价—增加收购方的代价。

②满足认股权的行使：股票回购—提高股价—满足认股权的行使。

③满足企业兼并与收购的需要：回购股票—库存股—交换被并购公司的股权—减少现金支出。

(3)股票回购的影响

①股票回购对上市公司的影响

a. 股票回购需要大量资金支付回购的成本，容易造成资金紧张，资产流动性降低，影响公司的后续发展。

b. 公司进行股票回购，无异于股东退股和公司资本的减少，在一定程度上削弱了对债权人利益的保障。

c. 股票回购可能使公司的发起人股东更注重创业利润的兑现，而忽视公司长远的发展，损害公司的根本利益。

d. 股票回购容易导致公司操纵股价。公司回购自己的股票，容易导致其利用内幕消息进行炒作，或操纵财务信息，加剧公司行为的非规范化，使投资者蒙受损失。

②股票回购对股东的影响

有利影响：股票回购——灵活性——需要现金者出售(避税)，不需要现金者继续持有

不利影响：回购价格过高——回购后股价回归——对继续持股者不利

③股票回购的方式(见表 9—3)

表 9—3　　**股票回购的方式及含义**

方　式	含　义
公开市场回购	公司在股票的公开交易市场上以等同于任何潜在投资者的地位，按照公司股票当前市场价格回购股票
要约回购	公司在特定期间向市场发出的以高出股票当前市场价格的某一价格，回购既定数量股票的要约
协议回购	公司以协议价格直接向一个或几个主要股东回购股票。协议价格一般低于当前的股票市场价格，尤其是在卖方首先提出的情况下

9.2　Excel 运用

XYZ 公司制订了未来 5 年的投资计划，相关信息如(Excel 电子)表 9—4 所

示。公司理想的资本结构为负债与股权资本分别占总资本的 40%与 60%,公司流通在外的普通股有 250 000 股。

表 9—4　　XYZ 公司的财务状况与股利分配计算表　　单位:元

	A	B	C	D	E	F
1	分析数据:					
2	流通在外普通股股数(股)	250 000				
3	资本结构					
4	负债资本	40%				
5	股权资本	60%				
6	年份(年)	1	2	3	4	5
7	年度内总投资规模	625 000	775 000	800 000	650 000	275 000
8	净收益	545 000	500 000	425 000	440 000	315 000
9	计算过程及结果:					
10	(1)剩余股利政策					
11	投资所需的股权资本					
12	股利支付总额					
13	股利支付率					
14	每股股利(元/股)					
15	各期股利总额现值					
16	股利总现值					
17	(2)低正常股利加额外股利政策					
18	正常股利支付(元/股)	0.2				
19	正常股利					
20	额外股利					
21	股利支付总额					
22	股利支付率					
23	每股股利(元/股)					
24	各期股利总额现值					
25	股利总现值					

要求：

①若 XYZ 公司采用剩余股利政策，根据 Excel 电子表格分别计算该公司未来 5 年内每一年的股利支付总额（B12：F12）、股利支付率（B13：F13）和每股股利（B14：F14）；

②若 XYZ 公司采用低正常股利加额外股利政策，即在每年每股 0.2 元的基础上加上年终额外的股利，额外股利为净收益超过 400 000 元部分的 50%。根据 Excel 电子表格分别计算该公司未来 5 年内每一年的股利支付总额（B21：F21）、股利支付率（B22：F22）和每股股利（B23：F23）；

③若 XYZ 公司的资本成本为 8%，分别计算（1）和（2）两种股利政策下，公司每年支付的股利总额现值（B15：F15）、（B24：F24）和 5 年股利总现值（B16、B25）。

具体步骤如表 9—5 所示：

表 9—5　　股利政策的 Excel 运用的具体步骤

	A	B	C	D	E	F	G
1	分析数据：						
2	流通在外普通股股数（股）	250 000					
3	资本结构						
4	负债资本	40%					
5	股权资本	60%					
6	年份（年）	1	2	3	4	5	
7	年度内总投资规模	625 000	775 000	800 000	650 000	275 000	
8	净收益	545 000	500 000	425 000	440 000	315 000	
9	计算过程及结果：						
10	（1）剩余股利政策						
11	投资所需的股权资本	375 000	465 000	480 000	390 000	165 000	B11=B7 * $B$5
12	股利支付总额	170 000	35 000	0	50 000	150 000	B12=IF(B8>B11,B8−B11,0)
13	股利支付率	31.19%	7.00%	0	11.36%	47.62%	B13=B12/B8
14	每股股利	0.68	0.14	0	0.20	0.60	B14=B12/$B$2
15	各期股利总额现值	157 407	30 007	0	36 751	102 087	B15 = PV(8%, B6,, −B12)
16	股利总现值	326 253					B16=SUM(B15:F15)

续表

	A	B	C	D	E	F	G
17	(2)低正常股利加额外股利政策						
18	正常股利支付(元/股)	0.2					
19	正常股利	50 000	50 000	50 000	50 000	50 000	B19＝$B$18＊$B$2
20	额外股利	72 500	50 000	12 500	20 000	0	B20＝IF(B8＞400000,(B8－400000)＊0.5,0)
21	股利支付总额	122 500	100 000	62 500	70 000	50 000	B21＝B19＋B20
22	股利支付率	22.48%	20.00%	14.71%	15.91%	15.87%	B22＝B21/B8
23	每股股利	0.49	0.40	0.25	0.28	0.20	B23＝B21/$B$2
24	各期股利总额现值	113 426	85 734	49 615	51 452	34 029	B24＝PV(8%,B6,,－B21)
25	股利总现值	334 256					B25＝SUM(B24:F24)

注:表中G列列示出B列单元格的计算公式,而C、D、E、F列的计算同B列单元格,可依B列直接填充。

9.3 案例分析

9.3.1 利润分配的前提

上市公司董事会在年报中提出利润分配预案有两个前提条件。

第一,本年度净利润弥补以前年度亏损后仍为正。实际中,有些上市公司以前年度发生过巨额亏损,导致其账面上“未分配利润”这一会计科目为负值。按照规定,上市公司当年的净利润,在进行分配前,先要弥补以前年度亏损。如果弥补后,未分配利润还是负数,上市公司则不能进行利润分配。

因此,对“未分配利润”还留有巨额亏损的上市公司,投资者就不必指望其年报中会出现利润分配预案了。

在最新的《公司法》实施以前,上市公司可以用资本公积弥补以前年度亏损,因此,弥补以前年度亏损还算容易,多数上市公司的资本公积金都比较充裕。但最新的《公司法》中,禁止了用资本公积弥补以前年度亏损的行为。这样一来,一旦上市公司账面形成巨额亏损,很有可能在几年之内,该公司都难以提出分红预案。

第二,本年度盈利。虽然从理论上讲,当年亏损的上市公司仍然有可能分配利润——只要以前年度的未分配利润与本年度亏损相加后仍为正数。但在现实中，这样做的上市公司极为罕见，十几年来，总数也不会超过5家。因此，对于那些年报已经预亏的上市公司，投资者也不用指望其推出利润分配预案了。

对于未分配利润是零的上市公司，投资者一般不会预期其会该年度分红了，例如龙江交通，详见表9—6。

表9—6　　龙江交通历年未分配利润情况

龙江交通(601188) 资产负债表				
报表日期	20120930	20101231	20091231	20081231
单位	元	元	元	元
流动资产				
货币资金	169,158,000.00	540,674,000.00	540,386,000.00	453,870,000.00
结算备付金	0.00	0.00	0.00	0.00
拆出资金	0.00	0.00	0.00	0.00
交易性金融资产	37,405,600.00	29,657,700.00	29,716,500.00	43,045,900.00
衍生金融资产	0.00	0.00	0.00	0.00
应收票据	0.00	0.00	0.00	0.00
应收账款	14,898,300.00	11,526,800.00	12,328,300.00	19,533,000.00
预付款项	26,749,800.00	1,537,640.00	556,354.00	2,603,440.00
应收保费	0.00	0.00	0.00	0.00
所有者权益				
实收资本(或股本)	1,213,200,000.00	1,213,200,000.00	0.00	0.00
资本公积	1,100,410,000.00	1,099,410,000.00	0.00	0.00
库存股	0.00	0.00	0.00	0.00
专项储备	0.00	0.00	0.00	0.00
盈余公积	11,623,000.00	8,142,880.00	0.00	0.00
一般风险准备	0.00	0.00	0.00	0.00
未确定的投资损失	0.00	0.00	0.00	0.00
未分配利润	279,416,000.00	79,914,400.00	0.00	0.00
拟分配现金股利	0.00	0.00	0.00	0.00
外币报表折算差额	0.00	0.00	0.00	0.00
归属于母公司股东权益合计	2,604,640,000.00	2,400,660,000.00	2,307,900,000.00	2,097,260,000.00
少数股东权益	54,066,700.00	11,159,400.00	159,385.00	1,752,500.00

资本公积转增的前提条件如下：

从理论上讲，资本公积转增股本时，没有如利润分配那样的两个前提条件。也就是说，无论上市公司当期是否赚钱，无论上市公司的未分配利润是正是负，只要公司的资本公积会计科目上有足够的钱，就可以提出资本公积转增的预案。

但在实际操作中，绝大多数上市公司董事会在决定是否提出资本公积转增预案时，还是遵循着利润分配的两个前提条件。前些年，有过一些亏损公司在年报中提出资本公积金转增预案，但现在，这一现象基本绝迹。

9.3.2 分红预案的重要性

对于很多投资者来说，年报看点，除了每股收益，就要算分红预案了。分红预案可以包括三项内容：一是利润分配预案，二是资本公积转增股本预案，三是盈余公积转增股本预案。

其中利润分配又有两种方式可以选择，一是分现金，二是送红股。分现金很容易理解，而送红股实际上是会计科目之间的调整，不涉及现金流出。

资金公积转增股本，严格来说，不属于分红范畴，但由于这一行为的实质与送红股类似，一般都将其视为分红的一种。因此，在上市公司年报中，利润分配预案与资本公积转增预案被放在一起表述。至于盈余公积转增股本预案，虽然在理论上可行，但上市公司极少实施，投资者可暂不予以关注。

上市公司披露的公告有不少与分红相关。投资者如果能够看懂它们，对投资有重要的实际意义，原因有 3 个方面：一是分红方案在短期内对股价走势往往有较为明显的影响，二是现金分红已经成为一些上市公司回报投资者的主要手段，三是分红已成为观察上市公司财务健康状况、公司治理优良与否的重要窗口。

一般来说，投资者看到的分红系列公告可分为几个步骤。首先，部分上市公司会在每年年初的业绩快报、业绩预告或单独的利润分配方案预披露公告中，披露初步拟订的分红方案；然后在披露年报的董事会决议公告当中，会看到董事会通过的分红预案；接着在年度股东大会决议公告中，会看到最终的分红方案；最后，是上市公司披露的分红派息实施公告。

投资者若想及时参与分红，就必须密切关注最后的分红派息实施公告，只有在这个公告中，才能知悉分红的实施细则与时间。

以分现金与送红股为例。假设有一家上市公司叫人民控股，总股本 100 股，共有 10 个股东，每个股东持有 10 股。2019 年人民控股赚了 200 元，公司股东大会决定，从 200 元中拿出 100 元分红。这 100 元怎么分呢？有两种方式可选：一种是真分，一种是“假分”。

真分是分现金，每 1 股可分得 1 元（上述操作在现实中通常被表述为每 10 股派发 10 元现金红利，或简称为 10 派 10），分完后，每位股东的账户上就多了

10 元现金，但除权后公司股价每股将下降 1 元。

"假分"是送红股，将 100 元折合成 100 股股票送给股东，每 1 股可得到 1 股红股(上述操作在现实中通常被表述为每 10 股送 10 股红股，或简称为 10 送 10)，每位股东会发现，账户上的股票变成了 20 股。当然，这时人民控股的总股本也变成了 200 股。

为什么说是"假分"呢，因为送红股时，上市公司实际上没有付现金，而是将现金按 1∶1 的比例折合成了股票送给了股东，钱仍然留在了公司。

再假设人民控股的资本公积金上记有 50 元，全部折合成股票送给全体股东，50 元按 1∶1 比例可折合成 50 股，平均下来就是每股可获转增股 0.5 股(上述操作在现实中通常被表述为每 10 股转增 5 股，或简称 10 转增 5)。

送红股与公积金转增股本，本质上都是会计科目之间的调整，也就是上市公司的会计账目调整。公司还是那个公司，毫发未损，不像分现金，上市公司真的"出血"。股东持有股票的数量增多，公司总股本同步增大，但股东在公司中的持股比例并没有发生变化。但对股东来说，直观的感受就是自己账户中的股票多了。公司为什么要进行送红股或用资本公积金转增股本呢？通常的目的有两个，一是降低公司的股价，以便让资金较少的投资者也能买得起公司的股票，从而增加公司股票的流动性；二是公司向外界传递出一种基本面向好的积极信号，表明公司看好未来的盈利前景。但是，也会有个别公司利用这种大众心理，在公司基本面一般、盈利前景不乐观的情况下推出高比例的送股转增方案，试图影响公司的股价。此时，需要投资者擦亮眼睛，不要被这种数字游戏所蒙骗。

9.3.3　现金分红与股票分红差异

上市公司现金分红是实现投资者投资回报的重要形式，然而与送红股或转增股本相比，投资者对年报现金分红的企盼程度就很低。

这一方面是因为，多数投资者觉得从二级市场赚取差价，所得要远远超过现金分红。另一方面，也是多年来，国内证券市场中，也很少有上市公司能够坚持持续、稳定的现金分红政策，无法树立一批具有示范效应的榜样。但实际上，能送现金，特别是大量送现金，对投资者而言未尝不是一件好事。

能大量送现金的上市公司，大都很健康。有些公司看上去赚了不少钱，但这些钱很多是应收账款，实际账上的现金并不多，有的时候，应收账款最后就变成坏账了。因此，能大量送现金，说明上市公司的经营风险不大，不太可能出现突然亏损的情况。

上市公司大量分现金，也说明它对投资者真正负责。有些钱放在公司账上，没什么好项目可以投资，日常经营中暂时也用不上，只好放在银行里吃利息，或者买买国债，与其这样，不如分给投资者。

而且，投资者分得了现金，也算是真正落袋为安，这就跟分到股票不一样，股票虽然多了，但有可能贴权，这样比起来，拿到现金更安全一些。而且，如果你真看好这家公司，完全可以用分到的现金接着再买它的股票。

此外，有专家还从多年的实际情况分析出这样一个结论，那些多年来坚持大量派送现金红利的上市公司，其股价的涨幅明显高于市场平均水平。

由于现金分红对股市健康发展的重要性，证监会也在 2008 年 10 月，推出了有关现金分红的新规定。第一，申请增发或配股的公司(注意，不包括定向增发)，最近三年以现金方式累计分配的利润不少于最近三年实现的年均可分配利润的 30%。这项规定，使强有力的现金分红成为再融资的重要前提条件。因此，可以预期，很多以前年度现金分红比例过低的上市公司，很有可能会推出大比例的现金分红预案。第二，证监会要求从 2008 年年报开始，上市公司应当以列表方式明确披露公司前三年现金分红的数额与净利润的比率。同时要求，年报盈利但未提出现金利润分配预案的公司，应详细说明未分红的原因、未用于分红的资金留存公司的用途。

贵州茅台自 2001 年上市以来，息税前利润率呈稳步上升的走势，2011 年第二季度甚至达到了 82.1%的高水平。公司总资产周转率基本在 0.5 倍附近波动。随着盈利能力逐年提升，其资产收益率、平均净资产收益率也在不断攀升。2009 和 2010 年公司净资产收益率下滑，主要是 2009 年消费税上调后净利率收窄所致，但到 2011 年公司已充分消化了不利因素，平均净资产收益率达到 40.4%的最高峰。而公司的杠杆率处于较低的水平，茅台公司在上市公司里是拥有的在手现金较多的企业，从其近 5 年来的分红情况来看，通过现金分红占绝大多数，说明其业绩呈上升趋势，且现金流状况很好(见图 9—4)。

贵州茅台 上海 600519	204.29 -2.65 -1.28% 2013-01-07 15:01:42	昨收盘:206.94 今开盘:205.88 最高价:205.88 最低价:202.50	市值:2120.90亿元 流通:2120.90 成交:41271手 换手:0.40%

发行情况：新股发行　增发　可转债发行　分红配股　募资投向

几乎每年都采用现金分红方式

公告日期	分红方案(每10股) 送股(股)	转增(股)	派息(税前)(元)	进度			红股上市日
2012-06-27	0	0	39.97	实施	2012-07-05	2012-07-04	--
2011-06-27	1	0	23	实施	2011-07-01	2011-06-30	--
2010-06-29	0	0	11.85	实施	2010-07-05	2010-07-02	--
2009-06-25	0	0	11.56	实施	2009-07-01	2009-06-30	--
2008-06-10	0	0	8.36	实施	2008-06-16	2008-06-13	--
2007-07-09	0	0	7	实施	2007-07-13	2007-07-12	--
2006-05-22	0	0	5.91	实施	2006-05-24	2006-05-23	2006-05-25
2006-05-17	0	10		实施	2006-05-19	2006-05-18	2006-05-25
2006-05-15	0	0	3	实施	2006-05-19	2006-05-18	--
2005-07-30	0	2	5	实施	2005-08-05	2005-08-04	2005-08-08
2004-06-25	0	3	3	实施	2004-07-01	2004-06-30	2004-07-02
2003-07-08	1	0	2	实施	2003-07-14	2003-07-11	2003-07-15
2002-07-18	0	1	6	实施	2002-07-25	2002-07-24	2002-07-26

图 9—4　贵州茅台历年分红情况

现金分红还涉及一个所得税问题。例如上面的贵州茅台 2012 年 7 月分红时，税前是 39.97 元，扣除所得税 10%即为 35.97 元(见图 9—5)。

贵州茅台 上海 600519	204.29 -2.65 -1.28% 2013-01-07 15:03:08	昨收盘:206.94 今开盘:205.88 最高价:205.88 最低价:202.50	市值:2120.90亿元 流通:2120.90 成交:41271手 换手:0.40%

发行情况：新股发行　增发　可转债发行　分红配股　募资投向　招股说明　上市公告

税前红利（报价币种）	39.97
税后红利（报价币种）	35.97
B、H股税前红利（人民币）	--
B、H股税后红利（人民币）	--
送股比例（10送）	--
转增比例（10转增）	--
盈余公积金转增比例（10转增）	--
资本公积金转增比例（10转增）	--
发放对象	--
股本基准日	2011-12-31
最后交易日	--
登记日	2012-07-04
除息日	2012-07-05
红利/配股起始日（送、转股到账日）	2012-07-13

图 9—5　贵州茅台 2011 年分红扣税情况

9.3.4 送红股和转增股的区别

红股来自公司的年度税后利润，只有在公司有盈余的情况下，才能向股东送红股，送红股是上市公司将本年的利润留在公司里，发放股票作为红利，从而将利润转化为股本。送股后，公司的资产、负债、股东权益的总额结构并没有发生改变，但总股本增大了，同时每股净资产降低了。送红股视同现金分红，A股市场要交10%的税。

转增股是指上市公司是用资本公积金和盈余公积金转化为股本，转增股本并没有改变股东的权益，但却增加了股本的规模，因而客观结果与送股相似，资本公积金转增股本严格地说并不是对股东的分红回报，10股转增10股相当于把一杯糖开水分装两只杯子，含糖量不变。转增股不需要交税。红股和转增的实务当中的具体形式如图9—6。

[股票代码：[illegible] 股票简称：[illegible]][行业：金融、保险业 地域：四川] 拼音/代码/名称

最新资料 资金流向 投资评级 盈利预测 千股千评 最新异动 重仓基金 持仓基金 公司概况

分 红 配 股

分红年度	分红方案	股权登记日	除权基准日	红股上市日
2011年度	10派1元(含税)	2012-06-25	2012-06-26	
2008年度	10送10股派1.2元（含税）	2009-06-04	2009-06-05	2009-06-08
2007中期	10转增10股	2007-08-20	2007-08-21	2007-08-22
2004年度	10派0.5元(含税)	2005-05-27	2005-05-30	
1997年度	10派2.9元(含税)	1998-08-07	1998-08-10	

资料来源：财富网，http://company. p5w. net/gszl/fhpg. asp? zqdm＝600109&doflag＝1。

图9—6 国金证券历年分红配股情况

与送红股、派发现金时需交所得税不同，上市公司用资本公积金转增股本时投资者不用缴纳所得税，这是因为，资本公积金的来源并非上市公司的利润，既然并非上市经营“所得”，也就谈不上缴纳所得税了，而如果上市公司用盈余公积金转增股本，由于盈余公积金的来源术语利润（也即“所得”），因此也需要缴纳所得税，只不过盈余公积金转增股本的案例，目前在A股上市公司中很少出现（见图9—7）。

[公告]国金证券(600109)2008年度利润分配实施公告

时间：2009年06月01日 15:56:10 中财网

证券代码：600109 证券简称：国金证券 编号：临2009－015

国金证券股份有限公司二00八年度利润分配实施公告

本公司董事会及全体董事保证本公告内容不存在任何虚假记载、误导性陈述或者重大遗漏，并对其内容的真实性、准确性和完整性承担个别及连带责任。

重要内容提示：

•每股分配比例及每10股分配比例：每股送1股及每10股送10股

•扣税前与扣税后每股现金红利：扣税前每股现金红利0.12元，扣除股票股利和现金股利税费后每股现金红利0.008元

•股权登记日：2009年6月4日

•除权及除息日：2009年6月5日

•新增无限售条件流通股份上市流通日：2009年6月8日

•现金红利发放日：2009年6月10日

•本次利润分配方案的实施将导致公司注册资本发生变更，公司已取得中国证监会相关核准批复

二、利润分配方案

1．发放年度：2008年年度

2．利润分配方案为：以公司2008年12月31日总股本500,121,062股为基数向全体股东每10股派发股票股利10股（含税），向全体股东每

10股派发现金股利1.2元（含税），扣除股票股利和现金股利税费后每10股派发现金红利0.08元，共计派发股利60,014,527.44元，实施后总股本为1,000,242,124股。

3．分派对象：截至2009 年6 月4 日下午上海证券交易所收市后，在中国证券登记结算有限责任公司上海分公司登记在册的本公司全体股东。

三、分红派息及送股具体实施日期

1．股权登记日：2009年6月4日

2．除权及除息日：2009年6月5日

3．新增无限售条件流通股份上市流通日：2009年6月8日

4．现金红利发放日：2009年6月10日

资料来源：中财网 http://www.cfi.net.cn/p20090601001446.html。

图 9—7　国金证券 2008 年度利润分配方案公告

"送红股"和"公积金转增"都是针对上市公司来说的，只是财务处理的问题，无论上市公司送股或者转增股本，只要不派发现金，上市公司只会增加流动股，而不会发生现金流出。

9.3.5 股票分割与公积金转增股本的特殊情况

在我国，目前各股份公司的股票面值均为1元每股，在新股发行时，发行价均大大高于股票面值，使得资本公积数倍于股本，比如，公司按照15元/股的价格发行股票，其股本只有1元每股，但资本公积金却高达14元一股，在这种情况下，再对1元每股的面值进行分割显得意义不大。

因此在我国上市公司对股票分割实际上多是采用公积金转增股本的形式来进行。虽然，严格地说，资本公积金转增股本并不属于股票分割，但它的确起到了与股票分割同样的作用。即股票的数量增加的作用。所不同的是，不是分割股票面值，而是摊薄每股资本公积（因为资本公积减少了，而股本增加了，股数增加了，所以每股的资本公积降低了）。

在我国实际中，上市公司往往把资本公积金转增股本与股利分配混在一起，所谓盈利分配公告中的10送2转增3就是如此，它表明，公司盈利分配政策为10股送2股股票股利，另外再用资本公积金转增3股股票。由于我国上市公司发行股票时，存在大量的资本公积金，因此，在公司上市初期，不少公司均有能力大比例转增股票，以至让不少股票投资者将它视为了一种盈利分配，因此，在我国，虽然不存在对面值进行分割的股票分割情形，但是资本公积金转增股本普遍存在，二者仅仅是表现形式不同而已。

9.3.6 新大陆电脑的股利政策分析

9.3.6.1 案例基本情况

新大陆电脑股份有限公司（以下简称“公司”）2008年度股东大会于2009年3月12日上午，在贵州省福泉市马尾区儒江西路1号新大陆科技园公司会议室召开，出席会议的股东及股东授权委托代表人数为5人，代表公司股份83 980 000股，占公司股份总数的72.4%，符合《公司法》及《公司章程》的规定。会议由董事长陈钢先生主持，公司董事、监事和高级管理人员列席了会议。大会以记名投票方式逐项表决，审议通过了10项议案，其中《2008年度利润分配及资本公积金转增股本的预案》和《2009年度利润分配政策》经股东审议表决全部通过。

(1)《2008年度利润分配及资本公积金转增股本的预案》。2008年度利润分配预案经天健华天有限责任会计师事务所审计，公司2008年实现税后净利润41 559 077.48元，按净利润的10%提取法定公积金，计4 155 907.75元，按净利润的5%提取法定公益金，计2 077 953.87元，加上以前年度未分配利润35 749 771.33元，减去本年度实际已支付的2007年股利34 800 000元，实际可供股东分配的利润为36 274 987.19元。公司董事会决定2008年度利润暂不分配，剩余未分配利润36 274 987.19元，转入下一年度一并分配。表决结果为：83 980 000股同意，占出席股东大会有表决权股份总数的100%；0股弃权，占出席股东大会有表决权股份总数的0%，；0股反对，占出席股东大会有表决权股份总数的0%。截至2008年12月31日，公司资本公积金余额为450 757 619.43元，公司董事会审议决定：以2003年年底公司总股本11 600万元为基数，实施资本公积金转增股本，转增比例为每10股转增10股，共计转增股本11 600万股，实施资本公积金转增股本后，公司总股本为23 200万股，资本公积金余额为334 757 619.43元，同时授权公司董事会相应修改公司章程有关条款并办理工商变更登记手续。表决结果为：83 980 000股同意，占出席股东大会有表决权股份总数的100%；0股弃权，占出席股东大会有表决权股份总数的0%；0股反对，占出席股东大会有表决权股份总数的0%。

(2)《2009年度利润分配政策》。预计2009年年度公司分配股利1～2次，2004年实现的净利润用于股利分配的比例不超过80%。公司2009年度未分配利润主要用于下一年度股利分配。股利分配主要采用派发现金或送红股的形式，预计现金股息占股利分配的比例不超过80%。具体分配方案依据公司实际情况由公司董事会提出预案，报公司股东大会审议决定。公司董事会保留根据公司发展和当年盈利情况，对2009年利润分配政策做出调整的权利。表决结果为：83 980 000股同意，占出席股东大会有表决权股份总数的100%；0股弃权，占出席股东大会有表决权股份总数的0%；0股反对，占出席股东大会有表决权股份总数的0%。

资料来源：《凤凰网》，财经版，“福建新大陆电脑股份有限公司公告”，2010年7月7日。

9.3.6.2　思考与分析

(1)新大陆电脑股份有限公司采取的股利政策是什么？

(2)新大陆电脑股份有限公司在股利分配过程中是否有违规行为?并说明理由。

(3)目前我国上市公司股利分配的现状及存在问题。

9.3.7 五粮液股票股利分配

9.3.7.1 案例目标

本案例介绍了宜宾五粮液股份有限公司分配股票股利的基本情况,并分析了五粮液公司在选择其分红方案时,采取分配股票股利作为其股利分配的原因。

9.3.7.2 五粮液公司简介

宜宾五粮液股份有限公司(股票代码:000858)是1997年8月19日经四川省人民政府批准,由四川省宜宾五粮液厂独家发起,采取募集方式设立的股份有限公司。

公司是在四川省宜宾五粮液酒厂的基础上经过资产重组设立的。宜宾五粮液酒厂以其与生产经营有关的酿酒车间、磨粉制曲车间、陈酿勾兑车间等优质资产及其附属公司——五粮液供销公司的资产及相应负债组成本公司。

五粮液公司属白酒类食品制造行业,主要从事五粮液及其系列酒的生产和销售,生产能力达到年产45万吨(商品酒)规模,是世界上最大的酿酒生产基地。1996年被第五十届统计大会评为"中国酒业大王",并保持至今。2000年12月8日,经北京名牌资产评估有限公司评估,"五粮液"品牌在2000年中国最有价值品牌评价中,品牌价值为120.56亿元。居白酒制造业第一位,居全国最有价值品牌第四位。2004年公司资产总额88.11亿元,净资产65.67亿元。实现销售收入62.98亿元,净利润8.28亿元。

9.3.7.3 五粮液历年利润分配简况

五粮液自上市后,一直维持了较高的利润水平。但是,这样一只绩优股,在1998年高派现后,就只采用送红股的方式分配股利,或者干脆不分配(2000年和2004年均未分配)。

表9—7五粮液历年分红情况统计了五粮液历年的分红情况。

表 9—7　　五粮液历年分红情况

年份	派现	送股	公积金转赠	公告日	登记日	除权日
1998	每 10 股派现金 12.5 元(含税)		每 10 股转赠 5 股	1999.05.29	1999.06.07	1999.06.08
1999		每 10 股送 4 股		1999.09.22	1999.09.27	1999.09.28
2000		未分配		2001.01.19		
2001	每 10 股派 1 元(含税)	每 10 股送 4 股	每 10 股转赠 3 股	2001.08.28	2001.09.03	2001.09.04
2001	每 10 股派 0.2 元(含税)	每 10 股送 1 股	每 10 股转赠 2 股	2002.04.10	2002.04.17	2002.04.18
2002			每 10 股转赠 2 股	2003.04.08	2003.04.15	2003.04.16
2003	每 10 股派 2 元(含税)	每 10 股送 8 股	每 10 股转赠 2 股	2004.02.27	2004.4.12	2004.4.13
2004			未分配			

资料来源：清华金融研究数据库(THFD)。

表 9—8 记录了五粮液历年每股收益和净资产收益率情况。

表 9—8　　五粮液历年每股收益和净资产收益率

年份	每股收益(元)	净资产收益率(%)
1998	1.749	31.60
1999	1.352	26.81
2000	1.600	24.09
2001	0.933	17.29
2002	0.543	11.56
2003	0.519	11.70
2004	0.305	12.61

资料来源：中国金融研究数据库(THFD)。

上市公司股东获取回报主要有两种方式：经由上市公司分配股利以及所持有股票价格上涨的资本利得。理论上，一个业绩优良的上市公司所能给股东的回报，既包括稳定的股利分配，也包括股票价格的稳定增长。

五粮液的第一大股东是宜宾市国有资产经营有限公司，持有五粮液 75%的股份，属于国有非流通股。由于非流通股不能上市进行交易，股东不能通过股价增长获得收益，因此理论上非流通股股东偏好发放现金股利。如用友软件在2001年的分配股利时，每10股派现6元，使非流通股股东的投资收益率高达50%以上。而且在2002年分配时，仍是每10股派现6元，只是迫于流通股股东压力，而加送2股红股。

五粮液在1998年的分配方案中，也采用了高派现的方法，每10股派现12.5元，扣税后实际每10股派10元。通过这种方式，非流通股股东分得24 000万元。但在以后的分配中，五粮液却改变了派现的方式，而改为高比例送红股和公积金转赠股。经过若干年的送股和转赠，五粮液最初的32 000万股，到2004年已经变为271 140.48万股，在不到5年的时间里，股本增长了6倍多。

图9—8五粮液历年股本变化图展示了五粮液历年来的总股本变化情况。五粮液的总股本几乎呈逐年上升的趋势。

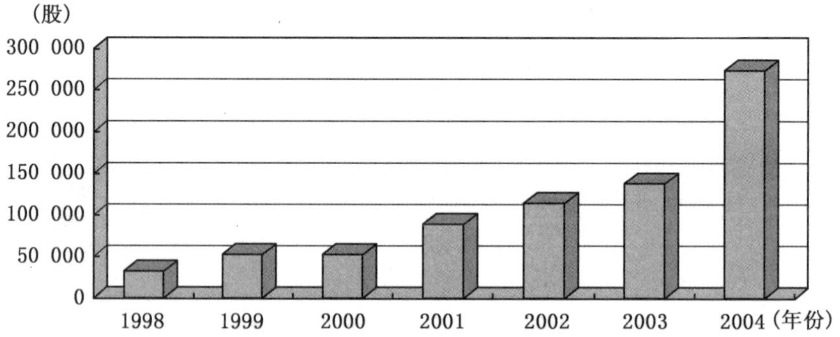

图9—8 五粮液历年股本变化

9.3.7.4 *五粮液历年公布分配方案期间市场反应*

图9—9中，1998年分配方案实施日期间股价变化及成交量展示了1998年的股利宣告日（1999年5月29日）前后的成交量和收盘价变化情况。

1998年五粮液高派现分配。在方案公告实行期间，可以看到股价和成交量均处于平稳状态。但在几天后，其股价进入持续上升状态，成交量也大幅增加，说明市场对五粮液的分配方案是持认可态度的。

图9—10展示了1999年的股利宣告日（1999年9月22日）前后的成交量

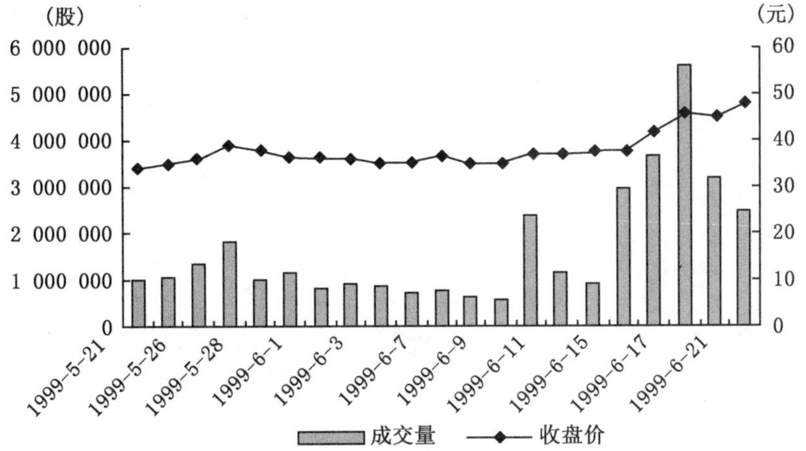

图 9—9　1998 年分配方案实施日期间股价变化及成交量

和收盘价变化情况。

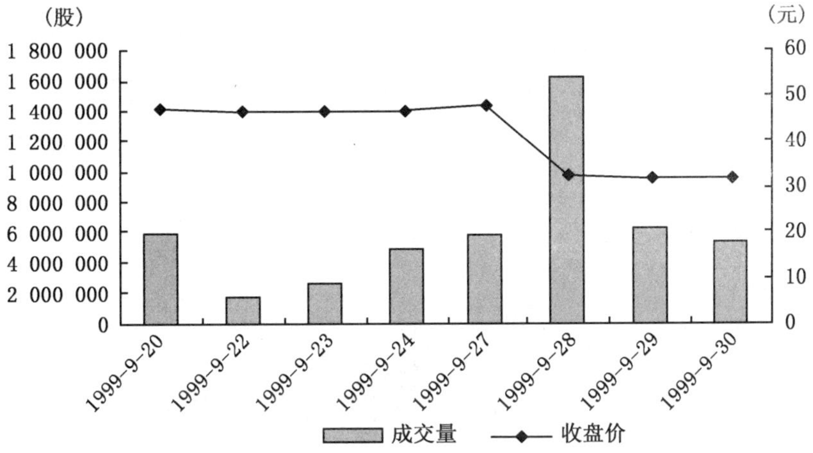

图 9—10　1999 年分配方案实施期间股价变化及成交量

从图 9—10 可以明显看到，1999 年送股方案除权日(9 月 28 日)，股价下跌，交易量大幅上升，但此后，股价维持在低位，交易量也萎缩为除权前的状态。说明原股东选择抛售了五粮液所送的红股，而不是继续持有。

图 9—11 展示了 2000 年的不分配股利宣告日(2001 年 1 月 19 日)前后的

成交量和收盘价变化情况。

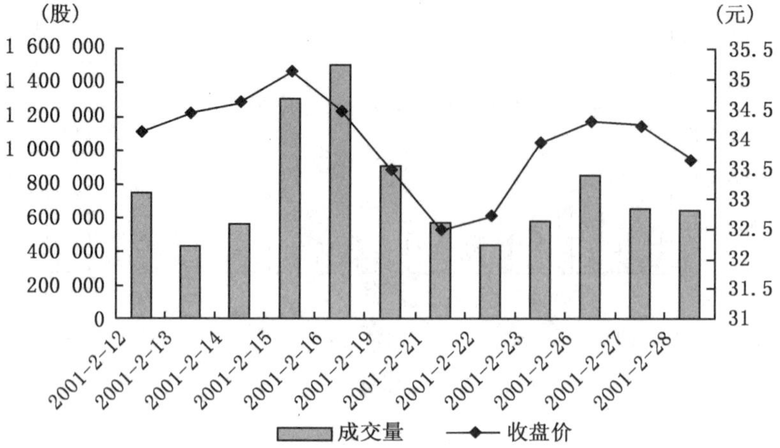

图 9—11　2000 年分配方案实施期间股价变化及成交量

2000 年度利润高达 7.68 亿元、公司账面现金高达 17.08 亿元，但仍然不分配、不转增，反而准备实行配股方案（最终为实施）。资本市场一片哗然。在五粮液配股过程中以及 2000 年度利润分配预案公布后，股价一路下跌。

图 9—12 和图 9—13 分别展示了 2001 年上半年和下半年股利宣告日前后的成交量和收盘价变化情况。

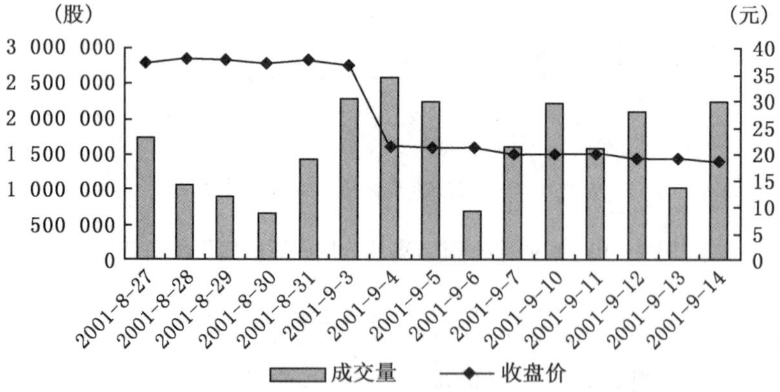

图 9—12　2001 年上半年分配方案实施期间股价变化及成交量

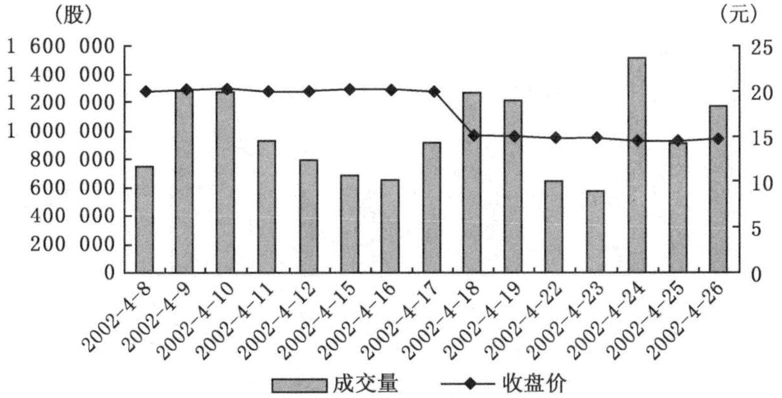

图 9—13　2001 年下半年分配方案实施期间股价变化及成交量

图 9—14 和图 9—15 分别展示了 2002 年和 2003 年股利宣告日前后的成交量和收盘价变化情况。

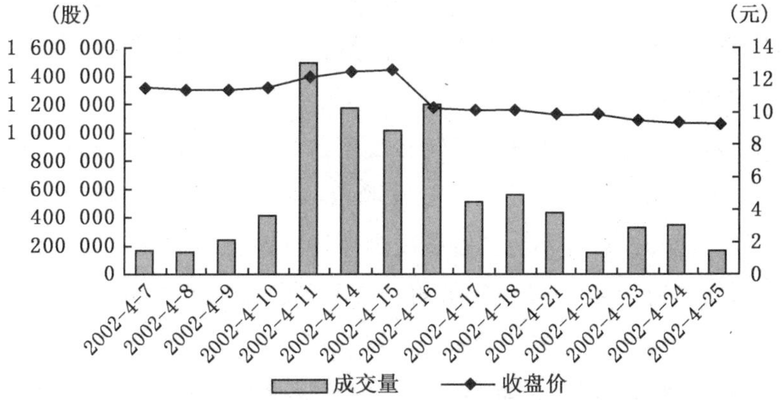

图 9—14　2002 年分配方案实施期间股价变化及成交量

从历年市场对五粮液分配方案的反应可以看出，除 1998 年市场对高派现表现出认可的态度外，在其余送红股的年份中，市场交易量仅在除权日有较大幅度上升，但很快就回落到原先的水平。说明中小股东选择“用脚投票”，通过出售股票来表达自己对分配方案的不满。

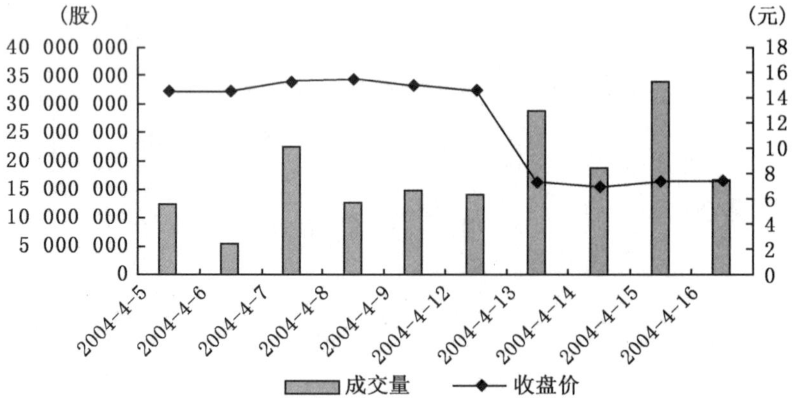

图 9—15　2003 年分配方案实施期间股价变化及成交量

9.3.7.5　*五粮液分配股票股利的分析*

通过送红股和转赠股,无论是流通股还是非流通股股东,虽然手中的股票数翻了数倍,但只是"纸上富贵",实际财富并没有增加。因为从五粮液股价的反应可以看到,除权引起股价下跌后,并没有回升产生填权效应。那么,五粮液的利润到哪里去了呢?

在中国,大股东通过各种方式转移上市公司资金的现象普遍存在。要转移资金,需要先把资金留在企业内。分发股票股利而不派现,就是留住资金的一种方式。红股的发放,并不会像派发现金那样导致控股股东实际控制公司现金的减少,而仅仅把当年利润从公司的"利润"科目调整到"股本"科目的会计账目。

虽然五粮液的大股东是宜宾市国有资产经营有限公司,但其实际控制人却是宜宾五粮液集团有限公司。对五粮液集团来说,设立五粮液股份公司,并将最具市场价值的品牌"五粮液"注入上市公司,一定会要求有所回报。五粮液集团公司,正是通过各种方式,从上市公司获得了大量的利益输送。其中包括:

(1)商标和标识使用费。这是集团公司利用其影响力,向上市公司收取费用的一种典型方式。五粮液股份公司自上市起,每年向集团公司缴纳不菲的商标和标识使用费。集团公司通过这些项目,至 2003 年度累计从上市公司获取现金 54 344 万元。按照国泰君安 2001 年 8 月份所出具的关联交易独立财务顾问报告，其中一些商标使用费为相应销售收入的数倍。

(2)服务费及设备使用费。由于五粮液改制上市时，只是将主要经营性资产及供销公司划入上市公司。这样，五粮液上市公司其余所有服务都需要由集团公司提供。集团公司当然可以相应地收取一部分费用。五粮液集团每年向五粮液收取的这类费用主要包括综合服务费、货物运输、资产租赁费等，2001 年起还增加收取维修服务费、土地租赁及经营管理费等。截至 2003 年集团公司累计收取 94 334 万元。

(3)资产往来。我国资本市场一个常见的现象就是公司改制上市后，集团公司或控股公司通过各种方式，将手中的各项实物资产陆续卖给上市公司，而上市公司通常支付的都是现金。五粮液与集团公司之间的这类往来也非常多。其中比较重大的有两起：一是 1999 年收购集团公司下属的印刷和塑胶瓶盖厂；二是 2001 年的一项大额资产置换。据 2000 年 11 月公司董事会关于资产置换的公告及 2001 年的独立财务顾问报告，降低关联交易是该项资产置换的一个重要动因。五粮液 2000 年向集团及其附属关系公司的货物采购和接受劳务为 7.72 亿元；资产置换完成的 2001 年，金额上升为 14.42 亿元。上市公司通过这种方式共向集团公司支付超过 20 亿元的现金。五粮液 2001 年 2 月 20 日的股东大会上，面对小投资者和机构投资者关于五粮液盈利高、账面现金充足但不分配、不转赠的不满质询时，理由就是公司要预留现金进行资产置换。

(4)产品往来。与上面的服务费形成方式相似，五粮液在产品生产过程中还必须要向集团公司进行大量的产品往来，如由集团公司或其所属企业向五粮液提供各类产品。在生产基酒的车间于 2001 年完全置换进上市公司后，又新增向集团公司购买伏特加、葡萄酒等产品。五粮液向集团公司提供的产品主要是成品酒销售，两者现金流相抵后，五粮液支付给集团公司的净现金流出为 281 974 万元。

此外，五粮液委托集团公司技改部进行技术改造，6 年间共向集团公司技改部支付或预付现金 335 371 万元。

不考虑往来款的影响，自 1998 年上市至 2003 会计年度结束，五粮液共向集团支付了 97.17 亿元的现金，平均每年超过 16 亿元；远远超过五粮液上市以来累计实现的净利润(41 亿元)及累计从资本市场募集的现金(18.1 亿元)。

为了最大化地从上市公司转移利益，大股东需要将上市公司塑造成一个高成长、绩优股的形象。五粮液为我们提供了一个较典型的例子：上市公司业绩优良，但小股东却没有取得相应的回报，相反，五粮液集团在五粮液上市后的6年里从上市公司获得超过90亿元的现金。

9.3.7.6　案例总结

一般来说，公司选择发放股票股利的原因主要有：

(1)调整股票价格，使其保持在合适的价格范围。过高的股票价格，将失去对小规模投资者的吸引力，影响他们的投资决策，从而降低股票的流动性。但较高的股票价格可以节约股票的交易成本，比较受大规模投资者的喜爱。管理层为平衡各类投资者的偏好和提高股票的流动性，就会使用股票股利，把价格调整到他们认为的最佳范围。

(2)利用税法对现金股利和股票股利的不同征收方式，达到避税和提高流通股股东实际收益的目的。我国现行税法对股票股利暂不征税，而对现金股利则征收个人所得税。减少现金股利，增加股票股利，流通股股东就可以通过在二级市场上交易把股票股利变现，获取更大的实际收益。

(3)股票股利可以传递公司利好的信息。由于信息的不对称，公司管理层比投资者掌握更多公司的信息，更了解公司的经营前景。通过发放股票股利，扩大股份总数，可以传达管理层对公司良好的成长性和光明前景，透露公司未来盈利能力的增强。

(4)股票股利使原有股东的持股数量增加。在股价下降不大的情况下，原有股东可以出售公司所送的股票获取现金收入而保持原有的股份数不变，这使得股东有获得意外收入的幻觉，对公司产生更满意的情绪。

(5)上市公司的盈利水平低，可供分配的利润少，无力发放现金股利，但为了日后的经营与筹资，又必须向投资者有个交代，因此只得选择股票股利；或者是有能力发放现金股利的公司，为保留现金扩大经营，减少现金股利的发放而增加股票股利的发放。

(6)在高市盈率的股市状况下，现金股利难以满足在二级市场上高价购进股票的股东的收益欲望，从而不得不选择股票股利。对于市盈率达到十几倍以上的股票，上市公司即使把全部收益用来发放现金股利，其流通股股东的投资收益率也不高，这显然难以满足投资者的欲望。流通股股东往往希望上市公司送红股，期盼在股市的交易中获得比现金股利更大的资本利得。

虽然送红股这种形式为上市公司控股股东留存了一定规模的资源，但这种行为并非没有成本。送股导致了公司股本的短期快速扩张，在利润规模没有得到相应增长的现实中不可避免地引起了盈利能力的下降，每股盈余、净资产收益率等指标都出现下降的态势。而盈利水平的下降，将威胁其能否获得配股、增发资格，实现后续融资。

在2000年证监会出台将再融资资格与派现捆绑在一起的硬性规定后，上市公司选择分配股票股利的公司数急剧下降。因为对于上市公司控股股东而言，一旦公司丧失了配股、增发等后续融资资格，也就意味着起将无法再获得外部资源以扩大控制力，进而与其利益取向存在严重背离。但由于五粮液集团获取利益的方式并不是依靠再融资，而是通过发送股票股利留住现金，再将其转移出去，因而对于派现的规定也就无须理会了。

9.3.8　佛山照明高股利分配方案分析

上市公司代理问题成为制约我国证券市场以及上市公司发展的一个重要问题，而其中比较突出的是大股东利用其控制权对中小股东的利益进行侵占。这其中，股利政策又往往成为大股东用来追求自身利益，侵害中小股东利益的一种手段。下面的案例就是以代理理论为基础，以佛山照明股份公司的现金股利政策为个案进行分析，深入发掘上市公司大股东制定股利政策的动因，为大股东与中小股东之间的代理问题提供有力的证据，有助于投资者理性地看待上市公司的股利分配行为。

9.3.8.1　股份有限公司简介

佛山电器照明股份有限公司成立于1958年，1992年10月进行改组，成为股份制企业。公司以生产制造各种电光源产品为核心，40%的产品出口到欧美、东南亚等二十多个国家和地区，国内市场辐射到全国主要大、中城市，是全国电光源行业大型骨干企业。在全行业中也是唯一一家能与国际著名三大照明公司(美国GE、荷兰PHILIPS、德国OSRAM)产品竞争的民族工业企业，在国内、国际市场上均享有“中国灯王”的美誉。

(1)佛山照明股权结构状况

从佛山照明成立到2006年之前，公司的第一大股东一直是佛山市国有资产监督管理委员会(简称佛山市国资委)。截至2006年，其持股比例为23.97%，第二至第十大股东合计持股仅5.63%(见表9—9)。第一大股东股权比较集中，大股东处于绝对控制的地位。

表9—9　　2006年之前的股权结构

股　东	持股比例
第一大国有控股股东	23.97%
第二至第十大股东	5.63%

资料来源：根据佛山照明2005年年度报告整理。

2006年以后，因股权分置改革，经国务院国有资产监督管理委员会、商务部和中国证券监督管理委员会的批准，佛山市国资委将所持佛山照明非流通股(占总股本的23.97%)转让给两家境外战略投资者(见表9—10)。目前，由于第一大股东和第二大股东以及第二大股东实际控制人庄坚毅(同时也为佛山照明自然人大股东)均持有佛山照明限售股，这使他们具有相同的获利机制。因而，他们可能通过共谋或合作来实现自身利益的最大化。所以，将第一大股东、第二大股东以及庄坚毅共同作为上市公司实际控制性大股东，其持股比例合计为24.83%，远高于其他大股东8.05%的持股比例。大股东控制优势明显。

表9—10　　2010年末的股权结构

<table>
<tr><th>股　东</th><th colspan="2">持股比例</th></tr>
<tr><td>第一大外资股东——欧司朗控股有限公司</td><td>13.47%</td><td rowspan="3">24.83%</td></tr>
<tr><td>第二大外资股东——佑昌灯光器材有限公司</td><td>10.50%</td></tr>
<tr><td>庄坚毅(持有第二大股东65%股份)</td><td>0.86%</td></tr>
<tr><td>其他大股东</td><td colspan="2">8.05%</td></tr>
</table>

资料来源：根据佛山照明2010年年度报告整理。

(2)佛山照明股份公司财务状况

从佛山照明的整体财务状况上看，公司规模一直处在扩大的状态(见表9—11)。公司的主营业务收入从2001年的823 711 732.02元增长到2010年的

1 956 068 628.79 元，总资产则从 2001 年的 2 242 302 393.20 元增长到了 2010 年的 3 128 547 460.46 元。从公司的净资产收益率来看，公司在 2008 年达到 2001～2010 年间的最低点 7.62%，但是，2009 年与 2010 年的净资产收益率均有所回升。同时，除了 2007 年、2008 年以及 2010 年以外，其他年份每股经营活动产生的现金流量净额均比每股收益要高，说明了公司的盈利有一定的现金流作为保证，同时也为现金股利的发放提供了条件。

表 9—11　　2001～2010 年佛山照明基本财务数据一览表　　单位：元

年份	主营业务收入	净利润	总资产	股东权益	每股收益	每股净资产	每股经营活动产生的现金流量净额	加权平均净资产收益率(%)
2001	823 711 732.02	173 348 748.33	2 242 302 393.20	1 906 996 624.70	0.484	5.32	0.75	9.09%
2002	957 501 228.40	204 819 357.27	2 347 876 256.03	2 111 880 560.09	0.57	5.89	0.84	9.70%
2003	1 021 017 077.44	226 325 007.49	2 413 285 723.27	2 189 239 189.32	0.63	6.11	0.65	10.34%
2004	1 219 922 140.34	231 479 786.57	2 522 461 581.12	2 255 936 501.60	0.65	6.29	0.67	10.26%
2005	1 213 810 497.83	219 583 402.87	2 563 697 231.55	2 304 699 122.97	0.61	6.43	0.75	9.53%
2006	1 229 577 781 .26	237 472 914.59	2 658 609 463.35	2 366 561 851.03	0.66	6.60	1.04	10.03%
2007	1 496 072 679.54	428 975 853.56	3 392 985 767.27	2 987 253 110.11	0.91	6.41	0.11	16.86%
2008	1 718 712 832.07	225 446 451.14	2 830 268 837.06	2 601 745 087.26	0.32	3.72	0.18	7.62%
2009	1 707 293 238.96	226 236 846.20	2 995 100 164.41	2 660 099 988.21	0.22	2.72	0.50	8.06%
2010	1 956 068 628.79	271 097 445.96	3 128 547 460.46	2 766 913 027.29	0.27	2.83	0.22	9.89%

资料来源：根据佛山照明 2001 至 2010 年年报数据整理。

9.3.8.2　佛山照明股份公司股利分配特征

佛山照明自 1993 年上市以来，截至 2009 年连续 17 年进行现金分红，是深沪两市累计每股派现最高的公司，被誉为"现金奶牛"(见表 9—12)。

表 9—12　　1993～2009 年佛山照明股利分配情况

分红年度	分红方案	股权登记日	除权基准日	红股上市日
1993	10 送 4 转增 1 股派 3 元	19940505	19940506	19940511
1994	10 派 8.10 元(含税)	19950725	19950726	
1995	10 派 6.80 元(含税)	19960607	19960610	

续表

分红年度	分红方案	股权登记日	险权基准日	红股上市日
1996	10 派 4.77 元(含税)	19970729	19970730	
1996	10 转增 5 股	19960916	19960917	19960919
1997	10 派 4 元(含税)	19980720	19980721	
1998	10 派 4.02 元(含税)	19990628	19990629	
1999	10 转增 1 股派 3.5 元(含税)	20000619	20000620	20000621
2000	10 派 3.8 元(含税)	20010717	20010718	
2001	10 派 4 元(含税)	20020624	20020625	
2002	10 股派 4.2 元(含税)	20030620	20030623	
2003	10 派 4.6 元(含税)	20040621	20040622	
2004	10 派 4.8 元(含税)	20050613	20050614	
2005	10 派 4.9 元(含税)	20060626	20060627	
2006	10 转增 3 股派 5 元(含税)	20070607	20070608	20070608
2007	10 转增 5 股派 5.85 元(含税)	20080605	20080606	20080606
2008	10 转增 4 股派 2.2 元(含税)	20090625	20090626	20090626
2009	10 派 2.2 元(含税)	20100623	20100624	

资料来源：巨潮资讯网，http://www.cninfo.com，佛山电器照明股份有限公司官方网站，http://www.chinaf.cn/。

1993～2009 年，佛山照明送股转增加派现 1 次，转增加派现 4 次，转增 1 次，单纯派现次数达到 12 次，而存在派现的次数为 17 次，远高于其他股利支付方式的次数。现金分红成为佛山照明股利支付的主要方式。通过将佛山照明的股利分配情况与同行业的上市公司及证券市场股利分配情况进行比较分析，我们可以发现，佛山照明股利政策具有如下几个特点：

(1)连续多年实施高现金股利分配。佛山照明自 1993 年上市以来，坚持年年分配现金股利，具有很明显的连续性。虽然在 1993～2009 年间公司每 10 股现金股利的支付额度有波动，但总体上来说是处在一个持续的状态，且平均每年现金股利的支付额达到 4.45 元/10 股。在 2001～2009 年间，佛山照明股利支付率总体上处在一个持续平稳的状态。而与之同行业的几家上市公司中，派现行为并不具有连续性。

(2)现金股利的支付率高于同行业上市公司。从每 10 股现金股利数额及股利支付率两个方面，将佛山照明与同行业中具有派现行为的上市公司进行比较。结果发现，不论从哪个方面，佛山照明现金股利的支付水平整体上均远高于同行业的上市公司水平。

(3)现金股利的支付率高于证券市场平均水平。将佛山照明的股利支付率与证券市场上市公司平均数进行比较，同样发现，不论从哪个方面，佛山照明股份公司现金股利的支付率水平远高于证券市场平均水平。1993～2009 年间，证券市场上市公司现金股利的支付水平一直低于 2.00 元/10 股，远低于佛山照明平均每年派发的现金股利 4.45/10 股。而 2000～2009 年间，证券市场上市公司股利支付率的平均水平维持在 20%～60%区间，而佛山照明平均每年的股利支付率高于证券市场平均水平约 38.86%。由此可见，佛山照明实行的是名副其实的“高派现”股利政策。

9.3.8.3　佛山照明股份公司股利政策对股东财富的影响

(1)大股东的收益分析

①国有大股东收益分析。佛山照明成立时，佛山市国有资产管理办公室(后称为佛山市国资委)拥有 2 893 万股，占总股本的 37.5%。以此股本数为基础，按佛山照明分红历程对国有大股东控制权收益进行计算发现，在 1993～2005 年间，国有大股东通过现金股利的发放总共获得了高达 4.39 亿元的含税分红收益(见表 9－13)。

表 9－13　　佛山市国资委持有期分红收益表　　单位：亿元(含税)

年份	1993	1994	1995	1996	1997	1998	1999	2000	2001	2002	2003	2004	2005	合计
分红收益	0.13	0.35	0.36	0.37	0.31	0.31	0.30	0.33	0.34	0.36	0.40	0.41	0.42	4.39

资料来源：根据公司 2006 年之前年报及巨潮资讯网数据整理。

②外资大股东收益分析。2006 年，欧司朗佑昌控股有限公司成为佛山照明新的第一大股东，佑昌灯光器材有限公司成为第二大股东，并经过 2006 年、2007 年以及 2008 年转增后，两大股东从持股数 48 284 134 股和 37 637 966 股变为 2009 年的 131 815 685 股和 102 751 648 股。通过计算可知，2006～2009

年，两大股东通过转增及派现所得分红分别为1.44亿元(含税)以及1.19亿元(含税)。但因在2008年之前，佑昌灯光器材有限公司持有欧司朗控股有限公司39.86%的股份，因此，加上2008年以前欧司朗佑昌控股有限公司分红收益中属于佑昌灯光器材有限公司的部分0.34亿元(含税)，总共获得分红收益1.53亿元(含税)。两大股东2006～2009年间的具体现金分红收益如表9—14所示。

表9—14　　两大外资股东的分红收益表　　单位:亿元(含税)

年　份	2006	2007	2008	2009	合　计
第一大股东分红收益	0.31	0.55	0.29	0.29	1.44
第二大股东分红收益	0.24	0.43	0.29	0.23	1.19
合　计	0.55	0.98	0.58	0.52	2.63

资料来源:根据公司2006年之后年报及巨潮资讯网数据整理。

③自然人大股东收益分析。通过对佛山照明的内部控制人庄坚毅的控制权收益进行分析，我们发现，庄坚毅从1997年开始买入佛山照明B股(按人民币合计)，历经买入、卖出以及股本转增等行为，到2009年庄坚毅个人持股数达8 263 732股，分红所得收益达到0.16亿元(含税)。另因庄坚毅持有佑昌灯光器材有限公司65%股份，加上通过控制佑昌器材所得分红收益1.00亿元(含税)，庄坚毅在其持股期间总共获得佛山照明1.16亿元(含税)分红收益。具体每年的分红收益如表9—15所示。

表9—15　　内部控制人庄坚毅个人持股的分红收益表　　单位:十万元(含税)

年份	1997	1998	1999	2000	2001	2002	2003	2004	2005	2006	2007	2008	2009	合计
分红收益	0.33	0.33	0.62	0.89	0.86	1.01	1.11	1.16	1.18	1.76	3.19	1.79	1.82	16.05

资料来源:根据公司年报及巨潮资讯网数据整理。

(2)大股东与中小股东的收益对比分析

由于上市公司中小股东比较分散，不可能像大股东一样针对具体某个股东进行收益分析，因此，本章将之作为一个整体进行研究，并与大股东的收益情况进行整体对比分析。

①大股东与中小股东的收益对比据港澳资讯统计，1993～2009 年，佛山照明总共分红 17 次，派现总额达 24.55 亿元。而通过本章计算，佛山市国资委、欧司朗佑昌控股有限公司以及佑昌灯光器材有限公司三家大股东先后获得分红收益 7.18 亿元，占派现总额的 29.25%，内部控制人庄坚毅个人则通过自身持股及控制大股东获得的分红收益达到 1.16 亿元(见表 9－16)。1993 年，佛山照明股份公司首次发行 1 930 万股筹资 1.97 亿元；1995 年，配股 1 815 万股筹资 1.45 亿元；2000 年，增发 5 500 万股筹资 6.96 亿元，总共募集资金 13.39 亿元。扣除交给上市公司的 13.39 亿元，中小股东获得的分红收益仅为 3.98 亿元，远低于大股东分红收益额。其实，佛山照明股份公司上市前 13 年，即佛山市国资委为第一大股东时期，“现金奶牛”对于中小投资者来说根本不存在。截至 2005 年，佛山照明股份公司累计派现 16.34 亿元，佛山市国资委获得现金收益 4.39 亿元，扣除佛山照明筹资时交给上市公司的资金外，中小股东倒贴了 1.44 亿元给上市公司。

表 9－16　　股东分红收益整体对比　　单位：亿元

年份	大股东分红收益	中小股东分红收益	派现总额	上市公司筹资总额
1993～2009	7.18	3.98	24.55	13.39

资料来源：根据港澳资讯和巨潮资讯网数据计算。

2006 年后，外资股东接手，连续三年高比例转增股本，大股东股本数连年扩大。外资股东接手 4 年内，佛山照明总共派现 8.21 亿元，欧司朗佑昌控股有限公司和佑昌灯光器材有限公司两位大股东共分红获利 2.63 亿元。作为内部控制人的庄坚毅，则通过持股及控制佑昌灯光器材有限公司等途径就获利 1.16 亿元，其中通过控制佑昌灯光器材有限公司获得的控股收益为 1 亿元。扣除倒贴的，中小股东好不容易经过 17 年分红得到 3.98 亿元的现金股利，远远少于这些年大股东所得分红数额。并且能从 1993 年持股到 2009 年的中小股东存在的可能性极小。绝大多数中小股东无法从“高派现”行为中获利。

(2)大股东与中小股东的市盈率对比由于投资者通常利用市盈率估量某股票的投资价值与风险，所以，本章在分析大股东与中小股东投资佛山照明获得的收益及承担的风险时，选取了市盈率作为参考指标。本章在分析时选取了外资大股东获得的转让价格为股票买入价格计算大股东的市盈率，中小股东的市盈率则选择流通股的市盈率(见表9—17)。

表9—17　　股东市盈率对比情况表

年份	2006	2007	2008	2009	2010	5年平均值
大股东	7.74	5.62	15.97	23.57	18.93	14.37
中小股东	14.29	25.31	18.28	47.92	61.44	33.45

资料来源：根据国泰安研究服务中心数据整理。

从2006～2010年间，大股东的市盈率均低于中小股东。并且在这5年中，大股东市盈率的平均值为14.37，中小股东的市盈率平均值为33.45，约为大股东市盈率平均值的2.33倍。可见，相对于中小股东来说，大股东能够以更低的价格购入股票并取得回报，即获取更多的投资收益，并且承担的投资风险也相对较低。所以，通过对大股东与中小股东市盈率的对比分析后发现，佛山照明股利政策并未给中小股东带来可观的利益。由此可见，佛山照明的“高派现”股利政策并不是属于中小股东的“高派现”，而是大股东追求自身利益的一种手段。

9.3.8.4　研究结论与启示

(1)研究结论

①利益驱动是佛山照明采用“高派现”的重要原因。由于大股东具有较强的控制优势，外加我国证券市场法律法规的不健全性，所以上市公司大股东有条件也有能力为追求自身利益最大化而实施自利行为。研究发现，现金股利政策是大股东侵占中小股东利益以实现自身利益最大化的一种手段。本章通过对佛山照明股权结构及其特征进行分析发现，不管是新股东还是旧股东，佛山照明的大股东均是为了追求自身利益的最大化而制定了“高派现”股利政策，即利益的驱动是佛山照明采用“高派现”的重要原因。

②大股东控制是导致佛山照明“高派现”股利政策能实施的根本原因。当佛山照明处在国有大股东控制下时，股权过于集中带来的“一股独大”使得大股东有机会通过控制股利政策的制定追求自身利益最大化；当佛山照明大股东变换为两大外资大股东时，由于股权属性的原因，两大股东具有合作倾向，并不存

在相应的制衡作用，这就导致了新的大股东与旧的大股东一样利用其自身的控制地位通过控制股利政策的方式满足自身的利益需求。可见，在大股东控制下，大股东有能力并且有机会为了自身利益控制股利政策的制定。

③大股东所持股份不能上市流通是佛山照明实行“高派现”的客观原因。在股改前，佛山照明大股东持有的非流通股份不能上市流通，为了实现收益，大股东只能通过“派现”方式获取收益。而股改后，外资大股东持有的大部分股票仍在一定时间内不能上市流通，也即是说现金股利仍然能为其带来可观的投资收益。所以说，大股东所持股份不能上市流通是佛山照明实行“高派现”的客观原因。

④佛山照明实行“高派现”的结果是向大股东进行利益输送。根据“理性经济人”这一假设可知，获得控制权收益是造成大股东利益输送行为的直接动力。1993～2009年间，大股东一共获得7.37亿元的分红收益，而中小股东仅获得3.63亿元的分红收益，远远低于大股东收益。可见，佛山照明的控制性大股东通过“高派现”将利益转移到了自己手中，中小股东并没有通过“高派现”获得相应的利润回报。

(2)研究启示

①应当加强对上市公司大股东行为的监督。本案例充分说明了具有控制能力的大股东往往有能力并且有机会为了迎合自身的利益需求制定相应的股利政策，不会重视外部中小股东的利益需求。因此，在股利决策过程中通过提高中小股东表决能力，发挥股东大会作用；完善独立董事制度，加强对大股东行为的监督；强化监事会职能，有效行使监督权力等手段加强对大股东行为的监督是非常必要的。

②优化上市公司股权结构。股权结构很大程度上影响了大股东对股利的发放态度及发放动机。为了避免“一股独大”或者通过金字塔持股现象产生分配不合理的问题，应该科学合理地设置股权结构，形成互相制衡的局面，建立有效的股权约束体系。通过大力培养机构投资者或引入民营、外资股等法人股东，可以建立有效的股权约束体系。虽然在本案例中佛山照明在股权分置改革之后引入了外资法人股，但是实际上并没有形成有效的制衡机制。所以，在有效的制衡机制还没有完全建立之前，为防止控制性大股东操纵董事会，上市公

司需要对股东大会和董事会进行合理、适当的分权以明确各自的权利和义务，保持董事会应有的独立性。同时，还需要优化董事会的决策程序，确保董事会集体决策，防止上市公司的内部合谋行为。

③进一步规范上市公司股利分配行为。通过对佛山照明"高派现"进行深入分析后发现，高额现金股利的发放给股东确实带来了大量的自由现金流，但是通过收益对比发现，获利的只是持有非流通股的大股东，中小股东的利益并没有得到保障。在佛山照明"高派现"案例中，高额的现金股利支付成为大股东利益输送、侵犯中小股东权益的合法工具。因此，进一步规范上市公司股利分配行为显得尤为必要。

④完善上市公司保护中小股东的法律法规。通过对佛山照明股利政策进行分析后发现，单纯地规定现金股利的发放并不能让中小股东的权益受到保护，反而有可能成为大股东侵犯中小股东权益的合法依据。因此，现金股利政策并不能代替相关法律保护中小股东权益。中小股东利益的保护必须以完善的法律为依托，只有完善、建立健全中小股东保护的法律体系并加以贯彻实施，才能让中小股东的利益得到最切实、最有效的保护，这也是中小股东利益得到保护的最根本途径。

资料来源：龚珏，《基于大股东控制的上市公司股利政策分析—以佛山照明"高派现"为例》，《科技广场》(有删改)2013 年 1 月。

9.3.8.5　BEC 公司的股利分配方案

BEC 股份有限公司 2012 年实现的净收益为 3 000 万元，可用于发放股利，也可以用于留存，假设该公司目前不存在有息负债。该公司 2013 年预计有三个可以考虑的追加投资机会，需要追加的投资资本(有息长期负债和股权资本)分别为：A：2 400 万元；B：3 600 万元；C：4 800 万元。公司适用的所得税税率为 25%。

试针对以下三种不同的股利分配政策完成分析。

①如果 BEC 公司采用剩余股利政策，最优资本结构为 30%的负债和 70%的股权。有息长期负债假设全部为平价债券，债券的票面年利率为 8%。无风险收益率为 5%，该公司股票的 β 系数为 1.2，市场组合的收益率为 10%。则其资本支出计划如表 9—18 所示。

表 9—18　　BEC 公司的股利政策与资本支出计划(剩余股利政策)　　单位:万元

项　目	投资机会		
	A	B	C
资本支出预算额	2 400	3 600	4 800
净收益	3 000	3 000	3 000
资本支出预算所需的股权资本	1 680	2 520	3 360
股利发放额	1 320	480	0
股利支付率	44%	16%	0
增发的普通股	0	0	360
增发的长期债券	720	1 080	1 440
新增资本的加权平均资本成本		9.5%	

其中:长期债券的资本成本=8%×(1-25%)=6%

股权资本成本=5%+1.2×(10%-5%)=11%。

新增资本的加权平均成本=6%×30%+11%×70%=9.5%。

②如果 BEC 公司采用固定股利政策,固定的股利支付额为 900 万元。有息长期负债假设全部为平价债券,债券的票面年利率为 8%。目前该公司股票的总市价为 5 000 万元。外部筹资时发行债券筹资优先于增发普通股筹资,但长期债券筹资额不得高于追加投资资本的 45%,如表 9—19 所示。

表 9—19　　BEC 公司的股利政策与资本支出计划(固定股利政策)　　单位:万元

项　目	投资机会		
	A	B	C
资本支出预算额	2 400	3 600	4 800
净收益	3 000	3 000	3 000
收益留存满足资本支出预算数额	2 100	2 100	2 100
股利发放额	900	900	900
股利支付率	30%	30%	30%
增发的普通股	0	0	540
增发的长期债券	300	1 500	2 160
股权资本成本		18%	

在固定股利政策下，净收益先满足派发股利 900 万元，然后满足追加投资资本 2 100 万元(3 000－900)。注意长期债券不得高于追加投资资本的 45％的限制。

股权资本成本＝D/P_0＝900/5 000×100％＝18％

③如果 BEC 公司采用固定股利支付率政策，股利支付率为 35％，可持续增长率为 6％。有息长期负债假设全部为平价债券，债券的票面年利率为 8％。目前该公司股票的总市价为 8 000 万元。外部筹资时发行债券筹资优先于增发普通股筹资，但长期债券筹资额不得高于追加投资资本的 40％。则资本支出计划如表 9－20 所示。

表 9－20　BEC 公司的股利政策与资本支出计划(固定股利支付率政策)　单位：万元

项　目	投资机会		
	A	B	C
资本支出预算额	2 400	3 600	4 800
净收益	3 000	3 000	3 000
收益留存满足资本支出预算数额	1 950	1 950	1 950
股利发放额	1 050	1 050	1 050
股利支付率	35％	35％	35％
增发的普通股	0	210	930
增发的长期债券	450	1 440	1 920
股权资本成本		19.91％	

在固定股利支付率政策下，净收益先满足派发股利，然后满足追加投资资本。注意长期债券不得高于追加投资资本的 40％的限制。

该公司股票为固定增长股票，固定的股利增长率等于可持续增长率。

$$股权资本成本=\frac{D_1}{P_0}+g=\frac{1\ 050\times(1+6\%)}{8\ 000}+6\%=19.91\%$$

9.3.8.6　南方公司的股利政策分析

公司目前流通在外的普通股为 10 000 股，奉行 100％的股利支付率政策。

公司目前的净收益为 64 000 元，一年后公司的预期价值为 1 306 400 元。南方公司适用的折现率为 15%。

试分析：

(1)计算南方公司目前的股价；

(2)如果董事会遵循目前的股利政策，计算南方公司除息后的股价。

(3)在宣布股利的会议上，几位董事提出，由于股利太少，以至可能压制股价。他们建议南方公司可以发行新股筹资，使股利提高到每股 7.68 元。试评价低股利政策会压制股价的观点，并在公司采用了新股利政策的情况下，计算新股票的发行价格以及发行股数。

必要提示：

(1)南方公司目前的股票价值为现金流量的现值：

股票价值＝64 000＋1 306 400÷(1＋15%)＝1 200 000(元)

每股价值＝1 200 000÷10 000＝120(元)

(2)如果董事会遵循目前的股利政策，南方公司除息后的股价为：

$$每股价值=\frac{1\ 200\ 000-64\ 000\times 100\%}{10\ 000}=113.6(元)$$

南方公司的股价从每股 120 元下降至每股 113.6 元。

(3)根据 MM 理论，低的股利压制股价的情况不可能成立。因为股利政策是无关的，股利支付的水平也应是无关的。这些董事只要求改变股利支付的时间，即现在多一些以后少一些。正如以下所计算的，公司的价值不会随着他们的建议而发生变化。因此，股价将不会发生变化。

为了支付每股 7.68 元的股利，公司必须发行新股的价值应为：7.68×10 000－64 000＝12 800(元)。这些新发行的股票必须赚得 15%的收益率，因此，老股东一年后收益的价值将下降 14 720 元[12 800×(1＋15%)]。在此情况下，公司目前的价值为：76 800＋(1 306 400－14 720)÷(1＋15%)＝1 200 000(元)。

在公司采用了新股利政策的情况下，新股东不会得到目前的股利。他们将只能收到一年后的股权价值。这些现金流量的现值为：

(1 306 400－14 720)÷(1＋15%)＝1 123 200(元)，

所以股价将为：1 123 200÷10 000=112.32(元)，

将发行的新股股数为：12 800÷112.32=113.96(股)。

9.4 技能训练

(1)某公司成立于2005年1月1日，2005年度实现的净利润为500万元，分配现金股利300万元，提取盈余公积200万元(所提盈余公积均已指定用途)。2006年提取盈余公积后的净利润为800万元。2007年计划增加投资，所需资金为1 000万元。假定公司目标资本结构为自有资金占50%，借入资金占50%。

要求：

①在保持目标资本结构的前提下，计算2007年投资方案所需的自有资金额和需要从外部借入的资金额。

②在保持目标资本结构的前提下，如果公司执行剩余股利政策。计算2006年度应分配的现金股利。

③在不考虑目标资本结构的前提下，如果公司执行固定股利政策，计算2006年度应分配的现金股利、可用于2007年投资的留存收益和需要额外筹集的资金额。

④假设净利润800万元是本年实现的净利润，在不考虑目标资本结构的前提下，如果公司执行固定股利支付率政策，计算该公司的股利支付率和2006年度应分配的现金股利。

(2)某公司年终进行收益分配前的股东权益情况如表9—21所示：

表9—21 **技能训练某公司股东权益情况** 单位：万元

股本(面值2元，已发行100万股)	200
资本公积	400
未分配利润	200
股东权益合计	800

回答下列互不关联的两个问题：

①如果公司宣布发放 10%的股票股利，并按发放股票股利后的股数发放现金股利每股 0.1 元。则计算发放股利后的股东权益各项目的数额；

②如果按照 1 股换 2 股的比例进行股票分割，计算进行股票分割后股东权益各项目的数额。

第10章　财务分析

学习目标

通过本模块的训练，使学生了解沃尔比重评分法；理解财务分析的概念和目的、财务分析的意义及局限性；掌握财务分析的基本方法和内容，使学生能够进行偿债能力、营运能力、盈利能力、发展能力等财务指标的分析，并能熟练运用杜邦财务分析体系进行财务综合分析。

关键词

引导学生归纳总结各种财务分析方法、财务指标分析的内涵及各自在应用中须注意的问题。在此基础上，能够灵活运用这些方法和指标进行财务分析。通过定量计算和定性分析，提高学生今后理财过程中分析问题、解决问题的能力。

10.1　理论背景

10.1.1　财务分析的意义与内容

10.1.1.1　财务分析的意义

财务分析以企业财务报告及其他相关资料为主要依据，对企业的财务状况和经营成果进行评价和剖析，反映企业在运营过程中的利弊得失和发展趋势，从而为改进企业财务管理工作和优化经济决策提供重要的财务信息。

财务分析是评价财务状况、衡量经营业绩的重要依据；是挖掘潜力、改进工作、实现理财目标的重要手段；是合理实施投资决策的重要步骤。

财务分析的内容（见图 10—1）：

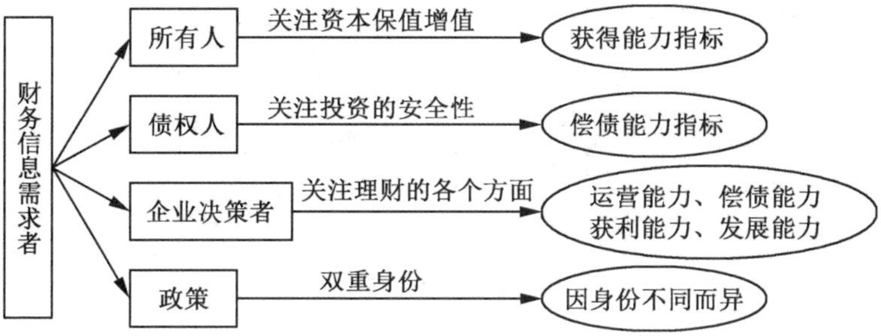

图 10—1　财务分析的内容

10.1.1.2　财务分析的局限性

财务分析的局限性主要有以下几点：①资料来源的局限性；②分析方法的局限性；③分析指标的局限性。其中，资料来源的局限性包括数据缺乏可比性、缺乏可靠性和存在滞后性等。

10.1.2　财务分析的方法

关于本节，首先应当从总体上掌握财务分析方法的主要类型：包括趋势分析法、比率分析法和因素分析法（见图 10—2）。

10.1.2.1　趋势分析法

趋势分析法又称水平分析法，是通过对比两期或连续数期财务报告中的相同指标，确定其增减变动的方向、数额和幅度，来说明企业财务状况或经营成果的变动趋势的一种方法。

趋势分析法的具体运用主要有三种方式：一是重要财务指标的比较，二是会计报表的比较，三是会计报表项目构成的比较。

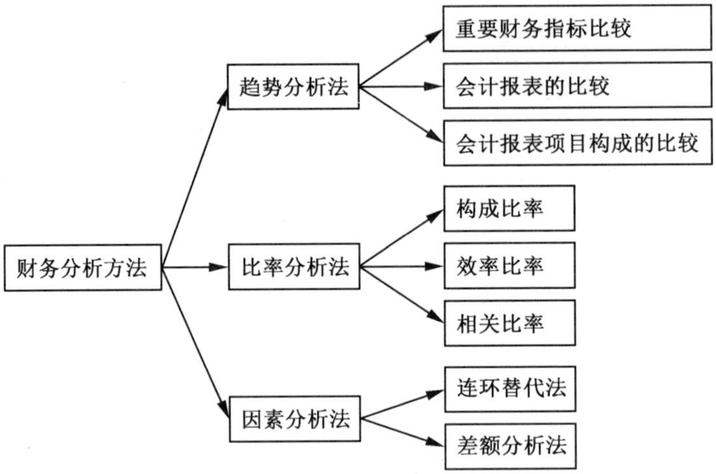

图 10—2　财务分析的方法

对不同时期的财务指标的比较，可以有以下两种方法：

(1)定基动态比率

定基动态比率是以某一时期的数额为固定的基期数额而计算出来的动态比率。其计算公式如下：

$$定基动态比率=\frac{分析期数额}{固定基期数额}\times100\%$$

(2)环比动态比率

环比动态比率是以每一分析期的前期数额为基期数额而计算出来的动态比率。其计算公式如下：

$$环比动态比率=\frac{分析期数额}{前期数额}\times100\%$$

10.1.2.2　比率分析法

比率分析法是通过计算各种比率指标来确定财务活动变动程度的分析方法。比率指标的类型包括：

(1)构成比率

构成比率又称结构比率，它是某项财务指标的各组成部分数值占总体数值的百分比，反映部分与总体的关系。例如，流动资产占资产总额的比率等。

(2)效率比率

效率比率是某项经济活动中所费与所得的比例，反映投入与产出的关系。

一般而言，涉及利润的有关比率指标基本上均为效率比率，如营业利润率、成本费用利润率等。

(3)相关比率

相关比率是以某个项目和与其有关但又不同的项目加以对比所得的比率，反映有关经济活动的相互关系。例如，流动比率等。

10.1.2.3　因素分析法

因素分析法是依据分析指标与其影响因素的关系。从数量上确定各因素对分析指标影响方向和影响程度的一种方法。

因素分析法具体有两种，一为连环替代法；二为差额分析法。其中连环替代法为其基本方法，差额分析法为简化方法。下面，对其基本原理进行分析和介绍。

连环替代法的原理分析如下：

设某一财务指标 N 是由相互联系的 A、B、C 三个因素组成，计划(标准)指标和实际指标的公式是：

计划(标准)指标：$N_O = A_0 \times B_0 \times C_0$

实际指标：$N_1 = A_1 \times B_1 \times C_1$

该指标实际脱离计划(标准)的差异($N_1 - N_0 = D$)，可能同时是上列三因素变动的影响。在测定各个因素的变动对指标 N 的影响程度时可顺序计算如下：

计划(标准)指标 $N_O = A_0 \times B_0 \times C_0$　①

第一次替代 $N_2 = A_1 \times B_0 \times C_0$　②

第二次替代 $N_3 = A_1 \times B_1 \times C_0$　③

第三次替代实际指标 $N_1 = A_1 \times B_1 \times C_1$　④

据此测定的结果：$N_1 - N_0 = D$

②－①$N_2 - N_0$——为 A 因素变动的影响

③－②$N_3 - N_2$——为 B 因素变动的影响

④－③$N_1 - N_3$——为 C 因素变动的影响

三因素影响合计：N_1-N_0

【注意】如果将各因素替代的顺序改变，则各个因素的影响程度也就不同。

差额分析法的基本公式为：

A 因素变动的影响$=(A_1-A_0)\times B_0\times C_0$

B 因素变动的影响$=A_1\times(B_1-B_0)\times C_0$

C 因素变动的影响$=A_1\times B_1\times(C_1-C_0)$

【注意】差额分析法公式的记忆：计算某一个因素的影响时，必须把公式中的该因素替换为实际与计划(或标准)之差。在括号前的因素为实际值，在括号后的因素为计划值。

【例 10－1】 某企业 2007 年 3 月某种原材料费用的实际数是 4 620 元，而其计划数是 4 000 元。实际比计划增加 620 元。由于原材料费用是由产品产量、单位产品材料消耗用量和材料单价三个因素的乘积构成的，具体金额如表 10－1 所示。因此，就可以把材料费用这一总指标分解为三个因素，然后逐个来分析它们对材料费用总额的影响程度。

表 10－1　　　　原材料费用的连环替代法

项　目	单位	计划数	实际数
产品产量	件	100	110
单位产品材料消耗量	千克	8	7
材料单价	元	5	6
材料费用总额	元	4 000	4 620

根据表 10－1 中资料，材料费用总额实际数较计划数增加 620 元，这是分析对象。运用连环替代法，可以计算各因素变动对材料费用总额的影响程度如下：

分析公式：材料费用总额＝产量×单位产品材料消耗量×材料单价

计划指标：$100\times8\times5=4\ 000$(元)　　(1)

第一次替代：$110\times8\times5=4\ 400$(元)　　(2)

第二次替代：$110\times7\times5=3\ 850$(元)　　(3)

第三次替代：$110\times7\times6=4\ 620$(元)　　(4)

（实际指标）

(2)－(1)＝4 400－4 000＝400(元)产量增加的影响

(3)－(2)＝3 850－4 400＝－550(元)材料节约的影响

(4)－(3)＝4 620－3 850＝770(元)价格提高的影响

400－550＋770＝620(元)全部因素的影响

【例 10－2】　仍以表 10－1 所列数据为例，可采用差额分析法计算确定各因素变动对材料费用的影响。

分析公式：材料费用总额＝产量×单位产品材料消耗量×材料单价

(1)由于产量增加对材料费用的影响为：

(110－100)×8×5＝400(元)

(2)由于材料消耗节约对材料费用的影响为：

110×(7－8)×5＝－550(元)

(3)由于价格提高对材料费用的影响为：

110×7×(6－5)＝770(元)。

应注意的问题：

● 因素分解的关联性（指标与因素存在因果关系）。

● 因素替代的顺序性。替代因素时，必须按照各因素的依存关系，排列成一定的顺序并依次替代，不可随意加以颠倒，否则就会得出不同的计算结果。

● 顺序替代的连环性（每次替代是在上一次的基础上进行的）。

● 计算结果的假定性。分析时力求使这种假定是合乎逻辑的假定，是具有实际经济意义的假定，这样，计算结果的假定性，才不至于妨碍分析的有效性。

10.1.3　财务指标分析

财务指标分析是指总结和评价企业财务状况与经营成果的分析指标，包括偿债能力指标、运营能力指标、盈利能力指标等。

10.1.3.1　偿债能力指标

财务指标规律总结：

● 母子率：指标名称中先提到的是分母，后提到的是分子。比如资产负债率，资产是分母，负债是分子。

● 子比率：指标名称中提到的是分子。比如或有负债比率，或有负债就是分子。即指标名称中在前的因素出现在比率公式的分母中，在后的因素出现在比率公式的分子中；

● 在比率公式中，分子分母的时间特征必须一致。若不一致采用调整的方法是计算时点指标的平均值；

● 财务指标的分析不可绝对化。

(1)短期偿债能力指标

短期偿债能力的衡量指标主要有：流动比率、速动比率、现金流动负债比率。

【注意】本类指标分母均为流动负债，分子根据名称判断。

①流动比率

【思考】企业年初借入为期 3 个月的短期借款 10 万元，企业怎样安排偿还事宜？

流动比率＝流动资产/流动负债×100%

一般情况下，流动比率越高，反映企业短期偿债能力越强，债权人的权益越有保证。国际上通常认为流动比率为 200%比较合适。

运用流动比率时，必须注意以下几个问题：

● 虽然流动比率越高，企业偿还短期债务的流动资产保证程度越强，但这并不等于说企业已有足够的现金或存款用来偿债。原因在于流动资产的质量如何影响企业真实的偿债能力。比如，流动比率高，也可能是存货积压、应收账款增加且收款期延长以及待处理财产损失增加所致。

● 从短期债权人的角度看，自然希望流动比率越高越好。但从企业经营角度看，过高的流动比率通常意味着企业闲置现金的持有量过多，必然造成企业机会成本的增加和获利能力的降低。

● 流动比率是否合理，不同企业以及同一企业不同时期的评价标准是不同的。

● 应剔除一些虚假因素的影响。

②速动比率

所谓速动资产，是指流动资产减去变现能力较差且不稳定的存货、预付账款、一年内到期的非流动资产、待处理流动资产损失和其他流动资产等之后的余额。

由于该指标剔除了存货等变现能力较差且不稳定的资产，因此，比流动比率能够更加准确可靠地评价企业的短期偿债能力。

速动比率＝速动资产/流动负债×100％

速动资产＝货币资金＋交易性金融资产＋应收账款＋应收票据

＝流动资产－存货－预付账款－一年内到期的非流动资产－其他流动资产

【注意】速动资产为货币资金或单环节转换现金的资产。一年内到期的非流动资产和其他流动资产属于不稳定流动资产项目。

一般情况下，速动比率越高，表明企业偿还流动负债的能力越强。国际上通常认为速动比率为100％时较为恰当。

【注意】

● 速动比率也不是越高越好。速动比率高，尽管短期偿债能力较强，但现金、应收账款占用过多，会增加企业的机会成本，影响企业的获利能力。

● 尽管速动比率较之流动比率更能反映出流动负债偿还的安全性和稳定性，但并不能认为速动比率较低的企业的流动负债到期绝对不能偿还。如果存货流转顺畅，变现能力较强，即使速动比率较低，只要流动比率高，企业仍然有望偿还到期的债务本息。

③现金流动负债比率

该指标是从现金流量角度反映企业当期偿付短期负债的能力。

现金流动负债比率＝年经营现金净流量/年末流动负债×100％

【特别注意】注意分母是年末流动负债，而不是平均流动负债。

该指标越大，表明企业经营活动产生的现金净流量越多，越能保障企业按期偿还到期债务，但也不是越大越好，该指标过大则表明企业流动资金利用不充分，获利能力不强。

(2)长期偿债能力指标

长期偿债能力的衡量指标主要有：资产负债率、或有负债比率、产权比率和已获利息倍数和带息负债比率。

①资产负债率

资产负债率＝负债总额/资产总额×100％

一般情况下，资产负债率越小，表明企业长期偿债能力越强。如果该指标过小则表明企业对财务杠杆利用不够。国际上认为资产负债率为60％合适。

②产权比率(资本负债率)

产权比率＝负债总额/所有者权益总额×100％

一般情况下，产权比率越低，表明企业的长期偿债能力越强，债权人权益的保障程度越高，承担的风险越小，但企业不能充分地发挥负债的财务杠杆效应。

【注意】

● 企业在评价产权比率适度与否时，应从提高获利能力与增强偿债能力两个方面综合进行(在保障偿债安全的前提下，应尽可能提高产权比率)。也就是说，该指标即不能过高(偿债能力低)，也不能过低(获利能力低)。

● 产权比率与资产负债率对评价偿债能力的作用基本相同，两者的主要区别是：资产负债率侧重于分析债务偿付安全性的物质保障程度，产权比率则侧重于揭示财务结构的稳健程度(指标过高，反映财务结构不稳健)以及自有资金对偿债风险的承受能力。

③或有负债比率

或有负债比率＝或有负债总额/所有者权益总额

或有负债总额＝已贴现商业承兑汇票金额＋对外担保金额＋未决诉讼、未决仲裁金额(除贴现与担保引起的诉讼或仲裁)＋其他或有负债金额

一般情况下，或有负债比率越低，表明企业的长期偿债能力越强，所有者权益应对或有负债的保障程度越高；或有负债比率越高，表明企业承担的相关风险越大。

④已获利息倍数(利息保障倍数)

反映获利能力对债务偿付的保证程度。

$$已获利息倍数=\frac{息税前利润总额}{利息支出}$$

其中：息税前利润总额＝利润总额＋利息支出＝净利润＋所得税＋利息支出

【注意】

● 已获利息倍数不仅反映了企业获利能力的大小(其他因素不变，该指标

越高表明息税前利润越大，即获利能力越大)，而且反映了获利能力对偿还到期债务的保证程度。

● 一般情况下，已获利息倍数越高，表明企业长期偿债能力越强。国际上通常认为，该指标为 3 时较为适当。从长期来看，若要维持正常偿债能力，利息保障倍数至少应当大于 1。

● 注意已获利息倍数与财务杠杆系数之间的关系。比如已获利息倍数为 2，则财务杠杆系数为 2。

⑤带息负债比率

带息负债比率，是指企业某一时点的带息负债金额与负债总额的比率，反映企业负债中带息负债的比重，在一定程度上体现了企业未来的偿债(尤其是偿还利息)压力。其计算公式如下：

带息负债比率

$$=\frac{\text{短期借款}+1\text{ 年内到期的长期负债}+\text{长期借款}+\text{应付债券}+\text{应付利息}}{\text{负债总额}}$$

【注意】(1)该指标属于构成比率；(2)一般情况下，该指标越低，表明企业的偿债压力越低。

10.1.3.2　运营能力指标

运营能力指标，包括人力资源运营能力指标、生产资料运营能力指标。

$$\text{周转率(周转次数)}=\frac{\text{周转额}}{\text{资产平均余额}}$$

周转期(周转天数)＝计算期天数÷周转次数

＝资产平均余额×计算期天数÷周转额

【注意】

(1)比率指标要注意分子分母保持时间特征的一致性。这是比率类指标的一个共性特征(现金流动负债比率除外)。

(2)以下有关周转指标中，周转额除了存货周转率使用“营业成本”外，其余均使用“营业收入”。

(3)周转率和周转期两个指标中，只需掌握住周转率即可，至于周转期可以根据二者之间的关系导出。

10.1.3.3 流动资产周转情况

反映流动资产周转情况的指标，包括应收账款周转率、存货周转率和流动资产周转率。

(1)存货周转率

它是企业一定时期营业成本(或销售成本)与平均存货余额的比率。

$$存货周转率(周转次数)=\frac{营业成本}{平均存货余额}$$

$$存货周转期(周转天数)=\frac{360}{周转次数}=\frac{平均存货余额\times 360}{营业成本}$$

【注意】

①一般来说，存货周转率越高越好，存货周转率越高，表明其变现的速度越快、周转额越大，资金占用水平越低。

②存货周转速度的快慢，不仅反映出企业采购、储存、生产、销售各环节管理工作状况的好坏，而且对企业的偿债能力及获利能力产生决定性的影响。

(2)应收账款周转率

$$应收账款周转率(周转次数)=\frac{营业收入}{平均应收账款余额}$$

应收账款周转期(周转天数)=360/周转次数=(平均应收账款余额×360)/营业收入

【注意】

①公式中的应收账款包括会计核算中“应收账款”和“应收票据”等全部赊销账款在内；

②应收账款周转率除了可以反映运营能力之外，还可以反映企业的短期偿债能力。

(3)流动资产周转率

流动资产周转率(周转次数)=营业收入/平均流动资产总额

流动资产周转期(周转天数)=360/周转次数=平均流动资产总额×360/营业收入

(4)固定资产周转情况

固定资产周转率(周转次数)=营业收入/平均固定资产净值

固定资产周转期(周转天数)=360/周转次数

【注意】固定资产原价、固定资产净值、固定资产净额三个指标之间的关系：

固定资产原价=固定资产的历史成本

固定资产净值=固定资产原价-累计折旧

固定资产净额=固定资产净值-已计提的减值准备

(5)总资产周转情况

总资产周转率(周转次数)=营业收入/平均资产总额

总资产周转期=360/周转次数

(6)其他资产质量指标

不良资产比率和资产现金回收率等指标也能够反映资产的质量状况和资产的利用效率，从而在一定程度上体现生产资料的运营能力。其计算公式分别如下：

不良资产比率=(资产减值准备余额+应提未提和应摊未摊的潜亏挂账+未处理资产损失)/(资产总额+资产减值准备余额)×100%

$$资产现金回收率=\frac{经营现金净流量}{平均资产总额}\times 100\%$$

10.1.3.4　获利能力指标

该类指标主要是反映企业获利能力情况的指标，包括营业利润率、成本费用利润率等(见表 10-2)。

表 10-2　　**利润表**

编制单位：ABC 公司　　20×7 年度　　单位：万元

项　目	本期金额	上期金额
一、营业收入		
减：营业成本		
营业税金及附加		
销售费用		
管理费用		
财务费用		

续表

项　目	本期金额	上期金额
加:投资收益		
二、营业利润		
加:营业外收入		
减:营业外支出		
三、利润总额		
减:所得税费用		
四、净利润		

【注意】利润表中的三个利润指标与财务管理中的“息税前利润”之间的关系。

财务指标掌握方法:

①母子率类指标。如资产负债率等。

②在比率公式中,分子分母的时间特征必须一致。即同为时点指标,或者同为时期指标。若一个为时期指标,另一个为时点指标,则必须把时点指标调整为时期指标,调整的方法是计算时点指标的平均值。

(1)营业利润率

营业利润率,实际上是营业收入利润率的简称,因此,其计算公式如下:

营业利润率＝营业利润/营业收入×100％

【相关指标】

营业净利率＝净利润/营业收入×100％

营业毛利率＝(营业收入－营业成本)/营业收入×100％

(2)成本费用利润率

成本费用利润率＝利润总额/成本费用总额×100％

其中,成本费用总额＝营业成本＋营业税金及附加＋销售费用＋管理费用＋财务费用

(3)盈余现金保障倍数

反映企业当期净利润中现金收益的保障程度,真实反映了企业盈余的质量。

盈余现金保障倍数＝经营现金净流量/净利润

一般来说，当企业当期净利润大于 0 时，盈余现金保障倍数应当大于 1。该指标越大，表明企业经营活动产生的净利润对现金的贡献越大。

(4)总资产报酬率

总资产报酬率＝息税前利润/平均资产总额

息税前利润＝利润总额＋利息支出＝净利润＋所得税＋利息支出

平均资产总额＝(年初资产总额＋年末资产总额)/2

(5)净资产收益率

净资产收益率＝净利润/平均净资产×100%

＝净利润/平均所有者权益

平均净资产＝(年初净资产＋年末净资产)/2

＝(年初所有者权益＋年末所有者权益)/2

注:净资产＝资产－负债＝所有者权益

(6)资本收益率

资本收益率＝净利润/平均资本

平均资本＝{[实收资本(或股本)年初数＋资本公积年初数]＋[实收资本(或股本)年末数＋资本公积年末数]}/2

【注意】

①这里的资本是指“实收资本(股本)”和“资本公积”。因此，计算平均资本时，需要使用“实收资本和资本公积之和”的年初数和年末数进行简单平均。

②资本公积是指资本公积(或股本)中的“资本溢价”(或股本溢价)。

【解析】这里的资本指“实收资本(股本)”和“资本公积”，资本公积是指资本公积中的“资本溢价”(或股本溢价)。

(7)每股收益

每股收益也称每股利润或每股盈余，反映企业普通股股东持有每一股份所能享有的企业利润或承担的企业亏损。每股收益的计算包括基本每股收益和稀释每股收益。

①基本每股收益

$$基本每股收益=\frac{归属于普通股东的当期净利润}{当期发行在外普通股的加权平均数}$$

发行在外普通股加权平均数＝期初发行在外普通股股数＋当期新发行普通股股数$\times\frac{已发行时间}{报告期时间}$－当期回购普通股股数$\times\frac{已回购时间}{报告期时间}$

已发行时间、报告期时间和已回购时间一般按天数计算，在不影响计算结果的前提下，也可以按月份简化计算。

【例 10－3】 假设某公司 2008 年年初普通股股数为 5 000 万股，4 月 1 日增发新股 1 000 万股，7 月 1 日回购其发行在外的普通股 500 万股。2008 年净利润为 1 100 万元。

要求：①计算该公司 2007 年的发行在外普通股的加权平均数。

②计算基本每股收益

【解答】

发行在外普通股加权平均数＝5 000＋1 000×9/12－500×6/12＝5 500（万股）

基本每股收益＝1 100/5 500＝0.2（元/股）

②稀释每股收益

潜在普通股：可转换公司债券、认股权证、股票期权。

稀释性潜在普通股：假如说某公司发行认股权证 1 000 份（每份认股权证认股 1 股股票），行权价格为 10 元，目前股票的市场价格为 20 元。在这种情况下，由于行使转换权对于持有者是有利的。因为如果在市场上购买股票，每股 20 元，而行使认股权只需 10 元就可以获得 1 股。持有者行使认股权，则公司普通股可以增加 1 000 股。持有者行使转换权后，公司可以获得收入 1 000×10＝10 000（元）。公司取得这笔收入后，到市场上购买本公司股票，只能购回 10 000÷20＝500（股）。这样，就相当于转换后，公司股票增加了 500 股。随着股数的增加，公司每股收益必然会下降。在准则中，把这种通过转换会导致每股收益减少的潜在普通股，就称为稀释性潜在普通股。如果目前市场价格为 8 元，则该认股权证对每股收益不具有稀释性。即不属于稀释性潜在普通股。

稀释每股收益是在考虑潜在普通股稀释性影响的基础上，对基本每股收益的分子、分母进行调整后再计算的每股收益。调整项目包括：

调整分子——(1)当期已确认为费用的稀释性潜在普通股的利息；(2)稀释性潜在普通股转换时产生的收益或费用；调整分母——(3)分母调整为当期发行在外普通股的加权平均数与假定稀释性潜在普通股转换为已发行普通股而增加的普通股股数的加权平均数之和。

③每股收益的因素分析

每股收益是分析上市公司获利能力的一个综合性较强的财务指标，可以分解为若干个相互联系的财务指标。下面是一个简化的计算公式，只是说明各财务指标之间的关系，并不是精确的计算公式。

$$每股收益=\frac{净利润}{普通股平均股数}=\frac{净利润}{平均股东权益}\times\frac{平均股东权益}{普通股平均股数}$$

$$=净资产收益率\times平均每股净资产$$

$$=营业净利率\times总资产周转率\times权益乘数\times平均每股净资产$$

【注意】

权益乘数＝资产平均总额/平均股东权益

平均每股净资产＝平均股东权益/普通股平均股数

(8)掌握每股收益的因素分析

【例 10—4】 某公司有关资料如下：

资料一：2008 年净利润为 3 780 万元，营业收入为 30 000 万元，年末资产总额 35 000 万元(年初数为 30 000 万元)，年末股东权益总额为 25 000 万元(年初数为 22 000 万元)，年末普通股股数为 18 000 万股。

资料二：2007 年的营业净利率为 12.86%，总资产周转率为 0.97 次，权益乘数为 1.4，平均每股净资产为 1.15 元。

要求：计算 2008 年的营业净利率、总资产周转率、权益乘数和平均每股净资产。

【解答】营业净利率＝净利润÷营业收入＝3 780÷30 000×100%＝12.6%

总资产周转率＝营业收入÷平均资产总额

＝30 000÷[(30 000＋35 000)÷2]＝30 000÷32 500＝0.92

权益乘数＝平均资产总额÷平均所有者权益＝32 500÷[(25 000＋

22 000)÷2]=32 500÷23 500=1.38

平均每股净资产=平均所有者权益÷普通股平均股数=23 500÷18 000=1.31

用连环替代法分析营业净利率、总资产周转率、权益乘数和平均每股净资产各个因素对每股收益指标的影响。

【解答】

每股收益=营业净利率×总资产周转率×权益乘数×平均每股净资产

2007 年度指标:12.86%×0.97×1.4×1.15=0.2 ①

第一次替代:12.6%×0.97×1.4×1.15=0.197 ②

第二次替代:12.6%×0.92×1.4×1.15=0.187 ③

第三次替代:12.6%×0.92×1.38×1.15=0.184 ④

第四次替代:12.6%×0.92×1.38×1.31=0.21 ⑤

②-①=0.197-0.2=-0.003 营业净利率下降的影响

③-②=0.187-0.197=-0.01 总资产周转率下降的影响

④-③=0.184-0.187=-0.003 权益乘数下降的影响

⑤-④=0.21-0.184=0.026 平均每股净资产增加的影响

(9)每股股利

每股股利=普通股股利总额/年末普通股总数

(10)市盈率(市价每股收益比率)

市盈率=普通股每股市价/普通股每股收益

一般来说,市盈率高,说明投资者对该公司的发展前景看好,愿意出较高的价格购买该公司股票,所以一些成长性较好的高科技公司股票的市盈率通常要高一些。但是,也应注意,如果某一种股票的市盈率过高,则也意味着这种股票具有较高的投资风险。

(11)每股净资产

每股净资产=年末股东权益/年末普通股总数

10.1.3.5 综合指标分析

综合指标分析的含义及特点

综合指标分析,就是将运营能力、偿债能力、获利能力和发展能力指标等诸方面纳入一个有机的整体之中，全面地对企业经营状况、财务状况进行解剖与分析。

一个健全有效的综合财务指标体系必须具备三个基本要素：指标要素齐全适当，主辅指标功能匹配，满足多方信息需要。

(1)杜邦财务分析体系

杜邦体系，是利用各财务指标间的内在关系，对企业综合经营理财及经济效益进行系统分析评价的方法。

①杜邦体系的核心指标：净资产收益率

②杜邦体系的核心公式

$$\text{净利润收益率}=\frac{\text{净利润}}{\text{平均净利润}}=\frac{\text{净利润}}{\text{平均总资产}}\times\frac{\text{平均总资产}}{\text{平均净利润}}$$

$$=\text{总资产净利率}\times\text{权益乘数}$$

$$\text{总资产净利率}=\frac{\text{净利润}}{\text{平均总资产}}=\frac{\text{净利润}}{\text{营业收入}}\times\frac{\text{营业收入}}{\text{平均总资产}}$$

$$=\text{营业净利率}\times\text{总资产周转率}$$

净资产收益率＝营业净利率×总资产周转率×权益乘数

在杜邦系统中，涉及资产负债表的数据使用的是平均数。

③权益乘数与资产负债率(平均)的关系

$$\text{权益乘数}=\frac{\text{平均资产总额}}{\text{平均所有者权益总额}}=\frac{\text{平均资产总额}}{\text{平均资产总额}-\text{平均负债总额}}$$

$$=\frac{1}{1-\dfrac{\text{平均负债总额}}{\text{平均资产总额}}}=\frac{1}{1-\text{平均资产负债率}}$$

如果平均资产负债率提高，则权益乘数提高，所以，权益乘数和平均资产负债率是同方向变动的。

【注意】这里的资产负债率和权益乘数均是按照平均数计算的。

④杜邦体系与因素分析法的结合

(2)沃尔比重评分法

沃尔比重评分法是指将选定的财务比率用线性关系结合起来，并分别给定各自的分数比重，然后通过与标准比率进行比较，确定各项指标的得分及总体指标的累计分数，从而对企业的信用水平做出评价的方法。

沃尔比重评分法的基本步骤包括：①选择评价指标并分配指标权重；②确定各项评价指标的标准值与标准系数；③对各项评价指标计分并计算综合分数；④形成评价结果。

10.2 Excel 运用

10.2.1 财务分析与财务预测

(1)根据给定的资产负债表和利润表，建立财务比率分析模型，建立杜邦分析图，并进行分析、预测。具体如图 10—3 至图 10—5 所示。

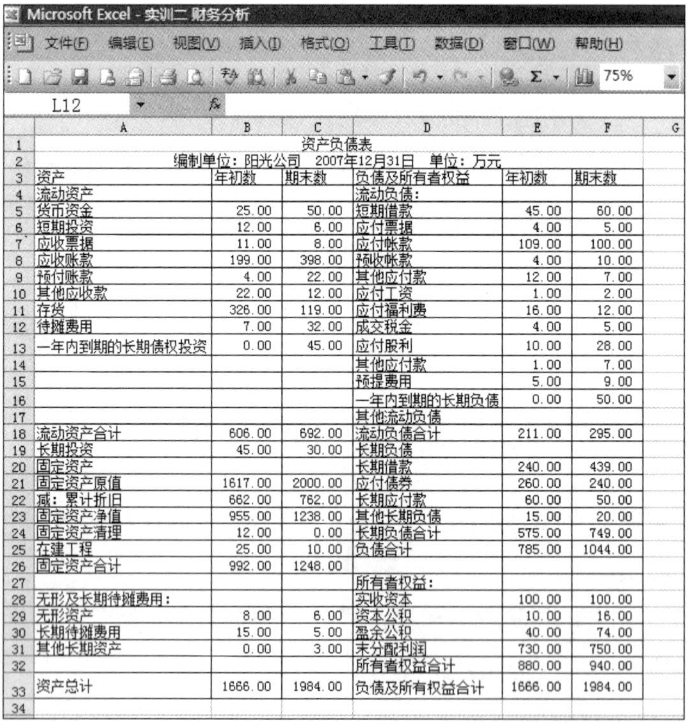

	A	B	C	D	E	F
1	资产负债表					
2	编制单位：阳光公司　2007年12月31日　单位：万元					
3	资产	年初数	期末数	负债及所有者权益	年初数	期末数
4	流动资产			流动负债：		
5	货币资金	25.00	50.00	短期借款	45.00	60.00
6	短期投资	12.00	6.00	应付票据	4.00	5.00
7	应收票据	11.00	8.00	应付帐款	109.00	100.00
8	应收账款	199.00	398.00	预收帐款	4.00	10.00
9	预付账款	4.00	22.00	其他应付款	12.00	7.00
10	其他应收款	22.00	12.00	应付工资	1.00	2.00
11	存货	326.00	119.00	应付福利费	16.00	12.00
12	待摊费用	7.00	32.00	成交税金	4.00	5.00
13	一年内到期的长期债权投资	0.00	45.00	应付股利	10.00	28.00
14				其他应付款	1.00	7.00
15				预提费用	5.00	9.00
16				一年内到期的长期负债	0.00	50.00
17				其他流动负债		
18	流动资产合计	606.00	692.00	流动负债合计	211.00	295.00
19	长期投资	45.00	30.00	长期负债		
20	固定资产			长期借款	240.00	439.00
21	固定资产原值	1617.00	2000.00	应付债券	260.00	240.00
22	减：累计折旧	662.00	762.00	长期应付款	60.00	50.00
23	固定资产净值	955.00	1238.00	其他长期负债	15.00	20.00
24	固定资产清理	12.00	0.00	长期负债合计	575.00	749.00
25	在建工程	25.00	10.00	负债合计	785.00	1044.00
26	固定资产合计	992.00	1248.00			
27				所有者权益：		
28	无形及长期待摊费用：			实收资本	100.00	100.00
29	无形资产	8.00	6.00	资本公积	10.00	16.00
30	长期待摊费用	15.00	5.00	盈余公积	40.00	74.00
31	其他长期资产	0.00	3.00	未分配利润	730.00	750.00
32				所有者权益合计	880.00	940.00
33	资产总计	1666.00	1984.00	负债及所有权益合计	1666.00	1984.00
34						

图 10—3　Excel 运用中阳光公司的资产负债表

利润表	
编制单位：阳光公司　　2007年度　　单位：万元	

项目	上度数	本年数
一、主营业务收入	2850	3000
减：主营业务成本	2503	2644
主营业务税金及附加	28	28
二、主营业务利润	319	328
加：其他业务利润	36	20
减：营业费用	20	22
管理费用	40	46
财务费用	96	110
三、营业利润	199	170
加：投资收益	24	40
营业外收入	17	10
减：营业外支出	5	20
四、利润总额	235	200
减：所得税	75	64
五、净利润	160	136

图 10—4　Excel 运用中阳光公司的利润表

阳光公司　2007年度

项目	比率值
变现能力分析	
流动比率	2.35
速动比率	1.94
偿债能力分析	
资产负债率	0.53
权益比率	0.47
已获得利息倍数	2.82
盈利能力分析	
销售毛利率	0.12
销售利润率	0.05
净资产收益率	0.15
资产管理能力分析	
流动资产周转率	4.62
总资产周转率	1.64

图 10—5　Excel 运用中阳光公司的各项能力指标比率分析

(2)根据给定的数据,绘制相应的趋势分析图(见图 10—6)。

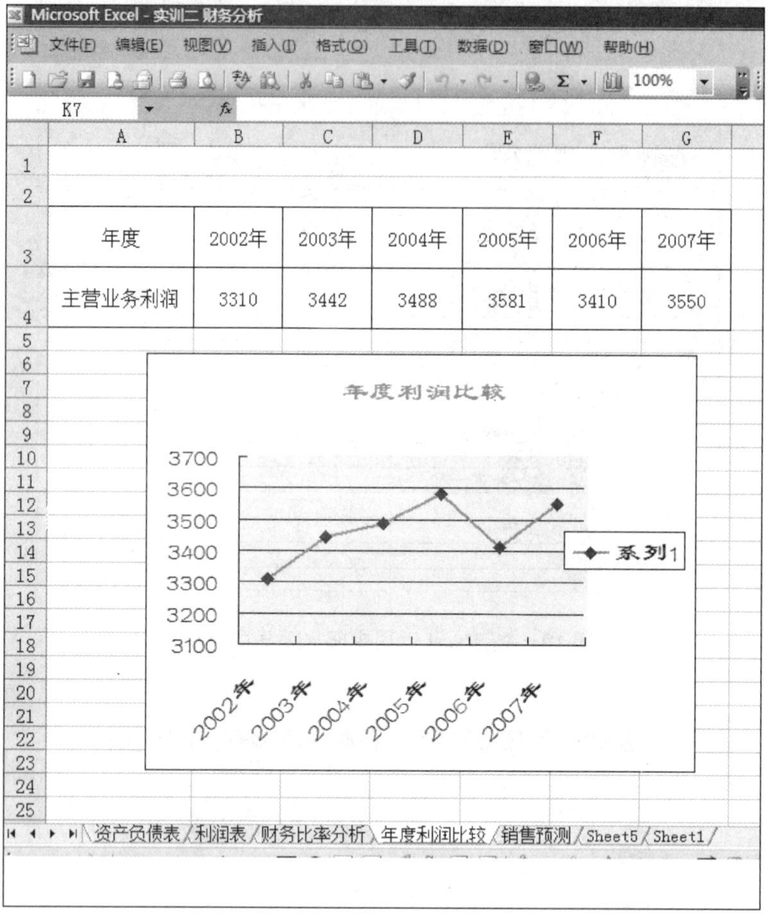

图 10—6　Excel 运用中阳光公司的利润的变化趋势

(3)根据给定的数据预测下一阶段的销售量(见图 10—7 至图 10—9)。

10.2.2　杜邦分析模型的设计

(1)在财务分析模型中增加一个新工作表

在“财务分析模型 . xls”工作簿中,我们已经建立了比率分析模型、趋势分析模型以及其他相关的工作表,现在在此工作簿中增加一个工作表,并命名为

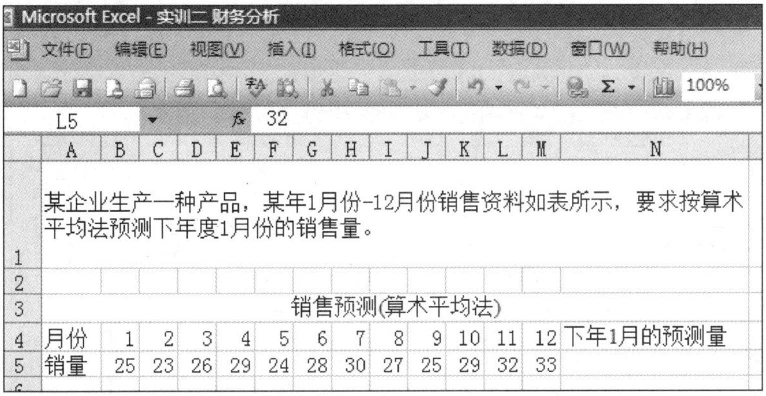

图 10－7　Excel 运用中阳光公司的利润的销售预测

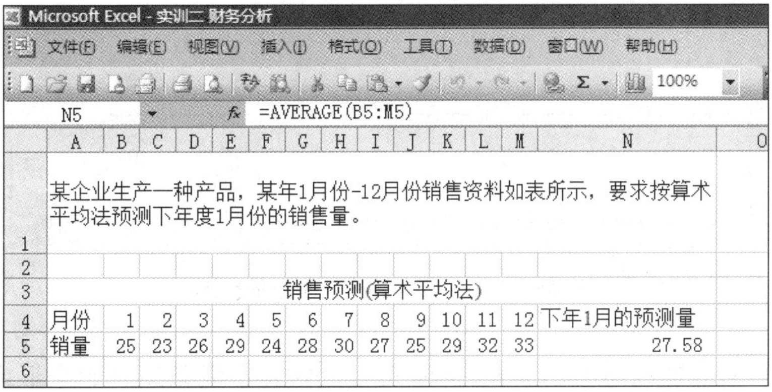

图 10－8　Excel 运用中销售预测

杜邦分析，用于设计杜邦分析模型。具体操作步骤如下：选择[插入]菜单的[工作表]命令增加一张空白工作表，单击鼠标右键，从快捷菜单上选择[重新命名]命令，把该空白表改名为“杜邦分析”。

(2)设计分析框

杜邦系统图可以由一个个分析框即单元格和连线组成。每个分析框中标出分析项目的名称、比率公式和相应计算结果，用连线将分析框连接起来，以反映分析框中各分析项目的勾稽关系。如图 10－11 中的线条用的是绘图中的线

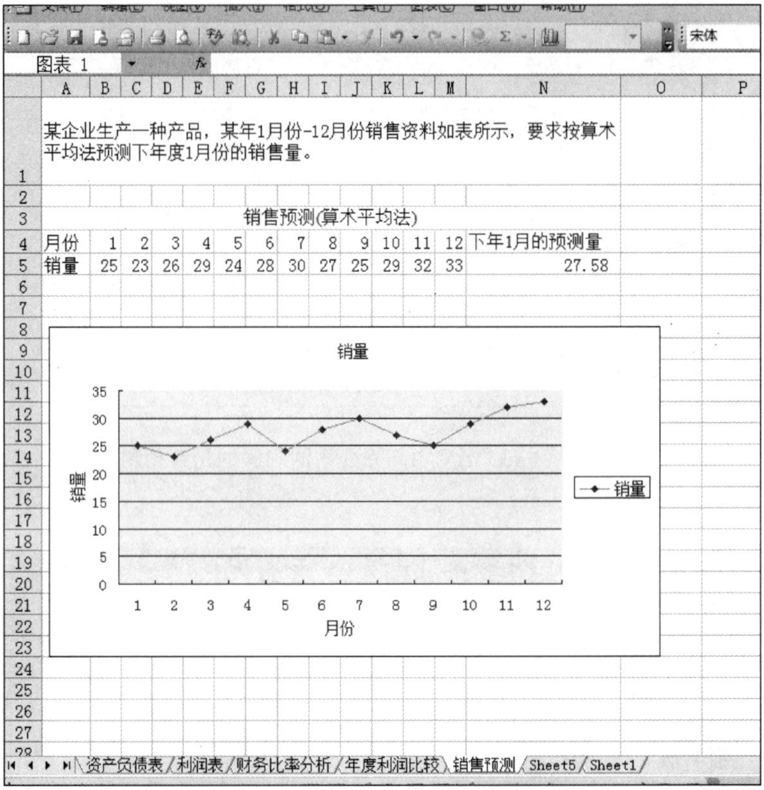

图 10—9　Excel 运用中销售量的预测

条加粗可得，并加以适当的颜色，而且还可以将各个线条组合起来形成框架。为了使杜邦分析系统图看起来更清晰，可以去掉网格线，具体方法是选择[工具]/[选项]/[网格线]，即可去掉或添加网格线。如图 10—10 所示。

(3)设计杜邦分析模型步骤

设计杜邦分析模型时先从底层数据开始，从资产负债表和利润表中分别获取相应的财务数据，再根据各个数据计算出相应的财务比率，层层上推，最后得出最终结果权益净利率。具体做法如下：

①先将模型框架做好，将杜邦分析系统图各个指标的位置排放好，再建立同资产负债表和利润表的数据链接。图 10—10 为去掉网格线的方法

②底层数据的获取。

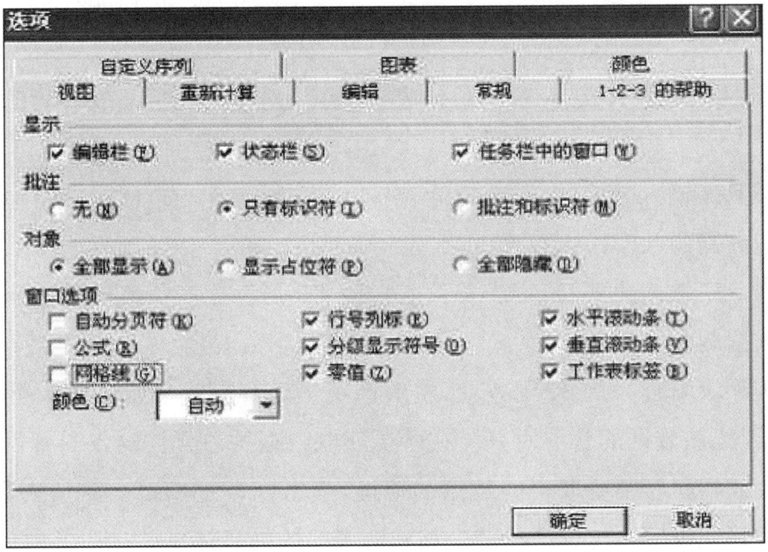

图 10—10　杜邦分析体系中去掉网格线的办法

选择 B26 输入公式"＝利润表！D7",则将利润表中主营业务成本的数据调入；

选择 D26 输入公式"＝利润表！D11",则将利润表中营业费用的数据调入；

选择 F26 输入公式"＝利润表！D10",则将利润表中管理费用的数据调入；

选择 H26 输入公式"＝利润表！D12",则将利润表中财务费用的数据调入；

选择 J26 输入公式"＝资产负债表！D7",则将资产负债表货币资金的期初数据调入；

选择 J27 输入公式"＝资产负债表！E7",则将资产负债表货币资金的期末数据调入；

选择 L26 输入公式"＝资产负债表！D9",则将资产负债表应收账款的期初数据调入；

选择 L27 输入公式"＝资产负债表！E9",则将资产负债表应收账款的期末数据调入；

选择 N26 输入公式“＝资产负债表！D11”，则将资产负债表存货的期初数据调入；

选择 N27 输入公式“＝资产负债表！E11”，则将资产负债表存货的期末数据调入；

选择 P26 输入公式“＝资产负债表！D12”，则将资产负债表的其他流动资产的期初数据调入；

选择 P27 输入公式“＝资产负债表！E12”，则将资产负债表其他流动资产的期末数据调入。

在实际应用时，为了使用方便，将资产负债表和利润表复制到财务分析工作簿中，因此在数据的获取时只要在所要获取数据的单元格输入“＝”再点击资产负债表或利润表中要取得的数据的地址，点击回车键即可得到所要数据，即建立了杜邦分析模型与资产负债表和利润表的数据链接。

③其他数据的获取。

选择 B21 输入公式“＝利润表！D6”，则将利润表中主营业务收入的数据调入；

选择 D21 输入公式“＝B26＋D26＋F26＋H26”；选择 F21 输入公式“＝利润表！D13”，

则将利润表中其他业务利润的数据调入；选择 H21 输入公式“＝利润表！D19”，

则将利润表中所得税的数据调入；选择 D16 输入公式“＝B21－D21＋F21－H21”；

选择 F16 输入公式“＝B21”；

选择 F12 输入公式“＝D16/F16”；

选择 J21 输入公式“＝J26＋L26＋N26＋P26”；

选择 J22 输入公式“＝J27＋L27＋N27＋P27”；

选择 P21 输入公式“＝资产负债表！D15＋资产负债表！D19＋资产负债表！D21”；

选择 P22 输入公式“＝资产负债表！E15＋资产负债表！E19＋资产负债表！E21”；

选择 J16 输入公式“＝B21”；

选择 L16 输入公式“＝J21＋P21”；

选择 L17 输入公式“＝J22＋P22”；

选择 J11 输入公式“＝J16/((L16＋L17)/2)”；

选择 H8 输入公式“＝F12＊J12”；

选择 J8 输入公式“＝资产负债表！E22/资产负债表！E39”；选择 I3 输入公式“＝H8＊J8”。

至此，杜邦分析模型建立起来了，以后只要更新资产负债表和利润表中的数据，杜邦分析系统就自动计算出所要的权益报酬率。

综上所述，从杜邦分析图（见图 10－11）中可以看到，企业的获利能力涉及企业的经营活动的方方面面。权益报酬率与企业的筹资结构、销售、成本控制、资产管理密切相关，这些因素构成一个系统，详见图 10－11。

只有协调好系统内各种因素之间的关系，才能使权益报酬率达到最大，从而实现企业价值的最大化。

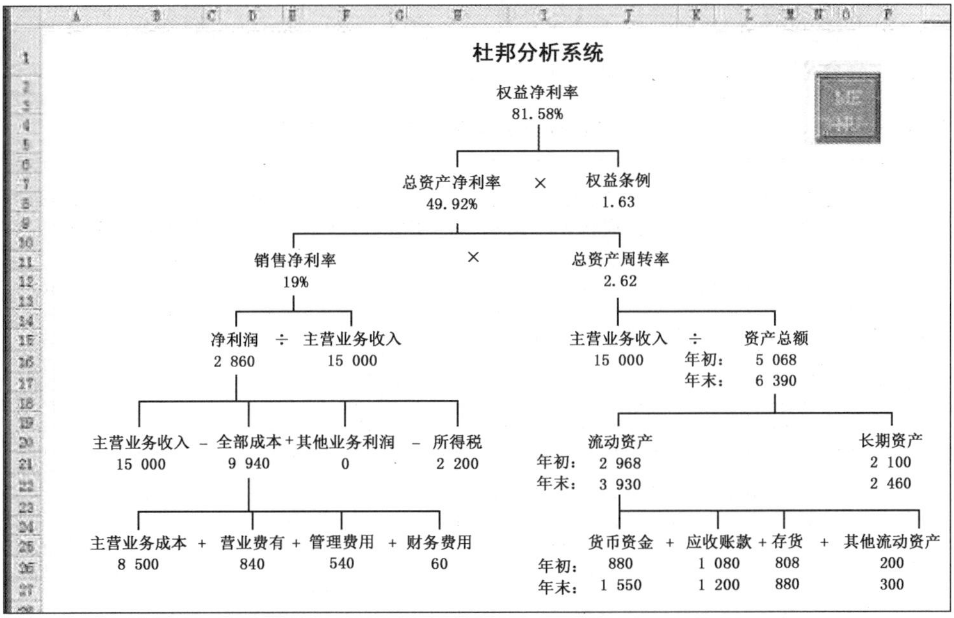

图 10－11　杜邦分析体系完成效果图

10.3 案例分析

10.3.1 兴业电子的财务报表

兴业电子股份有限公司（以下简称“兴业电子”）总股本4.29亿股，流通股1.72亿股，市盈率24倍。公司作为一家成长中的电子类公司，以通信产品、视听产品及IT产品为核心业务。过去一年，公司实现主营业务收入68.17亿元；实现净利润6.14亿元。其中，手机类产品占主营业务收入的82.82%，是国内手机品牌中利润最高的公司，毛利率37.76%，手机产品市场占有率居国产品牌第四，视频类产品市场占有率居第三名。公司主营手机、DVD、液晶电脑及视听设备，并于年内确定了以3C(通信、IT、家电)融合为核心、相关多元化发展的战略方向，公司建立了600多人的技术中心，设立博士后工作站，科研实力在同行业首屈一指，形成了自己的核心技术优势。

表10—3主要通信产品制造公司同年度财务比率汇总对主要通信产品制造公司上年的财务比率进行了汇总，请结合相关资料，从银行、股东和收购方三个角度分别对兴业公司的运营状况作一评价。

表10—3　　主要通信产品制造公司同年度财务比率汇总

名称	速动比率(%)	现金比率	应收账款周转率	股东权益比率(%)	资产负债比率(%)	长期负债比率(%)	存货周转率	销售净利率(%)
A公司	74.08	0.49	9.54	32.46	0.68	1.23	2.64	16.94
B公司	110.87	0.23	5.11	29.72	0.7	3.83	2.72	21.88
C公司	82.69	0.19	12.03	31.56	0.68	0.06	2.25	14.99
D公司	61.14	0.06	—	14.68	0.85	2.07	—	7.76
E公司	85.1	0.39	—	31.99	0.68	4.17	—	36.74
F公司	91.29	0.16	—	29.94	0.7	3.78	—	28.43
兴业电子	80.11	0.38	41.17	33.65	0.66	5.01	5.48	33.98
行业平均	83.61	0.27	9.69	29.14	0.71	2.88	1.87	22.96

解答:(1)以银行信贷人员的角度来看,公司的资产负债率为 66%,低于行业平均水平,公司的现金比率为 0.38,亦远高于行业平均水平,公司目前经营较稳定,取得了良好的业绩,增强了公司的偿债能力,因此从目前公司的财务状况来看,贷款给公司相对风险较低。但公司将面临产业转型,确定了以 3C(通信、IT、家电)融合为核心、相关多元化发展的战略方向,投资于与主业不相关的 IT 业及汽车电子业,未来投资能否成功将有着很大的风险性和不确定性。因此,公司未来的偿债能力能否保障,将主要取决于公司转型投资的成功与否,未来的潜在偿债风险较大,银行应充分考虑公司未来的偿债能力,充分估计贷款风险水平。

(2)从股东的角度来看,公司业绩呈高速增长态势,主营利润率达 33.98%,位于行业前列,投资者取得了丰厚的投资回报。从财务结构上分析,公司股权比率为 33.65%,高于行业平均水平,高股权率意味着高风险、高收益的财务结构。在获取高回报的同时,股东应充分考虑未来的风险性。

(3)从收购者的角度来看,公司骄人的业绩,成长性及高主营利润率使得公司有着较高收购价值,但同时也意味着需要高额的收购成本。而从目前公司的股票市价来看,市盈率仅为 24 倍,市场价值被低估,亦极具投资潜力与收购价值。目前公司主业突出,且在技术上也处于国内同业领先地位,对"主业偏好"的收购者极具吸引力。

10.3.2 XSW 股份有限公司的财务分析

XSW 股份有限公司是 A 市一家大型的硬塑生产基地。公司为了确保在未来市场逐渐扩展的同时,使经济效益稳步上升,拟运用杜邦财务分析方法对公司近两年的财务状况和经济效益情况进行全面分析。公司近三年的资产负债表和损益表资料如表 10—4 和表 10—5 所示:

表 10—4　　XSW 股份有限公司 2012 年资产负债表简表　　单位:千元

资产				负债及所有者权益			
项目	金额			项目	金额		
	2010 年	2011 年	2012 年		2010 年	2011 年	2012 年
流动资产合计	199 200.00	764 600.00	872 650.00	流动负债合计	197 500.00	246 950.00	280 000.00

续表

资　产				负债及所有者权益			
长期投资	7 100.00	34 300.00	10 450.00	长期负债合计	15 700.00	43 100.00	64 150.00
固定资产净值	156 600.00	166 150.00	236 700.00	负债总计	213 200.00	290 050.00	344 150.00
在建工程	10 755.00	15 800.00	64 750.00	—	—	—	—
递延资产	—	—	3 450.00	—	—	—	—
无形资产	—	73 750.00	77 750.00	所权益合计	160 455.00	814 550.00	921 600.00
资产总计	373 655.00	1 104 600.00	1 265 750.00	权益合计	373 655.00	1 104 600.00	1 265 750.00

表 10－5　　XSW 股份有限公司 2012 年利润表简表　　单位:千元

项　目	金　额		
	2010 年	2011 年	2012 年
一、产品销售收入	440 500.00	474 400.00	494 850.00
减:产品销售成本	158 200.00	195 500.00	210 250.00
产品销售费用	4 950.00	26 350.00	21 750.00
产品销售税金	47 650.00	49 800.00	44 500.00
二、产品销售利润	229 700.00	202 750.00	218 350.00
加:其他业务利润	—	—	—
减:管理费用	82 450.00	53 500.00	48 600.00
财务费用	6 700.00	1 800.00	9 250.00
三、营业利润	140 550.00	147 450.00	160 500.00
加:投资收益	—	—	—
营业外收入	—	—	—
减:营业外支出	—	—	—
四、利润总额	140 550.00	147 450.00	160 500.00
减:所得税	42 165.00	44 235.00	48 150.00
五、净利润	98 385.00	103 215.00	112 350.00

根据资料计算完成下述问题:

(1)计算该公司上年和本年的净资产收益率,并确定本年较上年的总差异

(2)对净资产收益率的总差异进行总资产净收益率和权益乘数的两因素分析,并确定各因素变动对总差异影响的份额。

(3)对总资产净收益率的总差异进行销售净利率和总资产周转率的两因素分析,确定各因素变动对总资产净收益率的总差异影响的份额。

(4)对两年销售净利率的变动总差异进行构成比率因素分析,找出各构成比率变动对总差异的影响份额。

(5)运用上述分析的结果,归纳影响该公司净资产收益率变动的有利因素和不利因素,找出产生不利因素的主要问题和原因,并针对问题提出相应的改进意见,使这些改进建议付诸实施,能促使该公司的生产经营管理更加完善,竞争力更加提高。

必要提示:

(1)计算该公司上年和本年的净资产收益率并确定本年较上年的总差异

上年净资产收益率＝103 215/[(160 455＋814 550)/2]×100%＝21.17%

本年净资产收益率＝112 350/[(814 550＋921 600)/2]×100%＝12.94%

净资产收益率本年较上年总差异＝12.94%－21.17%＝－8.23%

计算结果表明本年较上年净资产收益率下降了 8.23%

(2)对净资产收益率的总差异进行总资产净收益率和权益两因素分析,并确定各因素变动对总差异影响的份额。

上年净资产收益率＝上年总资产净利率×上年权益乘数

$$=\frac{103\ 215}{(373\ 655+1\ 104\ 600)/2}\times\frac{(373\ 655+1\ 104\ 600)/2}{(160\ 455+814\ 550)/2}$$

$$=13.96\%\times 15\ 162=21.17\%$$

本年净资产收益率＝本年总资产净利率×本年权益乘数

$$=\frac{112\ 350}{(1\ 104\ 600+1\ 265\ 750)/2}\times\frac{(1\ 104\ 600+1\ 265\ 750)/2}{(814\ 550+921\ 600)/2}$$

$$=9.48\%\times 1.365\ 3=12.94\%$$

总资产净收益率变动对净资产收益率的影响＝(9.48%－13.96%)×1.516 2＝－6.8%

权益乘数变动对净资产收益率的影响＝9.48%×(1.365 3－1.516 2)＝－

1.43%

(3)对总资产净收益率的总差异进行销售净利率和总资产周转率的两因素分析，确定各因素变动对总资产净收益率总差异的影响份额。

上年总资产净利率=上年销售净利率×上年总资产周转率

$$=\frac{103\ 215}{474\ 400}\times\frac{474\ 400}{(373\ 655+1\ 104\ 600)/2}$$

$$=13.96\%$$

本年总资产净利率=本年销售净利率×本年总资产周转率

$$=\frac{112\ 350}{494\ 850}\times\frac{494\ 850}{(1\ 104\ 600+1\ 265\ 750)/2}$$

$$=9.48\%$$

总资产净收益率本年较上年总差异=9.48%－13.96%=－4.48%

销售净利率变动对总差异的影响=(22.703 8%－21.787 9%)×0.641 8=0.588%

总资产周转率变动对总差异的影响=22.703 8%×(0.417 5－0.641 8)=－5.09%

(4)对两年销售净利率的变动总差异进行构成比率分析，找出各构成比率变动对总差异的影响份额

本年较上年销售净利率总差异=22.703 8%－21.757%=0.947%

由于销售成本的变动影响$=\left(\frac{195\ 500}{474\ 400}-\frac{210\ 250}{494\ 850}\right)\times100\%$

$$=41.209\ 9\%-42.487\ 8\%=-1.277\ 7\%$$

由于销售费用率的变动影响$=\left(\frac{26\ 350}{474\ 400}-\frac{21\ 750}{494\ 850}\right)\times100\%$

$$=5.554\ 4\%-4.395\ 3\%=1.159\ 1\%$$

由于产品销售税金的变动影响$=\left(\frac{49\ 800}{474\ 400}-\frac{44\ 500}{494\ 850}\right)\times100\%$

$$=10.497\ 5\%-8.992\ 6\%=1.504\ 9\%$$

由于产品销售管理费用率的变动影响$=\left(\frac{53\ 500}{474\ 400}-\frac{48\ 600}{494\ 850}\right)\times100\%$

$=11.2774\,5\%-9.821\,2\%$

$=1.456\,2\%$

由于产品销售财务费用率的变动影响 $=\left(\frac{1\,800}{474\,400}-\frac{9\,250}{494\,850}\right)\times100\%$

$=0.379\,4\%-1.869\%$

$=-1.489\,9\%$

由于产品销售所得税金的变动影响 $=\left(\frac{44\,234}{474\,400}-\frac{48\,150}{494\,850}\right)\times100\%$

$=9.324\,4\%-97\,302\%=-0.405\,8\%$

汇总差异 $=(-1.277\,7\%)+1.159\,1\%+1.504\,9\%+1.456\,2\%+(-1.489\,9\%)+(-0.405\,8\%)=0.947\%$

(5)通过上述分析可知，该公司的净资产收益率本年较上年减少了 8.23%，影响此总差异的直接原因主要有总资产净收益率和权益乘数，计算结果表明，此两种因素从总体看均为不利因素，其中总资产净收益率下降影响份额为 6.8%，权益乘数下降影响份额为 1.43%。

对于权益乘数下降所引起的对净资产收益率的影响，今后可考虑适当增加负债，利用财务杠杆来改善权益乘数，以提高净资产收益率。

引起总资产净收益率下降的主要原因是总资产周转率的延缓，对于这个不利因素，今后要通过强化公司管理，优化资源管理。缩短生产经营周期，以加强资金周转来解决。

在总资产净收益率下降这个不利因素中也有积极的一面，即销售净利率提高的积极影响被总资产周转率下降所产生的消极影响所掩盖。销售净利润的上升总体来看，是积极因素，引起其上升的有利因素主要有三个：销售费用率下降、销售税金率下降和销售管理费用下降。

但是也应该注意，在销售上升的积极因素中，也包含了三个不利因素，即销售成本率、销售财务费用率和销售所得税金率的升高，只是这三个因素的升高对销售净利率的负影响被前三个有利因素的正影响所抵消。由于税金因素是客观因素，所以提高销售净利率，公司主要应从其他方面挖掘潜力。

具体建议是：继续巩固和扩展销售费用率和销售管理费用率的降低的成

果，今后的工作重点应放在狠抓销售成本率的降低上。至于销售财务费用率的上升问题，应把它与利用财务杠杆引起的销售净利率的提高加以对比才能做出正确的判断。

10.3.3 宝钢的财务报表分析

宝山钢铁股份有限公司（简称"宝钢股份"，600019）是中国最大、最现代化的钢铁联合公司。宝钢股份以其诚信、人才、创新、管理、技术诸方面综合优势，奠定了在国际钢铁市场上世界级钢铁联合公司的地位。《世界钢铁业指南》评定宝钢股份在世界钢铁行业的综合竞争力为前三名，是未来最具发展潜力的钢铁公司。2005 年，公司为保持良好的现金流量，降低经营风险，开始谋划业务转型，贸易类业务占主营业务收入的比重自 2005 年开始由 16.51%上升到 2006 年的 19.11%

表 10－6 是宝钢股份 2002～2006 年度的利润表，请据此进行利润表的结构分析，在计算的基础上对宝钢股份 2002～2006 年的获利情况加以总结，并试提出相关建议以供参考。

表 10－6　　宝钢股份 2002～2006 年利润表　　单位：百万元

指标名称	2002 年	2003 年	2004 年	2005 年	2006 年
主营业务收入	33 876.61	44 460.37	58 638.06	126 608.36	157 791.47
主营业务成本	24 455.58	30 825.43	41 436.44	99 981.66	129 228.90
主营业务税金及附加	269.44	362.29	418.91	695.24	669.49
主营业务利润	9 151.58	13 272.65	16 782.71	25 931.46	27 893.08
其他业务利润	20.16	63.84	100.98	117.76	24.42
营业费用	328.06	367.75	438.03	1 606.55	2 238.97
管理费用	1 939.97	2 157.94	2 473.02	5 095.36	5 388.15
财务费用	790.49	761.53	435.22	1 043.61	1 306.37
营业利润	6 113.22	10 049.27	13 537.41	18 303.70	18 984.01
投资收益	1.46	39.63	10.66	181.36	325.37
补贴收入	0.00	0.15	1.54	25.08	44.74

续表

指标名称	2002 年	2003 年	2004 年	2005 年	2006 年
营业外收入	4.84	4.05	143.79	65.75	50.05
营业外支出	177.76	164.50	106.94	265.12	396.42
营业外收支净额	−172.92	−160.45	36.85	−199.37	−346.38
利润总额	5 941.75	9 928.60	13 586.46	18 310.77	19 007.73
所得税	1 669.82	2 953.78	4 146.77	5 776.57	5 545.28
少数股东损益	0.00	−0.91	44.46	−131.32	452.19
净利润	4 271.93	6 975.72	9 395.23	12 665.53	13 010.26

具体分析如表 10—7 所示。

表 10—7　　宝钢股份 2002～2006 年利润表结构分析

指标名称	2002 年	2003 年	2004 年	2005 年	2006 年
主营业务收入	100.00%	100.00%	100.00%	100.00%	100.00%
主营业务成本	72.19%	69.33%	70.66%	78.97%	81.90%
主营业务税金及附加	0.80%	0.81%	0.71%	0.55%	0.42%
主营业务利润	27.01%	29.85%	28.62%	20.48%	17.68%
其他业务利润	0.06%	0.14%	0.17%	0.09%	0.02%
营业费用	0.97%	0.83%	0.75%	1.27%	1.42%
管理费用	5.73%	4.85%	4.22%	4.02%	3.41%
财务费用	2.33%	1.71%	0.74%	0.82%	0.83%
营业利润	18.05%	22.60%	23.09%	14.46%	12.03%
投资收益	0.00%	0.09%	0.02%	0.14%	0.21%
补贴收入	0.00%	0.00%	0.00%	0.02%	0.03%
营业外收入	0.01%	0.01%	0.25%	0.05%	0.03%
营业外支出	0.52%	0.37%	0.18%	0.21%	0.25%
营业外收支净额	−0.51%	−0.36%	0.06%	−0.16%	−0.22%
利润总额	17.54%	22.33%	23.17%	14.46%	12.05%
所得税	4.93%	6.64%	7.07%	4.56%	3.51%

续表

指标名称	2002 年	2003 年	2004 年	2005 年	2006 年
少数股东损益	0.00%	0.00%	0.08%	−0.10%	0.29%
净利润	12.61%	15.69%	16.02%	10.00%	8.25%

分析结果表明：

(1)以主营业务收入作为基数，自 2002～2006 年度公司的主营业务成本呈现上升趋势，从 72.19%上升到 81.90%，反映公司的销售毛利率在下降；

(2)公司的主营业务税金及附加呈现下降趋势，反映公司的税负水平降低；

(3)主营业务利润自 2005 年开始呈现下降趋势，并在 2006 年度降为 17.68%，这可能是由于公司调整增加贸易类业务的比重，在短期内带来毛利率的下降所致。公司在 2005 和 2006 年度主营业务成本上升的比重都超过主营业务收入，因此，公司下一步要做的是如何控制主营业务成本，适当提高毛利率；

(4)从营业费用和管理费用看，公司由于业务转型带来短期内营业费用的比重上升，但公司的管理费用呈现下降的趋势，说明公司在管理费用的控制方面具有一定的成效；

(5)公司所得税占主营业务收入的比重呈现下降趋势，也反映公司税负水平呈现下降趋势，可能与公司进行的税收筹划活动有关，也可能与公司获得的税收政策有关。

由于上述众多因素的影响，公司的营业利润、利润总额和净利润占主营业务收入比重在 2005～2006 年度呈现下降的趋势。该公司需要思考这种转型可能对公司业绩产生的影响，并采取适当的政策，实现业务转型的初衷。

10.3.4 正虹科技的财务报表分析

截至 2007 年 1 月 16 日，我国饲料行业上市公司主要有四家，分别是正虹科技(000702)、新希望(000876)、通威股份(600438)和中牧股份(600195)。下文将以 2005 年年报资料为依据，对四家上市公司的财务状况进行分析和评价。其具体分析如表 10－8 所示。

(1)偿债能力行业分析：

表 10—8　　　　饲料行业上市公司偿债能力分析

公司	流动比率	速动比率	资产负债率(%)
新希望	1.04	0.74	0.37
正虹科技	1.00	0.59	0.57
通威股份	1.14	0.53	0.48
中牧股份	1.05	0.68	0.39
均值	1.06	0.64	0.45

短期偿债能力分析中流动比率是流动资产除以流动负债的比值,该指标的一般经验值是 2。速动比率是指扣除了存货以后的流动资产除以流动负债的比值,由于存货在流动资产中所占的比重一般为 50%。因此该指标的经验值是 1。由于饲料行业上市公司经营的特殊性,其平均流动比率只有 1.06,远远低于一般经验值 2,其平均速动比率也只有 0.64,与一般经验值 1 也有距离,出现这种现象是由饲料行业生产销售的特殊性和应收账款的周转速度、存货的周转速度、应收账款的变现能力以及应付账款的金额共同决定的。

长期偿债能力分析的指标是资产负债率。饲料行业上市公司的平均资产负债率为 45%,资产负债率作为长期偿债能力的衡量指标是一个适度性指标,过高说明长期偿债能力低,过低则说明没有充分利用财务杠杆效应。通常,资产负债率维持在 50%左右为较佳状态,所以饲料行业上市公司的资产负债率是比较合理的。

(2)盈利能力行业分析(见表 10—9):

表 10—9　　　　饲料行业上市公司盈利能力分析

公司	销售净利率(%)	总资产收益率(%)	每股收益
新希望	5.84	4.77	0.57
正虹科技	0.27	0.41	0.02
通威股份	3.34	9.54	0.71
中牧股份	3.91	4.04	0.16
均值	3.34	4.69	0.37

饲料行业4家上市公司的平均销售净利润是3.34%，总体水平不是很高；总资产净利率的行业均值为4.69%，说明饲料行业在增加收入方面取得的效果是比较好的。

从每股收益来看，在我国，每股收益达0.25元的上市公司股票即为绩优股，饲料行业上市公司的这一指标为0.37元，可见饲料行业上市公司具有良好的经营业绩，而且2005年的每股收益较2004年还增长了23.46%，上市公司的盈利水平呈上升趋势。这与饲料行业上市公司严格公司内部经营管理、积极寻求技术创新寻求新的利润增长点、加强资本运作分不开。

(3)行业成长能力分析(见表10—10)：

表10—10　　饲料行业上市公司成长能力分析(%)

公司	总资产增长率	主营业务收入增长率	主营业务利润增长率	净利润增长率
新希望	2.6	17.02	23.46	29.48
正虹科技	—4.29	7.44	5.29	102.03
通威股份	24.66	39.67	55.07	75.89
中牧股份	4.75	16.00	20.73	2.10
均值	6.94	20.03	26.14	52.38

表中数据表明，饲料行业上市公司的总资产增长率、主营业务收入增长率、主营业务利润增长率和净利润增长率分别是6.94%、20.03%、26.14%和52.38%，表现出较高的成长性，同时也表明了公司利用资产获取收益的能力较强，良好的成长性充分说明了饲料行业的上市公司强劲的发展势头和发展潜力。

在1 000多家上市公司中，饲料行业上市公司的经营业绩处于中上水平。上市公司良好的财务状况，养殖业的发展对饲料的需求使得饲料行业上市公司具有良好的发展前景。

10.4　技能训练

(1)某公司流动资产由速动资产和存货构成，年初存货为170万元，年初应收账款为 150 万元，年末流动比率为 200%，年末速动比率为 100%，存货周转率为 4 次，年末流动资产余额为 300 万元。一年按 360 天计算。

要求：

①计算该公司流动负债年末余额；

②计算该公司存货年末余额和年平均余额；

③计算该公司本年营业成本；

④假定本年赊销净额为 1 080 万元，应收账款以外的其他速动资产忽略不计，计算该公司应收账款周转天数。

(2)已知某公司 2011 年会计报表的有关资料如表 10—11 所示：

表 10—11　　某公司 2011 年度资产负债表简化资料金额　　单位：万元

资产负债表项目	年初数	年末数
资产	15 000	17 000
负债	6 000	6 800
所有者权益	9 000	10 200
利润表项目	上年数	本年数
营业收入	(略)	20 000
净利润	(略)	1 000

已知该公司 2010 年按照平均数计算的资产负债率是 50%，总资产周转率是 1.2 次，营业净利率是 4.5%。

要求：

①计算杜邦财务分析体系中的 2011 年的下列指标(时点指标按平均数计算)：

a. 营业净利率；

b. 总资产周转率；

c. 权益乘数(保留三位小数)；

d. 净资产收益率。

②使用连环替代法依次分析营业净利率、总资产周转率、权益乘数对净资产收益率的影响数额。

(3)某公司2011年年初的负债总额为1 500万元,股东权益是负债总额的2倍,年资本积累率为30%,2011年年末的资产负债率为40%,负债的年均利率为5%。2011年实现净利润为900万元,所得税率为33%。2011年末的股份总数为600万股(普通股股数年内无变动),普通股市价为15元/股。(计算结果保留两位小数)

要求:

①计算2011年年初的股东权益总额、资产总额、年初的资产负债率;

②计算2011年年末的股东权益总额、负债总额、资产总额、产权比率;

③计算2011年的总资产净利率、权益乘数(使用平均数计算)、平均每股净资产、基本收益、市盈率;

④已知2010年总资产净利率为12.24%,权益乘数(使用平均数计算)为1.60,平均每股净资产为5.45元,计算2010年的每股收益并结合差额分析法依次分析2011年总资产净利率,权益乘数以及平均每股净资产对于每股收益的影响数额。

(4)某股份公司2011年有关资料如表10－12所示:

表10－12　　技能训练某公司2011年报表主要数据金额　　单位:万元

项　目	年初数	年末数	本年数或平均数
存货	7 200	9 600	
流动负债	6 000	8 000	
总资产	15 000	17 000	
流动比率		150%	
速动比率	80%		
权益乘数			1.5
流动资产周转次数			4
净利润			2 880
普通股股数	1 200万股	1 200万股	

要求:

①计算流动资产的平均余额(假定流动资产由速动资产与存货组成);

②计算本年营业收入和总资产周转率；

③计算营业净利率、净资产收益率；

④计算每股利润和平均每股净资产；

⑤若 2010 年的营业净利率、总资产周转率、权益乘数和平均每股净资产分别为 4％、2.5 次、1.5 和 9，要求用连环替代法分析营业净利率、总资产周转率、权益乘数和平均每股净资产对每股收益指标的影响；

⑥假定该公司 2012 年的投资计划需要资金 2 100 万元，公司目标资金结构是维持产权比率为 50％的资金结构，请按剩余股利政策确定该公司 2007 年向投资者分红的金额(假设 2007 年不需要计提公积金)。

第11章　财务管理商业模拟系统

本章主要为“理财之道－财务管理电子对抗系统”的操作简介。

11.1　“理财之道”平台简介

“理财之道－财务管理电子对抗系统”是一套财务管理技能的综合训练平台，以下简称“理财之道”。“理财之道”通过对企业的财务运作管理的模拟，将企业运营中普通应用的财务知识、工具、模型、方法与国内外成功企业的财务管理经验融入虚拟企业的经营管理中，使学生在模拟运营中快速掌握财务管理这一专业化极强的学科知识，并使复杂、抽象、枯燥的财务知识趣味化、生动化和形象化。

“理财之道”模拟实战系统采用国际领先的商业模拟实战训练模式，全程在分组对抗与模拟实战的形式下学习与训练财务管理技能。参训学生分组组建成相互竞争的团队，每个团队分别组建一家模拟企业，通过团队的运营管理，运用所学的财务管理知识技能，努力提升企业绩效，在若干个经营周期内实现企业的经营目标。

在“理财之道”中，您不仅将学习财务管理知识与基本的计算分析方法，包括符合最新会计准则的财务报表，理解损益表、资产负债表和现金流量表的形成过程以及各个数据的因果关系。同时，通过对企业的运营管理，理解财务分析、预算管理、成本控制、投资管理、融资管理等财务管理知识与技能，体会企业从投入、产出到盈利的全过程，认识财务管理对企业绩效提升的重要作用。通过对所学财务管理知识与技能的理解与应用，透过财务数据发现管理中存在的问题，改进管理工作，提升管理水平与经营绩效。“理财之道”将帮助用户跳出单纯的财务视角，从企业运营与绩效提升的角度来认识财务管理的重要作用与价值。

“理财之道”提供一个模拟的市场环境，参加训练的所有学生分组组成多家企业，并在一个共同的环境下相互对抗竞争，小组成员分别担任企业的总经理、财务经理、资金经理、投资经理、成本经理、财务助理等角色，全面体验企业的规划、创立、发展、成长的各个阶段。企业发展中的各项财务管理工作以及其他企业运营管理工作等各个方面的经营决策，均由团队成员根据市场发展与竞争形势的变化独立完成，最终通过平衡计分卡的综合评价分数来全面衡量模拟企业的经营绩效。

在运营前，用户的企业将拥有一笔创业资金，开始惊险、刺激的商战之旅，打造自己的商业王国。用户的团队管理的企业是个有机整体，总体结构很容易理解，但运作方式却有许多微妙之处。经营团队应合理设计组织架构并分配各自的管理职责。首先，用户需要制定重要的战略规划和经营目标。用户必须在运营过程中，设法使用户的企业具备最佳前景，实现战略计划，努力达成经营目标。在训练结束时，争取使企业在所有企业中表现最佳。

用户将带领您的企业进入制造行业，与其他一些竞争企业共同竞争发展。企业将经历若干经营周期的运营管理，每个经营周期企业都需要完成财务预算、资金筹措、投资决策、报表分析、原料采购、生产制造、市场营销等各项经营管理工作，每项工作都需要仔细分析讨论，并形成一致的决策意见输入到系统中。

模拟系统中涉及的企业经营决策任务涉及财务、市场、制造、人力资源等各个方面。企业应根据市场环境的设定，结合所学知识，并根据竞争对手的情况制订最佳的经营策略，争取在经营结束后取得最佳成绩。

如何整合各项资源？如何实现业绩增长？如何打造优势竞争力？如何给股东带来丰厚投资回报？这都是您所领导的经营团队需要共同努力来完成的。

11.2 “理财之道”系统启动登录

11.2.1 运行“理财之道”服务器

“理财之道”整个系统平台包括了服务器端、教师端、学生端三部分。要运行“理财之道”系统，首先需要启动安装“理财之道”系统所在的服务器电脑，运行 SQLServer 数据库，再运行服务器上的“理财之道”数据处理中心程序，启动服务。正常起动运行后，“理财之道”服务程序的窗口会显示在桌面上。

11.2.2 启动“理财之道”教师端

运行“理财之道”教师端程序，出现以下界面(见图 11—1)：

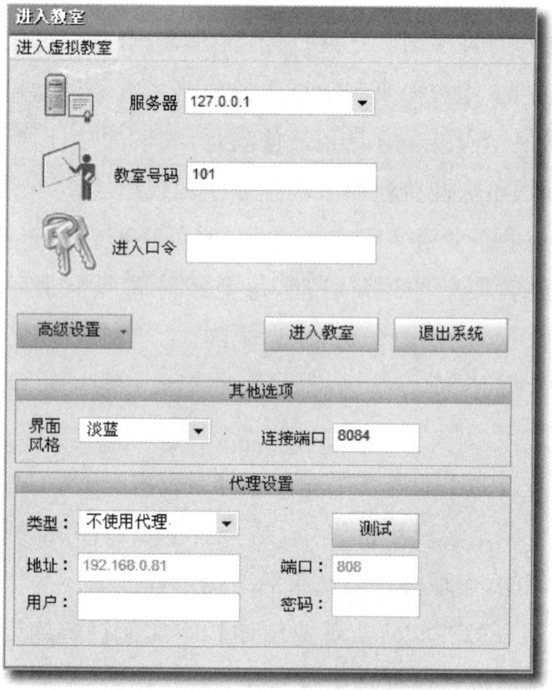

图 11—1 “理财之道”教师启动端

说明：

◇“服务器”：填入“理财之道”数据处理服务器所在的 IP 地址或网址，如在本机，则输入“127.0.0.1”；

◇“教室号码”：输入要登录的教室号码，系统默认设置了数十个可以使用的教室号码，如 101、102 至 109，201、202 至 209 等。根据系统管理员的授权，登录可以使用的教室号码名称；

◇“进入口令”：默认系统中所有教室均没有设置进入口令，如果教室设置了口令，则需要在此输入该教室的进入口令；

◇ 打开“高级设置”，这里可以对连接服务器的连接端口进行配置。系统默认的连接端口是“8084”，如果服务器上配置修改了连接端口号码，请输入正确的连接端口号码。

点击“进入教室”，如果服务器连接正确，会出现该教室的班级列表。第一次使用时，还没有建立任何上课的班级，班级列表是空的。可以选择“新建班级”菜单，创建一个新的班级，再选择该班级进入见图 11—2。

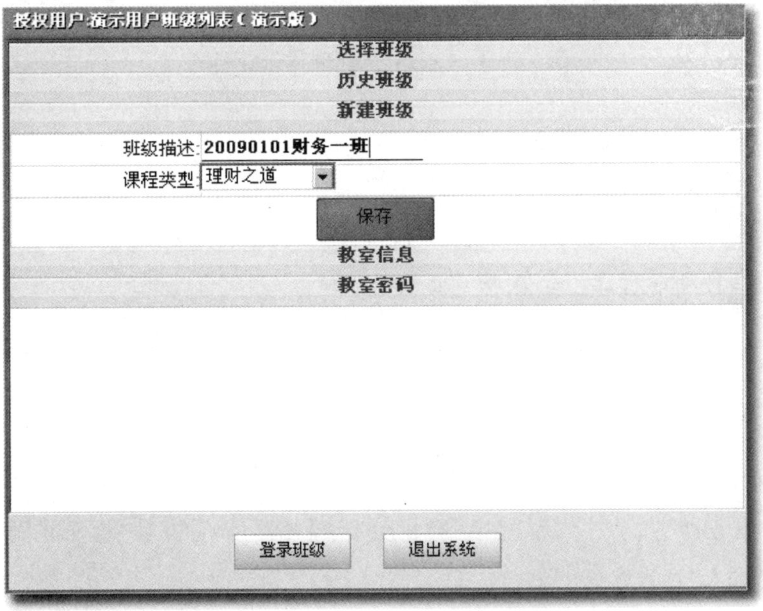

图 11—2 “理财之道”班级登录

建立的班级名会出现在班级列表中，在班级列表中选择该班级，点击“登录班级”（见图 11—3）。

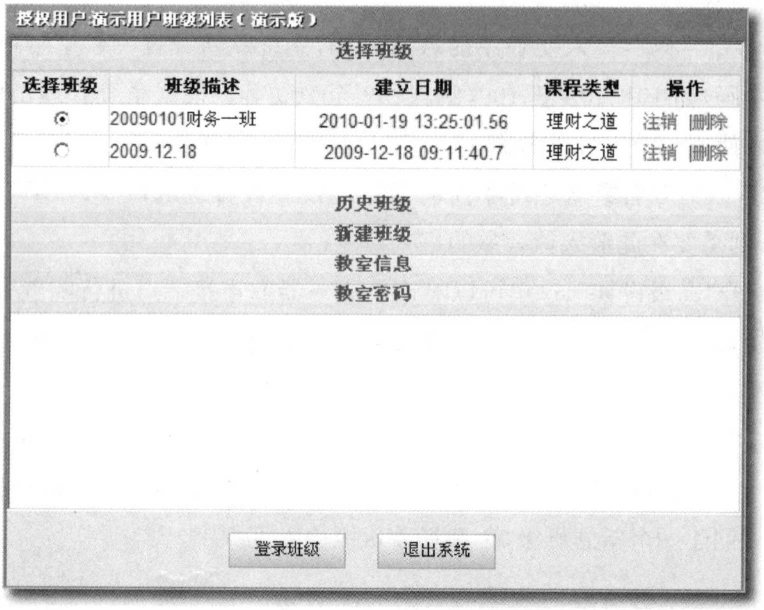

图 11—3 “理财之道”创建班级列表

进入教室后，显示教师端程序进入后的主界面。教师端程序主界面分为三大部分：左边为参数配置等所有操作菜单，右上为操作显示内容的主窗口，右下为参加训练的小组情况及基本信息列表，如图 11—4 所示。

至此，教师端程序已经正常启动运行。

11.2.3 启动“理财之道”学生端

运行“理财之星”学生端程序，出现以下界面（见图 11—5）。

说明：

◇“服务器”：填入“理财之星”数据处理服务器所在的 IP 地址或网址，如在本机，则输入“127.0.0.1”；

◇“教室”：输入要进入的教室号码，该教师必须已经由教师启动教师端程序进入；

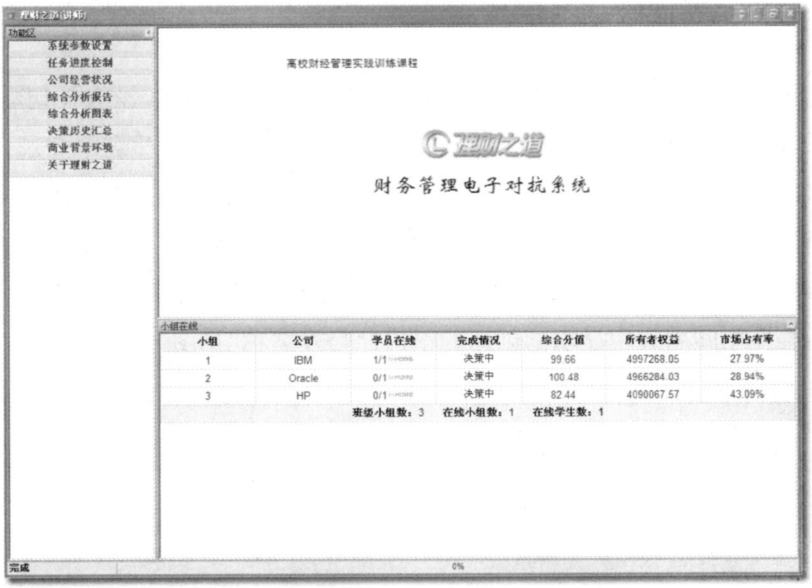

图 11—4 “理财之道”教师端进入班级页面

图 11—5 “理财之道”学生端教室登录

◇“端口”：输入连接服务器的端口号，默认是“8084”，可根据实际情况输入。

如正常连接，将会出现学生登录窗口。在第一次使用时，没有任何学生可以登录，需要学生提交申请，教师审核通过后才可以使用该学生名字登录。

点击“注册新用户”，在出现的注册页面输入登录的学生信息。学生要完成注册，教师还需要先设定参加训练的小组数。在教师端程序主界面，点击左边菜单“系统参数设置—学员分组管理”，按提示创建小组序号和小组名称。创建成功后会在中间列表中显示已创建的小组序号及名称（见图 11—6）。

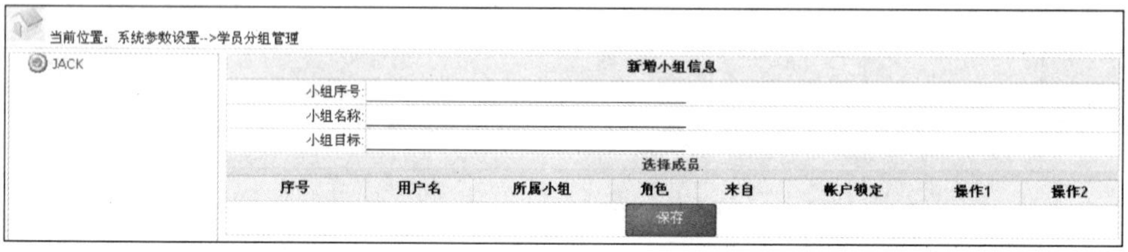

图 11—6　学生端小组分组序号

教师合建了小组后，学生端在注册新成员信息页面的“小组”栏，选择要加入的小组。其他所有标志“＊”的表示该栏信息必须输入，有些信息是后面工商登记注册需要用到的。完成全部信息输入后，点击“注册”（见图 11—7）。

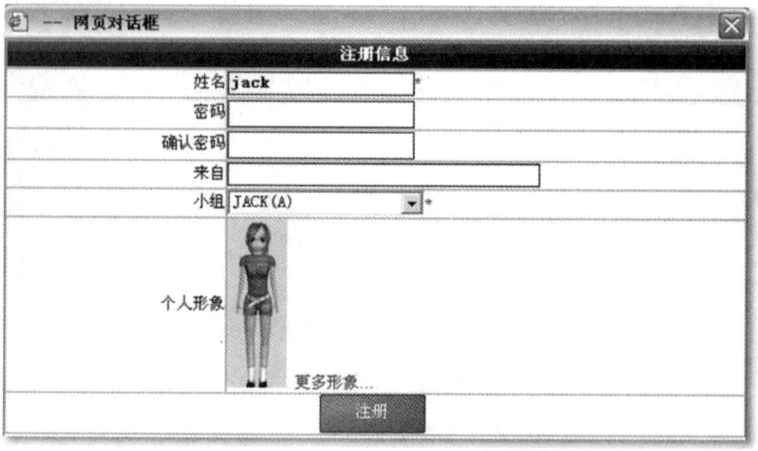

图 11—7　学生端新成员注册

学生提交注册申请后，在教师端程序，点击左边菜单“系统参数设置一学员分组管理”，右边会显示出新申请的学生姓名。点击该名字右边的“账户锁定”一栏的加锁标志，标志变为打开状态的锁，则表示已同意该学生注册（见图 11－8）；

选择成员							
序号	用户名	所属小组	角色	来自	帐户锁定	操作1	操作2
☐	jack	JACK(A)	()		🔒	删除	清空密码
			保存				

图 11－8　学生端接受注册

再到学生端，按“F5”键刷新屏幕，或重新启动程序，会看到申请已获教师批准。选择刚申请注册的学生名字，点击“登录”，即可进入学生端程序的主场景（见图 11－9）。

图 11－9　学生端进入公司页面

至此，学生端程序已正常启动运行。

11.3 “理财之道”学生端基本操作

11.3.1 主场景布局及操作

学生端程序运行并成功登录后，进入的学生端程序主场景是一个企业园区示意图，每幢楼分别代表着某一个办事机构，分别可以去办理相关事宜。主界面下面是一个快速导航仪表盘，上面有进入各个办事机构的快捷进入菜单，以及系统提示帮助等信息。

下面分别对主场景各个大楼的功能与作用进行简要说明：

◇“我的公司”：所有创业企业办公所在地，对应仪表盘上的“公司”；

◇“Bank”：创业园区的金融机构，可以到这里办理申请借款等业务，对应仪表盘上的“银行”；

◇“学习中心”：对各类财务管理知识学习与练习的地方，对应仪表盘上的“学习”；

◇“证券交易”：企业债券和股票发行与交易的地方，对应仪表盘上的“证券”。

每幢楼的入口处有一个进入大楼的标志“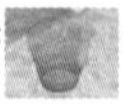”，鼠标移到这个位置上，当出现“进入”提示时，点击鼠标左键，可以进入到相应的大楼内部办理相关业务。

11.3.2 公司场景功能分布

在主场景中点击进入“我的公司”，或在导航仪表盘上点击“公司”，快速进入公司内部场景，可看到公司的基本布局。在运营管理阶段，大部分工作主要是在公司内部来完成。公司内部包括了各个管理部门，包括总经理、投资部、财务部、生产部、人力资源部、销售部等部门（见图 11—10）。

在主界面下面中间是一个快速导航仪表盘，可以帮助使用者快速进入到相关部门或场景中，公司内部主要部门及职责：

◇“财务部”：负责公司各阶段预算的制定，查看各类财务报表及分析资料；

图 11－10　公司场景功能分布

◇“投资部”：显示公司的债券和股票投资的信息和统计分析资料；

◇“生产部”：负责购置厂房、购置设备、采购原料、生产投料等与生产有关的决策，对销售部门接到的产品订单落实交付；

◇“人力资源部”：负责操作工人的招聘与解聘等工作；

◇“销售部”：根据市场订单需求制订广告与报价策略；

◇“总经理”：提交所有决策，综合查询分析公司各项经营数据。

11.3.3　导航仪表盘的操作使用

导航仪表盘的分布情况如图 11－11 所示，点击上面的各个按钮可以快速进入相关部门，方便在不同部门和机构间快速切换。如点击“公司”，可以快速跳转到我的公司办公场景；点击“主”，可以快速回到主场景，等等（见图 11－11）。

在导航仪表盘的左边区域，是系统信息的发布栏。在导航仪表盘的中心有个“?”，点击可以查看公司的商业背景环境的信息。在导航仪表盘的右边，还

图 11—11　导航仪表盘的操作使用

有一些快速操作的提示信息，如图 11—12 所示。

图 11—12　导航仪表盘的系统信息发布

◇“第7季度”：显示当前系统的时间周期；

◇“”：显示公司目前所拥有的现金数量，鼠标移至此位置会出现目前公司现金余额的提示信息；

◇“”：背景音乐开关，点击可以切换打开或关闭背景音乐；

◇“”：编辑个人信息，对个人的基本信息资料进行修改，分配担任的管理角色。

11.4 “理财之道”系统操作指南

11.4.1 预算编制

根据公司整体发展规划，首先要制订公司阶段的财务预算。在学生端主场景进入公司，或者是直接点击仪表盘上的“公司”，点击“财务部”，在弹出窗口出选择“决策内容—全面预算”，完成本季度公司的全面预算（见图 11—13）。

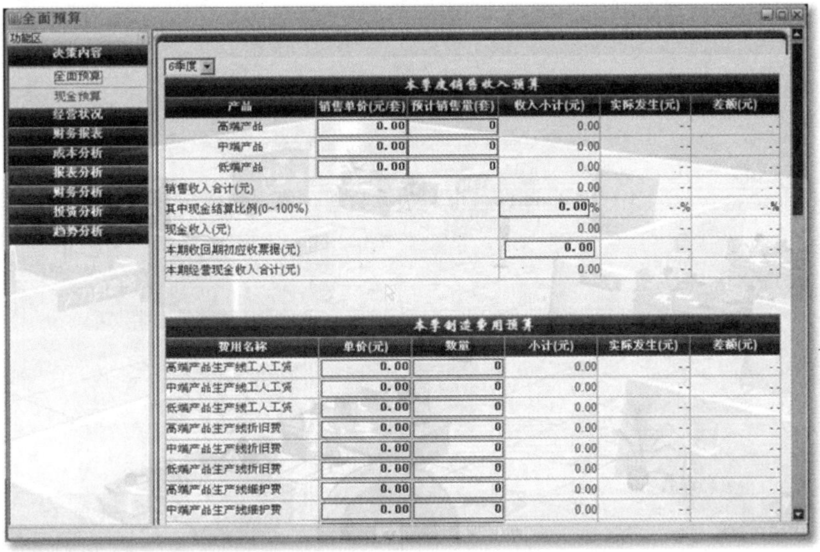

图 11—13　学生端全面预算页面

在弹出窗口出选择“决策内容—现金预算”，完成本季度公司的现金预算（见图 11—14）。

11.4.1.1　银行借款

在学生端主场景进入银行“Bank”，或者是直接点击仪表盘上的“银行”，点击“信贷业务”窗口，在弹出窗口出选择“决策内容—银行借款”，根据公司所需资金情况向银行申请借款（见图 11—15）。

说明：

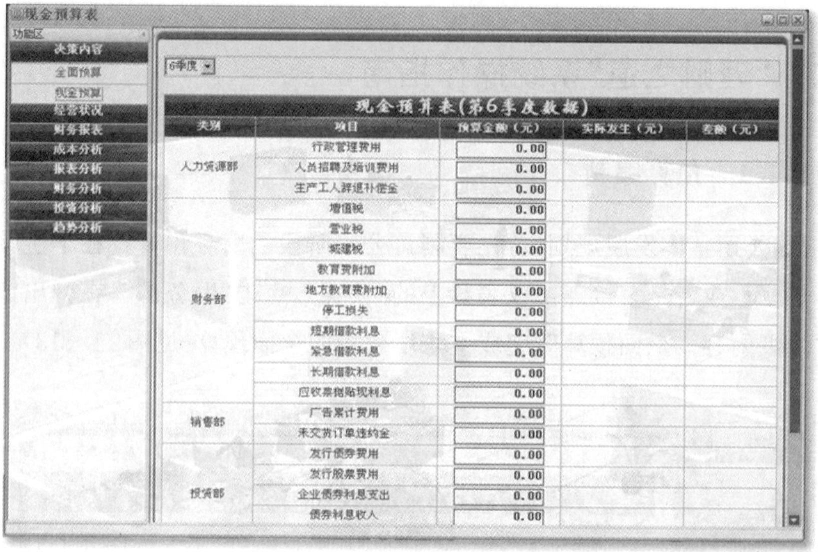

图 11－14　全面预算的现金预测表

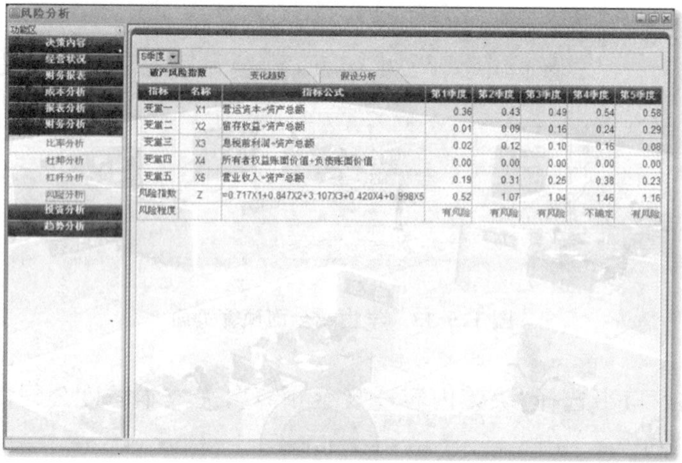

图 11－15　向银行申请借款

◇ 在“借款类型”下选择公司需要借款的类型，借款分为短期和长期二种，还款的期限和借款利率均不相同。根据需要选择相应的类别并填写借款金额，点击“申请贷款”完成借款操作；

◇ 每个季度可借款的额度有限制，借款时不能超过本季度的最高授信额度，总借款不能超过总授信额度。

11.4.1.2　*厂房购置*

在学生端进入公司内部场景，点击“生产部”的部门标志，打开与生产部有关的操作菜单界面，如图 11—16 所示。

图 11—16　生产制造部

生产部门主要负责公司产品的生产制造，在这里需要完成与生产制造有关的各项操作，包括厂房租用、设备购置、原料采购、生产排产等决策。

在窗口中选择“决策内容一厂房购置”，根据公司生产规模的需要以及现金状况，通过租用的方式获取相应的厂房（见图 11—17）。

说明：

◇ 在“厂房类型”下拉框内选择需要的厂房，再点击“租用”按钮，完成对选择厂房的租用操作。如需租用多个厂房，只要分多次租用操作即可；

◇ 租用的厂房会在下面列表显示，鼠标移至厂房名称或者旁边的“ⓘ”标志上，会显示出该厂房有关的详细信息；

◇“内部设备”栏显示的是该厂房内的设备最大安装能力与已经安装的设备数量，鼠标移至该栏相关信息旁的“ⓘ”标志上，可以看到该厂房内安装的生产设备详情；

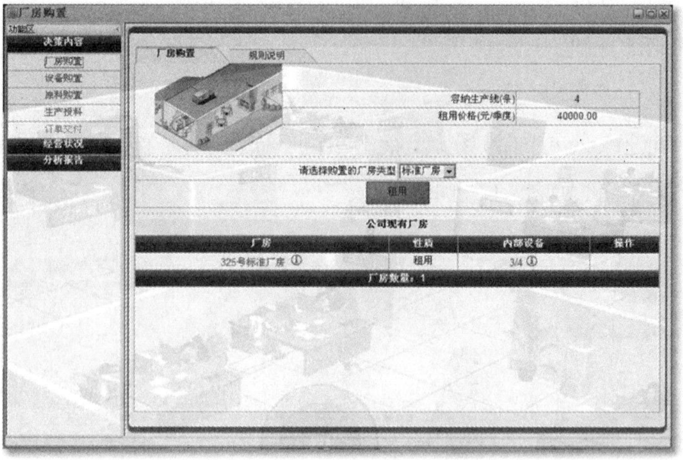

图 11—17　厂房购置

◇ 不需要的厂房可以退租。在退租前需要先卖出厂房内的所有设备，然后才可以退租厂房；

◇ 退租的厂房，则该季度不收取厂房租金。

11.4.1.3　设备购置

在公司场景点击“生产部”，在弹出窗口出选择“决策内容—设备购置”，根据公司生产规模的需要以及现金状况，购买所需要的生产设备（见图 11—18）。

说明：

◇ 生产设备只能购买而不能租用，购买设备时需要支付现金。因此要购买设备前首先确保公司有足够的现金，否则将无法购买成功；

◇ 设备共有三种，分别用于生产对应的产品。在“设备类型”下拉框内选择要购买的设备类别，在“设备安装到厂房”下拉框内选择该设备需要安装到哪个厂房内。点击“购买”，完成对选择设备的购买。如需要购买多种设备，只需要多次操作即可；

◇ 购买了设备以后，在下面能看到公司目前所有厂房以及厂房内安装的所有设备情况。对于刚采购的设备，可以点击该设备名称右边的“撤销”按钮取消购买决策，系统会将收取的设备款退回；

◇ 原来购买的设备，如果没有产品在线上生产且设备上没有安排生产工

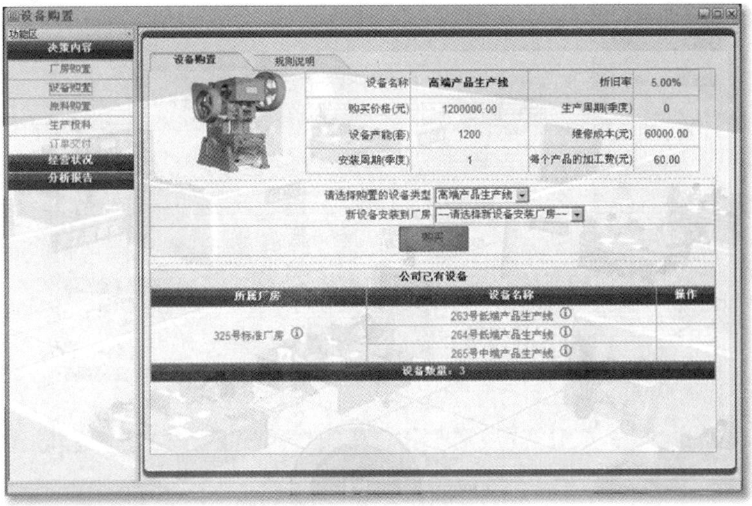

图 11－18　设备购置

人，可以将设备出售，同时收到等同于设备净值的现金；

◇ 设备购买当季不计提折旧费用，原来的设备在出售的季度仍需要收取折旧费用。

11.4.1.4　人员招聘

生产线上的生产工人需要招聘，人员招聘工作由人力资源部完成。在公司场景中点击“人力资源部”，在弹出窗口出选择“决策内容－人员招聘”，根据公司生产设备的配置情况，招聘所需要的生产工人（见图 11－19）。

说明：

◇ 与生产设备相对应，生产工人有三种类型，每一类只能到相应的生产设备上工作。先在“请选择招聘的工人”下选择所需要招聘的工人类别，在“工人安排到生产线”下选择需要安排的岗位，点击“招聘”按钮完成招聘决策；

◇ 新招进来的员工有一个季度的培训期，培训期内员工不能从事生产工作。刚招进来的生产工人可以撤销招聘；

◇ 对以往招聘进来的工人，如不再需要的话可以辞退工人，但需要支付辞退补偿金，同时辞退当季度的工资仍需要支付。

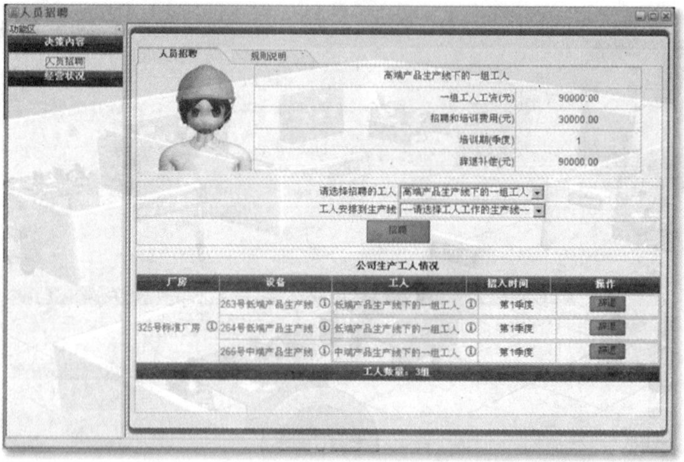

图 11－19　生产人员的招聘

11.4.1.5　原料购置

在公司场景中点击“生产部”，在弹出窗口出选择“决策内容－原料购置”，根据公司生产设备的生产产品类别和产能情况，购买所需要的原料（见图11－20）。

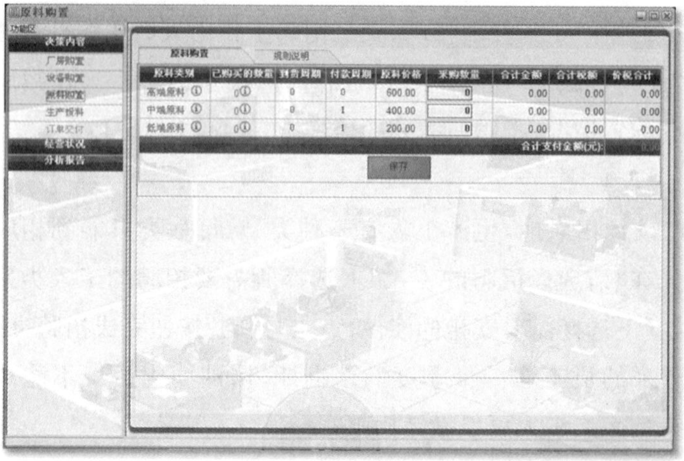

图 11－20　原料购置

说明：

◇ 每一种产品由相应的一种原料构成，原料不会缺货，需要多少均可以买到；

◇ 当季度购买的原料，在未投入生产前可以退货。

11.4.1.6　生产投料

在公司场景点击“生产部”，在弹出窗口出选择“决策内容－生产投料”，分别将原料投入到相应的生产设备上进行生产（见图 11－21）。

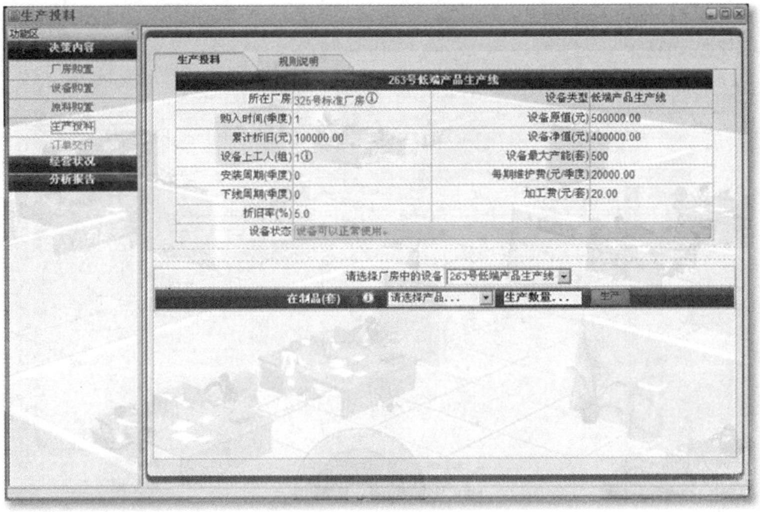

图 11－21　生产投料

说明：

◇ 只有在生产线已经过了安装期，并且生产线上的工人已经转正的情况下，设备才能正常安排生产；

◇ 在“请选择厂房中的设备”下选择需要投入生产的设备，然后根据生产线的设备类型，在“请选择产品”中选择相对应的产品，在下面会显示生产该产品的原料信息。然后填写需要安排的生产数量，点击生产即可完成生产投料操作；

◇ 把鼠标移到“在制品”旁边的“ⓘ”标志，会显示出在制品的相关信息，如不需要生产可以点击撤销。

11.4.1.7　产品报价

公司生产的产品要卖给客户，需要在销售部了解本季度的客户订单信息，并确定参与哪些订单的报价。根据各公司参与订单的报价及广告情况来分配相应的订单。

在公司场景点击“销售部”，在弹出窗口出选择“决策内容－产品报价”，选择需要参与的订单，并在订单最右边的报价框或广告投入框内填入相应的金额（见图 11－22）。

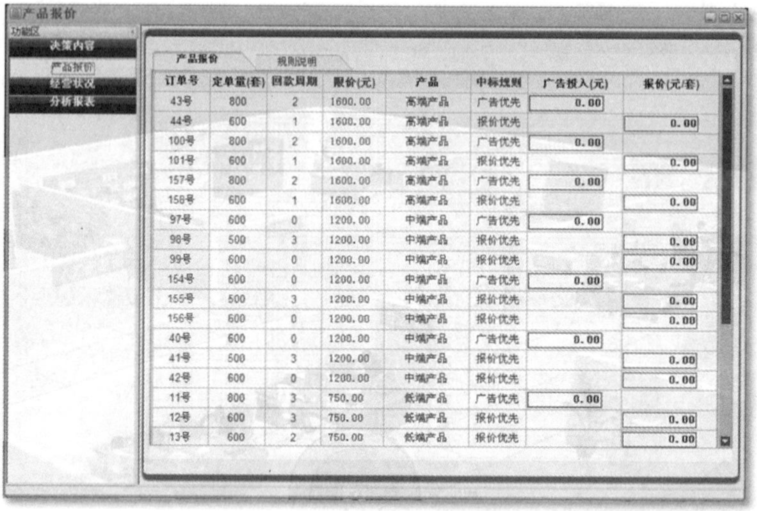

订单号	定单量(套)	回款周期	限价(元)	产品	中标规则	广告投入(元)	报价(元/套)
43号	800	2	1600.00	高端产品	广告优先	0.00	
44号	600	1	1600.00	高端产品	报价优先		0.00
100号	800	2	1600.00	高端产品	广告优先	0.00	
101号	600	1	1600.00	高端产品	报价优先		0.00
157号	800	2	1600.00	高端产品	广告优先	0.00	
158号	600	1	1600.00	高端产品	报价优先		0.00
97号	600	0	1200.00	中端产品	广告优先	0.00	
98号	500	3	1200.00	中端产品	报价优先		0.00
99号	600	0	1200.00	中端产品	报价优先		0.00
154号	600	0	1200.00	中端产品	广告优先	0.00	
155号	500	3	1200.00	中端产品	报价优先		0.00
156号	600	0	1200.00	中端产品	报价优先		0.00
40号	600	0	1200.00	中端产品	广告优先	0.00	
41号	500	3	1200.00	中端产品	报价优先		0.00
42号	600	0	1200.00	中端产品	报价优先		0.00
11号	800	3	750.00	低端产品	广告优先	0.00	
12号	600	3	750.00	低端产品	报价优先		0.00
13号	600	2	750.00	低端产品	报价优先		0.00

图 11－22　销售部的产品报价

说明：

◇订单的中标规则分为“报价优先”和“广告优先”两种情况。如果订单是按广告优先，则投入广告费用最大的公司将赢取订单；如果订单是按报价优先，则报价最低的小组将赢取该订单；

◇可以任意选择需要参与竞争的订单进行报价。公司参与竞争的订单所需采购的产品数量不能超过公司库存产品数量的某个倍数（具体要求由系统设定）；

◇对某一个订单，如果有多家公司报价相同或广告投入金额相同，则订单将分配给最先提交上来的公司。

11.4.1.8　订单交付

在当前季度的主要决策任务均完成后，教师发布任务进入到下一步发货阶段，在公司场景点击“生产部”，在弹出窗口出选择“决策内容－订单交付”，根据公司所接到的订单情况和库存产品的数量情况选择进行交货（见图 11－23）。

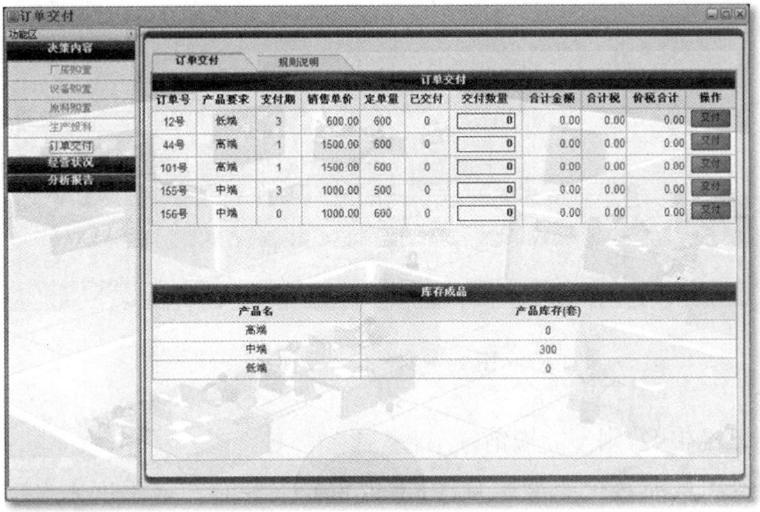

图 11－23　生产部的订单交付

11.4.2　证券市场操作指南

公司在经营达到一定条件后，可以申请发行债券或发行股票。

11.4.2.1　发行债券

在主场景点击“证券交易”市场，然后点击“证券交易”窗口标志，出现债券与股票交易的窗口。点击“决策内容－发行债券”，申请发行公司债券（见图 11－24）。

说明：

◇ 公司填写的“发行金额”不能大于本季度可发行总额和当前可发行金额；

◇ 发行的季度利率由公司自行决定，但要在指定的利率范围内；

◇ 发行周期由公司自行决定，最长不能超过相关规定；

◇ 当季度发行的债券，在没有被其他公司申购的情况下可以撤销发行。如

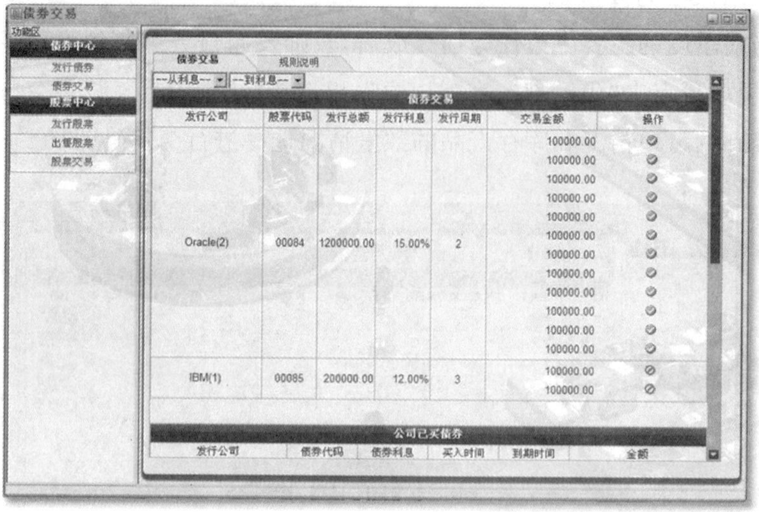

图 11—24　债券交易

其他公司已经申购,则不能撤销;

◇债券利息在每个季度末自动支付,债券到期时在该季度末自动归还本金。

11.4.2.2　债券交易

在弹出窗口出选择“决策内容—债券交易”,可以买入其他公司正在发行的债券或卖出本公司拥有的其他公司的债券。

11.4.2.3　发行股票

在弹出窗口出选择“决策内容—发行股票”,根据公司的经营状况发行股票(见图 11—25)。

说明:

◇公司在达到一定规定的条件时可以向市场发行股票;

◇发行股票的数量不能大于可发行的总股数,不能小于股票发行最低基数;

◇发行价格由公司自行确定,但过高的价格可以没有其他公司来认购。在这种情况下,股票会自动以最低价格发行给系统。

图 11—25　股票交易

11.4.2.4　出售股票

在弹出窗口出选择“决策内容—出售股票”,可出售公司拥有的股票(见图 11—26)。

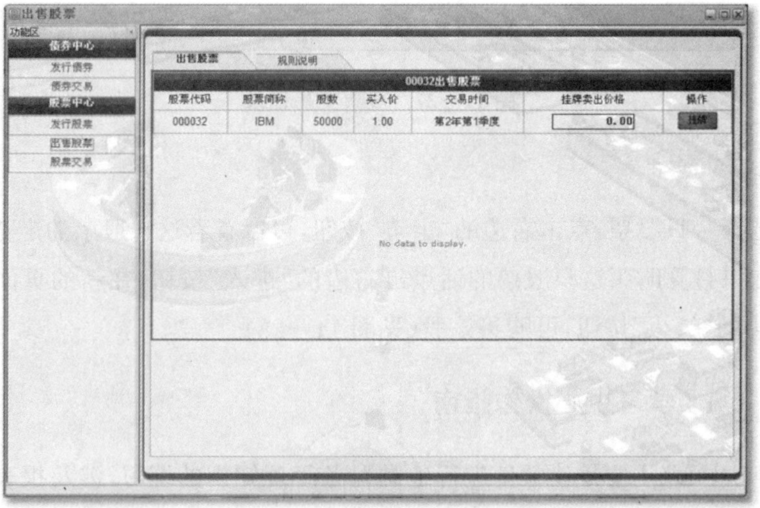

图 11—26　出售股票

说明：

◇ 挂牌卖出的价格由公司自行确定，如果在当季度没有其他公司购买则不能成交，挂牌价格只在当季度有效；

◇ 已挂牌出售的股票，在没有其他公司购买的情况下，可以取消挂牌。

11.4.2.5 股票交易

在弹出窗口出选择“决策内容—股票交易”，可以对所有挂牌出售的股票进行买卖交易(见图 11—27)。

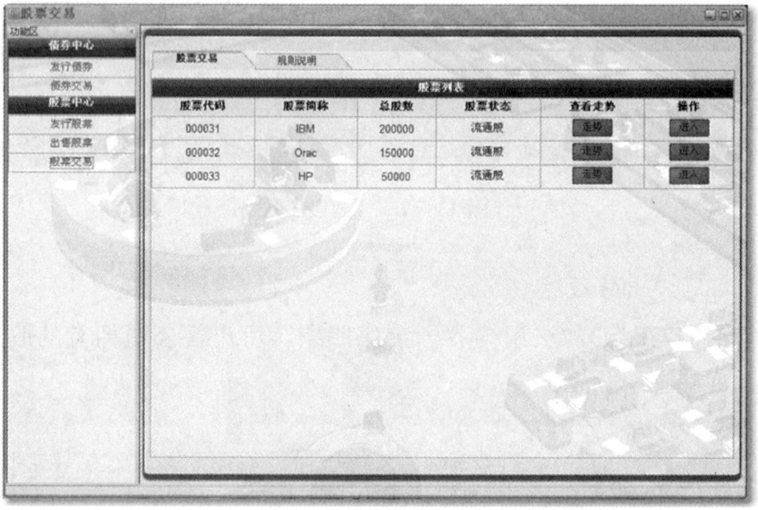

图 11—27 股票交易记录

说明：

◇ 选择一只股票，点击右边的“走势”按钮，可以查看这只股票的走势图；

◇ 如果打算购买这只股票的话点击右边的“进入”按钮，在新的页面中点击股票右边的“买入”按钮，可购买该股(见图 11—28)。

11.4.3 学习中心操作指南

“学习中心”主要是让学生进行各类财务管理知识的练习，涉及报表、成本、预算、分析等内容。在主场景点击“学习中心”或在导航仪表盘上点击“学习”按钮，可进入到学习中心内部。然后点击“学习中心”标志，在弹出窗口出选择相

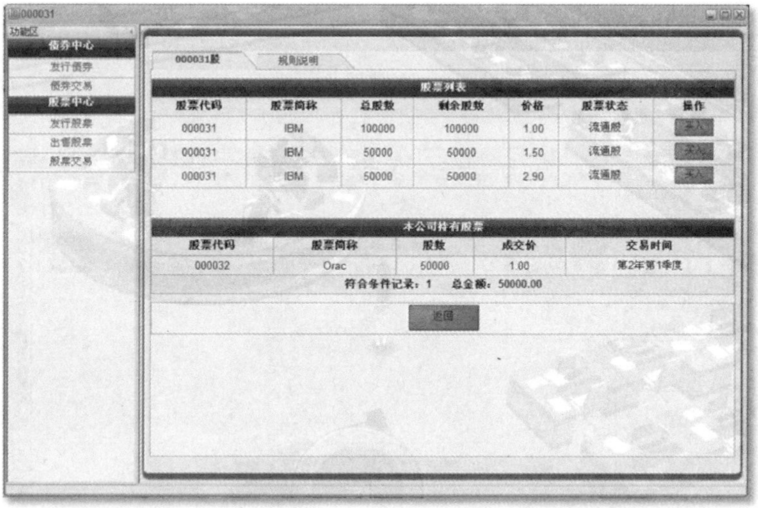

图 11－28　股票中心

应功能进行练习(见图 11－29)。

图 11－29　学习中心

11.4.3.1 财务报表练习

在弹出窗口出选择“财务报表练习－利润表”，可进行利润表的生成填写练习(见图 11－30 和图 11－31)。

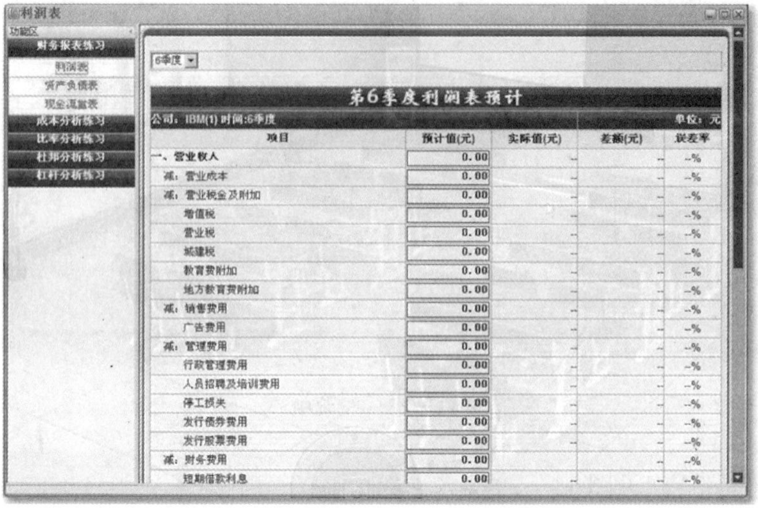

图 11－30　第六季利润表预测

说明：

◇ 报表练习是在每个季度结束前进行，根据本季度的经营计划与预计情况，对利润表的各项目进行预计，并将预计数据填写到相应的栏目中。填写完数据后，点击保存；

◇ 在本季度结束后，系统会自动生成实际的报表数据，显示在“实际值”列，并计算出与预算数据的差额及误差率；

◇ 在上面的季度选择框中选择以往的季度，可以查看该季度的预计报表数据与实际数据的对比情况。

◇ 在菜单中选择“资产负债表”和“现金流量表”可分别进行这两个报表的预计练习(见图 11－31)。

11.4.3.2 成本分析练习

在弹出窗口出选择“成本分析练习－销售收入预测”，填写本季度的销售收入预测数据(见图 11－32)。

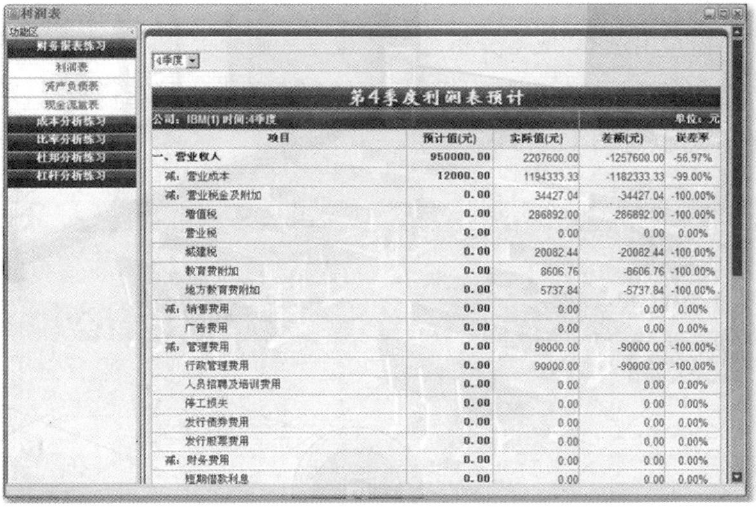

图 11—31　第四季度利润表预测

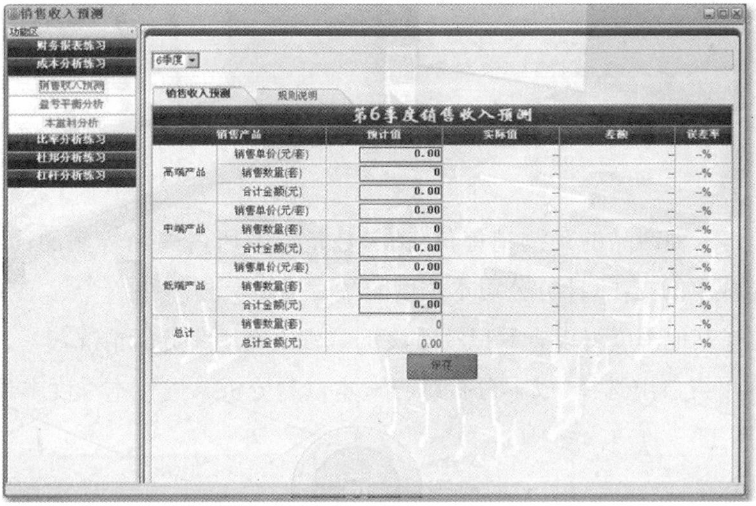

图 11—32　销售收入预测

说明：

◇ 在“预计值”列填入本季度的预计销售数据，季度结束后系统会自动显示实际值及对比数据。选择其他季度可以查看以往季度的销售收入预测及实际数据对比。

在弹出窗口出选择“成本分析练习—盈亏平衡分析”，进行本季度盈亏平衡分析练习。在多产品销售的情况下，根据销售额所占比重进行假设，预测公司的盈亏平衡状况(见图11—33)。

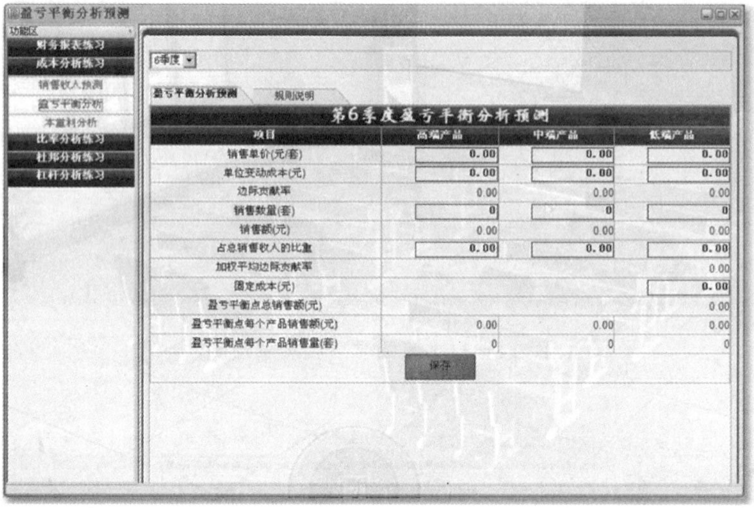

图11—33　盈亏平衡分析

说明：

◇填写三种产品的预测销售价、销售数量以及所占总销售额的比重，预测公司固定成本的支出，计算公司本季度的盈亏平衡状况；

◇选择其他季度可以查看以往季度的盈亏平衡预测分析情况。

在弹出窗口出选择“成本分析练习—本量利分析”，进行本季度本量利分析练习(见图11—34)。

说明：

◇根据各产品的预计收入的情况，填写各产品的变动成本和各项固定成本，分析在预测的销售收入及各项成本情况下公司的预计盈利情况。

11.4.3.3　比率分析练习

在弹出窗口出选择“比率分析练习—财务比率分析”，练习本季度的各项财务比率分析(见图11—35)。

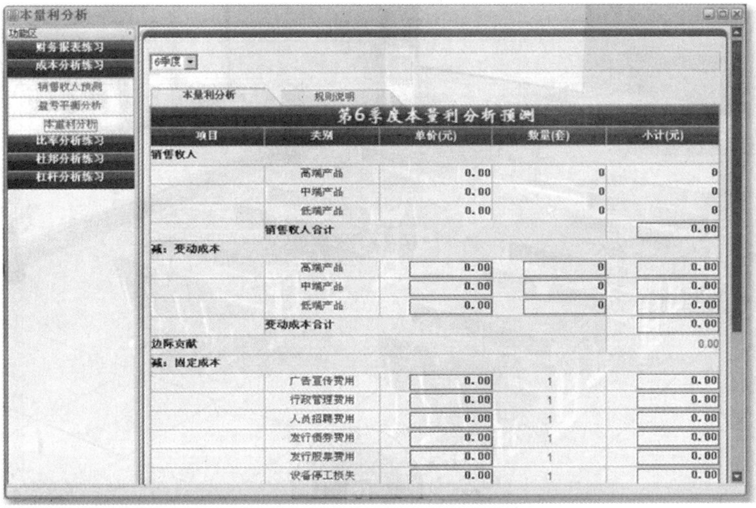

图 11－34　本量利分析

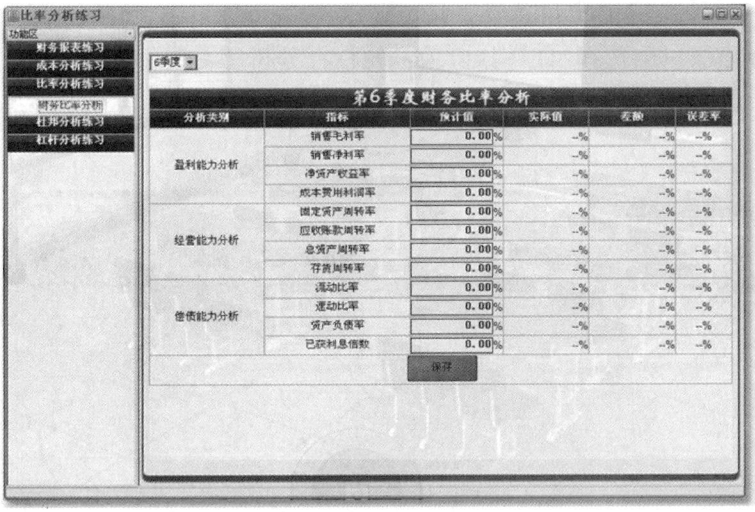

图 11－35　财务比率分析

11.4.3.4　比率分析练习

在弹出窗口出选择“杜邦分析练习－杜邦指标分析”，练习本季度的杜邦指标分析(见图 11－36)。

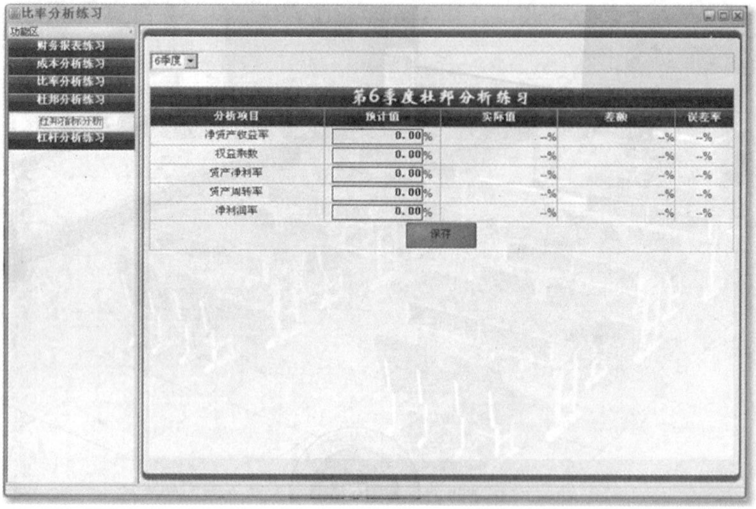

图 11－36　杜邦分析练习

11.4.3.5　比率分析练习

在弹出窗口出选择“杠杆分析练习－杠杆分析练习”，练习本季度的杠杆指标分析(见图 11－37)。

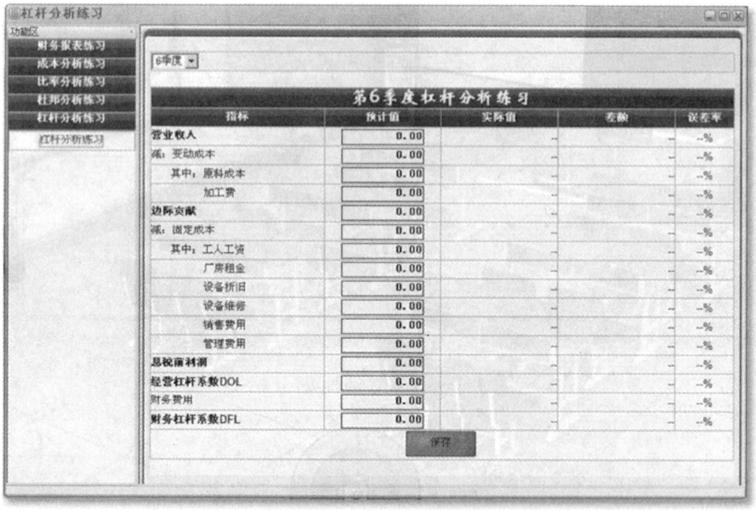

图 11－37　杠杆分析练习

11.4.4　查询分析功能操作指南

11.4.4.1　财务部数据查询分析

(1)查看经营状况

在公司场景中点击“财务部”,在弹出窗口中选择“经营状况－经营状况”,可以查看到公司已经支出的各项基本费用、应收票据、应付账款、银行借款等信息(见图 11－38)。

图 11－38　财务部查看经营状况

在应收票据栏中,如果公司有应收票据,可以随时贴现以回收现金,贴现时需要根据贴现率支付贴现利息(见图 11－39)。

(2)查看财务报表

在公司场景中点击“财务部”,在弹出窗口中选择“经营状况－利润表”,可以查看到公司各个季度利润表的信息。同样,可以选择查看资产负债表和现金流量表(见图 11－40)。

(3)查看成本分析

在公司场景中点击“财务部”,在弹出窗口中选择“成本分析－销售分析”,可以查看到公司各个季度的销售收入分析数据(见图 11－41)。

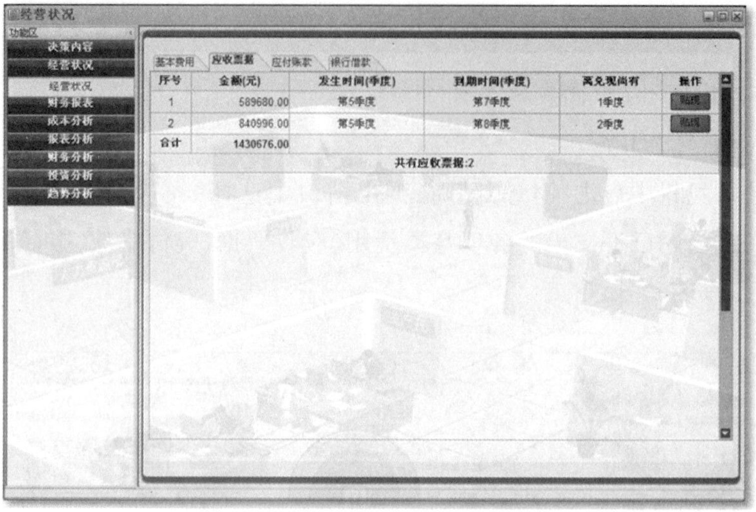

图 11－39　财务部查看应收票据

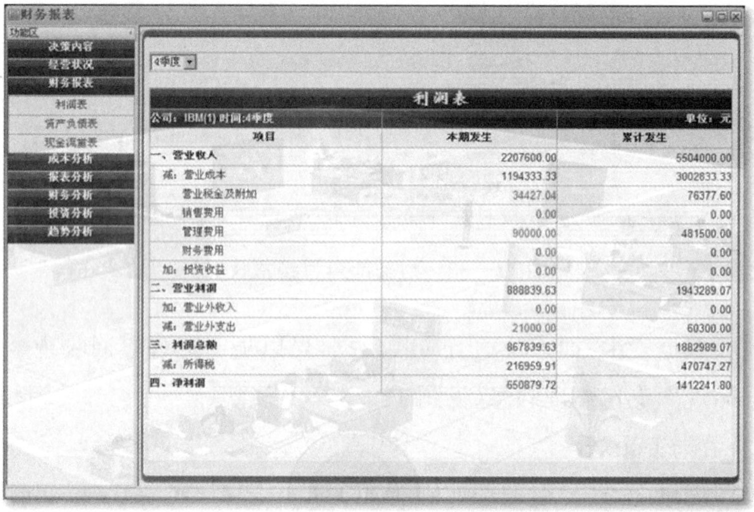

图 11－40　财务部查看利润表

在弹出窗口中选择“成本分析—本量利分析”，可以查看到公司成本、销量与利润的本量利分析表（见图 11－42 和图 11－43）。

（4）查看报表分析

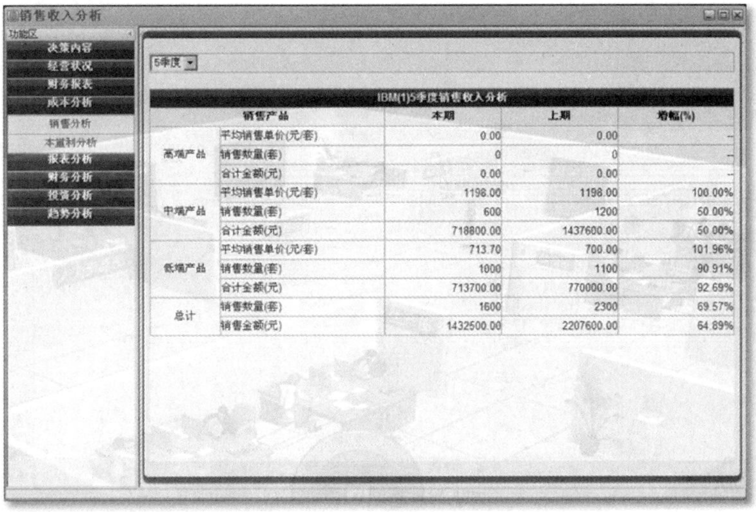

图 11－41　查看成本分析

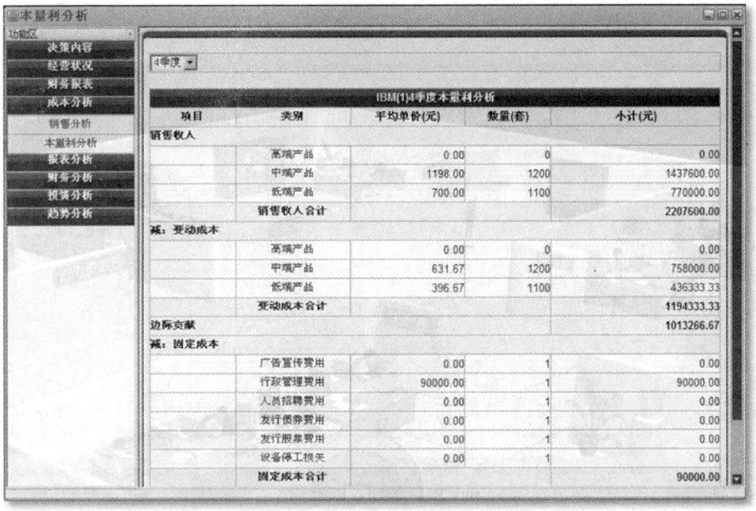

图 11－42　查看本量利分析

在公司场景中点击“财务部”，在弹出窗口中选择“报表分析－流动资产”，可以查看资产负债表中流动资产各项目的变化情况(见图 11－43 至图 11－46)。

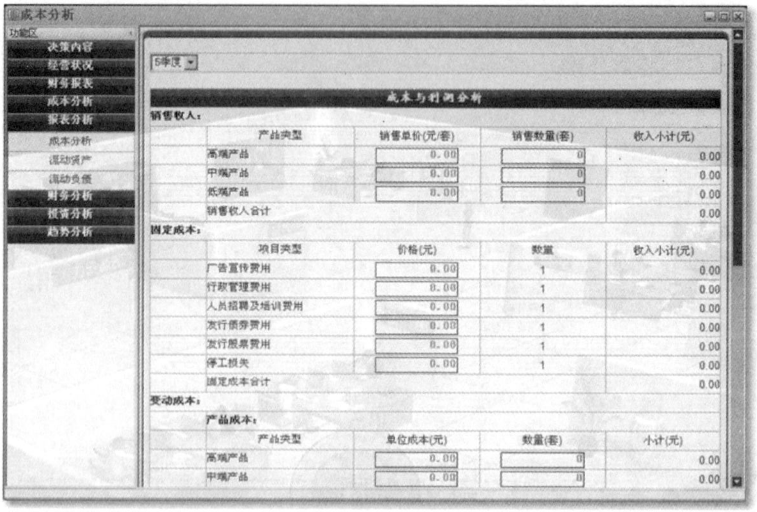

图 11—43　查看利润分析

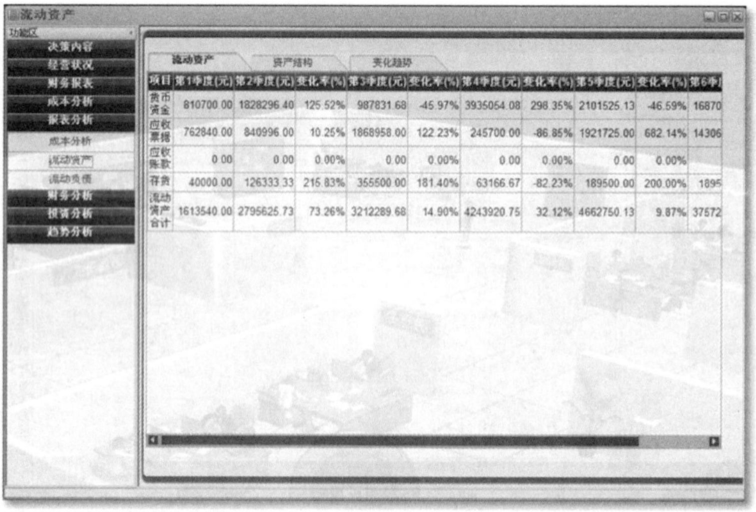

图 11—44　查看流动资产状况

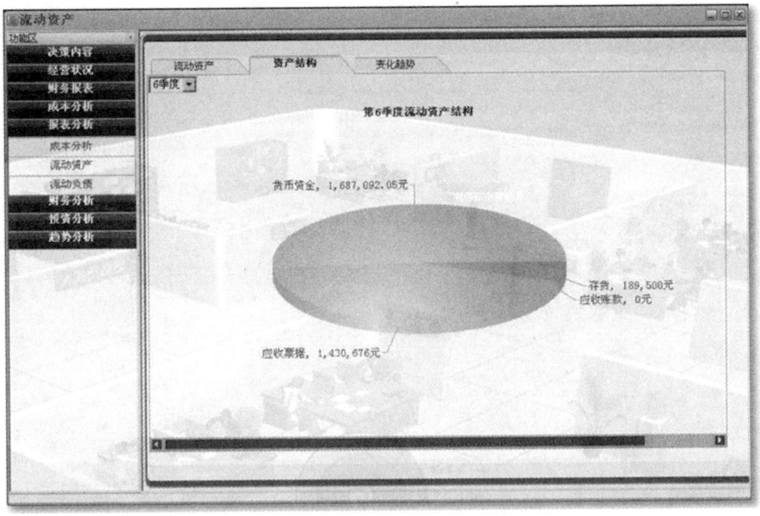

图 11－45　查看资产结构状况

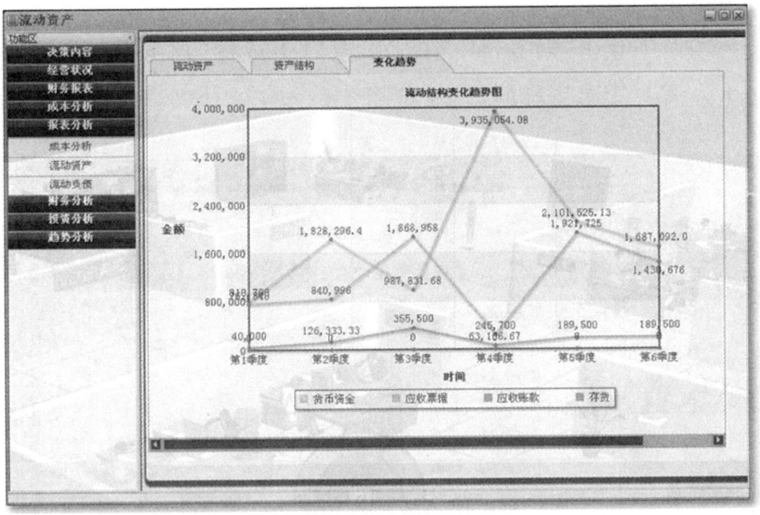

图 11－46　查看流动资产结构变化趋势

在弹出窗口中选择“报表分析－流动负债”，可以查看资产负债表中流动负债各项目的变化情况（见图 11－47）。

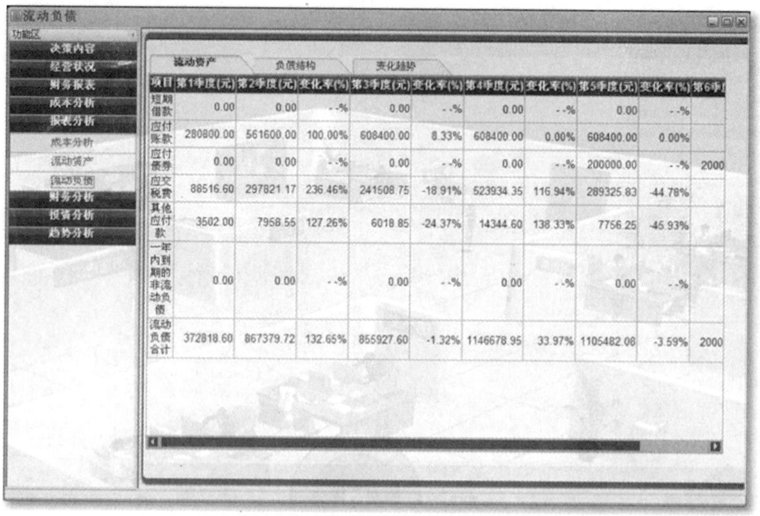

项目	第1季度(元)	第2季度(元)	变化率(%)	第3季度(元)	变化率(%)	第4季度(元)	变化率(%)	第5季度(元)	变化率(%)	第6季
短期借款	0.00	0.00	--%	0.00	--%	0.00	--%	0.00	--%	
应付账款	280800.00	561600.00	100.00%	608400.00	8.33%	608400.00	0.00%	608400.00	0.00%	
应付债券	0.00	0.00	--%	0.00	--%	0.00	--%	200000.00	--%	2000
应交税费	88516.60	297821.17	236.46%	241508.75	-18.91%	523934.35	116.94%	289325.83	-44.78%	
其他应付款	3502.00	7958.55	127.26%	6018.85	-24.37%	14344.60	138.33%	7756.25	-45.93%	
一年内到期的非流动负债	0.00	0.00	--%	0.00	--%	0.00	--%	0.00	--%	
流动负债合计	372818.60	867379.72	132.65%	855927.60	-1.32%	1146678.95	33.97%	1105482.08	-3.59%	2000

图 11—47　查看流动负债变化

(5)查看财务分析

在公司场景中点击“财务部”，在弹出窗口中选择“财务分析—比率分析”，可以查看主要财务比率指标的数据(见图 11—48)。

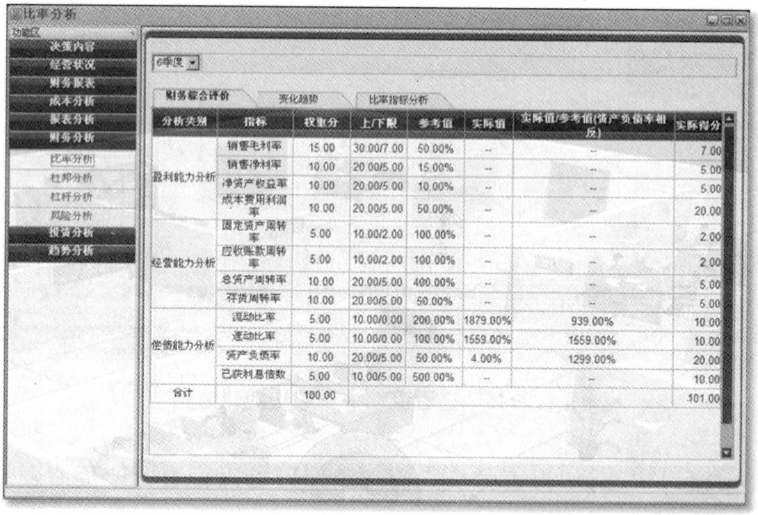

分析类别	指标	权重分	上/下限	参考值	实际值	实际值/参考值(资产负债率相反)	实际得分
盈利能力分析	销售毛利率	15.00	30.00/7.00	50.00%	--	--	7.00
	销售净利率	10.00	20.00/5.00	15.00%	--	--	5.00
	净资产收益率	10.00	20.00/5.00	10.00%	--	--	5.00
	成本费用利润率	10.00	20.00/5.00	50.00%	--	--	20.00
经营能力分析	固定资产周转率	5.00	10.00/2.00	100.00%	--	--	2.00
	应收账款周转率	5.00	10.00/2.00	100.00%	--	--	2.00
	总资产周转率	10.00	20.00/5.00	400.00%	--	--	5.00
	存货周转率	10.00	20.00/5.00	50.00%	--	--	5.00
偿债能力分析	流动比率	5.00	10.00/0.00	200.00%	1879.00%	939.00%	10.00
	速动比率	5.00	10.00/0.00	100.00%	1559.00%	1559.00%	10.00
	资产负债率	10.00	20.00/5.00	50.00%	4.00%	1299.00%	20.00
	已获利息倍数	5.00	10.00/5.00	500.00%	--	--	10.00
合计		100.00					101.00

图 11—48　查看财务分析—比率分析

在弹出窗口中选择“财务分析一杜邦分析”，可以查看杜邦分析数据（见图 11—49）。

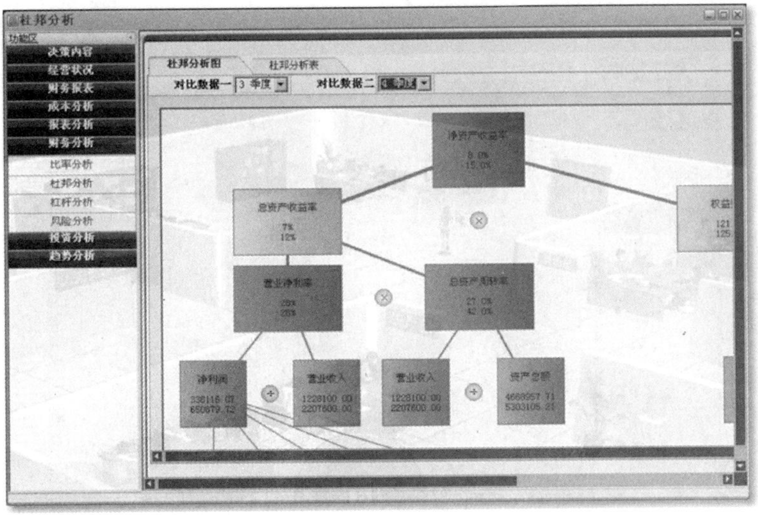

图 11—49　查看财务分析一比率分析数据

在弹出窗口中选择“财务分析一杠杆分析”，可以查看杠杆分析数据（见图 11—50）。

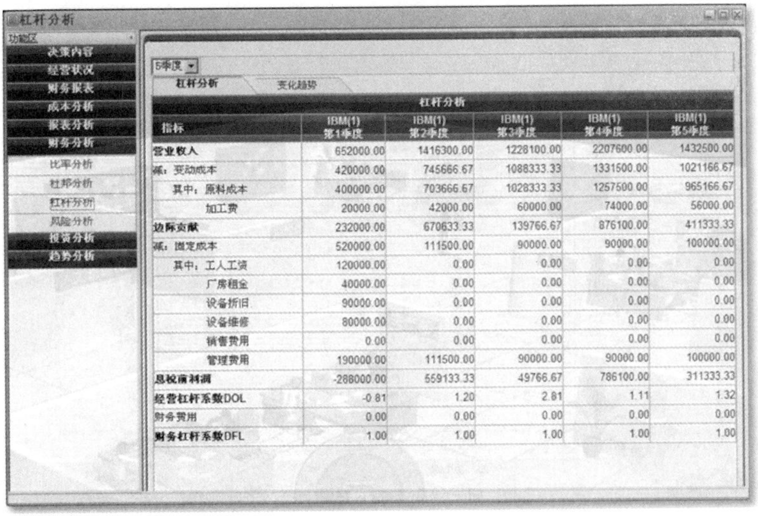

指标	IBM(1) 第1季度	IBM(1) 第2季度	IBM(1) 第3季度	IBM(1) 第4季度	IBM(1) 第5季度
营业收入	652000.00	1416300.00	1228100.00	2207600.00	1432500.00
减：变动成本	420000.00	745666.67	1088333.33	1331500.00	1021166.67
其中：原料成本	400000.00	703666.67	1028333.33	1257500.00	965166.67
加工费	20000.00	42000.00	60000.00	74000.00	56000.00
边际贡献	232000.00	670633.33	139766.67	876100.00	411333.33
减：固定成本	520000.00	111500.00	90000.00	90000.00	100000.00
其中：工人工资	120000.00	0.00	0.00	0.00	0.00
厂房租金	40000.00	0.00	0.00	0.00	0.00
设备折旧	90000.00	0.00	0.00	0.00	0.00
设备维修	80000.00	0.00	0.00	0.00	0.00
销售费用	0.00	0.00	0.00	0.00	0.00
管理费用	190000.00	111500.00	90000.00	90000.00	100000.00
息税前利润	-288000.00	559133.33	49766.67	786100.00	311333.33
经营杠杆系数DOL	-0.81	1.20	2.81	1.11	1.32
财务费用	0.00	0.00	0.00	0.00	0.00
财务杠杆系数DFL	1.00	1.00	1.00	1.00	1.00

图 11—50　查看财务分析一杠杆分析数据

在弹出窗口中选择"财务分析—风险分析",可以查看风险分析数据并进行风险假设分析(见图 11—51)。

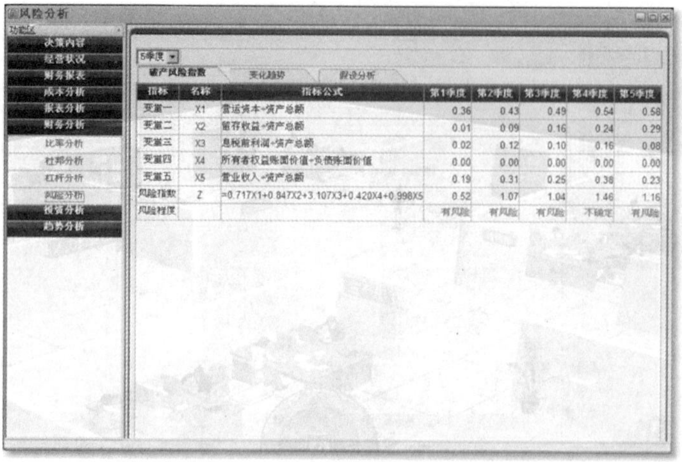

图 11—51　查看财务分析—风险杠杆分析数据

(6)查看投资分析

在公司场景中点击"财务部",在弹出窗口中选择"投资分析—债券投资",可以查看公司债券投资及收益情况(见图 11—52)。

图 11—52　查看债券投资

在弹出窗口中选择“投资分析—股票投资”，可以查看公司股票投资及收益情况（见图 11—53）。

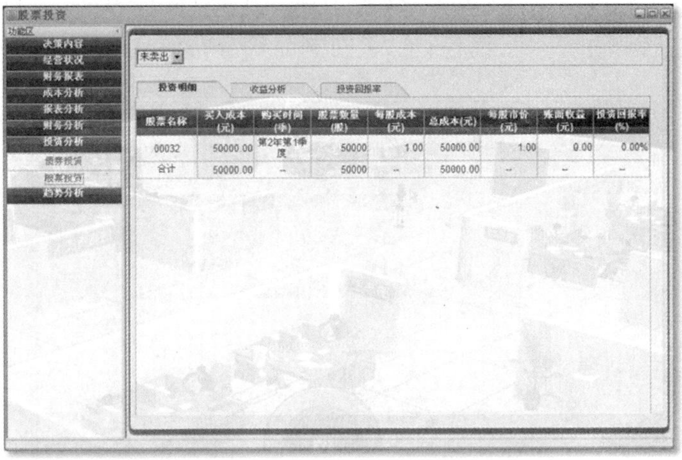

图 11—53　查看股票投资

（7）查看趋势分析

在公司场景中点击“财务部”，在弹出窗口中选择“趋势分析—利润表—营业收入”，可以查看公司报表项目的变化趋势及数据（见图 11—54）。

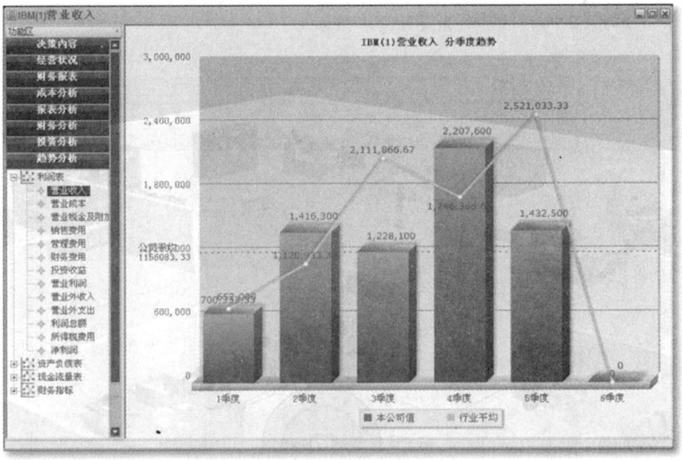

图 11—54　查看趋势分析—利润表—营业收入

11.4.4.2　生产部数据查询分析

(1)查看经营状况

在公司场景中点击“生产部”，在弹出窗口中选择“经营状况”，可以查看到公司生产制造部门的厂房、设备、工人、在制品等分布信息(见图 11－55)。

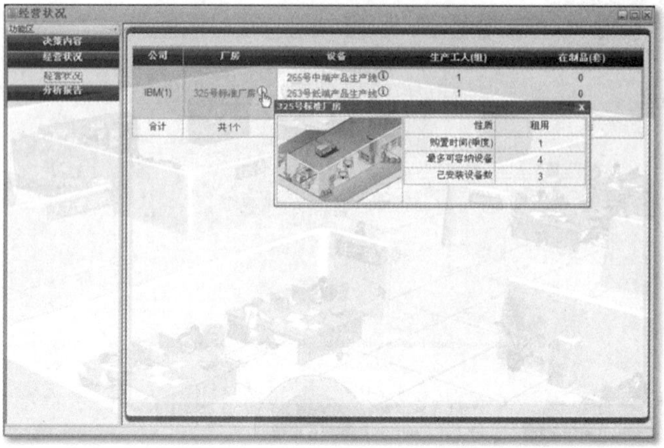

图 11－55　查看生产部经营状况

(2)查看分析报告

在公司场景中点击“生产部”，在弹出窗口中选择“分析报告－分析报告”，可以查看到公司原料和产品信息情况(见图 11－56)。

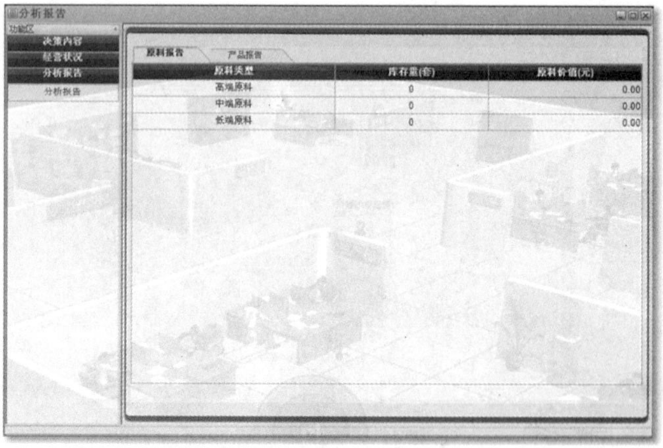

图 11－56　查看生产部分析报告

11.4.4.3　人力资源部数据查询分析

在公司场景中点击“人力资源”，在弹出窗口中选择“经营状况”，可以查看到公司生产制造部门的厂房、设备、工人，工资等信息（见图 11－57）。

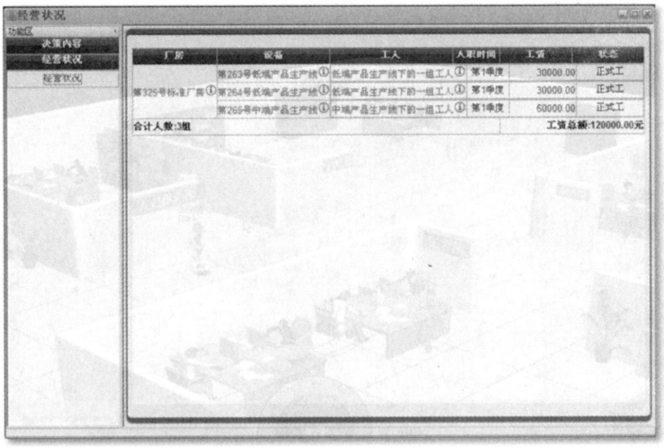

图 11－57　查看人力资源经营状况

11.4.4.4　营销部数据查询分析

（1）查看经营状况

在公司场景中点击“营销部”，在弹出窗口中选择“经营状况”，可以查看到公司在各个季度得到的订单并且交付信息（见图 11－58）。

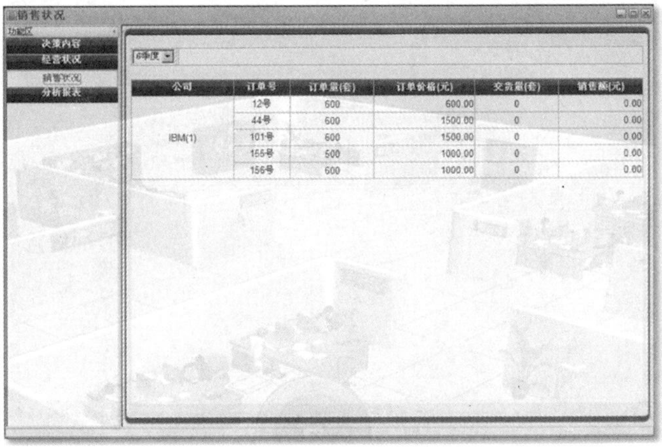

图 11－58　查看营销部经营状况

(2)查看分析报告

在公司场景中点击“营销部”,在弹出窗口中选择“分析报告－市场表现”,可以查看到公司各季度的市场占有量的饼状图和柱状图(见图 11－59)。

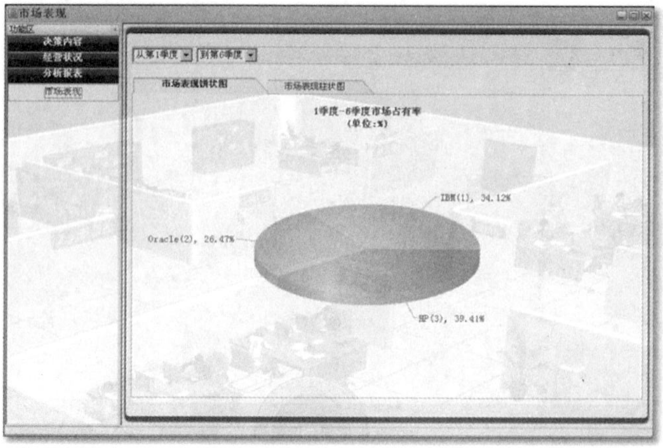

图 11－59　查看营销部分析报告－市场表现

11.4.4.5　投资部数据查询分析

(1)查看经营状况

在公司场景中点击“投资部”,在弹出窗口中选择“经营状况－债券信息”,可以查看到公司购买的债券的信息(见图 11－60)。

图 11－60　查看投资部经营状况－债券信息

在弹出窗口中选择“经营状况－股票信息”，可以查看到公司购买的股票的信息(见图 11－61)。

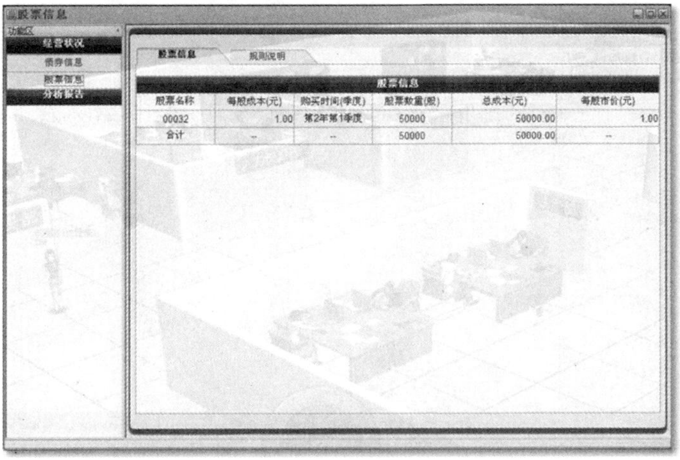

图 11－61　查看投资部经营状况－债股票信息

(2)查看分析报告

在公司场景中点击“投资部”，在弹出窗口中选择“分析报告－债券投资”，可以查看到公司已到期和未到期的债券投资信息和收益分析(见图 11－62)。

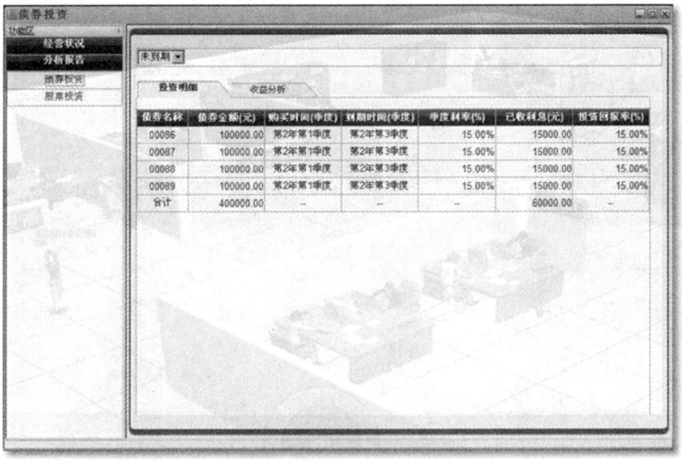

图 11－62　查看投资部经营状况－债券投资

在弹出窗口中选择“分析报告—股票投资”，可以查看到公司已卖出和未卖出的股票投资信息，收益分析和投资回报率（见图 11—63）。

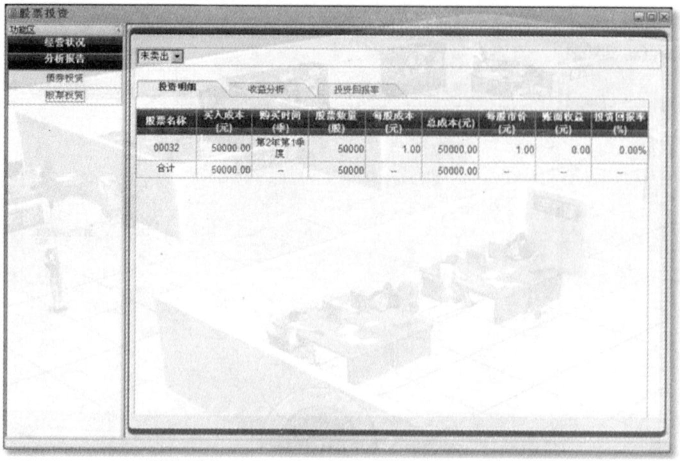

图 11—63　查看投资部分析报告—股票投资

11.4.4.6　总经理数据查询分析

(1)管理驾驶舱

在公司场景中点击“总经理”，在弹出窗口中选择“管理驾驶舱—财务管理”，可以查看到公司关键财务绩效指标的数据及行业平均值（见图 11—64）。

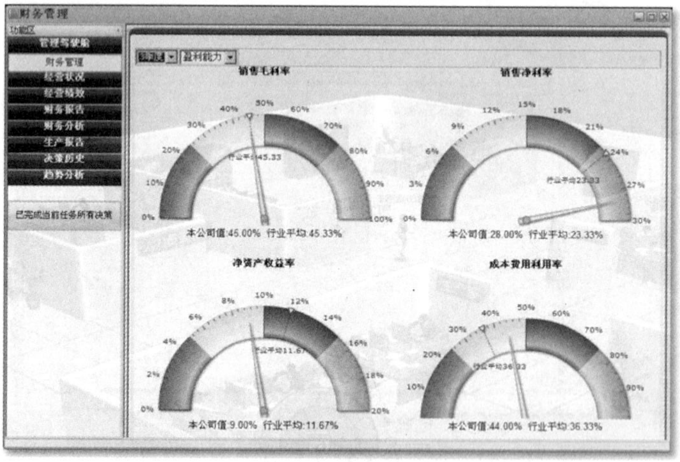

图 11—64　查看总经理分析报告—股票投资

(2)经营状况

在弹出窗口中选择“经营状况”，可以实时查看各部门的主要经营数据。这里查看到的数据资料与各部门查看到的相关资料一致(见图 11—65)。

图 11—65　查看总经理经营状况

(3)经营绩效

①综合表现

在弹出窗口中选择“经营绩效—综合表现”，可以查看到公司总体经营绩效评价分数与排名情况。综合表现分数是最终各公司的排名分数(见图 11—66)。

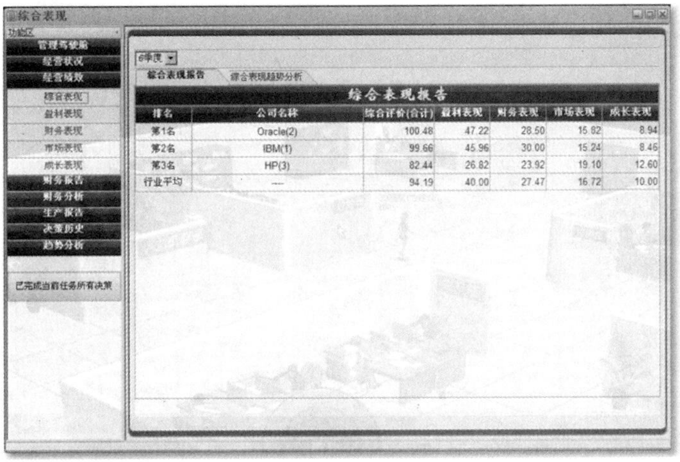

图 11—66　查看总经理部经营绩效—综合表现

②盈利表现

在弹出窗口中选择“经营绩效一盈利表现”，可以查看综合表现中的盈利表现分数(见图 11—67)。

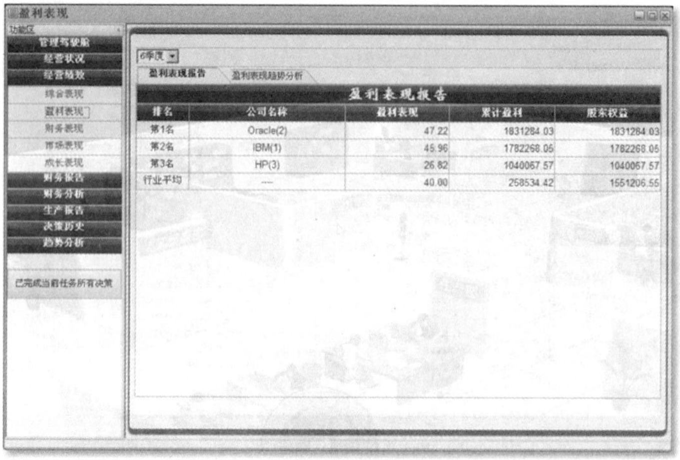

图 11—67　查看总经理部经营绩效一盈利表现

③财务表现

在弹出窗口中选择“经营绩效一财务表现”，可以查看综合评价中的财务表现分数(见图 11—68)。

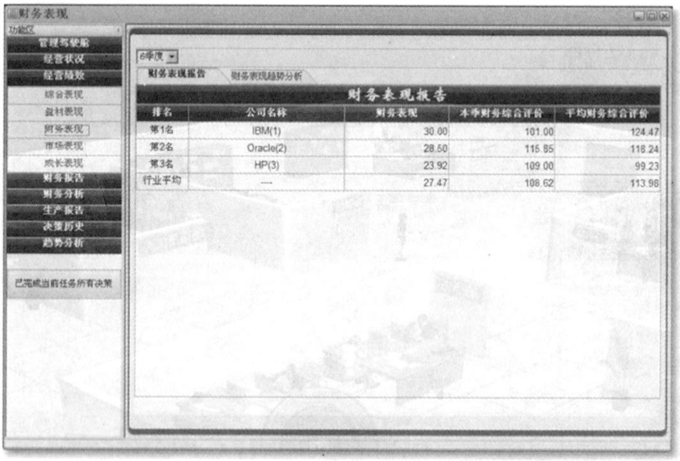

图 11—68　查看总经理部经营绩效一财务表现

④市场表现

在弹出窗口中选择“经营绩效—市场表现”，可以查看综合评价中的市场表现分数（见图 11—69）。

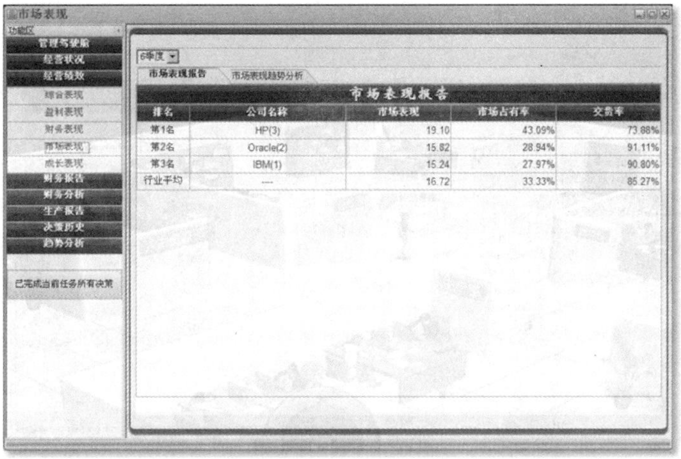

图 11—69 查看总经理部经营绩效—市场表现

⑤成长表现

在弹出窗口中选择“经营绩效—成长表现”，可以查看综合评价中的成长表现分数（见图 11—70）。

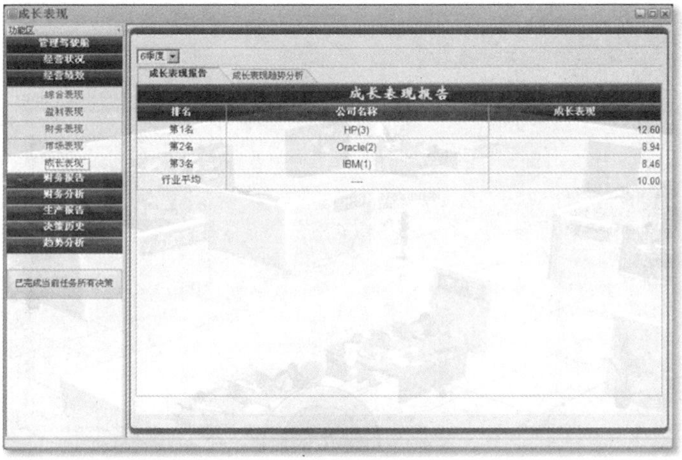

图 11—70 查看总经理部经营绩效—成长表现

(4)财务报告

在弹出窗口中选择“财务报告”,可以查看到公司各个季度的三张财务报表(见图11—71)。

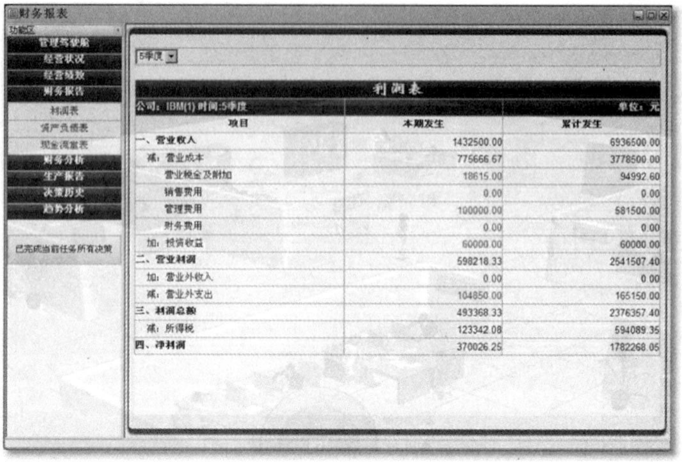

图11—71 查看总经理部财务报告

(5)财务分析

在弹出窗口中选择“财务分析”,可以查看到公司各个季度的财务分析指标,包括比率分析、杜邦分析、杠杆分析、风险分析(见图11—72)。

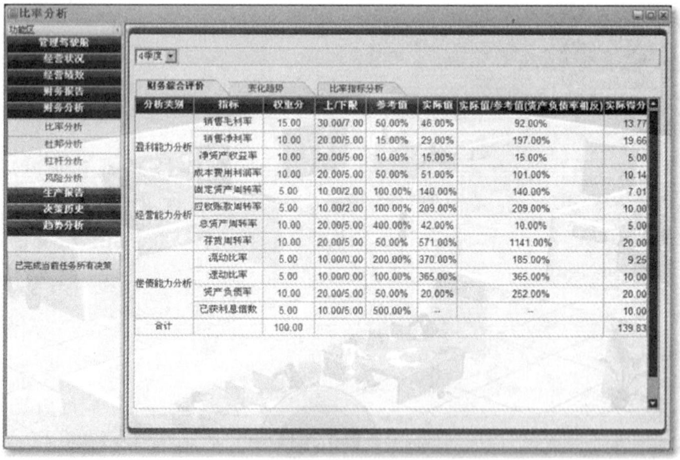

图11—72 查看总经理部财务分析

(6)生产报告

在弹出窗口中选择“生产报告”,可以查看到公司的厂房、设备、工人以及库存产品等与生产有关的信息。

(7)历史决策

在弹出窗口中选择“决策历史”,可以查看到公司各个季度的历史决策信息(见图 11—73)。

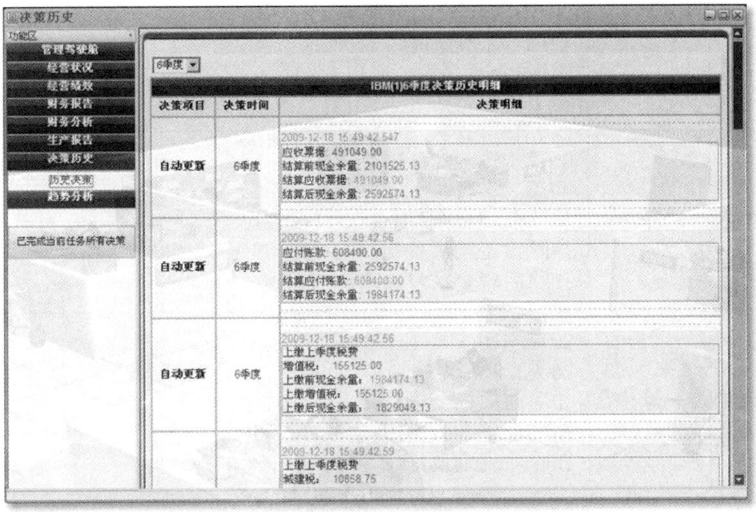

图 11—73　查看总经理部历史决策

(8)查看趋势分析

在弹出窗口中选择“趋势分析”,展开菜单后,选择点击要查看的报表项目,可以查看该项目在各个季度的数据变化趋势。

11.5　某公司第一季度操作历史记录(见表 11—1)

表 11—1　　某股份有限公司(5)一季度决策历史明细

决策项目	决策时间	决策明细
自动更新	一季度	2017—10—20 15:18:19.553 季度初公司现金:3 000 000.00

续表

决策项目	决策时间	决策明细
自动更新	一季度	2017—10—20 15:18:19.6 自动更新利润表!
自动更新	一季度	2017—10—20 15:18:19.677 自动更新资产负债表!
自动更新	一季度	2017—10—20 15:18:19.68 已进入第1年第1季度请开始经营
租用厂房	一季度	2017—10—20 15:20:31.153 租用：标准厂房 季度租金:40 000.00 租金将在每季度末支付!
购买生产线	一季度	2017—10—20 15:22:57.873 购买：低端 L1 扣除前现金余量：3 000 000.00 扣除设备购买费用:500 000.00 扣除后现金余量:2 500 000.00
购买生产线	一季度	2017—10—20 15:25:10.747 购买：低端 L1 扣除前现金余量：2 500 000.00 扣除设备购买费用:500 000.00 扣除后现金余量:2 000 000.00
采购原料	一季度	2017—10—20 15:27:45.96 采购原料:低端原料 购买数量:500 扣除前现金余量:2 000 000.00 扣除原料采购费用:100 000.00 扣除进项税:17 000.00 扣除后现金余量:1 883 000.00
招聘生产工人	一季度	2017—10—20 15:29:32.0 招聘：2598 号低端 L1 下的一组工人 招聘前现金余量：1 883 000.00 扣除招聘费用:10 000.00 扣除后现金余量:1 873 000.00
招聘生产工人	一季度	2017—10—20 15:29:53.777 招聘：2603 号低端 L1 下的一组工人 招聘前现金余量：1 873 000.00 扣除招聘费用:10 000.00 扣除后现金余量:1 863 000.00

续表

决策项目	决策时间	决策明细
采购原料	一季度	2017—10—20 15:30:55.097 采购原料:低端原料 购买数量:500 扣除前现金余量:1 863 000.00 扣除原料采购费用:100 000.00 扣除进项税:17 000.00 扣除后现金余量:1 746 000.00
生产制造	一季度	2017—10—20 15:31:22.08 生产产品:生产 低端产品 生产数量:500
生产制造	一季度	2017—10—20 15:33:33.35 生产产品:生产 低端产品 生产数量:500
采购原料	一季度	2017—10—20 15:36:33.897 采购原料:低端原料 购买数量:1 000 扣除前现金余量:1 746 000.00 扣除原料采购费用:200 000.00 扣除进项税:34 000.00 扣除后现金余量:1 512 000.00
购买生产线	一季度	2017—10—20 15:37:47.593 购买: 低端 L1 扣除前现金余量: 1 512 000.00 扣除设备购买费用:500 000.00 扣除后现金余量:1 012 000.00
购买生产线	一季度	2017—10—20 15:38:45.167 购买: 低端 L1 扣除前现金余量: 1 012 000.00 扣除设备购买费用:500 000.00 扣除后现金余量:512 000.00
招聘生产工人	一季度	2017—10—20 15:39:07.95 招聘: 2614 号低端 L1 下的一组工人 招聘前现金余量: 512 000.00 扣除招聘费用:10 000.00 扣除后现金余量:502 000.00

续表

决策项目	决策时间	决策明细
招聘生产工人	一季度	2017—10—20 15:39:21.507 招聘：2615 号低端 L1 下的一组工人 招聘前现金余量：502 000.00 扣除招聘费用:10 000.00 扣除后现金余量:492 000.00
生产制造	一季度	2017—10—20 15:39:50.073 生产产品:生产 低端产品 生产数量:500
生产制造	一季度	2017—10—20 15:40:08.5 生产产品:生产 低端产品 生产数量:500
订单报价	一季度	2017—10—20 16:10:43.453 订单报价 订单编号:1 订单报价:620.0 广告投入:20 000.00 申报数量:1 000.00 扣除前现金余量:492 000.00 扣除广告投入:20 000.00 扣除后现金余量:472 000.00
订单报价	一季度	2017—10—20 16:10:43.487 订单报价 订单编号:25 订单报价:498.0 广告投入:6 000.00 申报数量:1 000.00 扣除前现金余量:472 000.00 扣除广告投入:6 000.00 扣除后现金余量:466 000.00
自动更新	一季度	2017—10—20 16:38:36.79 成品成本—2598 号生产线工人工资 工资合计:30 000.00 本笔现金将在期末支付!
自动更新	一季度	2017—10—20 16:38:36.813 成品成本—1016 号厂房租金费用 厂房租金:40 000.00 厂房下在生产设备数量:4 2598 设备将占有其中:10 000.00 本笔现金将在期末支付!

续表

决策项目	决策时间	决策明细
自动更新	一季度	2017—10—20 16:38:36.843 成品成本—2598 号设备生产产品加工费用 设备加工费用:15.00/个 合计加工费用:7 500.00 厂房折旧费用:0.00 下线成品数量:500.00 合计分摊成本:47 500.00 除原材料以外成本:95.00/个 本笔现金将在期末支付!
自动更新	一季度	2017—10—20 16:38:36.893 成品成本—2603 号生产线工人工资 工资合计:30 000.00 本笔现金将在期末支付!
自动更新	一季度	2017—10—20 16:38:36.92 成品成本—1016 号厂房租金费用 厂房租金:40 000.00 厂房下在生产设备数量:4 2603 设备将占有其中:10 000.00 本笔现金将在期末支付!
自动更新	一季度	2017—10—20 16:38:36.943 成品成本—2603 号设备生产产品加工费用 设备加工费用:15.00/个 合计加工费用:7 500.00 厂房折旧费用:0.00 下线成品数量:500.00 合计分摊成本:47 500.00 除原材料以外成本:95.00/个 本笔现金将在期末支付!
自动更新	一季度	2017—10—20 16:38:36.993 成品成本—2614 号生产线工人工资 工资合计:30 000.00 本笔现金将在期末支付!
自动更新	一季度	2017—10—20 16:38:37.02 成品成本—1016 号厂房租金费用 厂房租金:40 000.00 厂房下在生产设备数量:4 2614 设备将占有其中:10 000.00 本笔现金将在期末支付!

续表

决策项目	决策时间	决策明细
自动更新	一季度	2017—10—20 16:38:37.043 成品成本—2614 号设备生产产品加工费用 设备加工费用:15.00/个 合计加工费用:7 500.00 厂房折旧费用:0.00 下线成品数量:500.00 合计分摊成本:47 500.00 除原材料以外成本:95.00/个 本笔现金将在期末支付!
自动更新	一季度	2017—10—20 16:38:37.1 成品成本—2615 号生产线工人工资 工资合计:30 000.00 本笔现金将在期末支付!
自动更新	一季度	2017—10—20 16:38:37.137 成品成本—1016 号厂房租金费用 厂房租金:40 000.00 厂房下在生产设备数量:4 2615 设备将占有其中:10 000.00 本笔现金将在期末支付!
自动更新	一季度	2017—10—20 16:38:37.173 成品成本—2615 号设备生产产品加工费用 设备加工费用:15.00/个 合计加工费用:7 500.00 厂房折旧费用:0.00 下线成品数量:500.00 合计分摊成本:47 500.00 除原材料以外成本:95.00/个 本笔现金将在期末支付!
自动更新	一季度	2017—10—20 16:38:37.197 制造费用 合计制造费用:190 000.00 本笔现金将在期末支付!
订单交付	一季度	2017—10—27 13:40:34.313 订单交付产生应收票据 订单号:1 应付账期:1 季度 收款时间:2 交付产品:低端 交付数量:630 套 合计金额:457 002.00 其中—应收金额:390 600.00 其中—销项税:66 402.00

续表

决策项目	决策时间	决策明细
订单交付	一季度	2017—10—27 13:40:49.453 订单交付产生应收票据 订单号:25 应付账期:2 季度 收款时间:3 交付产品:低端 交付数量:733 套 合计金额:427 089.78 其中—应收金额:365 034.00 其中—销项税:62 055.78
自动更新	一季度	2017—10—27 14:02:01.36 进入季度末结算阶段
自动更新	一季度	2017—10—27 14:02:01.37 支付制造费用 支付前现金余量: 466 000.00 合计支付现金:190 000.00 支付后现金余量:276 000.00
自动更新	一季度	2017—10—27 14:02:01.597 基本行政管理费用 生产线数量: 4 每条生产线费用: 30 000.00 无生产线时行政管理费:100 000.00 扣除前现金余量:276 000.00 扣除行政管理费:220 000.00 扣除后现金余量:56 000.00
自动更新	一季度	2017—10—27 14:02:01.62 季度末公司现金:56 000.00
自动更新	一季度	2017—10—27 14:02:06.69 自动更新利润表!
自动更新	一季度	2017—10—27 14:02:06.81 自动更新资产负债表!
自动更新	一季度	2017—10—27 14:02:06.813 更新季度末公司报表

表 11－2　　　　某股份有限公司(5)二季度决策历史明细

决策项目	决策时间	决策明细
自动更新	二季度	2017－10－27 14:02:13.21 应收票据：457 002.00 结算前现金余量：56 000.00 结算应收票据：457 002.00 结算后现金余量：513 002.00
自动更新	二季度	2017－10－27 14:02:13.243 上缴上季度税费 增值税:60 457.78 上缴前现金余量:513 002.00 上缴增值税:60 457.78 上缴后现金余量:452 544.22
自动更新	二季度	2017－10－27 14:02:13.273 上缴上季度税费 城建税:4 232.04 教育附加税:1 813.73 地方教育附加税:1 209.16 所得税:15 073.52 合计:22 328.45 上缴前现金余量:452 544.22 上缴以上税费:22 328.45 上缴后现金余量:430 215.77
自动更新	二季度	2017－10－27 14:02:13.3 季度初公司现金:430 215.77
自动更新	二季度	2017－10－27 14:02:13.353 自动更新利润表!
自动更新	二季度	2017－10－27 14:02:13.477 自动更新资产负债表!
自动更新	二季度	2017－10－27 14:02:13.48 已进入第 1 年第二季度请开始经营。

根据以上操作记录该公司第一季度的三大财务报表的编制格式如表 11－3 至表 11－4 所示：

表 11－3　**利润表**　单位:元

公司:某股份有限公司(5) 时间:一季度		
项　目	本期发生	累计发生
一、营业收入		
减:营业成本		
营业税金及附加		
销售费用		
管理费用		
财务费用		
加:投资收益		
二、营业利润		
加:营业外收入		
减:营业外支出		
三、利润总额		
减:所得税		
四、净利润		

表 11－4　**资产负债表**　单位:元

公司:某股份有限公司(5)时间:一季度		
资　产	期初数	期末数
流动资产:		
货币资金		
应收票据		
应收账款		
存货		
流动资产合计		
非流动资产:		
可供出售金融资产		
固定资产原值		

续表

公司：某股份有限公司(5)时间：一季度		
融资租赁固定资产		
未确认融资费用		
减：累计折旧		
固定资产净值		
无形资产		
非流动资产合计		
资产总计		
流动负债：		
短期借款		
应付账款		
应付债券		
应交税费		
其他应付款		
一年内到期的非流动负债		
流动负债合计		
非流动负债：		
长期借款		
长期应付款		
非流动负债合计		
负债合计		
所有者权益(股东权益)：		
实收资本(股本)		
资本公积		
盈余公积		
未分配利润		
所有者权益(股东权益)合计		
负债和股东权益(股东权益)合计		

表 11—5 现金流量表 单位:元

公司:某股份有限公司(5) 时间:一季度		
项　目	本期发生	累计发生
一、经营活动产生的现金流量		
销售商品、提供劳务收到的现金		
收到的税费返还		
收到的其他与经营活动有关的现金		
现金流入小计		
购买商品、接收劳务支付的现金		
支付给职工以及为职工支付的现金		
支付的各项税费		
支付的其他与经营活动有关的现金		
现金流出小计		
经营活动产生的现金流量净额		
二、投资活动产生的现金流量		
收回投资所收到的现金		
取得投资收益所收到的现金		
处置固定资产、无形资产和其他长期资产收回的现金		
收到其他与投资活动有关的现金		
现金流入小计		
购建固定资产、固定融资资产、无形资产和其他长期资产支付的现金		
投资所支付的现金		
支付的其他与投资活动有关的现金		
现金流出小计		
投资活动产生的现金流量净额		
三、筹资活动产生的现金流量		
吸收投资收到的现金		

续表

公司:某股份有限公司(5) 时间:一季度		
借款收到的现金		
收到的其他与筹资活动有关的现金		
现金流入小计		
偿还债务支付的现金		
分配股利、利润和偿付利息所支付的现金		
支付其他与筹资活动有关的现金		
现金流出小计		
筹资活动产生的现金流量净额		
四、汇率变动对现金的影响额		
五、现金及现金等价物净增加额		
加:期初现金及现金等价物余额		
六、期末现金及现金等价物余额		

11.6 基本数据规则

11.6.1 基本财务规则(见表11—6)

表11—6　基本财务规划

项　目	当前值	说　明
公司初始现金	3 000 000.00	正式经营开始之前每家公司获得的注册资金(实收资本)
所得税率	25.00%	企业经营当期如果有利润,按该税率在下期初缴纳所得税
营业税率	5.00%	根据企业营业收入总额,按该税率缴纳营业税
增值税率	17.00%	按该税率计算企业在采购商品时所支付的增值税款,即进项税;以及企业销售商品所收取的增值税款,即销项税额

续表

项　目	当前值	说　明
城建税率	7.00%	根据企业应缴纳的增值税、营业税，按该税率缴纳城市建设维护税
教育附加税率	3.00%	根据企业应缴纳的增值税、营业税，按该税率缴纳教育附加税
地方教育附加税率	2.00%	根据企业应缴纳的增值税、营业税，按该税率缴纳地方教育附加税
行政管理费	30 000.00 元/条	公司每年运营的行政管理费用；每增加一条生产线费用增加 30 000.00 元；无生产线时，费用为 100 000.00 元
短期借款利率	5.00%	正常向银行申请短期借款的利率
短期借款还款周期(年)	2	短期借款还款周期
紧急借款利率	20.00%	公司资金链断裂时，系统会自动给公司申请紧急借款时的利率
紧急借款还款周期(年)	3	紧急借款还款周期
短期借款同期最大借款授信额度	1 500 000.00	同一个周期内，短期借款允许的最大借款金额
长期借款利率	8.00%	正常向银行申请长期借款的利率
长期借款还款周期(年)	5	长期借款还款周期
长期借款最大借款授信额度，占权益比例	0.50	长期借款允许的最大借款金额，所占权益比例
一账期应收票据贴现率	2.00%	在一个年内到期的应收票据贴现率
二账期应收票据贴现率	4.00%	在二个年内到期的应收票据贴现率
三账期应收票据贴现率	6.00%	在三个年内到期的应收票据贴现率
四账期应收票据贴现率	8.00%	在四个年内到期的应收票据贴现率
设备折旧率	5.00%	每年按该折旧率对购买的设备原值计提折旧
未交付订单的罚金比率	30.00%	未按要求及时交付的订单，按该比率对未交付的部分缴纳处罚金
订单数量大于所需库存的倍数	2	订单报价时，库存数量须在订单数量的 1/2 以上
可开始发行债券的年	2	可开始发行债券的年
企业可发行债券占净资产的比例	50.0%	企业可发行债券占净资产的比例

续表

项　目	当前值	说　明
发行债券利息上限	30.0%	发行债券利息上限
发行债券周期上限	4	发行债券周期上限
发行债券的费用，占融资额的比例	5.0%	发行债券的费用，占融资额的比例
发行和购买债券的基数	1 000	发行和购买债券的基数
连续盈利可发行股票时间	2	连续盈利可发行股票时间
发行股票占企业总资产的比例	50.0%	发行股票占企业总资产的比例
发行每股股票面值	1.00	发行每股股票面值
发行股票费用	8.00%	发行股票费用=发行额×该比例
股票最低发行价	1.00	股票最低发行价
发行和购买股票的基数	50 000	发行和购买股票的基数

11.6.2　生产制造参数表

厂房购置方式及对应参数(见表 11－7)：

表 11－7　　厂房购置方式及对应参数

取得方式	售价/租金	融资租赁利息	厂房容量	折旧率	是否可退租/出售
经营租赁	40 000 元/期	无	44	无	可以退租
购买	500 000	无	4	2%	可以出售
融资租赁	500 000	5%	4	2%	不能中止

厂房折旧在购买或融资租赁后的第二期开始计提。

厂房内没有任何设备才能出售或退租。

设备参数见表 11－8；折旧率 5%。

表 11—8 设备系数

设备型号	购买价格	最大产能	安装期	维修费用	加工费	生产周期
高端 H1	1 200 000	1 200	1	60 000	60	0
高端 H2	800 000	800	1	60 000	60	0
中端 M1	800 000	700	1	40 000	40	0
中端 M2	600 000	500	1	40 000	40	0
低端 L1	500 000	500	0	20 000	20	0
地端 L2	350 000	300	0	20 000	20	0

设备内没有在制品、没有工人才能出售。安装内无法生产。维修和折旧费在购买后的第二期计提。

生产工人参数(见表 11—9)：

表 11—9 生产工人参数

工人类型	招聘及培训费/组	工人工资/组	试用期	辞退费用
高端 H1	30 000	90 000	1	90 000
高端 H2	30 000	90 000	1	90 000
中端 M1	20 000	60 000	1	60 000
中端 M2	20 000	60 000	1	60 000
低端 L1	10 000	30 000	0	30 000
地端 L2	10 000	30 000	0	30 000

有试用期的工人组需要培训才能上岗。

原材料参数(见表 11—10)：

表 11—10 原材料参数

原料名称	购买价格	应付账期
高端原料	600	1
中端原料	400	1
低端原料	200	0

11.6.3 市场营销参数

11.6.3.1 生产产品

所有模拟企业在同一个市场环境下相互竞争发展,各企业能生产的产品完全类似。这个市场中所有企业能生产的产品有三种,分别是低端产品、中端产品、高端产品,每家企业均可以选择一种或多种产品生产销售。

低端产品:这是一个非常成熟的产品。该产品具有相对稳定的客户群体,产品结构简单,生产成本相对较低,但由于竞争激烈,产品售价也较低。

中端产品:这是低端产品的技术改进产品,是下一步的自然发展方向。随着客户的成熟及市场对产品要求的提高,中端产品的需求会得到快速提升。

高端产品:这是一种新技术的产品。产品生产成本相对较高,但市场可接受的售价也较高。同样,随着市场的发展,该产品的需求也将得到快速提升。

11.6.3.2 市场需求

这是一个完全开放的市场环境,只要企业能提供相应的产品,就能进入这个市场参与竞争,竞争的激烈程度取决于这个市场中的企业数量与市场需求数量。

由于产品质量与服务差异不大,客户对产品的价格是相当敏感的,对于相同类型的产品,价格低的企业或广告投放多的企业将能获得明显的竞争优势。这对企业的成本控制提出较高的要求与挑战。

市场订单分配方式:

(1)自动选单

小组对整个市场的所有订单用投放广告和报价两种方式进行竞单,不同产品广告和报价的比重不一样,一般低端产品价格权重高。比如某个订单数目为1 000套,报价权重70%,广告权重30%,则有1 000×70%=700(套)产品以所有小组的报价为评判依据进行分配,相比较竞争对手,价格较低分配的订单会多一些。另外30%即300以广告投放方式竞单,相比较竞争对手投放的广告较多,分的订单就较多。

上限数:设置能参与市场的产品量,即最多能交付的订货量。参考自己同类产品的库存和在制品数量设定。

(2)手动选单

每周期市场上会有若干个采购订单，每个订单会有不同的订货产品、订货数量、付款时间等，各企业可根据需要争取相应的订单；

对每一张订单，有两种竞价模式，一种是报价模式，报价低者中标；另一种是广告模式，广告投放多者中标；所有订单的报价均有上限，报价不能超过相应产品的最高限价。对于没有满足的订单，需要支付违约金，并且该订单取消。违约金为：未交付订单量×报价×30%。

11.6.4　证券相关参数

目前有三种证券交易方式，包括公司股票、国家债券、公司债券。

11.6.4.1　国家债券

(1)进入正式运营后，讲师端每期可选择设置国债，发行国债。国债参数如下：(例如)

债券编号	发行总金额(万)	发行期间(年)	票面利率(%)	面值(元)
1	2 800 000	3	5.21	100
2	1 200 000	5	5.71	100
…				

(2)相比较企业债券和股票收益，国债的收益最低，同时国债风险性最小。为了鼓励国债购买，利率不能低于银行储蓄利率，国债的利率客观上要起到基准利率的作用；

(3)学生在债券交易中心输入购买股数，购买当期国债。次年开始每年年底收取国债利息，到期归还本金。

11.6.4.2　公司债券

运营周期进入 2 期后，各公司可根据经营状况资金需求进行债券融资或投资。

本期可发行金额＝企业上一年末净资产×40.0%

发行债券需要支付一定的发行费用；发行费用＝债券发行额×5.0%；发行费用在年末扣除。

发行方制订融资计划，确定债券总金额、价格、利率。利率可参考市场利率。

购买方同期可去证券交易里面选择购买股数。

购买后的次年开始收取债券利息，到期收回本金。

发行价大于面值的，一般为溢价发行。发行价小于面值的，一般为折价发行。

11.6.4.3 公司股票

(1)公司连续盈利 2 期/年方可发行股票，每家公司只能发行一次股票；

(2)公司发行股票时，需确定发行总额、发行价格、选择股利分配的支付比率.

(3)发行总额不超过上一年净资产的 50%；

(4)参考发行价格＝上年每股收益×当期市盈率，当期市盈率＝15×(1＋上年净利润增长率)，企业可以适当调整发行价格。无人认购部分由系统自动认购，系统认购价＝上年每股收益×10，股票购买及后期交易以 100 股为基本单位。上年每股收益＝上年未分配利润/总股本。

(5)发行申购股或增发股之前，企业可发布现金股利分配公告. 选择股利支付比率(占未分配利润的比率)，需支付现金股利总额＝股利支付比率×(上年未分配利润－盈余公积)。

(6)股利支付方式为现金。系统自动计算每股发放现金股利(X)＝实际支付现金股利总额/当前发行的股票数. 股利分配公告信息在股利宣告中查看。

(7)公司支付现金股利初要有未分配利润(扣除盈余公积)，还要有足够的现金，因此公司在支付现金股利之前需筹备充足现金。

(8)当公司持有其他公司股票，在公司认为价格合适时，可在股票交易里挂牌出售。

11.6.5 周期结算

讲师端发布任务进入下一周期/年后，系统会自动计算一些数据，以下是系统自动计算项目：

- 周期末结算：

- 计提厂房设备折旧。
- 支付制造费用，包括厂房租金，设备维护费、工人工资、产品加工费。
- 支付本期厂房融资租金。
- 支付购买债券资金。
- 支付购买股票资金。
- 获得债券融资。
- 扣除债券发行费用。
- 收取国债和企业债券利息。
- 收回到期国债和企业债券本金。
- 支付债券利息。
- 归还到期债券本金。
- 分配股利。
- 收取股利。
- 收回股票融资。
- 扣除股票发行费用。
- 支付行政管理费用。
- 支付未交付订单罚金。
- 紧急借款。
- 更新公司报表。

周期初：

- 收回应收账款。
- 支付应付账款。
- 偿还到期银行贷款。
- 上交上周期税费。
- 紧急贷款。
- 更新公司报表。

11.6.6　评分体系

系统对各企业运用平衡计分卡考核企业综合绩效。

综合表现分数计算法则：综合表现＝盈利表现＋财务表现＋市场表现＋成长表现＋预算表现＋市场价值表现

基准分数为100.00分，各项权重分别为：

盈利表现权重30.00分

财务表现权重30.00分

市场表现权重20.00分

成长表现权重10.00分

预算表现权重10.00分

市场价值表现权重0.00分

各项权重由讲师设置，讲师可选择一些代表性指标分配权重，用不上的指标可以权重设置为0。

盈利表现：盈利表现＝企业所有者权益／所有企业平均所有者权益×盈利表现权重。

（1）盈利表现最低为0.00，最高为60.00

财务表现：财务表现＝平均财务综合评价/所有企业平均财务综合评价的平均值×财务系数－紧急贷款次数×紧急贷款分值

（2）财务表现最低为0.00，最高为60.00

市场表现：市场表现＝（市场占有率×公司数×交货率）×市场表现权重

（3）市场表现最低为0.00，最高为40.00

成长表现：成长表现＝企业累计销售收入/各企业平均累计销售收入×成长系数

（4）成长表现最低为0.00，最高为20.00

预算表现：预算表现＝本企业各年平均预算分数/所有企业平均预算分数的平均值×预算表现权重

（5）预算表现最低为0.00，最高为20.00

市场价值表现：市场价值表现＝本企业各年平均市场价值分数/所有企业平均市场价值分数的平均值×市场价值表现权重

本企业市场价值＝总股本×股票市价

（6）市场表现最低为0.00，最高为2倍权重默认初创企业采用前面五项表现作为评分标准。上市企业采用盈利表现和市场价值表现两项作为评分标准。

11.6.7　附录财务报表及财务比率分析明细

11.6.7.1　附损益表

项　目	明　细	说　明
一、营业收入	∑(当期订单交货量×相应产品单价)	不含税
减:营业成本	当期订单交货货物的库存成本	见成品制造成本组成
营业税金及附加	包括:营业税、城建税、教育费附加、地方教育附加	应交增值税＝销项税－进项税 如果应交增值税小于 0,则左边各公式中此项取 0
	营业税＝营业外收入×5%	
	城建税＝(应交增值税＋营业税)×7%	
	教育费附加＝(应交增值税＋营业税)×3%	
	地方教育附加＝(应交增值税＋营业税)×2%	
销售费用	广告宣传费用	广告投放的费用
管理费用	行政管理费用	非生产线费用＋每天生产线费用×数量
	人员招聘及培训费用	人员招聘的费用
	停工损失	见注解
财务费用	短期借款利息	1 年以内的借款
	紧急借款利息	发生紧急借款时的利息
	长期借款利息	1 年以上的借款利息
	应收账款贴现利息	应收账款的贴现利息
	企业债券利息	发行企业债支付的费用
	融资租赁利息	融资租赁厂房支付的利息
	发行债券费用	发行股票支付的费用
	发行股票费用	

续表

项　目	明　细	说　明
加:投资收益	债券投资收益	购买国债和企业债的利息收益
	股票投资收益	购买股票后收到的现金股利收益
二、营业利润		营业收入－营业成本－费用＋投资收益
加:营业外收入	无	
减:营业外支出	生产工人辞退补偿金	辞退工人支付的补偿金
	未交货订单违约金	
三、利润总额		
减:所得税费用	利润总额×25%	先抵扣前面5年的亏损
四、净利润		

营业成本:售出的这部分产品的制造成本,具体组成见数据规则—生产制造—制造成本组成。

停工损失:设备没有生产,相关设备维修折旧工人工资等制造费用计入停工损失。厂房内所有设备没有生产,厂房租金或折旧计入停工损失。

11.6.7.2　附资产负债表

资产负债表

编制单位:××××有限公司　　________年____月____日　　单位:元

项　目	
流动资产:	
货币资金	现金,取自现金流量表
应收票据	1年期的国债和企业债
应收账款	应收销售款(价税合计)
存货	
其中:原材料	不含进项税的价格

续表

项　目	
成品	见注解，库存成品的制造成本：原料＋（厂房租金或折旧＋设备折旧和维修＋工人工资）＋加工费
流动资产合计	
非流动资产：	
可供出售的金融资产	1 年起以上国债和企业债券本金
公允价值变动	
固定资产原值	厂房＋生产设备（如出售，则要减去相应的原值）
融资租赁固定资产	融资租赁取得的固定资产原值
减：未确认融资费用	没有支付的融资利息
减：累计折旧	根据原值按期折旧率计算（如出售，则要减去相应的累计折旧）
固定资产净值	原值－累计折旧
无形资产	无
非流动资产合计	
资产总计	
流动负债：	
短期借款	银行借款＋紧急贷款
应付账款	应付原材料费
应付债券	
债券溢价	企业债溢价增值部分
应交税费	应交增值税
	营业税
	城建税
	所得税
其他应付款	教育费附加
	地方教育附加
1 年内到期的流动负债	1 年内到期企业债

续表

项　目	
流动负债合计	
非流动负债：	
长期负债	1 年以上的银行借款
长期应付款	1 年以上的企业债券
非流动负债合计	
负债合计	
股东权益：	
实收资本(股本)	初始股本+增发股股本
资本公积	股本溢价，
盈余公积	每年从未净利润中提取 10%的累计盈余
未分配利润	累计的净利润
其中：当期利润	本期的净利润
股东权益合计	
负债和股东权益总计	

(1)按先进先出法将原料投放到生产线上加工，生产过程中发生的制造费用要分摊到成品上。这些制造费用包括：厂房租金或折旧、生产线折旧和维修、操作工人工资和五险、加工费等。具体计算分摊方法：

(2)应交税费

应交税费＝应交增值税＋营业税＋城建税＋所得税

应交增值税＝销项税额－进项税额

其中：销项税额＝本期销售收入×17%，进项税额＝本期采购原料金额×17%

注意：如果应交增值税计算结果为负，即进项税＞销项税，在进入下期后增值税不用缴，多出的进项税额放到下期的应交增值税中继续抵扣销项税额。其他三项税额如有的话在周期一开始即自动从现金中扣除。

例：本期销项税额为 50，进项税额累计为 100，营业税＋城建税＋所得税共计 20，则期末报表中的“应交税费”＝50－100＋20＝－30。在进入下一周期后，缴纳三项税费 20,“应交税费”的余额为“—50”。

11.6.7.3 附现金流量表

现金流量表

编制单位:××××有限公司 ________年____月____日 货币单位:

项 目	说 明
一、经营活动产生的现金流量	
销售商品、提供劳务收到的现金	当期现金销售收入(含销项税额)
	收回前期的应收账款
收到的税费返还	—
收到的其他与经营活动有关的现金	—
现金流入小计	
购买商品、接收劳务支付的现金	购买原料支付的现金(含进项税额)
	支付前期的应付账款
支付给职工以及为职工支付的现金	当季生产人员的工资,五险,辞退补偿金
支付的各项税费	支付上季的营业税
	支付上季的城建税
	支付上季的教育费附加
	支付上季的地方教育附加
	支付上季的所得税
	支付上季的增值税
支付的其他与经营活动有关的现金	广告宣传费
	行政管理费
	人员招聘费
	员工培训费
	厂房租金
	生产线维修费
	加工费
现金流出小计	

续表

项　目	说　明
经营活动产生的现金流量净额	（流入－流出）
二、投资活动产生的现金流量	
收回投资所收到的现金	收回国债、企业债券的本金
取得投资收益所收到的现金	取得国债、企业债券的利息，股利分配的收入
处置固定资产、无形资产和其他长期资产收回的现金	变卖厂房收到的现金
	变卖生产线收到的现金
收到其他与投资活动有关的现金	—
现金流入小计	
购建固定资产、无形资产和其他长期资产支付的现金	购买厂房支付的现金
	购买生产线支付的现金
投资所支付的现金	支付购买国债、企业债、股票所支付的现金
支付的其他与投资活动有关的现金	—
现金流出小计	
投资活动产生的现金流量净额	（流入－流出）
三、筹资活动产生的现金流量	
吸收投资收到的现金	发行企业债券、股票收到的现金
取得借款收到的现金	银行借款
	紧急借款
收到的其他与筹资活动有关的现金	
现金流入小计	
偿还债务支付的现金	偿还到期的银行借款和紧急贷款
	偿还到期的企业债券本金
分配股利、利润和偿付利息所支付的现金	支付银行借款、紧急贷款的利息
	支付企业债券的利息
	支付股利分配的现金
支付其他与筹资活动有关的现金	支付发行企业债券和股票的发行费用
现金流出小计	

续表

项　目	说　明
筹资活动产生的现金流量净额	(流入一流出)
四、汇率变动对现金的影响额	—
五、现金及现金等价物净增加额	
加:期初现金及现金等价物余额	期初现金
四、期末现金及现金等价物余额	

参考文献

[1]王化成.企业财务学[M].北京:中国人民大学出版社,1994.

[2]余绪缨.企业理财学[M].沈阳:辽宁人民出版社,1995.

[3]谷祺,夏乐书,乔世震.财务管理学[M].大连:东北财经大学出版社,1995.

[4]卢家仪,蒋冀.财务管理[M].北京:清华大学出版社,1997.

[5]王化成.国际财务管理[M].北京:中国审计出版社,1998.

[6]曹凤岐.证券投资学[M].北京:北京大学出版社,1998.

[7]郭复初.财务通论[M].上海:立信会计出版社,1997.

[8]陈共,周升业,吴晓求.公司并购原理与案例[M].北京:中国人民大学出版社,1998.

[9]沈艺峰,贺颖奇.企业并购分析[M].北京:中国对外经济贸易出版社,1998.

[10]维高.兼并—资本运营核心论[M].北京:中国物资出版社,1997.

[11]MBA必修核心课程编译组.理财:资金筹措与使用[M].北京:中国国际广播出版社,1997.

[12]齐寅峰.公司财务学(第2版)[M].北京:经济科学出版社,2000.

[13]刘力编.财务管理学(第2版)[M].北京:企业管理出版社,2000.

[14]中华人民共和国财政部.企业会计制度2001[M].北京:经济科学出版社,2001.

[15]陆正飞.财务管理[M].大连:东北财经大学出版社,2001.

[16]詹姆斯·C.范霍恩,小约翰·M.瓦霍维奇.现代企业财务管理(第10版)[M].郭浩,徐琳,译.北京:经济科学出版社,1998.

[17]詹姆斯·C. 范霍恩.财务管理与政策[M].刘志远,译. 大连:东北财经大学出版社,2000.

[18]财政部注册会计师考试委员会办公室.财务成本管理[M].北京:经济科学出版社,2003.

[19]爱斯华斯·达摩德伦.公司财务理论与实务[M].北京:中国人民大学出版社,2002.

[20]斯蒂芬·佩因曼.财务报表分析与证券定价[M].北京:中国财政经济出版社,2002.

[21]弗雷德·威斯通,S. 郑光,苏珊·侯格.兼并、重组与公司控制[M].北京:经济科学出版社,1998.

[22]康纳尔.公司价值评估[M].张志强等,译.北京:华夏出版社,2001.

[23]汤姆·科普兰,蒂姆·科勒,杰克·默林.价值评估—公司价值的衡量和管理[M].贾辉然等,译. 北京:中国大百科全书出版社,1998.

[24]沈艺峰.资本结构理论史[M].北京:经济科学出版社,1999.

[25]陈建梁. 新编国际金融[M].北京:经济管理出版社,2002.

[26] Stephen Ross, Randoph W. Westerfield and Jeffyey F. jaffe. *Corporate Finance*, 6th Edition, 机械工业出版社,2007.

[27]Richard A. Brealey,Stewart C. Myers and Franklin Allen. *Principles of Corporate Finance*,8th Edition, 机械工业出版社,2007.

[28]Scott Besley,Eugene F. Brigham. *Essentials of Managerial Finance*, 14th Edition,北京大学出版社,2010.

[29]Eugene F. Brigham,Louis C. Gapenski. Intermediate Finance Magement. Fifth Edition,Orlando:The Dryden Press,1996.

[30]Stephen A. rose,Randolph W. Westerfield,Bradford D. Jordan. *Fundamentals of Corporate Finance*. third edition. chicago:irwin,inc,1995.

[31] George W. Gallinger, Jerry B. Poe. *Essentials of Finance*, New Jersey:Prentice Hall,Inc,1995.

[32]郎咸平.产业链阴谋Ⅰ、Ⅱ——一场没有硝烟的战争[M].北京:东方出版社,2010.

[33]郎咸平. 谁都逃不掉的金融危机[M]. 北京:东方出版社,2008.

[34]汪平. 财务管理——理论、实务、案例[M]. 北京:经济管理出版社.

[35]王化成. 财务管理目标的国际比较与我国的现实选择[J]. 财会月刊,2000. 8.

[36]孟俊婷. EXCEL 在财务管理中的应用[M]. 上海:立信会计出版社,2006.

[37]金蝶科技软件公司. 理财之道操作手册[M]. 2009.

[38]上海工程技术大学,2010 级校级精品课程网站,http://ecourse. sues. edu. cn/course _ center/files _ upload/template/43743FCB－DDD5－43E9－B633－ED98D34141A4/console. htm。

[39]龚珏. 基于大股东控制的上市公司股利政策分析——以佛山照明"高派现"为例[J]. 科技广场,2013(1).